ZHONGGUO SHANGYE WENHUA
SHIJIAN YU LILUN

中国商业文化
实践与理论

张桂平　主　编
庞　毅　执行主编

中国财经出版传媒集团
经济科学出版社
Economic Science Press

图书在版编目（CIP）数据

中国商业文化实践与理论/张桂平主编．—北京：经济科学
出版社，2019.7（2025.1 重印）
ISBN 978 - 7 - 5218 - 0630 - 4

Ⅰ.①中…　Ⅱ.①张…　Ⅲ.①商业文化 - 研究 - 中国
Ⅳ.①F72

中国版本图书馆 CIP 数据核字（2019）第 119701 号

责任编辑：孙丽丽　纪小小
责任校对：靳玉环
责任印制：李　鹏

中国商业文化实践与理论

张桂平　主　编

庞　毅　执行主编

经济科学出版社出版、发行　新华书店经销
社址：北京市海淀区阜成路甲 28 号　邮编：100142
总编部电话：010 - 88191217　发行部电话：010 - 88191522
网址：www. esp. com. cn
电子邮件：esp@ esp. com. cn
天猫网店：经济科学出版社旗舰店
网址：http://jjkxcbs. tmall. com
北京季蜂印刷有限公司印装
787×1092　16 开　20.25 印张　380000 字
2019 年 11 月第 1 版　2025 年 1 月第 5 次印刷
ISBN 978 - 7 - 5218 - 0630 - 4　定价：68.00 元
（图书出现印装问题，本社负责调换。电话：010 - 88191510）
（版权所有　侵权必究　打击盗版　举报热线：010 - 88191661
QQ：2242791300　营销中心电话：010 - 88191537
电子邮箱：dbts@ esp. com. cn）

前　言

一切文化都具有历史的传承性。商业文化亦如此！

中国人民在长达几千年的商业实践中，在积累了丰富的社会物质财富的同时，形成了富有民族特色的商业文化，如爱国守法，重义轻利、诚实守信、克勤克俭，以及高瞻远瞩、重视人才、乐观时变等具有经典意义的商业道德观念和商业策略思想。

今天社会主义的商业文化，是我国古代商业文化的合理继承和发展。20 世纪 80 年代，随着国际范围内现代市场经济的加速繁荣和竞争，西方经济学家首先注意到必须从文化层面来寻找企业生存和发展的深厚动力，提出了建立企业文化的历史性命题。在这样的理论氛围中，我国也极力提倡建立商业文化学，引起了商业企业界、商业理论界人士的普遍重视，全国兴起了商业文化热。

1989 年，原国家商业部部长、首任中国商业文化研究会会长的胡平先生，提出创建商业文化学的倡议，倡导通过开展商业文化建设推动中国社会主义现代化事业的发展，呼唤和培育新型商业主体，规范商业行为，健全市场规则，树立现代商业理念、商业道德，完善、美化商业环境，确立新型商业精神等。在社会主义市场经济体系规划构建的前夜提出，不但与社会主义市场经济体系的构建、体制运行的基本要求和准则完全吻合，而且符合全面建设小康社会的时代需求。

2018 年是改革开放 40 周年。改革开放是中国人民和中华民族发展史上一次伟大革命，推动了中国社会主义现代化事业的伟大飞跃，使中国发生了翻天覆地的变化，极大改变了中国的面貌、中华民族的面貌和中国人民的面貌。在改革开放的历史进程中，倡导并开展商业文化建设，无疑是一个具有重大历史意义的创举。随着中国社会主义市场经济建设的全面展开和改革开放的逐步深入，商业文化建设的实践犹如江河汇入大海，渐成潮涌洋流蔚为大观！

在商业文化思想的宣传推动和理论的系统研究方面，社会各界开展了许多有社会影响力的活动并取得有益的成果，也有一些专著和研究文章刊发，提出了具有建设性和启发性的前沿观点。面对如火如荼的社会实践，商界和学界都希望能对 30 年来的商业文化建设加以总结、提炼和升华，理论联系实际，在继承传统的同时还要具备时代前瞻性，形成系统科学的阶段性研究成果。

2018 年 1 月，中国商业文化研究会将本书列为重点研究出版工程。今天本书能够顺利出版，需要特别感谢所有参与筹划、研究、编撰、审阅的专家学者和各界人士，感谢为此付出辛勤努力的经济科学出版社的编辑出版人员，更要感谢所有为中国商业文化实践和理论研究做出贡献和努力的人士，没有他们在改革开放伟大进程中的实践和探索，本书的撰写便成为无源之水。

历史的钟摆正在转向中国，转向深邃凝视的东方文明。改革开放 40 年，我们不断地学习吸收西方先进的商业理念、管理方法，取长补短，有利有弊。现在中国已经成长为世界第二大经济体，我们有责任、也有自信向世界分享来自东方的商业哲学。

信息时代的世界商业文明在召唤我们，信息时代的世界商业文明需要中国商业文化的创新和引领！勤劳、智慧、勇敢的中国人，一定能以开放、和谐、共享的姿态，与世界共创信息时代商业文明的灿烂辉煌！

张桂平

2019 年 11 月

目 录

Contents

第一章

导 论[①]

本章名为导论，实际上要简单概述本书主要内容和创作思路，对商业文化、商业文化学的基本概念，商业文化的本质特征加以论述，帮助读者理解如何从商业的历史演进和文化创新认识中国商业文化的演化轨迹，以对本书有较为整体和系统的把握。

一、如何理解商业文化和商业文化学

（一）如何理解商业文化

商业文化自人类的商业活动产生那一刻起就已经存在，也许受重农抑商和轻商理念的影响，长期以来，商业文化的概念并没有引起中国人的关注和重视。自胡平先生提出商业文化建设问题后，虽然社会对该问题表现出了极大的热情和关注，但对商业文化概念的理解和认识始终存在许多分歧，这些理解和认识又在不断深化，其本身也成为人们热议的话题。然而，这些认识的分歧甚至对立，不仅

---

① 本章由庞毅、李纯执笔。

没有减少人们对问题的关注度和研究兴趣，在中国商业文化建设的实践领域，更是一路高歌猛进一发不可收拾。2001 年开始，中国国内生产总值（GDP）先后超过意大利、法国、英国；2008 年，中国超过德国成为世界第三大经济体；2010 年，中国超过日本成为世界第二大经济体；2013 ~ 2017 年，中国对世界经济增长的平均贡献率超过 30%。2013 年，中共十八届三中全会通过了《中共中央关于全面深化改革若干重大问题的决定》，首次以全会的形式专题研究部署全面推进依法治国这一基本治国方略，做出坚持走中国特色社会主义法治道路，建设中国特色社会主义法治体系的决定；明确提出经济体制改革要"使市场在资源配置中起决定性作用和更好发挥政府作用"。

1. 如何理解文化

对商业文化概念有较多和较大分歧非常容易理解，因为问题的关键，是对文化这一概念的理解歧见纷呈。如何理解和认识商业文化，主要问题在于厘清"商业"和"文化"二者的概念，尤其是对"文化"概念的理解。

汉语"文化"一词早在西汉文学家刘向的《说苑·指武》中即已出现："圣人之治天下，先文德而后武力。凡武之兴，为不服也；文化不改，然后加诛。"刘向把"文化"与"武威"对应，是指"文治和教化"的意思。《昭明文选·补亡诗》中记载西晋诗人束皙的诗中也有"文化内辑，武功外悠"的文字（用文化辑和于内，用武德加于外远）。

目前通行的文化一词是外来词的意译，源于拉丁语 cultura，原义为对土地的耕耘和改良以及对植物的栽培，后来泛指农业和园艺。以农业、园艺一词作为词根，又引申出神明祭祀、性情陶冶、品德教化等含义。把英语 culture 翻译成文化一词始于日本学者。日本在明治时代以后，为了向西方学习，大量翻译西方著作，最初将 civilization 翻译成文化，后来逐渐将 civilization 翻译成文明，将 culture 改译成文化。

如何定义文化，众说纷纭，有学者统计关于文化的定义有二三百种之多，可见文化之大包罗万象，问题之复杂千头万绪。要想给文化下一个简洁明了的定义，绝非易事。其实，如何定义文化，可以有不同的视角，不同学科有不同的理解，不同文化背景有不同的感受，不同时代不同民族又都有不同的语境。《大英百科全书》曾引用美国著名文化学专家克罗伯和克拉克洪所著《文化：一个概念定义的考评》一书，该书将收集的由著名人类学家、社会学家、心理分析学家、哲学家、化学家、生物学家、经济学家、地理学家和政治学家所界定的 162 条英文定义，分成了七类，即描述性的定义、历史性的定义、行为规范性的定义、心理性的定义、结构性的定义、遗传性的定义和不完整性的定义。

本书无意对文化的定义进行专门深入研究，但为了便于理解和应用，需要对其删繁就简取其精髓。以我们的理解，从简洁的原则出发，可以将文化从三个方面加以界定。第一是广义的理解，即所谓大文化观，指人类一切社会活动的过程及其创造成果的总和，这个成果既包括物质财富也包括精神财富。第二是所谓狭义的理解，即观念形态的文化，指人类创造的精神财富，特指社会的意识形态以及与之相适应的制度和组织机构。第三是通俗的理解，泛指运用文字的能力及一般知识，如人们常说的学习文化、文化水平等。

由于文化是与自然相对应，所以文化就是人化，是人的对象化或对象的人化。因为文化是整体性的，虽然观念形态的思维方式、宗教信仰、审美情趣等精神财富是文化中的深层核心内容，但他们不能脱离人类物质生产活动而存在，所以我们对文化采用广义的理解。从广义的角度分析和认识文化现象，有助于联系人类赖以生存的物质基础、物质生产及其历史变迁，认识和探索人类的生活方式和思想观念，从而全面和深刻理解人类的行为、思维方式的特点和变化。本书以广义的文化观作为分析和立论的基点，旨在通过将人类商业活动的基础条件、历程、主要领域和成果等加以整合，尽可能全息地研究和探讨中国商业文化发生发展的特点和规律性。

2. 如何理解商业

与"文化"一词的理解相比，对"商业"一词的理解显然要容易一些。一般而言，对商业也有广义与狭义的解释。广义的理解，把商业视为"指所有以营利为目的的事业；而狭义的商业是指专门从事商品交换活动的营利性事业"。英语 business 对应的是广义的商业，当然还包括商业组织。《现代汉语词典》（第三版）将商业定义为"以买卖方式使商品流通的经济活动"。也有将商业解释为："以货币为媒介进行交换从而实现商品流通的经济活动。"后两个定义显然是指狭义的商业。

然而，由于中国管理体制的原因，对"商业"一词的理解又并不简单，有其特殊的行政管理领域的含义。从中华人民共和国成立起，商业除去上述广义和狭义的含意外，还具有包含了对应政府管理部门的具体产业和行业的概念，与工业、基本建设、农林水气、运输与邮电、城市公用事业、科学与文教卫生、金融保险、国家机关及人民团体等部门并称。其实，民国之前将工商统称，所谓工商界、厂商等称谓便是，因为生产加工出来的产品也是为了交易的。即便成立于1953年的中华全国工商业联合会，是中国共产党领导的面向工商界、以非国有制企业和非国有制经济人士为主体的人民团体和商会组织，其名称也沿用了旧时的概念。

1949年9月，中华人民共和国政务院成立了财政经济委员会，下设贸易部，集中统一管理全国的国营贸易（含对外贸易）、合作社贸易和私营贸易。几乎同时，1949年11月1日，中央合作事业管理局正式成立，作为中财委的直属行政单位，成为全国合作事业的领导与组织中心。1950年7月，中华全国合作社工作者第一次代表会议在北京召开，正式宣布成立中华全国合作社联合总社，统一领导全国供销、消费、手工业合作事业，其中供销合作社负责商品流通。中华全国合作社联合总社接受中央贸易部和中央合作事业管理局的双重领导，从而使合作社商业在全国形成了一个独立的系统。

从1950年2月开始，在原各大行政区和省、区、市贸易公司以及没收的官僚资本商业的基础上，先后建立了盐业、粮食、油脂、百货、花纱布、煤业建筑器材、土产、石油、工业器材、皮毛、猪鬃、蛋品（此后皮毛、猪鬃、蛋品三个公司合并为畜产公司）、矿产、进口、进出口15个专业总公司，在中央贸易部统一领导下，分别经营国内商业和对外贸易。1952年8月，中央人民政府决定撤销中央贸易部，分设对外贸易部和商业部，并将原贸易部的粮食公司和财政部的粮食总局合并，设立粮食部。

从此，商业部（国内贸易部、局）、中华全国合作社联合总社和粮食部（局）的管理机构分分合合，也给商业一词赋予了新的含义。涵盖上述三个部门管辖的领域被称为"大商业"系统，俗称"商粮供"；由于粮食管理的特殊性，人们又将除去粮食的商品流通领域称为"国合商业"；对只包括商业部（国内贸易部、局）管辖的领域则被称为"小商业"系统。直到2013年国内贸易局与对外经贸部合并为商务部，商业一词作为行业的概念，仿佛也和商业系统的不复独立存在一同被淡化。

本书对商业的定义采用广义的理解，即指以营利为目的的经营行为及其主体。

3. 如何定义商业文化

在对文化和商业的定义确立之后，如何定义商业文化就变得相对简单。即便如此，本书给出的定义也仍是一家之言，只是为了分析概括问题之便，也希望大家对此给予批评，交流探讨，不断深化。

我们认为，商业文化是人类文化巨系统的子系统，所谓商业文化，是指从整体上认识的、人类在与商业具有本质联系的社会历史活动中，所创造的物质财富和精神财富的总和。这是一个涵盖面非常广泛的定义，凡与商业活动有关的一切因素都包含在内。也许有人会因此质疑：好一个文化大筐，不管什么内容都可以往里装：商品是文化，服务是文化，制度是文化，购物也是文化；依法经营是文化，童叟无欺是文化，假冒伪劣也是文化，欺行霸市岂不还是文化，商业文化可谓无奇不有。由此看来，有必要对商业文化概念做进一步解释。

上述质疑文字可以说有一定道理但又不够全面。

首先，我们说商业文化涵盖人们在商业活动中所创造的所有物质成果和精神成果，也包括活动的过程本身，所以，上述的商品、服务、生产加工、制度、技术、交易、加工交易设施等当然是商业文化的组成部分，依法经营、童叟无欺、假冒伪劣、欺行霸市也都是商业文化的典型反映。但是，商业文化虽然涵盖了人们在商业活动中所创造的所有物质成果和精神成果，但不简单等于具体的物质财富或者具体的精神财富，不等于商品、商业组织、商人、生产方式、交换方式、商业设施、生产交换过程、经营思想、生产经营技术、商业伦理等具体方面，也不等于某些方面的简单之和，而是强调所有方面有机结合而成的整体，强调从总体和整体上认识理解商业活动。

其次，商业文化的视角不仅强调从总体上认识商业活动，而且是从商业活动的关联和历程的整体性来考察和认识商品、交易行为、生产过程、生产方式、生产工具、交易设施、制度规范、经营理念和职业操守等具体内容的。比如，只考察商品的材质、品质、功能、形态、色彩、包装等内容，还属于商品学、产品设计的研究领域。如果在上述基础上更多考虑商品的消费人群、市场占有率、价格、消费和市场变化趋势等，则又是市场营销的研究内容。但如果不仅如此，还考虑商品的历史沿革，不同区域、民族消费习俗的比较、商品背后的故事和人物传说等内容，就成为商品文化的视角了。

最后，或许有人会说，说依法经营、童叟无欺是商业文化好理解，说假冒伪劣、欺行霸市也是商业文化，岂不让人大跌眼镜？实际上，依法经营、童叟无欺也好，假冒伪劣、欺行霸市也好，不论其行为是否合法是否合规，是善行还是恶行，该扬还是该抑，都是一种行为方式，也都是某种文化现象。就商业活动及其结果的客观存在而言，本身不具有高低贵贱优劣之分。但人们对同样的文化却有不同的选择方式和机制，对不同的文化更有选择差异的天壤之别。所以，商业文化与商业文化建设就具有不同的含义，商业文化是人类商业活动的客观存在；而商业文化建设，则是人们对商业活动主观的具有促进和谐发展的某种选择。比如，我国的零售业态从总体上分为有店铺零售业态和无店铺零售业态两类，包括食杂店、便利店、折扣店、超市、大型超市、仓储会员店、百货店、专业店、专卖店、家居建材店、购物中心、厂家直销中心、电视购物、邮购、网上商店、自动售货亭、电话购物17种业态。这些业态的经营方式、商品结构、服务功能，以及选址、商圈、规模、店堂设施、目标顾客和有无固定营业场所并不相同，产生历史也有先后。但就各个业态形式而言，显然没有所谓先进和落后之分，只有合适与不合适的区别，并不因某种业态出现得晚就具有了先进性，也不因某种业态的占比低就属于低端类型。又比如，在我国农产品交易方式的选择过程中，一度有种认识，以为拍卖的方式比对手交易先进得多，试图通过在批发交易市场等大型交易场所，普遍采用所谓拍卖这种先进的交易方式提升农产品流通的效率和品质，结果不仅未能达到目的，反倒印证了只要水土不服，只要交易方式不能与交易主体的状况、交易对象的生产加工状况、交易习惯、交易过程等相适应，不管采用何种方式都不具有实用价值，也不会成为普遍选择的对象。

（二）如何理解商业文化学

由于文化学是文化人类学进一步发展演化的产物，因而可以从二者的区别和联系认识文化学的内涵。文化人类学是通过人所创造的文化去研究人类本身；而文化学则是通过人类自身来探讨文化的起源、演变、传播、结构、功能、本质，文化的共性与个性、特殊规律与一般规律等问题。国外有学者认为文化学或文化科学是社会科学的一个分支，它涉及对文化整体的科学理解、描述、分析和预测。同时指出，"文化学"一词是由美国人类学家莱斯利·A. 怀特（Leslie Alvin White）创造的。怀特 1939 年引入该词，该词第一次出现在 1954 年的英语词典中，他把文化学定义为研究文化和文化系统的领域。《大英百科全书》（网络英文版）称怀特作为美国人类学家，最著名的是他关于文化进化和科学研究的理论，他称之为"文化学"，怀特也认为自己对人类学的最大贡献是他的文化学概念。

上述文字既告诉我们文化学研究的历史缘由，也给我们一些启示，特别是对胡平先生在 30 年前倡导商业文化建设时，多次强调要"创建商业文化学"有了更深刻的理解。这本书的撰写，实质是想表明探索创建研究商业文化演化规律的理论框架和成立专门学科的态度与愿望。但我们深知，商业文化学显然应该属于文化学的分支和专门化，而文化学作为一门独立的学科仍然处于探索建立阶段，理论体系和研究方法等并未成熟。

商业文化学，顾名思义是研究商业文化内部矛盾运动与规律的学问，也可以说是从文化的角度研究商业的学问。商业文化学应该是一门综合性的边缘学科，主要研究商业文化的起源、变迁、结构、功能与本质、传播，商业文化的共性与个性、特殊规律与一般规律等问题。它是文化研究的重要特征之一，典型地反映了现代科学发展的学科整合特征，可以从人类学、民族学、地理学、心理学、语言学、考古学、文学、社会学、美学、哲学、历史学、政治学、经济学、管理学、民俗学、艺术学等众多学科中吸收深厚的学术资源。从文化的角度研究商业活动，可以全方位地从众多的角度和层面开展及拓宽研究，使各个学科互相交叉渗透，使人们对自身商业活动的认识较客观地反映丰富多彩的人类社会实践，从而指导人类更好地从事商业活动，进而促进社会良性发展。

商业文化学作为从整体上研究商业文化及其各个子系统与社会文化及其各个子系统之间矛盾运动和规律的学问，是人们对商业文化的自觉认识。虽然这种自觉认识可以较好地、客观地反映研究客体的本质联系，但它要取决于这种认识方法的恰当与否和认识程度的高低。商业文化学与商业文化是两个不同的概念，不能混淆。商业文化从商业产生的那天起就已客观存在，而我们从文化的角度来认识商业，从专门的文化学科（虽然并不成熟）角度自觉地、系统地研究商业文化只不过是近期的事情。

商业文化的研究状况和商业文化学说的创建与发展，是以商业文化的客观存在与发展状况为前提的，既与商业文化的发达程度有关，也和人们对商业文化的态度与感受有直接联系。否则，作为既有悠久商业文化传统，又在近代以来取得一骑绝尘商业文化成就的欧美国家，为何少见有专家学者提出研究或者创建商业文化学？反倒是市场经济欠发达又正在急起直追的中国人，在还未能建成现代市场经济体系的时候，提出创建商业文化学的命题。这也许既在于西方国家有着古典商业和法律的传统，有着市民社会和城市自治的社会温床，虽然商业革命、科学技术革命、工业革命、宗教革命、理性主义、民主宪政运动等，来得也是轰轰烈烈一波三折浪翻潮涌，但对商业文化的感受而言，却是早已融化在血液中，犹如水到渠成司空见惯。就像拉塞尔·柯克在《美国秩序的根基》一书中评论美国文明的遗产时说的那样："美利坚合众国的创建者们认为这些中世纪遗产都是他们理所当然要继承的，因而他们甚至不愿意费口舌去赞美它，虽然他们应该这么做。"[①] 这也许更在于近代以来中国人落后于西方商业社会的知耻而后勇，在于一旦识得庐山真面目的惊诧与激越，在于觉醒后的奋起与活力四射。这也许还在于正是因为中国对现代商业文化的认识和理解还有一定的差距，亟须商业文化理念、制度、机制等方面的启蒙，从而激发出理论和实践的求索。

二、商业文化的本质特征

商业文化的本质特征是文化的本质特征在人类商业活动中的具体表现，服从

① ［美］拉塞尔·柯克. 美国秩序的根基［M］. 南京：江苏凤凰文艺出版社，2018：185.

文化本质特征的一般要求。根据这一特点，可以从文化的主体性、整体性、时代性、多样性和结构性来认识商业文化的本质特征。

（一）主体性特征

所谓主体性特征，是说人类的社会实践活动是一切文化产生和发展的根源，人是文化的主体，没有人的社会实践就没有文化。从这个意义上讲，所谓文化就是人化。我们说"十五的月亮"是一种文化。其实，不管是初一还是十五，月亮作为地球的卫星，纯粹是宇宙中的自然物体。不管地球上是否存在人类，在一定的时空内，月亮始终在地球的运行轨道上围绕地球旋转。但是作为自然之物的月亮一旦被人类赋予了某种情感寄托，它也就变成了文化。中国人对月亮的情感尤其来得丰富：嫦娥奔月；月是故乡明；但愿人长久，千里共婵娟等，不胜枚举。西湖的平湖秋月，燕京的卢沟晓月，无锡的二泉映月，台湾的日月潭，都是中国著名的赏月、观景、寄情文化景观。要说平湖秋月的西湖，那也是人工的产物。而宛平城外的卢沟，那可是自然形成的海河流域七大水系之一的永定河，现在由于华北降水量有限，几乎成为季节性河流，但在古代燕京人看来，看着拂晓的月亮照在芦沟水面上，那可是寄托了无限情怀的人文景观。

人类的实践创造性不仅决定了文化的产生和发展，还规定着文化的性质和水平，决定着文化的内容和结构。文化的性质、内容、形式、结构、水平，归根到底都是由人类实践规定的。

由于商业活动的特殊性，商业文化的主体性特征可以分为三个层面。

第一个层面，是泛指商业活动中所体现的人类的主体性。人类所有的商业活动和与商业有关的一切事物，无一例外都是人类商业实践的直接和间接产物。因此，研究商业文化不能脱离人及其商业实践。

第二个层面，是特指商业活动中法人组织（企业、公司、社会团体）的主体性。近代以来，法人组织逐渐成为商业活动的基本经济细胞，它不但组织和协调了企业内外的分工协作，更给社会带来了巨大的活力和冲击。企业特别是现代公司组织的建立，凝聚了无数个体的能量，使陌生人之间的合作成为现实，变成大于任何个体的经济动力，并给每个奋斗的人搭建平台。公司不但奠定了现代社会的组织基础，其制度和观念也深刻影响了现代社会的根本秩序，在经济全球化的时代，其作用已经成为一个国家经济实力的标志。

在这个层面，作为企业所有者的企业家具有特殊的意义。企业家一词源于法语，原意是指"冒险事业的经营者或组织者"。由于现代商业社会最重要的生产力要素是资本，而企业家的角色就是资产的代理人，拥有企业法人财产所有权，从而使企业家这一独特的生产力要素成为最重要的要素。企业家对新产品、新市场、新生产方式、新组织的开拓以及新原材料来源的控制调配，成为企业、市场以至国家创新的灵魂，创造性加责任心的企业家精神也成为社会不断创新和进步的精神动力。

第三个层面，从企业组织的活动视野看，企业活动关键要注重人的因素，满足人的需求，尊重人的价值，激发人的潜能和创造性。在这个层面上看，商业文化的主体性主要表现在两个方面：其一，企业的服务对象最终都是客户和消费者，企业要以维护客户和消费者利益为出发点，要千方百计把顾客利益放在第一位，树立消费者导向；企业要把发展的根本目的与人类的切身利益密切联系起来，并尽可能使更多的社会成员分享企业发展的成果。其二，顾客利益是企业生存的前提，也是企业员工实现自我价值的前提，企业作为人类经济活动的组织，其发展应该依靠组织内部员工的主体作用。也就是说，企业的发展不仅应该从维护客户和消费者利益出发，而且应该密切联系员工的利益，充分发挥全体员工的积极性和主动性，从而使企业活动的运行和发展体现"以人为本"的价值要求。

（二）整体性特征

所谓整体性或者也可称为系统性，即把商业文化作为一个完整的系统看待，系统中各构成因素之间的关系是相互关联和具有整体性的，不可分割。比如人们熟悉的管理学中的木桶效应或称短板理论，由许多块木板组成的木桶仿佛商业文化巨系统，也可以象征商业文化的某个子系统，或者某个企业，而木桶的最大容量则象征着系统、子系统或企业整体的效应、实力或竞争力。木桶由多块木板箍成，盛水量也由这些木板共同决定，但决定水桶盛水量多少的关键因素不是其最长的板块，而是其最短的板块。木桶效应也说明构成事物的各个部分通常是优劣不齐的，而劣势部分往往决定整个事物的性质和发展水平。

现代社会是一个有机的文化时代，不论在物质世界还是精神世界，人们更加重视互相联系、互相依赖、有机统一、综合平衡的重要性。一个世界，多元表现，和而不同，商业文化才更有创造的活力与魅力。

商业文化的整体性特征可以表现为以下几个方面的统一：物质与精神的统一；要素与结构的统一；结构性与层次性的统一；共时态与历时态的统一；融通与变革的统一。

1. 精神与物质的统一

精神与物质的统一是人类文化活动的基本特征。这里不从本体论的角度讨论二者的关系，而是研究二者的内在统一性，尤其要强调精神和意识不能脱离物质而孤立存在的重要性。人们虽然往往首先从物质和精神层面来概括归类分析文化现象的结构层次，然而现实中商业活动中的精神、意识类要素不可能脱离商业活动而孤立存在，而且人类文化活动、商业活动是具体的、具象的，具体的事物和活动是容不得割裂和肢解的。现实中我们不能准确认识和把握事物的本质和规律时，往往首先就是犯了脱离鲜活商业活动一味强调精神和意识作用的错误，犯了将事物的整体性割裂和肢解的错误。比如我们平日开展的许多活动和从事的具体工作，一定要区分哪些属于商业物质文明建设，哪些属于商业精神文明建设，把商业文明的整体性简单割裂。所以在展示精神文明成果时就显得非常尴尬，因为无论是整洁卫生、绿树成荫、繁花似锦的街道、社区、商场、工作环境，还是规范得体的行为、著述累累的研究成果，抑或是发自内心的笑脸和安怡舒心的神态，无一不是物质形态的显现。

2. 要素与结构的统一

在商业文化系统的整体中，组成商业文化系统的要素和这些要素组成的结构，二者是不同的概念，二者既统一又不可分割。但在商业文化系统中，二者的地位和作用是不同的。一般说来，要素居于基础地位，是整体的组成成分，但其具体存在方式及其意义则受到要素结构的制约。人们最常举金刚石和石墨的例子，说明要素与结构的关系以及结构和功能的关系。金刚石和石墨虽然组成分子式相同，但是结构不同，因而一个坚硬无比，一个稍加研磨便为齑粉。由此看来，与构成商业文化系统的要素相比，各要素的组成结构地位更加重要，对要素以至系统的存在和发展都起着主导作用。

3. 结构性与层次性的统一

商业文化系统作为整体性存在，内部结构又具有多层次特点，整体的结构性与层次性是统一的。商业文化系统按其内容可以分为三个大的方面：一是主体结构，反映人与人、商人与商人、企业与企业、企业与顾客等之间的关系；二是客体结构，反映商业活动中不同事物之间的关系，如设施与技术、商品与技术、技术与制度等；三是主体与客体统一的结构，反映人、企业与商业活动中客观事物之间的关系，如人与设施和技术，人与产品，人与制度，企业与营商环境，企业与宏观自然、地理、社会环境的关系等。

其实，人本身也有自我内在的关系问题，比如人的心理与行为的关系，人的健康状况与心理、行为的关系等，这些关系已经日益被现代管理者重视。此外，还有对上述所有关系所涉及内容进行综合分析和整体把握的问题。这些不同层次结构的统一，都是商业文化整体性特征的重要表现。

4. 共时性与历时性的统一

所谓共时性与历时性，是瑞士语言学家费尔迪南·德·索绪尔分析语言符号系统的研究方法和理论。共时性指研究语言在某个特定时期表现出的特点以及内在联系；历时性则是研究语言在整个历史长河中的变化及与其他时代语言特点的异同。索绪尔主张要研究语言的整个系统，反对孤立不变地研究语言的要素。实际上，共时虽然稳定但也不是静态的，静态的共时只是一种抽象，任何变化的起点和终点在一段时间内会作为某种语言符号而同时存在。因此，应把共时性和历时性看作是对立的统一。

商业文化系统的共时性，主要指系统内部结构在性质上是相对稳定的，其整体功能及其整体内构成要素的性质和功能也大体上被规定。同时，不同文化系统处在相同的历史发展阶段时，彼此间也必然存在着不同程度的相互影响和相互渗透。

商业文化系统的历时性，主要说明任何一个特定的商业文化系统都不是凭空产生的，它是一定发展阶段上的必然结果，它在具体建构形式上和内容上都受到以往文化传统的影响和制约，从而使新文化系统的建构保持了连续性和特殊性（如民族性）。同时它也说明任何商业文化系统内部的稳定性都是相对的和暂时的，它自身的扩展和张力是有限的，既定的文化系统结构在历史的演化过程中，总是要被新的建构所取代。

任何一个文化系统都是共时性与历时性的统一，商业文化当然也不例外。中国改革开放以来逐步建立的社会主义市场经济体制，与40年前的计划经济体制完全是不同的两种管理体系。计划经济体制历经近30年，在特定的历史条件下有其合理性，但在面对世界潮流的推动和自身求存演进的内生需求驱动时，必然要催生改革开放，被新的社会主义市场经济体制所取代。然而，由于中国受几千年小农文化和30年计划经济的影响，新的正在建立的社会主义市场经济体制，又必然带有浓厚的农耕和计划色彩。社会主义市场经济和计划经济，既有明显的差异又有内在的连续性，充分表现了二者在共时性与历时性上的统一。

5. 融通与变革的统一

所谓融通与变革的统一，是指不同商业文化系统在发展过程中的融通性和结构变革的相关联性。不管各个商业文化系统之间的差异性有多大，它们都是能够互相融通交流的，否则交易不可能产生。或者说，因为有差异，所以才更容易产生交易和融通。正如美国国际关系建构主义流派代表人彼得·J.卡赞斯坦所言："不同文明之间的最大相似之处，不是它们文化的内在一致性、孤立性或冲突倾向，而是它们的多元差异、多样性，以及它们之间的交锋与接触。"① 某种商业文化系统的结构变革或构建，必然要引起自身整体功能的改变或提高，从而产生对其他商业文化系统的影响和交流，改变对其他商业文化系统作用的方向、性质和力度，这种作用达到一定程度，常常会引发其他商业文化系统的结构变革甚至新的构建。

位于中国西南边陲的茶马古道，穿越一千多年，连接川滇藏三地，最终向外延伸至南亚、西亚、中亚和东南亚，绵延数千公里。这条古道虽然穿行青藏高原、横断山脉的雪域云端，但沿着这条古道，伴随茶马贸易，不仅把茶文化传播到广袤的青藏高原，输入藏区的大量内地工农业产品丰富了藏区的物质生活，而且内地的先进工艺、技术和能工巧匠也由此进入藏区，推动了藏区经济社会的发展，因而也驱动了内地工商业特别是制茶业的发展和开拓，成为推动区域经济与社会发展的通道。彼时广袤的西南边疆地广人稀，土层稀薄自然条件恶劣，农牧业基础薄弱，茶马古道通行之前几乎没有工商业基础。在茶马贸易的带动下，位于大陆腹地世界屋脊的藏区商业活动迅速兴起，在这种环境的熏陶下，处于游牧部落的康巴人养成了经商的习惯，改变了重牧（农）轻商的观念。康巴商人的精明能干，也由此远近闻名。

（三）时代性特征

既然商业文化是人的商业实践活动的所有成果，而人的具体商业实践活动总是在特定的社会历史时段中进行的。也就是说，商业文化是历史时代发展的产物，不同的历史时代产生不同时代的商业文化，不同时代商业文化的演化，构成商业文化发展的历史轨迹。因此，研究和考察商业文化，探索商业文化的发展轨迹和规律性，总是既要直接联系特定的历史时期商业文化的特殊内涵和具体问

---

① ［美］彼得·J.卡赞斯坦.中国化与中国崛起：超越东西方的文明进程［M］.上海：上海人民出版社，2018：225.

题，又要对不同历史时期的时代背景及商业文化进行比较分析。

中国有句成语叫作"食古不化"，原意是指读书学习一味拘泥古人旧法，不善于在新的实际情况下灵活运用，对所学的古代知识和理论理解得不深不透，跟吃东西不消化一样。其实在研究商业文化时，特别是运用经典理论研究问题和解决实际问题时又何尝不是如此。特定历史时期的商业文化，具体的经典理论，总是在特定的时代背景、时代要求、时代主题等历史条件基础上产生的，它们是特定历史时代的产物，研究和运用它们不能脱离当时的历史条件。脱离历史条件试图寻找亘古不变的商业文化，坚信具有永恒且放之四海而皆准的理论教条，只是一种良好的难以实现的愿望。

（四）多样性特征

生物的多样性是生态文明的象征，文化的多样性多元化是文化繁荣富有活力的象征，商业文化的多样性是商业社会兴旺发达的象征。文化多样性特征的突出和典型表现是文化的民族性和地缘性，因为任何一种文化总是由一定民族群体在一定的地域范围内创造和形成的，所以人们也往往更多地关注文化的民族性。文化的民族性与地缘性有内在的直接联系，甚至地缘性或许是民族性产生的结构性原因，所以随着世界经济一体化的进程，人们对文化的地缘性特点也给予了较多的关注。

由于民族群体成员间有着血缘的、生物的、地缘的联系，特别是在文化创造的过程中形成的独特历史传统，诸如语言文字、知识传统、价值取向、思维方式、宗教信仰、心理、民族个性等，使不同的民族具有鲜明的文化差异，而正是这些民族的差异和多样性构成人类的文明。所以人们近些年最常说的一句文化用语，就是"只有民族的，才是世界的"。

商业文化在多样性方面表现尤为突出，商业文化的多样性主要表现为两方面含义：其一如同文化多样性的一般含义，指各种商业文化的独特性表现，突出表现为民族性、地缘性、专业性等各种差异性；另一个含义是指商业主体在商业活动中可以具有甚而追求更多的文化选择。众所周知，差异化竞争是企业生存、持续发展的法宝，所谓人无我有、人有我优，企业如果不主动寻求差异性，既失去了存在的理由，从而也失去了发展的基础。不断在产品、服务、管理中寻找差异，创造个性，实行个性化管理，是企业特有的核心竞争力。从某种意义上说，企业成长模式的多样性和个性化追求，是现代企业成长和可持续发展的文化目标。同样商品在材质、样式、形状、规格、图案、色彩、装潢等方面的形形色色琳琅满目，是人们生活美满、市场繁荣的重要标志。

（五）结构性特征

所谓商业文化的结构性，是指商业文化的整体性、多样性、差异性和个性化表现，是通过商业活动构成要素的不同结构来体现的。近年来，人们在对商业等发展问题上的现象描述，非常喜欢用模式的概念来表达和概括，如发展模式、中国模式、商业模式、赢利模式、运营模式等。其实，模式问题的核心就是结构问题，因为结构决定功能。

商业文化的结构性特征，主要体现为四个层面：

第一，商业文化所有构因的不同比例，形成不同商业文化的差异；

第二，商业文化的发展水平和个性表现要通过其结构体现；

第三，商业文化系统中不同构因程度水平的差异，是决定商业文化发展层次的基础性原因，只有当各种构因均具有较高水平并形成有机整体的时候，结构的效能有可能达到理想效果，而一旦某种基本构因出现恶性转变，结构的效能随之产生恶性质变；

第四，商业文化基本构因的欠缺是商业文化系统的硬伤，而某项基本构因内在结构不合理同样会造成商业文化系统的硬伤。

三、本书撰写思路

（一）章节安排与内容重点

前面说过，本书撰写初期，曾经打算按照文化学研究的一般思路，着重探索研究商业文化演化规律的理论和逻辑框架，在此基础上分析现实描绘未来，把建立理论逻辑作为基础和主线，对现实问题的分析作为重点，因此拟定了2016年8月的撰写提纲。就在实际动笔撰写本书之际，我们经过进一步深入研究分析认为，原撰写提纲的初衷旨在着重建立商业文化演化规律的理论和逻辑框架，由于文化学的学科体系尚未成熟，而其理论框架、方法、体系的基本成型与成熟绝非一时一日之功。因此，如果将试图建立商业文化演化规律的理论和逻辑框架，与在商业文化历史演进和现实的热点焦点问题的分析中体现商业文化的理论和思维方法这样两种撰写思路比较，显然后者更具有针对性和现实价值。为此，我们突破原有提纲的框架，拟定了现有撰写提纲。

本书由八章内容构成，依次可分成四个部分。

第一部分，第一～第三章，介绍倡导商业文化建设时的时代背景以及本书涉及的基本理论基础；从探索经济现代化、构建社会主义市场经济体系的理论和舆论准备以及搭建中国全面现代化建设的文化框架三个方面，对倡导中国商业文化建设的历史价值给予评价；通过商业文化在社会文明巨系统中的作用和对商业文化的系统结构分析，探讨商业文化系统与结构的一般问题。

第二部分，第四章，通过分析中国两千年小农文化传统和三十年计划体制影响，探讨中国商业文化的历史演进逻辑与特点。

第三部分，第五～第七章，是本书内容的主体部分，主要分析和探讨中国改革开放40年来商业文化建设发生的历史巨变和创新、转型时期制度变革的探索和信息时代技术变革的冲击与应对。

第四部分，第八章，分析探讨中国商业文化的未来趋势，提出建设美丽商业是中国现代化的必由之路，创新商业文明是中国千年大变局的重要目标。

在上述四部分内容中，重点研究探讨了中国商业文化的发展演化逻辑和面临转型与发展现实中四个方面的问题。

第一，中国商业文化的演进轨迹。限于篇幅，本书在论述中国商业文化的演进轨迹时，采用了厚今薄古的方式，即对计划经济之前的商业文化史予以简洁概括的叙述，对改革开放40年中国商业文化的发展历程，则不惜浓墨重彩条分缕析。

第二，改革开放40年来中国商业文化发展过程中的主要结构关系。主要包括发展与制度变革、法治建设与社会转型、技术创新与社会转型、转型模式演化与选择、观念变革与社会转型、改革与开放、继承与创新、中外商业文化冲突与融合等。

第三，中国商业文化的未来发展目标。未来既有远近的区别，也有不同逻辑视野的差异。本书从两个视野探讨不远的未来：一是从改革开放的角度，探讨如何完成商业现代化伟业；二是从中国千年历史大变局的视野，为更加长远的目标确立理论定位。

第四，改革开放40年间商业文化建设的重要人物、企业和事件。研究商业文化，自然离不开人、商人、商业主体及其商业活动，制度脱离实践让人无所适从，理念空留脑际只会飘荡云海。为使研究有的放矢有血有肉，本书尽可能将改革开放40年间重要的商业人物、企业和事件，结合相关内容予以记述和展现。

（二）主要理论观点和提出的新课题

1. 主要理论观点

本书重在对商业文化实践中热点焦点问题的分析，虽然还缺乏理论和方法的系统性，但不乏许多有新意和价值的理论观点。这些观点散见在各章内容之间，为便于读者批评交流，将其中要者提示如下。

（1）对倡导商业文化建设的历史价值的判断。

在中国经济体制改革全面推进之际，倡导商业文化建设，具有为中国经济现代化探索突破口、为社会主义市场经济体制构建做理论和舆论准备，以及为中国全面现代化建设搭建文化框架的重要历史价值。（第二章）

（2）对中国古代商业文化运行的社会基础的概括。

我们认为，中国古代商业文化的发展和运行，直接受中国古代社会文化基础条件的影响和制约，因而探索中国古代商业文化的演化轨迹，必须首先研究中国古代社会文化的基础。影响和制约秦汉以降中国古代商业文化发生、发展和运行的社会基础，可以从六个主要方面加以概括，即相对封闭的地缘结构、小农文化的经济基础、中央集权的统治模式、儒家伦理的道德约束、商业的附属地位，以及城市作为权力中心的作用。（第四章）

（3）对改革开放 40 年商业文化历程的概括。

改革开放 40 年中国商业文化的发展历程，可以从三个视角加以概括，其一表现为改革开放催生的商业文化巨变与创新；其二为社会转型时期制度构建的微茫与探索；其三为信息时代技术变革的混沌与秩序构建。（第五章、第六章、第七章）

（4）关于中国商业文化的现代化应该实现四个统一的观点。

中国商业文化要实现现代化，应该在商业文化的实践中，实现个人（企业）与社会的统一，民族与人类的统一，真、善、美的统一，以及"软文化"与"硬文化"的统一。（第六章）

（5）关于现代商业精神应成为中国时代精神的观点。

现代商业精神是现代商业行为特有的普遍精神实质，可以概括为契约观念、法治观念、市场观念、利润观念、竞合观念和企业家精神。社会主义市场经济体制是中国社会主义现代化的基础和保障，因此现代商业精神是中国社会主义市场经济应有的普遍精神实质，代表并引领商业发展潮流，是对社会进步产生积极影响的思想意识，应该成为中国的时代精神。（第八章）

（6）关于中国社会现代化转型的实质是社会文明的基础从传统农业文化向现代工商业文化的转型和跃迁的观点。

中国社会主义现代化建设是中国传统农业文明向现代工商业文明的演化，是中国自鸦片战争以来求强求富、民主革命的自然延续；中国现代化转型的实质，是社会文明的基础从传统农业文化向现代工商业文化的转型和跃迁。（第八章）

（7）关于中国现代化建设是人类历史上工商业文明的创新的观点。

如果说古希腊的工商业文明是欧洲古典类型的，那么，西欧工商业文明就是近现代的一次全面创新，这次创新奠定了现当代人类工商业文明以至现代社会的基调，具有极其重要的历史意义；以美国为代表的北美、澳洲现代工商业文明，则是移植性创新，将西欧特别是英国的现代文明体系移植到北美、澳洲，并加以改造创新；日本东方岛国（以及"亚洲四小龙"）的近现代工商业文明，又是在东亚儒学文化圈的创新，它突破了工商业文明只适合生存在基督教文化圈的藩篱。

中国现代化建设是人类历史上的又一次工商业文明创新，其创新主要表现在五个方面：人类历史上以内陆型传统农业大国的角色和基础，直接迈进现代工商业文明的先例，在中国之前还未曾出现过，中国由内陆型传统农业大国跨步进入现代商业社会，开创人类现代商业文明先河；工商业文明由自上而下的政府推动形成；区域竞争激发形成自下而上的商业创新；西方现代工商业文明进程是先有商业革命，从而引发、推动科学技术革命和工业革命，中国现代工商业文明和现代化建设的历史起点，始于现代科学技术的突飞猛进和蔚为大观，全球性的技术进步催化中国现代商业文明的建立、发展和创新；以及奉行公有为基础、兼顾公平与效率和共同富裕的价值理念。（第八章）

（8）关于中国商业文明创新基本要求的观点。

中国商业文明创新的基本要求是：商业文化的运行和转型不能脱离生存基础和条件，商业文化的系统性要求决定文化转型的全面和协同，商业文化的民族性要服从人类文化的整体性，商业文化的创新要求不断全面开放和走向世界。（第八章）

2. 提出的新课题

其实，上述理论观点也多是中国商业文化建设中理论与实践的新课题。但与上述理论观点相比，下述新课题或许只具观点雏形，甚而还在萌芽状态。借此机会择要提出，不仅是我们需要继续拓展研究的主要领域，也祈望各界人士共同深入探讨。

（1）为何作为既有悠久商业文化传统，又在近代以来取得一骑绝尘的商业文化成就的欧美国家，鲜有专家学者提出研究或者创建商业文化学，反倒是市场经济欠发达又正在急起直追的中国人，在还未能建成现代市场经济体系的时候，提出创建商业文化学的命题？

（2）如何总结概括改革开放以来中国商业文化的演进特点？在中国社会由传统农业文化向现代工商业文化的转型和演化过程中，如何继承和弘扬中国文化传统，推动中国传统商业文化的涅槃重生，既顺应人类现代文明浪潮又有鲜明的民族风格，对于处在中国千年变局与世界新世纪交汇点上的中国，也许是其实现全面现代化的最大挑战。

（3）在中国实现工业革命的融合与跃迁过程中，如何考虑文明进程中整体性以及循序渐进的规律性特点，既汲取历次革命进程中的文明成就，不至揠苗助长欲速不达；又能实现迭代创新，顺利完成跃迁？

（4）中国商业文化与欧美商业文化演进的主要差异在哪里？现代世界商业文明的基本结构方式是什么？

（5）中国现代商业文化应该具有何种结构方式，当前主要结构缺陷表现在哪些方面？在现代世界商业文明体系里，中国商业文化应该以何种姿态、何种风格，做出自己的应有贡献。

第二章

倡导中国商业文化建设的
时代背景与历史价值[①]

本章主要回顾 20 世纪 80 年代末提出创建商业文化学倡导开展商业文化建设的历史背景和过程，并对在中国经济体制改革全面推进之际，倡导商业文化建设的重要历史价值予以分析和评价。

一、改革开放为中国经济现代化建设开辟了道路

综观半个世纪以来的中国历史，最具有开创价值和里程碑意义的历史事件就是改革开放国策的实施和深化。改革开放，为中国经济现代化建设开辟了道路，使中国迅速成长跃升为世界第二大经济体，综合国力显著提高，人民生活极大改善，中国社会充满生机与活力。中国的改革开放，从思想到制度，从理论到实践，是中国商业文化建设最为重要的动力和时代背景。

（一）思想解放东风阵阵

历史回溯到 40 多年前的 1978 年 5 月 10 日，中央党校的内部刊物《理论动

---

① 本章由庞毅、李纯执笔。

态》发表了《实践是检验真理的唯一标准》一文。5 月 11 日，《光明日报》以本报特约评论员的署名全文刊载该文。5 月 12 日，《人民日报》《解放军报》全文转载这篇文章。随后，新华社将此文发了通稿，各省市自治区报纸陆续转载。

《实践是检验真理的唯一标准》一文的精髓，是紧密联系了当时各方面展开的围绕"两个凡是"的思想政治斗争，试图冲破阻碍改革的思想教条和屏障，打破束缚发展的精神枷锁，不仅有强烈的现实针对性，而且对于长期深受"左"倾思想影响以至压制、毒害的中国社会而言，不啻为当代中国第一次思想解放的宣言书。①

从此形成了以理论界为主、波及全国各界、人人关注的讨论热潮。到 1978 年底，除中央单位外，各地就讨论真理标准召开的讨论会达 70 余次，中央及省级报刊发表这一主题的文章至少有 650 篇以上。真理标准的大讨论，启发和触动了人们对中国社会发展和马克思主义等根本问题的思考，推动了各方面的整顿，为大规模拨乱反正、解决历史遗留问题创造了条件，为中共十一届三中全会的召开做了思想准备。真理标准的大讨论，是当代中国一次最伟大的思想解放运动。

（二）农村、城市经济体制改革捷报频传

1978 年 12 月 18～22 日，中共十一届三中全会在北京召开。十一届三中全会的召开，重新确立了马克思主义的思想路线、政治路线和组织路线；决定把全党工作的重点转移到社会主义现代化建设上来，并且着重提出了改革经济体制的任务。会议实现了中国社会主义现代化建设的伟大转折，提出了改革、开放、搞活的重大战略方针，实现了从封闭到开放、从固守成规到进行全方位改革的转变，标志着改革开放国策和方针的正式确立。

十一届三中全会召开的同时，安徽凤阳县小岗村 18 位农民代表全队 18 户农民极其庄重地写下了一纸契约，诞生了"包产到户"的惊人创举。小岗村实行的"分田到户，自负盈亏"的家庭联产承包责任制（大包干），拉开了中国对内改革的大幕。

十一届三中全会召开后不久，改革主要在农村进行。1980 年 9 月，中共中央印发了《关于进一步加强和完善农业责任制的几个问题的通知》。到 1980 年底，实现包产到户和包干到户的生产队从 1980 年初的 1% 上升到 15%。1982 年 1 月 1 日，中共中央发布名为《全国农村工作会议纪要》的该年 1 号文件，明确提出

---

① 马立诚，凌志军．交锋——当代中国三次思想解放实录［M］．北京：今日中国出版社，1998：57．

"目前实行的各种责任制，包括小的包工定额计酬，专业承包联产计酬，联产到劳，包产到户、到组，包干到户、到组等，都是社会主义集体经济的生产责任制"。从 1982 年到 1986 年，中共中央连续 5 年每年制定一个 1 号文件，促进农村不断深化改革，促进农业不断发展，结合农村形势迅速变化的实际，及时总结经验，推动了农村改革逐步深入发展。到 1982 年底，全国约有 80% 的农民实行了包干到户，粮食总产量较前一年增长 9%。1983 年，实行了包干到户的生产队占总数的 98%，粮食总产量又比前一年增长 9%。1985 年，粮食总产量增长 5%。[①]

与此同时，农村乡镇企业异军突起，为农民脱贫致富开辟了门路，为农村农业发展提供了大量资金，吸纳了大批农村劳动力，为国家财政收入做出重大贡献，促进了农村城镇化发展。到 1987 年，乡镇企业数从 1978 年的 152 万个发展到 1 750 万个；从业人员数从 1978 年的 2 826 万人增加到 8 815 万人；产值达到 4 764 亿元，占农村社会总产值的 51.4%，历史上第一次超过农业总产值，占全国工业总产值的 1/4。[②]

1984 年 10 月 20 日，中共十二届三中全会在北京召开。全会讨论并通过的《中共中央关于经济体制改革的决定》，规定了改革的方向、性质、任务和方针政策，是指导中国经济体制改革早期的纲领性文件。由于城市在现代化建设中起着主导作用，会议认为在继续深入搞好农村改革的同时，加快以城市为重点的整个经济体制改革的步伐是当前中国形势发展的迫切需要。虽然文件确立的阶段性的改革目标是商品经济，但"市场"二字在文件中出现了 16 次之多。以中共十二届三中全会的召开为标志，系统地以城市为重点的整个经济体制的改革全面展开，从此进入以国企改革为中心环节的城市经济体制改革阶段。

这个时期经济体制改革的中心环节是扩大企业自主权，实行政企分开，扩大企业自主权的管理体制改革；发展以公有制经济为主体，多种所有制形式共同发展的经济制度；发展以按劳分配为主的分配方式。从而使中国人的价值观念、思维方式和行为方式发生根本变化，发展商品经济和发家致富成为社会的潮流。通过包产到户、家庭联产承包责任制、岗位责任制等制度的确立，一些经济权力得到下放，很多计划手段被取消。随着各行各业以及各个机构内部的各种激励机制的建立，全社会的积极性得到极大的调动。

在改革开放政策的推动下，经济特区建设也在逐步深入展开，成为推进我国改革开放和加速社会主义现代化建设而作出的重大决策和重大步骤。1980 年 8 月 26 日，五届全国人大常委会第十五次会议批准建立深圳、珠海、汕头、厦门四

---

① 马立诚，凌志军. 交锋——当代中国三次思想解放实录 [M]. 北京：今日中国出版社，1998：141.
② 马立诚，凌志军. 交锋——当代中国三次思想解放实录 [M]. 北京：今日中国出版社，1998：145.

个经济特区，并批准公布了《广东省经济特区条例》，标志经济特区正式诞生。1984年5月，中共中央和国务院决定开放大连、秦皇岛、天津、烟台、青岛、连云港、南通、上海、宁波、温州、福州、广州、湛江、北海14个沿海港口城市。1985年2月，中共中央和国务院决定分两步开放沿海地区经济。第一步，先开放长江三角洲、珠江三角洲和闽南厦漳泉三角地区；第二步再将辽东半岛、胶东半岛开辟为沿海经济开放区。1988年4月13日，第七届全国人民代表大会第一次会议作出《关于设立海南省的决定》和《关于建立海南经济特区的决议》，中国最大的经济特区正式建立。1992年以后，中国加快改革开放步伐。

（三）社会变革与发展掀起深层次"文化热"

1. "文化热"的背景

20世纪80年代，在改革开放的推动下，中国社会逐步对经济、政治等领域提出深入改革的要求，并在思想文化领域出现持续近十年的文化研讨热潮，人们将其称为80年代的"文化热"。

"文化热"的出现绝非偶然，它既在改革开放中应运而生，更是历史与现实、国内外多因素交互作用的结果。改革的深入，促使人们对历史与现实进行深入全面的反思和探索，社会的进步不但需要经济发展，需要"以经济建设为中心"，尤其需要制度变革，需要政治改革的保障，需要循序渐进地实行文化的全方位变革和现代化，需要思想文化观念的转变和引领。而开放不仅推动改革的进程，也为中国的现代化呈现了更多的文化参照，促进对人类文化优异成果的比较和选择。现代国际社会出现的"全球意识"和"寻根意识"潮流，以及20世纪70年代以后东亚发展模式对世界经济结构产生的变化，促使当代西方学者对中国文化传统重新进行全面的评估，进而也影响了中国社会。

2. "文化热"的过程与内容

"文化热"大体可以分为两个阶段：1980~1984年为酝酿阶段；1984年底~1989年上半年为高潮阶段。"文化热"主要体现在开展具有影响力的研讨活动，出版研究成果、文化丛书和著作，以及设立专门研究机构三个方面。"文化热"讨论议题主要围绕如何对待中国传统文化、中国传统文化的涵盖内容，如何对待外来文化尤其是西方文化，以及如何建设中国社会主义新文化等方面。

1982年12月，《中国文化研究集刊》和联合国教科文组织《人类科学文化史》中国编委会，共同发起的"中国文化史研究学者座谈会"，提出了研究中国文化的紧迫性。此后，对中国文化的研究迅速地在各地展开，形成了北京、上海、广州、武汉等研究中心。1984 年 12 月，上海社会科学院发起组织了全国首届"东西文化比较研究讨论会"，就东西方文化产生发展的背景、特点、差异以及进行比较研究的方法问题展开了热烈的讨论。1985 年 2 月，中国文化书院和九州知识信息开发中心联合在北京举办了"中国文化讲习班"，一批著名学者、专家如冯友兰、梁漱溟、张岱年、任继愈、阴法鲁、汤一介、金克木、侯仁之、李泽厚等到会讲学，还邀请了美国哈佛大学教授杜维明、中国台湾学者陈鼓应教授到会讲学。1986 年 1 月，这两个单位又联合举办了第二期中国文化讲习班。

当时文化研讨活动的盛况，从宋君健先生的回忆中可见一斑："1986 年 7 月青岛的中西文化讲习研讨会的规模与规格，会风和影响都令人惊叹。会议邀请了各派学者张岱年、常任侠、梁漱溟、周谷城、李泽厚、陈中英（原文误，应为成中英，著者注）、陈鼓应、方励之、杜维民等十二人，每天上午主讲，下午答问讨论。与会者八百余人，当时我国已毕业和在读的人文社科类博士仅一百六十余人，与会者竟过百人，三分天下有其二，硕士两百多人，大学教授讲师不下四百，集学界一时之盛。海外媒体赞为'名流荟萃，高论爆棚'。会议没有官式开幕典礼而代之以选举大会临时学术小组。当时已离休在青度假的李锐也受邀前来听会，在与会务人员同吃工作餐时一同各抒己见。会议没能集中开餐和住宿，更无娱乐旅游安排。在海风习习的夏夜，海滩和招待所的草坪花坛旁处处有自组的博士沙龙、硕士沙龙、教授沙龙、讲师沙龙散布其间；名重齐鲁的刘泽华、刘蔚华以民主政治为题的讲学，所拟民主政治十数项特征言犹在耳，对西方政治文明在中国的知晓确有启蒙意义；杜维民所作的新儒学的讲演历历在目。半月研讨会座无虚席，偶一晚，会务小组包了场电影，不期军招放映厅内仅寥寥三十余人。"①

在出版文化著作方面，1984 年，上海书店影印了 20 世纪 30 年代出版的《中国文化史丛书》共 50 种。上海人民出版社出版的《中国文化史丛书》，从 1985 年开始原拟分十五类，出版 100 种，到 1996 年实际出版 26 种。在普及文化上影响最大的，当属由四川人民出版社 1984～1988 年出版发行的《走向未来》丛书，丛书原计划出书 100 种，到 1988 年共出书 74 种，涉及社会科学和自然科学的多个方面，包括了外文译作和原创著作。加州大学伯克利分校的 F. 魏克曼教授曾称之为"中国的丛书热"，要他的研究生专门研究。② 三联书店从 1986 年起三四年间就出版了"现代西方学术文库""新知文库""人文研究丛书"，以及《文

① 宋君健. 二十世纪八十年代文化热回瞻 [J] 云梦学刊，2008（6）：24.
② 朱维铮. 近 10 年中国的文化和文化史研究 [J]. 上海文化，2005（6）：39.

化：中国与世界集刊》等上百种出版物。其中"现代西方学术文库"影响力最大，生命力最长，从1986年12月起，十余年间遴选、翻译、出版了五十余种西方近现代学术经典。

1984年10月，中国文化书院在北京成立。中国文化书院是由我国已故著名学者冯友兰先生与北京大学哲学系张岱年、朱伯崑和汤一介等几位教授共同发起，联合北京大学、中国社会科学院、中国人民大学、北京师范大学、清华大学、北京师范学院等单位及台、港和海外的数十位著名教授、学者一道创建的民间学术研究和教学团体。中国文化书院自建院成立以来，围绕中国传统文化的主题，开展过多种研讨、教学和交流活动。1985～1989年，举办过《中国传统文化》《中外文化比较》《文化与科学》《文化与未来》等短期讲习班、进修班共20多期；1987～1989年，举办了两年制的"中外文化比较研究"函授班，在全国有12 000多名函授学员，分布于几乎所有省、市、自治区。

1985年，北京、上海、武汉、西安、广州、天津、杭州等地的中国学者，包括王元化、庞朴、汤一介、萧萐父、陈俊民、张磊、刘泽华、沈善洪、纪树立、朱维铮等，以及美国哈佛大学的杜维明和加州大学伯克利分校的魏克曼，开始举行一年一度的文化研究协调会，由此形成了一个"松散的联盟"，有组织地进行文化和文化史的研究。在"文化热"的浪潮推动下，清华大学于1985年成立了思想文化研究所。

与"五四"新文化运动相比，"文化热"讨论议题除去围绕如何对待中国传统文化和如何对待西方文化外，全面系统地介绍了当代世界文化，并重点展开了如何建设中国现代社会主义新文化的讨论。"文化热"中最引人注目的一个方面，就是经济文化热的兴起。"它是改革开放政策带来经济振兴的直接文化产品，也是从本国国情出发，建设社会主义新文化的集中表现。一大批与新型经济、文化环境相适应的文化课题涌现出来，特别是最能反映经济振兴的企业文化、商业文化和都市、特区文化等，呈现出蓬勃发展的景象。为现代化，特别是社会主义新文化的建构提供了坚实的物质基础，成为社会主义新文化的客观文化环境和实质性内容。"[①]

3. "文化热"的意义

改革开放宏观政策和新时期的经济振兴，不仅酝酿了"文化热"，而且赋予"文化热"新的内容。人们正是在宽松的政策环境下和激烈的学术交锋中，开展文化概念论争、理论考究和模式评价，目的是围绕现代化的要求进行富有成效的

① 李宗山. 20世纪中国的两次"文化热"述评［J］. 中华文化论坛，2001（3）：67.

思想文化建设和理论探讨。"正是通过这次文化热，才最终完成了由'五四'时期精神思想领域的文化变革到 80 年代物质经济领域的文化变革。是文化史上的一个重要阶段—由封建文化向社会主义新文化的过渡阶段。"①

"文化热"的浪潮，不仅席卷了思想文化界，同样深度影响了中国经济社会的方方面面，特别是在中国选择社会主义市场经济作为社会发展的经济和制度基础的过程中，"文化热"自然成为商业文化理论自觉应运而生的时代背景。

（四）社会主义市场经济开辟新纪元

1993 年 11 月，中共中央十四届三中全会审议并通过了《中共中央关于建立社会主义市场经济体制若干问题的决定》（以下简称《决定》）。《决定》内容分为十个部分：一、我国经济体制改革面临的新形势和新任务；二、转换国有企业经营机制，建立现代企业制度；三、培育和发展市场体系；四、转变政府职能，建立健全宏观经济调控体系；五、建立合理的个人收入分配和社会保障制度；六、深化农村经济体制改革；七、深化对外经济体制改革，进一步扩大对外开放；八、进一步改革科技体制和教育体制；九、加强法律制度建设；十、加强和改善党的领导，为本世纪末初步建立社会主义市场经济体制而奋斗。《决定》把党的十四大确定的经济体制改革的目标和基本原则加以系统化、具体化，是我国建立社会主义市场经济体制的总体规划，是 20 世纪 90 年代进行经济体制改革的行动纲领，对我国的改革开放和社会主义现代化建设产生重大而深远的影响。

市场经济体制登上中国社会主义现代化建设的大雅之堂并不一帆风顺。直到 1982 年 9 月的党的十二大报告，才明确写上"计划经为主，市场调节为辅"的原则。1984 年的《中共中央关于经济体制改革的决定》，开始突破把计划经济和商品经济对立的观念，提出"社会主义计划经济必须自觉依据和运用价值规律，是在公有制基础上的有计划的商品经济。商品经济的充分发展，是社会经济发展的不可逾越的阶段，是实现我国经济现代化的必要条件"。1992 年 10 月的党的十四大报告，第一次郑重宣告：中国经济体制改革的目标，是建立社会主义市场经济体制。党的十四大报告提出，"我们要建立的社会主义市场经济体制，就是要使市场在社会主义国家宏观调控下对资源配置起基础性作用，使经济活动遵循价值规律的要求，适应供求关系的变化；通过价格杠杆和竞争机制的功能，把资源配置到效益较好的环节中去，并给企业以压力和动力，实现优胜劣汰；运用市场对各种经济信号反应比较灵敏的优点，促进生产和需求的及时协调"。到了

---

① 李宗山 . 20 世纪中国的两次"文化热"述评［J］. 中华文化论坛，2001（3）：67.

2013 年的《中共中央关于全面深化改革若干重大问题的决定》中，则进一步强调要"紧紧围绕使市场在资源配置中起决定性作用深化经济体制改革，坚持和完善基本经济制度，加快完善现代市场体系、宏观调控体系、开放型经济体系，加快转变经济发展方式，加快建设创新型国家，推动经济更有效率、更加公平、更可持续发展"。

经过改革开放 21 年的发展，对市场经济体制在中国社会主义现代化过程中作用的认识，从"对资源配置起基础性作用"深化到"在资源配置中起决定性作用"，与从"计划经济为主，市场调节为辅"到"有计划的商品经济"，从"有计划的商品经济"到"社会主义市场经济体制"一样，每次转变和深化都是一次质的飞跃。同时，如果没有当时的"计划经济为主，市场调节为辅"的认识基础，也就没有后来的"在资源配置中起决定性作用"的思想认识和制度政策。

市场经济体制以市场机制作为配置社会资源的基本手段，最基本的特征就是经济资源商品化、经济关系货币化、市场价格自由化和经济系统开放化。它实现的手段和方式、体现的原则和精神，实质就是商业的手段、方式、原则和精神。胡平先生在国家决策层提出建立社会主义市场经济体制之前，倡导商业文化建设，与之既有异曲同工相辅相成之妙，也有一语中的的前瞻之见。

二、倡导中国商业文化建设的历史价值

沙拉·贝克韦尔在《存在主义咖啡馆：自由、存在和杏子鸡尾酒》一书中评价尼采思想对后人的影响时写道："虽然他的时代无法理解他，但他总认为，他的成功之日一定会到来。"[1] 与尼采生前的情形不同，尽管胡平先生提出商业文化建设之时有一部分人不能理解，或者对商业文化建设的深刻含义未能全面认识，但中国商业文化的春天已然到来。在中国商业文化建设的早春里，不仅风和雨细，而且春意盎然，只是仿佛花园里的花开早于叶茂，艳丽夺目的花蕊少了些绿叶的陪衬，景象固然热烈跃动，但缺少雍容灿烂之气。而那商业文化百花园里的绿叶繁枝，正是商业文化理论的繁荣和舆论的烘托。在中国市场经济构想欲建未建之际，在中国社会主义现代化建设方兴未艾之初，提出创建中国商业文化学的倡议，是中国现代社会的商业思想启蒙，为中国现代商业文化的春天增添了一

---

① ［英］莎拉·贝克韦尔. 存在主义咖啡馆：自由、存在和杏子鸡尾酒［M］. 北京：北京联合出版社，2017：32.

抹新绿。

　　站在今天的角度看，胡平先生当年倡导商业文化建设之举，具有以下历史价值。

（一）为经济现代化探索突破口

　　诚如胡平先生所言，当年产生倡导商业文化建设理念的机缘，始于就任中华人民共和国商业部部长之际。从事国家商业宏观管理工作的实际，促成倡导商业文化建设之举，既有偶然，更属必然。虽然当时指称商业文化的"商业"，还不是指广义的营利行为的商业，但也绝非"商业部管辖系统的商业"，而是泛指商品流通领域的大商业。倡导商业文化建设之初，彼时商业流通体制改革在经历了放权让利改革阶段后，正处于租赁承包改革阶段。正以建立有计划的商品经济体制为指导思想，对企业体制、价格制度、批发体系、经营形式、组织结构等方面进行多元化改革，使商业朝着更加社会化、现代化、国际化的方向发展。

　　胡平先生倡导商业文化建设，是从发展商品经济、治理整顿流通领域中的乱象、开拓国际市场等实际工作领域切入，既要为商业工作的发展提供一个长久、适宜的战略思路；又试图从文化传承与创新的思想深处探索与现代商品经济的有机结合，进而产生推动商业进步的文化动力。因此，在社会主义现代化建设方兴未艾的浪潮推动下，胡平先生虽从工作业务的角度出发并联系思想文化的互动，通过商业文化建设提高商业的社会地位，改变轻商传统，改善商业的社会形象，其实质是在商业领域为经济建设的现代化探索寻求突破口。因为社会经济现代化，绝非个别领域的单枪匹马，或者某些方面的修修补补零敲碎打，而是需要全社会、全方位、全过程的协同变革与创新。恰恰中国社会经济的现代化，首先需要从商品经济进而市场经济建设搭建基石和起点做起。

　　罗荣渠先生曾将学术界关于现代化概念的主要含义作了概括，包括四大类[1]，且各类观点并非截然对立，有些观点实际上是互相渗透、相辅相成的。

　　其一，指在近代资本主义兴起后的特定国际关系格局下，经济上落后国家通过大搞技术革命，在经济和技术上赶上世界先进水平的历史过程。

　　其二，指经济落后国家实现工业化的过程，实质是工业化。这里的工业化是概括现代社会变迁的动力、特征和进程，工业化的过程不限于经济方面，涉及社会的各个方面。随着 20 世纪下半叶发展经济学、发展社会学等学科的建立，发展和现代经济增长成为现代化研究的中心问题，工业化一词从广义上说已成为经

---

① 罗荣渠. 现代化新论 [M]. 北京：北京大学出版社，1993：8 - 17.

济现代化的同义语。

需要说明的是，这类含义容易产生误会，特别是容易让中国人产生误会。以为工业化无非就是机械化的社会大生产，比如历史上的洋务运动和计划经济年代，都忽略了机械化社会大生产不能须臾离开它所依赖的运行机制，这个机制不是别的，正是与机械化大生产相伴而行的商业或市场机制。殊不知从人类社会发展历程看，发达国家往往是先有了商业革命和商业化的社会机制，才有工业革命和现代大工业体系及其社会经济体系的构建。

其三，指自科学革命以来人类急剧变动的过程的统称。人类社会现阶段发生的史无前例的变化，不仅限于工业领域或经济领域，同时也发生在知识增长、政治发展、社会动员、心理适应等各个方面。这种观点与上一观点的区别之处，在于它不是着眼于工业化的纯粹经济属性，而是注意社会制度及结构与工业化和经济发展的关系；认为科学革命具有改变人类环境（主要指社会环境，当然自然环境的改变同样巨大）的巨大力量，造成特殊的社会变迁方式，而社会单元对于这一新环境和变化的适应和调整的过程就是现代化。

其四，认为现代化主要是一种心理态度、价值观和生活方式的改变过程，是代表我们这个历史时代的一种"文明的形式"。德国社会学家、历史学家马克斯·韦伯的观点具有代表性。他认为，欧洲资本主义的兴起与发展并不仅仅是经济与结构方面的问题，"归根到底，产生资本主义的因素乃是合理的常设企业、合理的核算、合理的工艺和合理的法律，但也并非仅此而已。合理的精神，一般生活的合理化以及合理的经济道德都是必要的辅助因素"①。从韦伯学派的社会学观点来看，现代化就是"合理化"，是一种全面的理性的发展过程。对发展中国家而言，这个过程不是自然的社会演进，而是有目标、有计划，以较短的时间、最有效的途径，学习、借用和移植先进国家成果的过程。

综观上述现代化的含义，无论从哪个角度考察，商业、商业规则、价值规律、市场机制、商业环境、商业道德、商业精神等，对于中国社会从传统农耕文明向现代工商业文明变革和转型全过程，都具有基础性和前导性的重要意义。正因为如此，我们才首先从经济现代化的角度认识倡导商业文化建设的意义。

其实，彼时的中国，关于改革开放对中国现代化建设意义和作用具有清醒和深刻认识的岂止胡平先生，但我们要感谢胡平先生创造性地使用了商业文化建设——这个既中国又世界的概念表达方式，既直接又透彻、既尖锐又深邃地从新的角度揭示了中国社会主义市场经济和现代化建设的真正意义。虽然当时诠释的商业还只包括商品流通领域，对商业文化的理解也有一定的局限，但这一切都瑕不掩

---

① ［德］马克斯·韦伯. 世界经济通史［M］. 上海：上海译文出版社，1981：301.

中国商业文化实践与理论

瑜，因为商业文化建设概念的前瞻性、概括性和包容性，已然为中国改革开放和社会主义现代化伟大事业增添了思想的助力。

（二）为社会主义市场经济体制构建做舆论和理论准备

我们前面已经多次提到，商业文化建设倡导之初，构建社会主义市场经济体制的规划尚未展开，即便是倡导商业文化建设也是先以建立有计划的商品经济体制为目标，随后才转为建立社会主义市场经济体制的目标。然而，实际上商业主体、商业行为、商业规则、商业理念、商业道德、商业环境等倡导商业文化建设的核心内容，与市场经济体系的构建不谋而合，正是市场经济体制运行的基本要求和准则。虽然倡导商业文化建设与提出建立有计划的商品经济体制目标之间的时间间隔并不长，但在倡导商业文化建设的早期，无论是在商业领域的直接作用，包括学习、宣传、指导推动，建立全国性的学术社团组织，还是在社会产生的影响，无疑成为社会主义市场经济体制构建的舆论和理论准备。之后，商业文化建设与社会主义市场经济的世纪浪潮汇成滚滚洪流，商业文化建设自然成为社会主义市场经济建设的题中应有之义。

胡平关于商业文化建设的论述，是中国社会主义市场经济建设过程中的重要理论建树，而他倡导的商业文化建设实践，更成为中国现代化进程中的耀眼之举。

（三）为中国全面现代化建设搭建文化框架

中国现代化伟业的过程是难以用任何单一或几个专业或学科的概念加以概括的，就像前面列举的现代化概念。否则，也不会有中国当代社会生活中经济建设、政治建设、文化建设、社会建设、生态文明建设的逐一阶梯上升进而逐步形成的"五位一体"。可以断言，这个过程并未完结也不会终止，因为民主法治建设、道德信用建设、心理建设、思想观念建设等无疑已经构成中国当代社会生活必须解决的重要课题，从这个意义上讲"九位一体"又何尝不可。

胡平先生倡导商业文化建设之举，并未着眼于为改革开放和中国现代化伟业做整体性顶层规划，他只是从商业（非广义概念）角度出发并联系与商业有直接关联的方面进行勾勒。然而，只要从商业（无论广义或非广义）的角度出发，用商业文化建设予以概括，就会在两个层面对中国全面现代化建设具有极其重要的理论价值和现实意义。

其一，就商品文化、营销文化、商业伦理文化、商业环境文化和商人文化这个商业文化建设所涵盖的初始含义而言，其实已经包含了市场经济体系内容的基本骨架。市场经济条件下，人们的经济活动达到最大限度的商业化，市场法则就是现代商业法则，市场观念就是现代商业观念，市场意识和精神就是现代商业意识和精神。从这个意义上讲，说商业文化就是市场文化也可以成立，而现代市场文化无疑就是市场经济体系的文化观表达。

其二，如果从广义的商业和文化概念出发，则商业文化建设所涵盖的范畴，不仅包括与商业活动有直接关联的方面和领域，而且囊括了一切与商业活动有直接间接关联的、伴生的、派生的、衍生的等等所有方面和领域的内容。这里的商业文化（或者可以完整地表述为工商业文化），只是用来概括现代社会变迁的主要动力、特征和进程。从这个意义上看，倡导商业文化建设之举，为中国全面现代化建设的宏伟蓝图搭建了一个文化的框架。这个文化框架的价值在于，中国全面现代化建设过程中，不仅需要考虑建设过程中涉及主要领域的基本框架，尤其需要全息的、整体的文化关照。否则，就会虽在历史巨变的洪流中却总想摸着岸边的石头过河；就会见物不见人；就会只见树木不见森林；就会唯我独尊，夜郎自大；最终难以实现文化的革故鼎新、标新立异、绵延不绝，成就中国全面现代化建设的伟业。

第三章

商业文化的系统与结构^①

本章通过商业文化在人类文明巨系统中的作用和商业文化的系统结构分析，探讨商业文化系统与结构的一般问题。主要讨论商业文化在人类文明发展进程中的作用，商业文化系统以及子系统的结构问题，商业文化基本要素及其结构问题，不同国家或民族的商业文化即商业文化的国家和民族的结构问题，以及中国明清时期不同商帮即区域商业文化的特色结构问题。

一、人类文明进程中的商业文化

（一）人类文明体系的巨系统

1. 文明与文化

一部人类社会发展史，就是一部人类文明演进的历史。西语中的"文明"，无论是英语的"civilization"，法语的"civilisation"，还是德语的"zivilization"，

---

① 本章由王长斌执笔。

第三章　商业文化的系统与结构

31

第三章　商业文化的系统与结构

都源于拉丁文 civis（公民）、civitas（有组织的社会或城市）和 civilis（公民）。其意涵是指公民的、有组织的，指公民的品质与社会生活的规则。从中文来看，文明一词，最早出自《易经·乾卦·文言》，曰："见龙在田、天下文明。"隋唐时期的经学家孔颖达（公元574~648年），对此句话的解释是："天下文明者，阳气在田，始生万物，故天下有文章而光明也。"并在注疏《尚书》时，将"文明"解释为："经天纬地曰文，照临四方曰明。"其主要的用意，是在讲人类改造大自然的成就和功绩，可以使人类驱除愚昧，走向光明。《辞典》则解释其有两种含义：（1）人类社会进步开化的状态。相对于野蛮而言。如"物质文明""精神文明"。清末民初称新颖，具现代色彩的事物，常加上文明二字。（2）文化。

可见，东西方关于文明一词的定义是共通的。文明与野蛮、蒙昧相对，指人类建立起某种群居秩序，制造便利生活的工具，脱离野蛮的状况，成为进步的状态。故文明中含有开化与教育的意义在内，反映的是社会、国家、地区和个人发展进步的程度。

另外，无论是在中文还是西语中，"文明"（civilization）和"文化"（culture）都属于使用频率极高而又极为模糊的概念，两者经常混用。如英国人类学之父泰勒在1871年出版的《原始文化》一书中把文化与文明连在一起，他说："就广义的民族学意义来说，文化或文明，是一个复合的丛体，它包括知识、信仰、艺术、道德、法律、风俗，以及作为社会成员的一分子所获得的全部能力和习惯。"从文化的定义来看，广义指人类在社会历史实践中所创造的物质财富和精神财富的总和。狭义指社会的意识形态以及与之相适应的制度和组织机构。所以，塞缪尔·亨廷顿认为"文明和文化都涉及一个民族全面的生活方式，文明是放大了的文化。文化是所有文明定义的共同主题"①。

由此，我们经过辨析可以得出如下结论：

（1）广义上的文化包括文明。文明是在文字出现、城市形成和社会分工之后形成的，是一种较高级的、较发达的文化形态。文明相对于野蛮，而文化相对于自然。依据此义而言，任何时代、地区的人群，都有其文化，但不一定有文明，或各人群的文明程度存在着差异。（2）狭义上的文化属于当时社会文明的一部分，即与物质文明相对而称的精神文明，或与政治、经济相对应的文化范畴。（3）文明经常从人类进步的意义上去讲，比如从原始文明、农业文明、游牧文明到工业文明、信息文明。而文化经常从群体差异的角度去讲。比如东西文化、民族文化、区域文化。（4）文明的动态性较文化更为明显，随着历史的发展而进

① ［美］塞缪尔·亨廷顿，文明的冲突与世界秩序的重建［M］. 北京：新华出版社，2010：20.

步，尤其是物质文明变化最大，表现出相对稳定的跳跃式发展历程；而文化更多从历史长河来考察，反映动态的渐进的不间断的发展过程，变化相对缓慢。

2. 人类文明的巨系统

当我们厘清文化与文明的定义后，就可以从人类文明全局中考察商业文化的类型与演进史。这实际上是一件很不容易的事情，首先不是因为商业交换活动的由来已久，而是整个人类文明系统之复杂。人类文明是在相对稳定的历史时段内，以及一定地域、民族和国家主权范围内，使人类脱离野蛮状态的所有社会行为和自然行为构成的集合。在人类文明的巨系统中，存在着政治、经济、法律、科学、技术、军事、生态、宗教、教育、医疗、民族、习俗、思想、心理、文学艺术等因素相互关联的动态过程。其范围之大和复杂程度之高是一般系统所没有的。著名科学家钱学森先生是中国系统科学的奠基人，他在做系统分类时，提出"根据组成系统的子系统以及子系统种类的多少和它们之间关联关系的复杂程度，可把系统分为简单系统和巨系统两大类。若子系统数量非常大（如成千上万、上百亿、万亿），则称作巨系统。若其子系统种类很多，并有层次结构，它们之间关联关系又很复杂，这就是复杂巨系统。如果这个系统又是开放的，就称作开放的复杂巨系统"①。钱学森先生提出，人类文明是一个典型的开放的复杂巨系统。这个巨系统与周围的历史、自然环境有物质的交换、能量的交换和信息的交换。人类文明系统所包含的子系统很多，亿万之巨；即便从种类来看，也是有上百种子系统，所以是"复杂的"。这些复杂的子系统之间有许多层次，要去完成宏观观测需要巨大的资料积累和研究分析。

3. 人类文明的整体性

需要强调的是，社会文明巨系统具有整体性特征和结构特点，无论处于哪个历史时段，无论位于哪个地域，无论属于哪个主权国家哪个民族，其社会文明体系都是整体性的存在，各个子系统都是紧密关联、不可分割的，相互之间都是互动协同、互为因果的关系。比如古希腊文明，不仅取决于发祥生长于地中海沿岸，而且取决于曾经产生于爱琴海地区的克里特文明和迈锡尼文明，取决于工商业的繁荣，取决于奴隶制城邦式国家，取决于民主政治制度的尝试，取决于民主制政体和贵族制政体的多元化，取决于男性美崇拜，取决于埃及宗教、波斯哲学、腓尼基文字、巴比伦天文和"野蛮民族"艺术等文明成果的传播，取决于古希腊哲学，取决于古

希腊戏剧，甚至取决于奴隶制度的实行等。仅以奴隶制来说，正是由于古希腊开放的地缘结构和发达的奴隶制工商业，奴隶劳务繁重而数量有限，加上种族奴隶制与帝国霸权的相互促进相得益彰，所以，"提供希腊人以闲暇的是希腊的奴隶制，提供希腊人以自由的是希腊的城邦民主制"①。古希腊奴隶制民主和奴隶制经济也就成为科学文化兴起的基础。因此，没有上述任何一个要素的存在，便没有伟大的古希腊文明；只有上述要素的共同作用，才能产生伟大的古希腊文明。

（二）人类文明体系的类型结构

任何系统都存在结构。作为一个开放的复杂巨系统，人类文明同样有其结构。所谓系统结构，是构成系统的要素间相互联系、相互作用的方式和秩序，或者说是系统联系的全体集合。联系就是系统要素之间相互作用、相互依赖的关系，它是要素构成系统的媒介。要素间的联系可以从三个方面体现：联系的形式、联结链的多少、联系的强度。系统结构与系统要素、联系相比，层次要更高，而且显得更为复杂，系统内每一要素与联系的变化都会引起系统结构的变化。系统结构的形式是多种多样的，具有多维性。从时空维度看，人类文明体系通常有以下几种：（1）时间结构，诸要素随时间推移而形成联系的组合形式；（2）空间结构，诸要素在空间上的联系形成的排列组合形式；（3）时空结构，时间结构和空间结构的统一体。②

1. 人类文明体系的时间结构

从时间结构上来看，首先文明时代自身是关于人类社会发展阶段的一个术语。按照 19 世纪美国民族学家摩尔根的分析，文明时代是指继蒙昧时代、野蛮时代之后人类社会发展的第三个时期。考古学认为人类生存于地球上的时间，五分之三为蒙昧时代，五分之一强为野蛮时代，文明时代仅为一小部分，不过五千年。摩尔根认为，文明时代始于标音字母的发明和文字的使用，直至近代。它又分为古代文明与近代文明两个阶段。古代文明的成就与标志是：出现了城市、贸易、简单机械、古典艺术及科学，以领土及财产为基础的国家、帝国、王国，民主共和制及贵族共和制等政权形式，以及军队和基督教，等等。近代文明的成就与标志是：出现了电气、机械、学校、科学，代议民主制、立宪君主制、近世特权阶级以及国际法、成文法，等等。

---

① 吴国盛. 科学的历程（第二版）[M]. 北京：北京大学出版社，2002：59.
② 何盛明. 财经大辞典 [M]. 北京：中国财政经济出版社，1990.

恩格斯在《家庭、私有制和国家的起源》中沿用文明时代的概念，而用唯物史观予以概括，指出文明时代始于第三次社会大分工，即在生产上人类社会对天然产物进一步加工的时期，这是真正的工业和艺术的时期，并具有如下经济和政治上的特征：出现金属货币从而产生货币资本、利息和高利贷；出现作为生产者之间中介人的商人阶级以及城乡的对立；出现土地私有制和抵押制；出现作为占统治地位的生产形式的奴隶劳动；以父权为中心的一夫一妻制家庭成为社会经济单位；作为阶级统治机构的国家是文明社会的总概括。文明时代的基础是一个阶级对另一个阶级的剥削。文明时代三个时期及其所特有的三大奴役形式是：古代的奴隶制、中古的农奴制、近代的雇佣劳动制。

当然，站在 21 世纪的时点上，人们更经常地将人类文明按时间划分为古代文明、近代文明、现代文明；如果结合到生产力的形态，则是原始文明、农耕文明、工商业文明、信息文明等不同的发展阶段；也有人将其分为原始文明、农业文明、工业文明与生态文明时代。

2. 人类文明体系的空间结构

而从空间结构上来看，如果将文明视为一个最广泛的文化实体，则各个乡村、地区、种族群体、民族、宗教群体都在文化异质性的不同层次上构成不同的文明群落。而在通常意义上，经常使用的划分方式是东方文明、西方文明；或者更具体一些是中华文明、古希腊文明、印度文明和两河文明。按照塞缪尔·亨廷顿的观点，文明是对人最高的文化归类，是人们文化认同的最广范围。换句话说，文明是最大的"我们"，在其中我们在文化上感到安适，因为它使我们区别在它之外的"各种他们"。亨廷顿将当代的主要文明划分为八大文明：中华文明、日本文明、印度文明、伊斯兰文明、东正教文明、西方文明、拉丁美洲文明和可能存在的非洲文明。

3. 人类文明体系的时空矩阵

如果按照时、空两个维度来进行分类，那就会是更复杂的划分了。这里尝试将其做如下简要归纳，具体如表 3 - 1 所示。

表 3 - 1　　　　　　　　　　人类文明的时空矩阵

分类	西方文明	中东文明	东方文明	其他地区
早期文明 （前 3500 年 ~ 前 1000 年）	克里特文明 迈锡尼文明	苏美尔文明 古埃及文明	中华古文明 哈拉巴文明	

分类	西方文明	中东文明	东方文明	其他地区
古典文明 （前 1000 年 ~ 公元 400 年）	古希腊 – 罗马文明	希伯来文明 古波斯文明	中国文明 印度文明	
中世纪文明 （400 ~ 1500 年）	基督教文明 拜占庭文明	阿拉伯/ 伊斯兰文明	中国文明 印度文明	玛雅文明
近代文明 （1600 ~ 1917 年）	资本主义文明 工业文明	伊斯兰文明	日本文明	美利坚文明
现代文明 （1917 年至今）	西方文明 东正教文明	伊斯兰文明	中国文明 印度文明	拉美文明

（三）人类文明体系的运行机制

以上有关人类社会文明体系时空结构的论述，对人类文明演进的进程和类型做了概要的归纳。为何是这样的演进过程？内在的规律在哪？必须从探讨人类文明体系的要素与运行机制开始。在这方面，两个德国人，分别是卡尔·马克思和马克斯·韦伯做出了重要贡献。

1. 唯物史观对社会发展规律的揭示

马克思是历史唯物主义学说的创始人，他将社会文明分为社会存在和社会意识。社会存在是指社会物质生活条件的总和。它包括地理环境、种群数量因素和生产方式。其中对社会发展起决定作用的是生产方式（主要指物质资料的生产方式），生产方式包括生产力和生产关系。社会意识是社会生活的精神方面，是社会存在的反映，包括了人的一切意识要素和社会的全部精神现象，包括社会意识形态、社会心理和自发形成的风俗、习惯。社会存在决定社会意识，社会意识又可以塑造与改变社会存在。马克思在研究社会发展规律时，又进一步提出经济基础与上层建筑的概念。其中经济基础是社会发展到一定阶段上的社会经济制度，即社会生产关系的总和；上层建筑指建立在经济基础之上的政治、法律、宗教、艺术、哲学等观点，以及适应这些观点的政治、法律等制度。经济基础决定上层建筑，上层建筑反映经济基础。社会发展进步是生产力和生产关系（生产要素所有者与生产力提供者之间的关系）之间、经济基础（及由生产力和生产关系揭示的经济组织形式）与上层建筑之间两大矛盾运动的结果。

当按照系统分析的观点来考察社会文明，就可以进一步简化为经济、政治、文化三个子系统。所谓经济，就是指在一定的生产资料所有制的基础上进行的生产、交换、分配、消费等活动，以及在这些活动中结成的人与人之间的关系；所谓政治，就是指人们在特定的经济基础上，通过夺取或者运用公共权力而实现和维护特定阶级和社会利益要求，处理和协调各种社会利益要求的社会关系；文化则是相对于经济、政治而言的人类全部精神活动及其产品，既包括世界观、人生观、价值观等具有意识形态性质的部分，也包括自然科学和技术、语言和文字等非意识形态的部分。经济、政治和文化构成了社会生活的三个基本领域。在三者之中，政治和文化属于上层建筑，它们根源于经济，由经济基础决定，并对经济基础具有反作用。

就社会政治、经济、文化三个子系统的关系来看，首先经济是基础，为政治和文化的发展奠定物质条件，政治文明和文化的发展归根到底要受到物质文明发展水平的制约。离开了经济这个基础，物质文明上不去，政治文明和文化建设就因失去基础而成为一句空话。其次，一定的社会文化反映着一定社会的经济和政治发展状况，经济和政治决定着文化的性质和发展方向。最后，文化反作用于政治、经济，给予政治、经济以重大影响。经济发展是文化发展的基础，但这并不意味着文化的发展始终与经济的发展亦步亦趋。如同不能简单地把精神文明看作是物质文明的派生物和附属品一样，也不能简单地认为文化是经济、政治的派生物和附属品。

2. 韦伯：文化与经济和社会发展

马克斯·韦伯是德国著名社会学家，他在 1904 年到美国考察后，写出《新教伦理和资本主义精神》一书，其在这本人类永恒经典中提出：美国之所以产生了充满活力、发展迅速的资本主义社会，和从欧洲逃到美国来的新教徒（也称清教徒）带来的伦理道德、职业精神有直接的关系。传统的基督教轻视世俗的职业，反对营利性工作，主张人应该通过现世的苦修争取来世获得救赎的机会。而经过改革后的基督新教宣称：任何人类职业跟牧师的神职一样都具有神圣性，是上帝安排的任务。新教主张人们必须把职业视为人生的目的、使命和价值所在，必须尽自己的一切努力，履行上帝赋予自己的世俗责任。不仅如此，新教也肯定了盈利性工作，赚取财富本身就是在尽自己的天职，完全是在荣耀上帝。因此，新教"具有把人们获得财富的要求从传统伦理中解放出来的心理功用。新教不仅把人们获得财富的冲动合法化，而且把它直接视作上帝的旨意"[1]。人们有责任赚钱，因为这是在为上帝增加荣耀。同时，新教给予勤劳、节俭、守诺、诚信等

---

① ［德］马克斯·韦伯. 新教伦理与资本主义精神［M］. 北京：生活·读书·新知三联书店，1987：41.

敬业精神积极的道德肯定。由此韦伯断言：是新教伦理的职业精神推动了美国早期市场经济的迅猛发展。

马克斯·韦伯其实是从文化和历史对经济反作用的角度，论述了人类文明发展差异背后的规律。进一步的，他又在后续的探讨中进一步探讨了其他文明与经济、社会发展的关系。在《儒教与道教》[①] 一书中，以较大的篇幅分析研究了中国的社会结构，又重点研究了建立在这种社会结构基础之上的中国正统文化——儒教伦理，同时还顺便考察了道教。韦伯还将儒教与西方的清教作了较为透彻的分析比较。

直观来看，马克斯·韦伯的观点与卡尔·马克思的观点正好是相对的。一个是经济基础决定论，一个是文化决定论。但是，在其《新教伦理与资本主义精神》书中第一部分的末尾，马克斯·韦伯专门强调说："以对文化和历史所作的片面的唯灵论因果解释来替代同样片面的唯物论解释，当然也不是我的宗旨。每一种解释都有着同等的可能性，如果不是作作准备而已，而是作为一次调查探讨所得出的结论，那么，每一种解释都不会单独揭示历史的真理。"

（四）商业文化在人类文明发展进程中的作用

1. 商业文化与人类文明演进

由于商业文化在人类经济活动中的地位和作用不是一成不变的，随着贸易和市场交换在经济活动中日益频繁，比重、规模、领域不断扩大，以至须臾不可分离，市场成为资源配置的决定性力量，商业文化自然在经济活动中占据绝对重要的地位。杰出的马克思主义经济学家孙冶方指出，随着生产的发展，社会分工越来越细，企业间通过产品交换进行协作也就愈频繁、愈密切。因而流通过程对于提高社会劳动生产力就更加重要。社会分工，特别是社会化大生产，客观上要求实行经济核算，企业应该成为独立核算单位。不实行等价交换，企业就不可能实行独立的经济核算，从而就不可能节约社会劳动。改革开放以来，伴随商品经济的重新激活，乃至社会主义市场经济体制目标的提出，中国的商业文化也迎来了发展的春天。

商业文化是人类商业活动发展的产物。商业活动即指所有以营利为目的的事业，涉及生产、购买和销售等活动。早期的商业活动源于原始社会以物易物的交换行为，它的本质是交换，而且是基于人们对价值认识的等价交换。人类社会的

---

① ［德］马克斯·韦伯. 儒教与道教 ［M］. 江苏：江苏人民出版社，2008.

产品交换很早就发生了。原始社会末期，随着生产工具的进步，从采集到种植，从狩猎到畜牧，原始社会的农业和畜牧业产生了，产品会偶尔出现剩余，为了避免来之不易的产品浪费，也为了满足更多的产品需求，于是在不同公社之间，个别地、偶然地、最为原始的"物物交换"出现了。继而，在第一次社会大分工出现，也即一些部落专门从事畜牧业，畜牧业从农业中独立出来后，各氏族、部落之间个别的、偶然的交换发展成为经常性的交换。不仅如此，生产力的进步还使得私有制产生，蓄奴成为可能并且有利可图的事情。奴隶制让奴隶主阶级可以摆脱体力劳动，专门从事脑力劳动，使得文字出现，人类的生产经验和自然知识得到继承、积累和传播，人类社会进入文明时代。这为第二次社会大分工准备了条件。

第二次社会大分工是指手工业同农业的分离。它发生在原始社会野蛮时期的高级阶段。第一次社会大分工后，生产力有了进一步的发展。在多数地区，人们继发现青铜器后，又发现了铁器。农业上开始使用犁耕代替锄耕。由于犁耕使用新的动力——畜力，农业发展迈出了重要的一步，农产品越来越多，为人类提供了经常的、可靠的食物。农业的发展为手工业的兴盛奠定了基础。制陶、冶金、铸造等手工业这时都发达起来，手工业种类日渐增多，生产技术日益复杂，如此多样的活动，已经不能由同一个人来进行了，于是发生了第二次大分工：手工业和农业分离了。随着生产分为农业和手工业这两大主要部门，便出现了直接以交换为目的的生产，即商品生产。第二次社会大分工促进了生产规模的扩大和劳动生产率的提高。剩余产品增多，奴隶制得到进一步发展，奴隶制已经不是零散的现象，而成为社会制度的一个组成部分。奴隶成为主要劳动力，被成批地赶到田野和作坊去劳动。这时，除了自由人和奴隶之间的差别外，又出现了穷人与富人之间的差别。私有制有了进一步发展。

在两次社会大分工之后，交换得到了长足的进展。交换的不断发展和扩大，使商品生产出现并发展，又反过来促进了交换的进一步发展。交换规模扩大，品种增多，各生产者和消费者之间直接的产品交换越来越不便利，于是专事交换的中间人、商人应运而生。不间断的交换活动使部分脱离生产的商人得以为生。第三次社会大分工产生，并首先在商品交换最为发达的地区出现。

第三次社会大分工，促进了商品经济的发展。商人的出现，标志着人类走进了文明时代。按照马克思的说法，"文明时代是社会发展的这样一个阶段，在这个阶段上，分工，由分工而产生的个人之间的交换，以及把这两者结合起来的商品生产，得到了充分的发展，完全改变了先前的整个社会"①。自此之后，人类在传统自给自足加命令运行的经济制度之上，增加了由市场运行的经济。市场能

---

① 马克思恩格斯选集（第四卷）[M]．北京：人民出版社，1995：174．

够成功地提供生产调动机制、生产配置机制和分配机制，从而成功地解决经济问题。这种经济模式在人类第二次社会大分工过程中萌芽，在第三次社会大分工中已经发挥作用。但是直到16世纪，在西欧的英国、荷兰等地才出现了市场经济作为主要经济制度的社会，这个社会就是商业社会。商业社会的建立和此后的蓬勃发展，使商业文化在社会文明体系中的作用陡然飙升。虽然商业社会的产生有其内在规律不是一帆风顺，但一旦市场在资源配置中起决定性作用，社会运行便基本商业化了，商业文化的面貌地位当今非昔比，自然令人刮目相看。

2. 现代社会中的商业文化

根据生产技术形态划分，人类文明从总体上可分为渔猎采集文明时期、农耕文明时期、工商业文明时期和信息文明时期。商业文化在上述四个大的文明时期显然具有截然不同的地位和作用，即便在同一时期的不同发展阶段，同一发展阶段的不同民族、国家与地区，都有不同的表现，发挥不同的作用。例如，同在农业文明时期的宏观背景下，东罗马帝国封建经济、西欧封建领主经济和中国集权大地主经济环境下的商业文化，一个表现为自由农民的长期存在和城市工商业的繁荣；一个由于教权和寺院经济的存在，寺院耕种的"新土地"带来新的经济组织，涌现"新市镇"，从而为日后的城市自治和工商业发展奠定基础；一个表现为长期的重农抑商，虽然商业有一定程度的发展，但地位卑微作用有限。

现代商业社会，商业文化不仅成为经济体系的主导、骨架、催化剂和润滑剂，而且与社会文明其他所有领域的联系，也从未表现得如此密切、如此活跃、如此不可替代，从而也使商业文化自身在现代文明的宏大历史舞台上表现得如此淋漓尽致、如醉如痴、登峰造极。我们说市场经济就是法治经济，法治是自由交换的前提条件，法治保障、规范和引导着各种商业活动，是保护商业文化发展的重要手段；同样，现代商业活动又为法治建设不断提供全新的领域和丰富多彩的内容，使法治的作用从未表现得如此充分和重要，从而也成就了法治在国家治理体系中的第一要务和基石的地位。农业文明时期，封建、皇权专制是政治制度的标配，市场封闭，商业呆板沉闷。市场经济占支配地位的商业社会，法治社会、民主制度成为贸易自由、市场开放的政治制度保障。曾几何时，商业革命和市场需求引发了技术和科学的革命，而现代科学技术又何尝不是借助市场的隐形翅膀从而突飞猛进日新月异；现代科学技术则不仅为商业活动提供了难以估量的引擎和动能，而且高频率的技术创新又为市场创造了无限的商机，比如互联网给商业社会带来的颠覆性改变，比如大家耳熟能详的数字技术引发的数字经济数字商业，人工智能技术带来的智能商业，等等。由于近代以来中国人吃尽了缺乏现代科技的苦头，所以20世纪末提出"科学技术是第一生产力"的论断。其实，现在就技术和商业二者之间的联系而言，很难说清谁是主导，谁是被动，二者相生相伴、互联互动、互为因果。

在现代社会，商业与人的关系日益密切。由自主经营的企业、员工和消费者为市场主体共建形成的商业文化成为社会文化的重要支柱，甚至成为社会发展和文化观念的重要引领者。它主要表现在以下方面：交换——协作意识；等价交换——自主平等意识；市场竞争——竞争意识；价值法则——效益观念、价值观念；市场营销——时效观、开拓进取意识等。对商业文化的鉴别和扬弃，清理和吸收，改造和更新，都需要有科学的态度、理性的认识，而不能简单采取行政命令干涉、控制，甚至扼制的办法。① 此外，社会文化与商业文化之间的联系，还体现在不同特质的文化与商业文化的关系之中。比如，城市文化（区域文化）、政治文化、民族文化等，都与商业文化有着必然的内在联系。城市建筑反映着城市文化的特性，作为现代城市建筑的重要组成部分——生产加工场所、商业设施、交换场所，无论在建筑造型、色彩装饰、空间结构、设置布局，甚至到橱窗和内部陈列，不但成为城市最亮丽的风景线，而且也要受到城市文化的综合影响。无论是北京前门商业区的瑞蚨祥、劝业场（原"新新服装店"），还是王府井商业区的东来顺、东安市场、百货大楼，还是扎根社区的物美超市、超市发、永辉超市、盒马鲜生，车水马龙的新发地农产品批发市场，曾几何时的大钟寺农产品批发市场，都不仅反映了不同历史时期的商业文化，并且本身就是不同历史时期北京城市文化的一个缩影。

二、从商业活动的构面解析商业文化

有人说，文化是个筐，什么都能往里装。这句话虽然有戏谑的成分，但也在一定程度上说明了界定文化的难点。因为文化从狭义上来讲包括了各种各样的精神活动产品，广义上又包含了人类创造的全部精神文明和物质文明。当我们分析商业文化这一大系统时，同样面对这一挑战。比如，商业思想、商业理论、商业哲学、商业道德、商业科学、商业信仰、商业形象、商务礼仪、商业语言、商业品牌、商业故事……好像都在说商业文化，再加上商人、商品、商号、商社、商场、商店、商埠、商旅、商战、商务、商贸、商贩、商籍、商帮、行商、坐商、奸商、尖商、电商、微商、商量、商榷、商讨、商定，经营、管理、营销，等

---

① 庞毅. 商业文化的概念及研究范围浅议［J］. 北京商学院学报，1990（1）：74 – 77.

等。相关概念林林总总，如何从中确定本末，看出端倪，识别规律，需要我们进行全局思考，识别其结构及其内在演化机制。

（一）商业活动的主客体与商业文化

文化的实质性含义是"人化"或"人类化"，是人类主体通过社会实践活动，适应、利用、改造自然界客体而逐步实现自身价值观念的过程。这一过程的成果体现，不仅反映在自然面貌、形态、功能的不断改观，更反映在人类个体与群体素质（生理与心理的、工艺与道德的、自律与律人的）的不断提高和完善。由此可见，凡是超越本能的、人类有意识的作用于自然界和社会的一切活动及其结果，都属于文化；或者说，"自然的人化"即是文化。从这个意义上来讲，文化是人类活动的产物，商业文化是人类从事商业活动的产物。要认识商业文化，也要首先从认识商业活动的主体和客体开始。

1. 商业活动的主体

商业活动的主体包括商人与企业。所谓商人，即从事商业活动并以其作为经营性职业者。商人实施商业行为是一种盈利性行为，即商人从事商业行为的动机和目的是盈利。因此，盈利目标是商人的根本性特征，也是商行为或者商业的典型特征，它体现了商人追逐利润的本性，是商人的物质灵魂。法国学者居荣（2004）认为，普通个人也可以偶然完成商事行为，但却不会因此成为商人，只有作为职业经常性实施商业行为的人，才是严格意义上的商人。

随着时代的发展，商业活动的主体越来越以商业组织也即企业的面貌出现，也就是做注册登记，有自己商号和会计系统的工商企业。由于在市场经济条件下，工业企业乃至农业企业作为自主经营体，也需要直接面对市场，开展市场交易活动，所以也是商业活动的重要主体。现代企业成为首要的商业活动主体后，大大丰富了商业文化的内涵。新制度经济学的鼻祖罗纳德·科斯认为，企业作为一种交易形式，可以把若干个生产要素的所有者和产品的所有者组成一个单位参加市场交易，从而减少了交易者的数目和交易中的摩擦，因而降低了交易成本。可见，企业内部的交易机制深刻改变了商业活动和商业文化的面貌。

另外，伴随着经济的全球化，商业活动的主体已经由一国内部扩展到全球。来自不同国家和地区的商业主体相互影响、融合，也使得商业文化呈现出更为复杂、多样、微妙的形态。来自不同规模、行业、地域、国别、细分市场的商业主体，在市场中相互竞争、合作，形成互补、互动、博弈、替代的竞争格局和环境，促进了商业文化的极大繁荣和社会进步。

2. 商业活动的客体

客体是指在主体的对象性活动中发生相互作用的功能关系的外部客观事物，它是主体实践和认识活动指向的对象。由此分析，商业活动的客体，是指商业主体在商业活动中认识和实践的对象，即商业活动中的所有事物，它是商业活动不可缺少的因素。商业活动的内容是由商业活动客体决定的。

商业活动客体的基本形式是商品、信息、资本、设备设施和生产、交易、服务活动的过程。商品是商业活动的首要客体，可以是有形的产品和无形的服务。信息是交易达成的必要条件，既包括有关客户需求的信息，也包括商品的价值、价格等信息，还包括竞争情报等信息。作为使得资本价值增殖的盈利活动，资本在很大程度上也是不可或缺的。当然，随着商业活动的发展，商业对资本的需求越来越大，而在同时金融业的发展也提供了更多融资手段。设备设施是商业活动中重要的物质媒介，是商品信息传递和交易达成的必要手段，包括商业网点、交易媒介、运输手段等。

3. 商业文化是商业活动主体与客体的统一

商业文化是人类在商业活动中产生并经过多年的发展演化，是商人和企业作为商业活动主体在面对商品、信息、资本、设备设施等客体开展生产、交易、服务等商业活动的经验沉淀。更具体地讲，是各个部落、区域、国家或民族内的商人群体，在长期的营商活动中，为了提高通商的效率和效果，协调过程中各利益主体的矛盾，达成更好营利的目的，所发现、发明和发展起来的认定有效的工具、物品、行为、语言、习惯、方法、信念、价值观和规范体系等。商业文化一经形成，会通过口传、手授、书写、实物等媒介，传授和传播给商业领域以至社会成员以作为理解、思考和处理相关问题的方式。

商业文化产生于商业活动，反过来又作用并服务于社会经济和社会文明。当今时代研究商业文化，不仅在于理解商业活动的规律，更在于在文化自觉的基础上，充分发挥商人和商业组织在商业活动中的主体地位、主动性和能动性，通过企业在商业的大千世界中追求自由王国的过程，促进生活美满，繁荣社会经济，催化文明进程。

在构建现代商业文化体系中，要以商人（企业）为主体，以商品为基础对象，以经营管理、科技为手段，以服务环境为基础条件，以商业伦理为自律，以商业精神为结晶，在法治等社会文明约束下，通过主、客体相互统一作用构建现代商业文化体系，共同对社会经济的发展产生应有的重要影响。

（二）商业活动构面视角的商业文化

人们可以从文化现象的结构层次来概括分析商业文化的子系统，然而现实中的商业活动是具体的、具象的。虽然可以将不同的活动概括归类为不同的文化层面，但具体的事物和活动是容不得割裂和肢解的。现实中我们如果不能准确认识和把握事物的本质和规律，往往就是犯了将整体事物割裂和肢解的错误。比如我们平日开展的许多活动和从事的具体工作，一定要区分为哪些属于物质文明建设，哪些属于精神文明建设，把社会文明的整体性简单割裂。所以在展示精神文明成果时就显得非常尴尬，因为无论是整洁卫生、绿树成荫、繁花似锦的街道、社区、工作环境，还是规范得体的行为，著述累累的研究成果，抑或是发自内心的笑脸和安怡舒心的神态，无一不是物质形态的显现。

商业文化是商业活动主体与客体的统一，但又不是主体与客体本身，而是主体在认识和改造客体的活动过程中发现、发明和发展起来的行之有效的工具、物品、行为、语言、习惯、方法、信念、价值观和规范体系等。因此，认识复杂多样的商业文化，可以从商业活动要素和过程进行。根据现实商业活动的要素和过程特点，可以总体上将商业活动的基本内容概括为商人、商品、商德、经营管理、科技、服务环境、观念七个方面。

1. 商人

所谓商人，是指商业活动的主体，既包括商业活动中的自然人，也包括商业活动中的法人。在现代商业活动中，法人的作用尤其重要，依法独立享有民事权利和承担民事义务的企业组织，是现代商业活动和社会活动的基本细胞。企业组织不能依法独立享有民事权利和承担民事义务，不能独立自主开展经营活动，市场只会死水一潭，商业主体不能正常开展经营活动，商业文化何从谈起？

2. 商品

商品的内涵非常丰富，不但包括物质产品、非物质产品，还包括服务过程性产品；不但包括最终成品，还包括原材料、辅料、包装物、装饰等；不但包括产成品，还包括生产加工、物流等过程。

3. 商德

商德包括商业道德以及价值准则、职业操守、行为规范、企业责任等。

4. 经营管理

经营管理的内容最为复杂重要，因为经营管理活动才是商业活动的主体部分，是商业活动的主要过程，包括为了有效开展活动而形成的各种组织，各类活动，各类职能，各种方法，各类制度等。也有人将经营和管理进行区分，由于在现实中二者难分难解，将其作为一个整体或许更有利于分析商业文化的实质。经营管理不仅是商业活动的主要过程，而且因为这个必不可少的重要过程，才能产生物质性、非物质性的成果；才能形成各种价值观念；才能形成促进企业发展和人类进步的各种制度；才能形成不同企业的个性化特点；才能实现人（商人、企业主体）的主体性和能动性；才能取得经营效益和社会效益；才能发挥商业的功能和社会作用。

5. 科技

科技在现代商业活动中的作用极其巨大，就科技在商业文化系统中的作用而言，类似科学技术在社会文明体系中的作用。由于技术和商业二者之间相生相伴、互联互动、互为因果的联系，科技在商业文化系统中的价值显得尤其重要。

6. 服务环境

服务环境也是一个包含非常广泛的领域，主要指开展商业服务活动的具体环境、微观环境，包括开展商业活动所使用的工具、设施设备，包括生产加工、交易、服务的物理空间，也包括现代虚拟空间，还包括心理空间。

7. 观念

商业观念指商业活动中产生的一切思想和理念，主要分为两个层面：一是作用于商业活动微观层面的观念，如成本观、质量观、需求观、营销观、运营观、竞争观、技术观、责任观、职业道德观等；一是商业活动作用于社会宏观层面的观念，如契约观、法治观、市场观、利润观、竞合观、企业家精神等。

如果从文化视角将商业活动概括为商业文化，那么，商业文化的系统就可以进一步分为商人文化、商品文化、商德文化、经营管理文化、科技文化、服务环境文化、观念文化七个子系统。当然，上述划分是从社会所有营利活动的全要素、全过程视角概括的，较胡平先生曾经概括的范围和内容是有区别的。不仅领域要宽广，内容更丰富，而且前提是强调全系统的整体性，而不是各个子系统以及各个要素的简单相加。

（三）商业文化的基本要素

正是由于商业文化的不同子系统、各个组成要素的互联互动、协同共生、互为因果，以及与外界环境的协调和互动，才形成不同特质商业文化的区别、比较和博弈，催生了商业文化的发生发展。也就是说，商业文化各子系统的结构关系，是通过构成不同子系统的诸多基本要素之间的联系达成的。这些基本要素是商业活动中最主要、最常见的事物，按照商业文化七个子系统的分类，这些基本要素大致如下。

1. 商人文化的构成要素

商人文化主要由参与商业活动的自然人、公司（企业）和企业家三类要素构成。后两类主体又大致可以根据规模大小，产业、行业特点，地域、民族、主权国家，企业性质等因素细致划分；自然人的分类就更加复杂，完全与社会学、文化人类学的分类一致，此处不再赘述。

2. 商品文化的构成要素

商品文化的构成要素包括原材料、辅料特质，商品品类，商品规格、式样，服务（劳务）内容，加工、生产类型特点与过程，包装，装饰，物流形式与过程等内容。

3. 商德文化的构成要素

商德文化的构成要素包括职业操守、行业规范、企业责任、价值准则等。

4. 科技文化的构成要素

科技文化的构成要素包括通用技术、生产加工技术、流通技术、服务技术、管理技术、信息技术等。

5. 经营管理文化的构成要素

经营管理文化的构成要素包括市场调查、产品结构、经营形式、经营预测和决策、经营机制、经营方针、经营目标、经营计划、生产管理、技术管理、质量管理、生产结构、管理体制、管理制度、管理机构与人员、人力资源管理、组织管理、资源管理、设备管理、物资管理、研究与开发、营销管理、财务管理和成本管理、利润分配、企业诊断等。

6. 服务环境文化的构成要素

服务环境文化的构成要素包括生产、加工、交易、服务的建筑物、场地等物理空间、虚拟空间、心理空间，设施设备，生产、加工、交易、服务工具等。

7. 观念文化的构成要素

观念文化的构成要素包括作用于微观层面的成本观、质量观、人才观、需求观、营销观、运营观、竞争观、技术观、责任观、职业道德观、企业价值观等；作用于社会宏观层面的契约观、法治观、市场观、利润观、竞合观、企业家精神等。

无论是以主体、物品、价值观、制度还是行为、符号形式，商业文化就存在于这些构成要素之中。当然，尽管以上对商业文化基本要素的概括和划分已然十分复杂多样，但仍难免有遗漏和疏忽。由于商业文化活动不可能脱离外界的宏观环境而存在，因此，所谓商业文化基本要素是指商业文化系统内部而言的，这里只是为了分析问题的便利，而将外部的条件予以抽象罢了。

由于文化具有系统性和结构性特点，因此不同历史时期、不同民族、不同国度、不同区域商业文化的发展程度和状态，既因各子系统组成的整体性而存在，又由各子系统之间的不同结构关系决定。以商业组织、商品和生产加工技术之间的结构关系构成的生产方式为例。工业革命早期，蒸汽动力机的发明和使用，虽然揭开了近代工业化大生产的序幕，但机器生产仍然是一种作坊式的单件生产方式，工场式的制造厂管理层次简单，组织结构松散，业主直接和所有顾客、雇员和协作者联系。机械化大生产时代，发动机、电动机、内燃机的发明和使用，出现了装配自动流水生产线的生产方式，标准化规模化大批量生产产品，实行科学管理的现代企业，采用纵向一体化管理制度。在信息化、经济全球化以及制造业和服务业一体化成为发展潮流和趋势条件下，随着计算机技术、信息技术、计算机集成制造系统、大数据等技术在现代工业中的广泛应用，为满足客户个性化、多样化的需求，出现了从适合多品种、中小批量生产的柔性自动化、精益生产和敏捷制造等生产方式，向大批量定制生产方式的转变，企业综合大批量生产的低成本、高质量和短交货期的特点，积极采用全新的、面向客户的、扁平化的组织管理方式。

总之，正是商业文化的不同子系统、各个组成要素的互联互动、协同共生、互为因果，以及与外界环境的协调和互动，才形成不同特质商业文化的区别、比较和博弈，催生了商业文化的发生发展。由于对商业文化的定义差异以及所涵盖内容的不同理解，因此对是否存在商业文化的核心内容，以及什么是商业文化的核心内容，也存在争议。这些把不同内容视为商业文化核心的不同观点，虽然不是从系统的整体性分析商业文化，但仍然有助于我们更好地理解和认识问题。

三、商业文化的四个层面

从系统论的角度出发，商业文化是商业主体与商业环境互动的产物。作为一个系统，从它的相互关系出发，具有整体性、层次结构性、相关性、环境适应性和目的性等特征。除了从商业活动构面的视角来解读商业文化，还可以结合文化现象的一般内涵，来解构商业文化的四个层面。

（一）商业文化的四个层面

商业文化作为社会经济文化的一个分支，或者叫作亚文化，包含了人类商业活动所积累起的各种信念、价值观、风俗，等等。我们可以参照埃德加·沙因（1989；2004）将文化分为基本假设、信念和价值观、人工饰物三个层次的要素。霍夫斯泰德（1980；2001）认为，文化由价值观和实践两个层面构成，价值观是企业文化的核心，而仪式、英雄人物和象征物属于文化的实践层面。价值观主要受国家文化的影响，而具体的工作实践方式则主要受工作场所的影响。同样的，商业文化也是一个从外在表现到隐性价值观的一个体系。这个体系可以分为四个层次的子系统：观念形态的商业文化、制度形态的商业文化、行为形态的商业文化和物质形态的商业文化（见图3-1）。

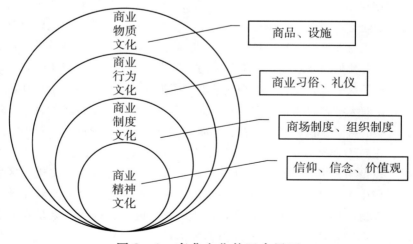

图 3 - 1　商业文化的四个层面

中国商业文化实践与理论

第一，商业物质文化，即物质形态的商业文化，是商业文化的物质层。它直接体现在商品生产流通中的物质形式上，包括商品的物质载体、商品的生产加工过程、服务（商品）的创造和消费过程、生产加工环境、包装、商业设施，物流方式、交易过程以及交易媒介等。物质是商业文化产生的基础，商业文化通过物质才能够得到体现，如商场的形象需要通过商场的建筑和装饰来体现，商品的形象需要通过产品包装和产品外形等来体现。所以说商业文化的基础是物质，没有物质的形态和运动，商业文化就得不到体现。庞毅（1990）在界定商业文化范畴时列举了交易活动中商业文化物质层的相关要素，比如是本地产品还是外埠产品，是国产还是舶来，是原装还是组装；商品是裸露，还是有包装，包装简易还是精美，是用大瓷坛还是用软包装等。其他诸如：广告是通过商品本身，还是通过媒介，是杏帘在望，还是用广播、报纸、电视；交换媒介是一般商品还是贝壳，是贵金属还是一般金属，是铸币还是纸币，是现金还是支票；交换场所是集市还是超级市场。所有这些，一旦作为载体，都直接体现着人们在商业活动中的心理积淀。

第二，商业行为文化，即行为形态的商业文化，包括商业行为准则和行为规范。它是人们在日常商业活动中表现出来的特定行为方式和行为结果的积淀，这种行为方式是人们的所作所为的具体表现，体现着人们的价值观念取向，受制度的约束和导向。行为文化突出体现在生产加工行为方式与习俗、交易方式与习俗、商务礼仪、沟通模式、办公室习俗、惯例等各种行为规范上，也表现在不同商业文化圈的不同谈判风格上。与正式制度相比，行为文化属于非正式规范，即虽不成文但能够被文化圈内成员普遍理解的规范。规范往往是社会中绝大多数人公认的规范。这就联系到了价值观。与价值观相比，行为规范是特殊、具体的，它受到具体情况的限制，通常被视为是行动的指针，决定一个人在特定的情况下应该做什么，不应该做什么，包括社会习俗、伦理道德，等等。

第三，商业制度文化，即制度形态的商业文化，是商业文化的制度层，属于物化了的心理和意识化了的物质形式，如交换方式、组织结构、商业制度等，是商业主体为了自身生存、社会发展的需要而主动创制出来的有组织的规范体系。主要包括商事登记制度、市场准入制度、市场监管制度、企业产权制度、企业组织制度等。文化的存在只有被认同和学习时才是有意义的，而被认同和学习的实现，必须依靠一套相关的制度规则。而当文化体现为规则时，它必然采取或风俗、或习惯、或制度的形式。当制度体现为规则时，它必然反映了文化的价值、文化的精神、文化的理念。从某种意义上说，没有文化价值的制度是不存在的，没有制度形式的文化也是不存在的。在商业文化整体的结构中，组织化的群体依照对共同价值观的文化认同，遵循制度规范而共同行动，对违反制度规范的人会有特定的惩罚。制度文化作为精神文化的载体，一方面塑造了商业行为的习惯和规范，另一方面，也制约或主导了精神文化、物质文化乃至符号文化的变迁。制度文化的变迁经常会引发商业文化整体互动式的变迁。因此，文化的变迁也可以看成是一种制度文化的变迁。

第四，商业精神文化，即观念形态的商业文化，是商业文化的精神层，包括信仰信念、价值观、心理特征、思维方式等。比如共享观念虽不像制度形态的商业文化一样直接通过利益奖惩机制引导商业文化的变化，却对整个商业文化有着静水潜流一般地深刻影响。从积极意义上来说，共享观念塑造了人的思维方式，从而也塑造了组织的制度结构。不过，并非所有的共享观念都能塑造人的思维方式。这里所指的"共享观念"，是那些已经被人们神圣化了、自然化了的基本理念，是人们毋庸置疑就加以接受的天经地义的道理。如果我们追溯这些共享观念的起源的话，它的根源不在于功利性和实用性，它可以追溯到斗转星移的自然规律，或者芸芸众生的生活法则。这些共享观念是构成社会秩序的基础，也是人们讨论、争辩和思考其他问题的框架。一个民族的心理原型，常常表现为宗教或长久形成的文化传统，都具有相当强的韧性，很难被根本改变。比如，伊斯兰教对于伊斯兰文化圈商业文化的影响。除非，当旧文化受到严峻外部挑战时，会带来观念革命，继而使得其他层面的商业文化随之变迁。文艺复兴和十七世纪西欧的宗教改革就为西方国家资本主义商业文化的发展提供了不竭的动力。

商业文化在物质、行为、制度和观念四个层面的内容是整体性的存在和相互影响相互促进的，观念层不可能脱离商业的物质性和商业活动的过程而独立存在。正是商业文化四个层次内容的相互作用，以及客观环境与商业文化的相互影响，构成了商业文化的产生、发展、交流、融合的演化机制，推进了商业文明的发展和社会文化的进步。另外，在认识商业文化时，可以从商业符号的角度从这四个层面寻找内容。需要说明的是，作为整个社会文化的亚文化，商业文化在很大程度上受到所处社会时代环境的影响。影响最大的环境部分是制度环境和技术环境。

（二）商业文化与商业环境

1. 商业文化形成和变革的四个阶段

著名文化学者埃德加·沙因（Edgar H. Schein, 1985）认为，文化是企业成员在学习以处理外在适应与内部整合问题过程中形成的由一组基本假设构成的模式。由此，根据组织学习理论，我们可以将商业文化的创造维系变革过程分为四个阶段。

第一，商业文化的创造。文化经由学习累积而得，但是规范、信仰与假设最初是如何形成的？目前尚无很好的学习模型来说明它。下列二者仍可视为从学习到共同分享的文化过程：（1）经由重要事件形成规范；（2）领导者的确认，尤其是创立者的信仰、价值与假设，有一部分经由相互学习，会被融入群体模式中。

第二，经由社会化而保存。经由新进人员社会化的结果，使得商业文化能够再生与绵延不绝。企业主在招募新人时，期望找来有相同假设信仰与价值的新人；那些新加入商人序列开始创业的人，会了解现有的商业规矩以期快速融入。至于社会化的过程分析，则有许多不同的观点，不同分析构面如下：（1）群体相对个人；（2）正式相对非正式；（3）自我解构与重组相对自我强化；（4）序列相对随机；（5）顺序相对分散；（6）固定相对变动；（7）竞赛相对比赛。

社会化的结果，又有三种不同的导向：（1）保管维护导向，经由潜移默化而趋于一致；（2）创造性个人主义，除了核心价值，个人对商业运营有开创空间；（3）反叛导向，拒绝各种基本假设，突出表现为对现有商业秩序的破坏、革命与推翻。

第三，商业文化的自然演化。商业文化圈是一个开放系统，环境的变动必然施予现有系统压力与形变，商人就必须要重新适应与学习。个人基于防卫机制，就不易于改变其认同与放弃信仰，当然群体要改变其基本潜在假设，也非容易之事。然而，随着商业文化圈内各成员的成长与演化，会形成理念和策略差异化，久而久之各商业群体之间就会产生不同的亚文化。整体商业文化在亚文化之间就扮演整合协调的角色。

第四，商业文化的引导演化与变革。商人有能动性和创造性，也有惰性；商业文化同样有变革的惰性。当面对外部环境剧烈变革时，比如清政府面对工业化国家的倾销，从官府到民间，许多人的第一反应是闭关锁国，保护现有商业群体既得利益。在这个过程中，面对快速变动的环境，为求经济体继续生存，就需要有领导者站出来率先创新，提供更先进有效的经验做法，促成商业文化变革。这通常是政府放权和民间创新互动的结果。

如果商业文化已到高度不适应，就会产生从社会观念到制度的剧烈变革。此时新的文化可能会消化不良，新旧之间是否兼容与整合，冲突管理变成了文化的重要议题。

2. 商业文化与所处环境的关系

所谓环境，总是相对于某一中心事物而言的。环境因中心事物的不同而不同，随中心事物的变化而变化。前文在《现代社会中的商业文化》小节中，已经从宏观视角初步探讨了宏观环境与商业文化之间的联系。这里我们将从商业组织与环境对于商业互动的角度来做进一步探讨。组织或者企业来讲，环境是指一切存在于组织外部并对组织绩效有现实和潜在影响力的因素。因此，从微观视角分析，外部环境是组织存在的土壤，它既为组织活动提供条件，同时也对组织的活动起制约作用。任何商业组织都是在一定的环境中从事活动的，环境的特点及其变化必然制约商业活动方向和内容的选择。

最初的组织理论学者通常把组织看作封闭系统，因为当时外部经济环境稳定，市场需求很大，因此企业要做的就是提高效率，很少考虑对环境的主动适应。认为有效组织的关键在于效率高、利润多、产量高、质量好、士气足。而随着技术变革速度的加快和企业竞争全球化，外部环境急剧变化，企业需要对环境变化对组织的影响给予充分重视。从卡斯特（Kast）和罗森茨韦克（Rosenzwig，1985）在 20 世纪 60 年代将系统理论引入组织管理开始，学者们逐渐接受把组织看成是开放系统的观点，看重组织的整体效能，认为有效企业的特征是实现目标、适应环境、内部协调、自我完善。

根据开放式系统的观点，商业组织必须像生物体一样对环境开放，建立一种与周围环境融洽的关系。卡斯特（1985）认为，物理系统和机械系统在它们与其环境的关系中可以认为是封闭系统。与此相反，生物系统与社会系统则不是封闭的，而是与其环境不断相互作用的。开放系统观认为环境是一个值得时刻注意的关键要素，组织作为开放系统与它所处的环境之间发生着持续的、动态的相互作用。组织被看成是由环境所塑造的反应性系统，看成是塑造它们自身情境的集体行动者，或者看成是在更大、更广阔系统中的成员行动者，而不再是个体或群体的利益行为所发生的情境。

从一般意义上来讲，商业组织与环境的关系包括两方面：第一，外部环境对组织的决定、制约和影响作用；第二，组织对环境的消极被动的或者积极主动的适应（即积极主动地管理环境）。组织表现出的功能，是组织本身与它的环境共同决定的。商业组织作为整体同环境的相互联系、相互作用，对组织的运动和发展也有着不可忽视的作用，它可以促进组织的发展，也可以阻碍组织的发展。组织向环境开放是组织得以向上发展的前提，也是组织得以稳定存在的条件。

商业环境分为一般环境和具体环境。

其一，一般环境（general environment）：政治条件、经济因素、社会背景、技术条件等。如加入世界贸易组织（WTO）对一般企业具有潜在的影响，而不是直接、具体的影响。

其二，具体环境（specific environment）：从微观视角看，是与实现某企业目标直接相关的那部分环境，供应商、竞争者、顾客、公众压力集团、政府等都可称为组织的具体环境。一方水土养一方人，一方风土养一种文化。商业文化作为一种国家/区域型价值共同体存在，其环境是指共享的一般宏观环境。

（三）制度环境与商业文化

我们从微观视角分析制度环境与商业文化之间的联系。根据新制度理论，企业是一种经济性和社会性兼有的组织，因此在企业的价值观念和行为方式上，既要遵从效率的逻辑，又要遵从"合法性"的逻辑，即合乎地方的法律法规、价值观念和风俗习惯，为人们所接受。同样是发达资本主义国家，日本、美国和德国具备不同的商业文化风格，同一区域内商业竞争战略趋同等，都是这一学说的最好注解。

考虑到当前社会主义市场经济体制下中国区域文化的客观存在，商业文化同样会在国内市场一体化和跨区域经营的进程中在很多方面走向趋同，然而同时又在现阶段保持着较强的区域性特征。

合法性思想解答了制度理论中一个重要的问题：在已经建立的组织中，为什么其形态和惯例竟如此相似？每当一个行业稳定下来，总会有一股无形的力量推动着组织的类同化。许多组织甚至不得不把内部运作和组织结构分离开来，以化解制度环境要求给效率运作带来的负面影响（Meyer and Rowan，1977）。

斯科特（Scott W. R.，1985）进一步提出了导致组织形式、组织行为趋同的三种机制：（1）强迫性机制，比如政府的规制与文化方面的期待；（2）模仿机制，在面临不确定问题时，组织往往采取同一组织领域中其他组织在面对类似不确定时所采用的解决方式；（3）规范机制，它源于专业培训、组织领域内专业网络的发展和复杂化。他们还提出了"组织之间的依赖关系导致组织同构"的命题。

如新制度理论的阐释，处在同一制度环境下的组织追求"合法性"，使得组织结构和行为趋同。组织结构的趋同，比如扁平化的推广，实际上代表着组织文化部分元素的转变。而组织行为的趋同，比如员工带薪培训的推广，绩效考评方式通过管理咨询公司的推广，也代表着组织文化部分元素的转变。因此，组织结构和组织行为的趋同，背后都隐含着企业价值观和信仰的转变，它们连同组织公开价值观的趋同一起，都指向同一制度环境下企业文化趋同的走势。从机制上来讲，模仿的力量对组织文化的影响最大，现实中广泛地向优秀企业考察取经的现象就是模仿的表现；而 MBA 研修班的共同培训，以及管理咨询公司对优秀管理理念的传播，则陈述着规范力量的运用；强制的力量通常影响企业有关社会责任（包括经济责任、法律责任）的行为，从而引发企业文化对社会责任的响应，促使企业文化的趋同。因此可以推理，外部环境中的某些力量对管理者的行为起着重要的影响，处在同一制度环境下的企业公开价值观也有趋同的趋势，这并不否认因为创始人特质和独特经营历史而导致的企业文化个性的存在。

（四）技术环境与商业文化

环境与共享商业文化如图 3-2 所示。

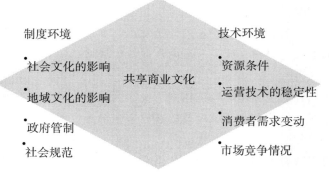

图 3-2　环境与共享商业文化

　　我们继续从微观视角分析技术环境与商业文化之间的联系。技术环境是与制度环境相对应而称的，在组织社会学和营销学中用来指代由资源、市场条件，以及生产技术所构成的广义的技术环境。因为，外部资源的稀缺和富裕程度、市场的竞争程度，以及行业技术的稳定程度，都影响企业对于自身生存战略的理解。托西和卡罗尔（Tosi and Carroll，1976）基于关于市场和技术特征的两维研究认为，根据市场或外部环境的稳定性和组织日常工作技术的变革速度，可分别建立四类与之适应的组织结构模式，即金字塔组织、市场中心型组织、技术中心型组织和灵活的有机型组织。这四种组织类型不仅说明了组织结构要适应技术环境，也意味着企业文化要适应市场和技术的变动程度和复杂程度，在中心任务、基本工作和控制系统方面形成不同的共识。

　　技术环境对组织结构的影响是显然的。不仅如此，制度形态和观念形态的商业文化作为企业适应外部环境的重要子系统，也同样受到技术环境的影响。制度和观念文化是组织成员在解决外部适应和内部整合问题的过程中，经过一系列的历史事件形成的，逐步稳定下来的解决问题的价值前提和行为模式。如果工商企业是在稳定的市场和技术环境下形成的，便容易形成官僚体制型的文化。比如IBM 公司在长期稳定增长的市场环境下，通过产品的不断升级掌控着计算机市场，从而形成了官僚体制型的文化，员工执迷于自身的技术掌控力，而对客户变化的需求缺乏响应。最后在 20 世纪 80 年代 PC 和软件市场迅猛增长的情况下，无法适应新的市场环境而陷入企业危机。其后在郭士纳的领导下进行了以个人责任和快速响应客户为导向的文化变革，得以走出低谷，重新回到行业领先者的地位。同时代的美国通用汽车也是具备同样的决策和管理风格，使得市场被日本汽车公司逐渐侵蚀，陷入危机。

实际上，钱德勒（Chandler，1962）在考察美国现代企业制度产生的过程中发现，这种现代大规模企业结构的发生和转型压力来自市场和技术两个方面：交通和通信技术的发展将不同地方和区域市场连接起来，为大规模生产提供了一个全国性市场，使得大规模生产和分配成为可能；机器化的大规模生产技术，也已经具备为全国市场提供廉价产品的能力。在这些条件下，M 型组织结构的创新能够将大规模生产、规模化市场营销、标准件的配送与大规模的同质化的市场整合在一起。王长斌在对 73 家山东企业公开价值观陈述进行归纳分析后发现，山东商业文化有"制度控制"和"快速竞争"两个维度，这与之前分析山东的技术环境时提出的假设是一致的。因为山东基于资源条件和历史传统形成的独特的产业结构，以及当今时代的市场环境，使得山东企业的技术环境表现为技术变动不是很大，而市场竞争则因为产业链位置的不同而不同，由此表现出资源型企业的等级森严式文化和竞争性行业的市场为先式文化。

技术环境对企业文化的影响是通过"有效性"（efficency）机制进行的。企业在特定的市场和技术条件下，为了在竞争中取胜，必须在战略重点和管理风格上采用符合战略成功关键要素的方式，强调相应的价值观念。在面对全球竞争，技术不断迭代的市场环境下，当今中国企业形成了注重速度、容许犯错、快速迭代的灵活适应文化。

四、不同国家或地区的商业文化

（一）美国的商业文化

美国商业文化的总体特征，是建立在个人主义的文化基质上的。与日本企业几乎相反，美国企业是短期雇佣制；在人员评价上采用的是迅速的评价方式；决策方式往往是自上而下的，并注意培养员工的独立、自主、创造精神及个人负责的态度；强调专业化、标准化、定量化、高效率、成本核算；在整个管理过程中要求明晰、精确，排斥含蓄、模糊；企业职能也倾向于专门化而非全能化等。虽然美国许多成功的企业，也吸取了日本企业的不少成功因素，如非理性管理等，但美国商业文化始终是美国式的，是建立在美国文化模式基础上的。美国文化，是传统和环境的产物，它本身具备着西方文化的诸多特征，但又有着自身的特色。

美国的商业文化是伴随着从殖民地到建立美利坚合众国，再到后来工业化、后工业化的历程发展演变而来的。作为殖民地，天生就有商业和谋利的基因，殖民者带着英王颁布的特许状来去开垦、经营。而被美国人认为是立国源头和文明起源的"五月花号公约"，则象征着契约精神和基督新教思想在美国的统治地位。在商业精神上，美国商业文化在很大程度上有新教伦理的印记。作为宗教改革的产物，基督新教教义认为，只有那些被上帝"挑选"的人才能获得救赎。而要得到上帝的眷顾，靠的不是各种烦琐的宗教仪式和现世的苦修，而是是否完成个人在现世里所处地位赋予他的责任和义务，也就是他的天职。马克斯·韦伯认为，美国之所以产生了充满活力、发展迅速的资本主义社会，和从欧洲逃到美国来的新教徒带来的伦理道德、职业精神有直接的关系。美国经济的迅速发展，来自现代商业的高度发达，从根本上得益于一种商人的气质，也就是一种独特的商业精神：商人以增加自己的资本为职业责任，而且注重依靠勤俭和诚信的职业伦理。也就是说商业被看成是"把获利仅仅作为一种职业，而每个个人都感到自己对这种职业有一伦理义务的这一类活动"。可以说，这是美国人商业文化的深层底蕴。没有这种"独特的精神气质"，没有"财富受托者"的意识，商人们就无法振作精神而创建如此辉煌的现代商业文明。

从制度上来看，美国企业功能与社会功能严格界定。企业分工细致、专业化强；在用工制度上采用短期雇佣制；在人员考评上采纳迅速的评价和升级方式。在员工也绝少受道德和亲情的约束，哪里工资高、待遇好就往哪里流动：企业之间、员工之间的竞争也非常激烈，企业家和员工都有一种不稳定感。重法制使企业在管理上重视规章制度的制定、遵守和执行，并表示出铁一般的冰冷和无情。奖惩也都往往是及时的、一次性的。

在行为层面来看，美国商人在沟通上直来直去，饮食简单，时间观念强，工作和生活节奏快，喜欢制订计划和日程表，注重速度和效率。在经营上鼓励创新和不同见解。这和精神、制度文化一起，使得美国建立起强大的商业竞争力，尤其是创新、设计和营销能力。美国人能延揽全球人才，建立起顶尖的高科技产业集群，又能将可口可乐、麦当劳这些传统的非高技术产品卖向全世界。而在制造上则不如日本和德国精细。

如威廉斯所说的："概括地说，在一个国家里，商业的任何发展总是以国民的习性为前提。"①

① ［英］T. G. 威廉斯. 世界商业史［M］. 陈耀昆译. 北京：中国商业出版社，1989.

（二）日本的商业文化

日本商业文化的总体特征有很多，如家族式的管理、团队主义、自下而上的决策方式、注重对员工归属感的培养、集体责任制、终身雇用、长期的评价形式、推崇人际和谐、企业功能的全面化，以及最重要的对崇高目标的追求等。为什么日本会形成以上商业文化的特征？其源流何在？日本与中国同样是基于亚细亚式的农耕文化圈，为什么日本商业文化与中国商业文化具有较大的差异？它们之间的文化模式究竟有什么不同？日本的企业家族式管理无疑源于日本古代封建社会的家族传统，两者之间较成功的转换因素又是什么？日本的企业的年功序列制度以及相对低的报酬水平为什么反而造就了日本式的"工作狂"？

第二次世界大战后，日本商业环境的重要特色是紧密集成的公司间专业化生产网络。在这样的商业环境中，商业伙伴的行为符合高标准的公平性，并且值得信赖。戴尔和楚（Dyer and Chu，1997）将信任定义为：双方在交换关系中，其中一方可以坚信，对方不会利用漏洞来获取利益，并提出日本供应商信任明显高于韩国和美国。萨果和黑尔珀（Sako and Helper，1998）也得出结论，日本供应商往往比美国供应商面临更高水平的信任和更低的机会主义。他们指出，与美国供应商相比，日本供应商区分了不同类型的信任客户机会主义、能力信任和善意信任。然而，最重要的是，在日本概念化的信任中，互惠比在美国更重要。精一片山（Seiichi Katayama，2004）指出，日本商业环境中的公平及其对应的信任是提高生产力的商业网络的支柱。

另外，钟等（Chung et al.，2008）在对美国、中国、日本和韩国的商学院学生样本进行调查时发现：相比美国来说，日本的学生更加强调群体和谐。钟等也指出，日本的价值体系更加强调和谐的重要性，同时他们也认为在日本商业环境中强调群体和谐在很大程度上消除了个人绝对值的追求。

就目前来说，日本的商业文化中所传递出来的价值观念和过去的研究并没有太大的出入，注重追求群体利益，强调长期的信任与合作，其在社会取向上偏于集体和关系取向。

（三）印度的商业文化

在全球金融危机中，印度作为一个新兴的经济体，并没有受到太大的创伤，这其中除了印度政府的经济应对政策之外，很大一部分得益于印度相对稳定的商业文化和市场规则。在印度的商业活动中，寻找实力雄厚而又合得来的当地合作伙伴显得异常重要，因为合作过程中，遇到大的问题，合作伙伴会帮你疏通关节；印度家族企业较多，私人财团在国家经济生活中处于中枢地位，这些家族企业成为印度民族工业的开创和核心力量。因此，印度商业文化受到这些家族企业文化的影响。另外，印度的商业文化中崇尚诚信文化并且印度的行业协会在其商业活动中的影响很大，尤其是在世界贸易组织和其他国际性商务谈判的过程中。印度的宗教文化根深蒂固，因此也形成了其企业的人本文化和主动承担社会责任、反哺社会、不求回报的行为。这些构成了印度的商业文化，并且一直推动着印度经济以其特有的方式前进。

杰克逊（Jackson，2001）发现，印度经理认为对组织的无条件忠诚度是一种高度道德的行为。印度商业文化中的诚信文化，在很大程度上体现在企业内部人员对企业的忠诚。因为，员工一旦出卖公司，那么他将很难在该行业内立足。克里斯蒂等（Christie et al.，2003）在对美国和印度的经理人进行访谈时发现：美国的管理人员认为，像印度经理人那样，礼物赠送、裙带关系等是不道德的。这也证实了印度商业文化中的人际关系因素。另外，根据查克拉博蒂（Chakraborty，1997）的观点，印度人在商业道德决策方面更依赖于直觉，且卡罗尔和布克霍尔茨（Carroll and Buchholtz，2009）指出，印度人更多地依赖具体案例的关系属性（如评估参与特定情况）。

（四）拉丁美洲的商业文化

阿鲁达（Arruda，1997）提供了对拉丁美洲当时商业伦理的分析，特别强调巴西和墨西哥。她描述了这些国家面临的问题：腐败程度高、政治道德标准低、过度消费，一方面是物质主义，另一方面是贫困程度较高。在此，她认为除了本地历史原因外，政治道德标准对本地区的商业机构有直接影响，并且指出罗马天主教会所提倡的价值与商业管理之间存在着一种脱节。

据坦努尔和杜阿尔特（Tanure and Duarte，2005）的统计，巴西管理文化的特征是家长式、权力集中、对团队和领导者的忠诚。社会伦理是基于对社会凝聚力的强烈偏好，这是对集团领导的忠诚巩固。另外，领导者负责每个团体的幸福。这种相互作用的网络可能导致积极和消极的结果。积极的一面是，如果员工对团队和领导者有忠诚度，那么个人员工的绩效就会很高。

在塑造巴西商业文化中发挥核心作用的另一个文化特征是灵活性。商业灵活性反映出"在允许做何不允许做的事情"之间存在"中间路径"（Tanure and Duarte，2005）。寻找这条中间路径的条件是巴西文化特征的"巴西范"（jeitin-ho），阿玛多和布拉西莱（Amado and Brasil，1991）将这种"巴西范"称为一种适应机制，尽管立法环境僵硬，官僚主义、家长式管理制度以及由强大的遗传部落主导的寡头经济结构盛行，许多个人和企业仍能在这种环境中找到自己适合的出路和途径。

现在社会中的"巴西范"多被人们解读为：巴西人总有办法化险为夷，越难时越是妙计百出，其中也不排除一些"小诡计"的行为。目前来看，拉丁美洲商业文化的基础就是人际关系。如果缺乏人际关系，想要成功比较困难。对于讲英语的人来说，关键挑战在于与讲不同语言、具有不同价值观的管理者建立关系。从一定程度上讲，拉丁美洲商业文化的特点就是存在"腐败"现象，并且拉丁美洲文化并不是特别强调所谓的速度或效率。

五、不同商帮的商业文化

据张海鹏先生在《中国十大商帮·前言》中对商帮的定义："商帮，是以地域为中心，以血缘、乡谊为纽带，以'相亲相助'为宗旨，以会馆、公所为其在异乡联络、计议之所的一种既'亲密'而又松散的自发形成的商人群体。"[1] 中国商帮的出现历史悠久，至少可以从明代算起。历史上的商帮一般有自己比较严密的组织和聚会议事的场所，同乡间的互帮互助、团结协作，抱团抗击风险精神，在商帮身上得到显现。

近年来各地蓬勃兴起商帮热，据说是要弘扬史上商帮的光荣传统，既有原有地域概念的所谓新商帮，更有依据省、市行政区划概念的所谓现代商帮，非常热闹，也得到了各地政府的积极支持。其实，新商帮也好，现代商帮也好，并不具有商帮的本来含义。明清商帮之所以称为"帮"，一是有行业特色；二是在经营所在地被人们称之来自异乡的商人群体，所以早期称"商帮"为"客帮"。所谓"徽商"，是称那些在徽州以外经商的徽州人。在现代商业活动中，通过乡情乡谊联络沟通和建立商业网络无可厚非，至少对缺少社会资源的小微民营工商业主而言，对吸引海外华裔客商投资建设家乡等事宜，具有一定的商业价值。但由于在全球一体化和区域一体化大趋势下，企业家和商人的籍贯从地方性特征，已经日渐淡化，与其下大气力在行政区划的籍贯地域性上做文章，不如认认真真实实在在改善营商环境来得更具前瞻性和现代性。

地域是决定人性格的重要原因，这在交通不便利不发达、市场封闭的古代尤

---

① 张海鹏，张海瀛．中国十大商帮［M］．合肥：黄山书社，1993.

其表现突出。中国商人形成之初就具有地域文化特色，因此产生了历史上十大商帮（王贤辉，2006），其中山西商人"义中取利，信誉第一"、徽州商人"贾而好儒，财自道生"、龙游商人"海纳百川，宽以待人"、洞庭商人"审时度势，稳中求胜"、江右商人"广泛从业，小本经营"、福建商人"自强不息，爱拼会赢"、广东商人"敢想敢干，敢为人先"、陕西商人"追求厚利，既和且平"、山东商人"重土安命，诚实守信"、宁波商人"灵活善变，开拓创新"。

因此，无论是从历史和现实来看，区域群体的商业活动都和地域文化结合在一起，并形成了一种独特的区域商业文化传统和伦理价值观（陈立旭，2005），有其长期发展形成的路径依赖（本书第四章"商帮的地域特色"一节中将具体列举晋商、徽商、浙商、粤商和鲁商带有区域文化特征的经营价值观）。同时，由于受我国传统文化，尤其是儒家经济伦理思想的影响，各大商帮在经营活动中也存在相似的文化特征（洪璞，1995）。总结如下：

1. 共同点

第一，最初多兴起于人多田少、土地贫瘠的地区，在出外经商时多是从小商小贩干起，白手起家，日积月累而成，因此都具有突出的勤劳刻苦、勇于拼搏的精神。这与儒家文化倡导勤勉刻苦也是相通的。

第二，诚实守信、注重信誉。为了协调和保障经济交往的信任关系，都确立了交往有信的道德规范，将信任和信用作为从事经济活动的基石。

第三，取予有度、用财有制。皆主张君子爱才，取之有道，用智慧、勤劳和信誉获取财富，不能舍义取利。对于物质消费方面，则崇尚节俭，反对奢华，注重积累。

2. 不同点

第一，晋商、浙商在全国开展经营，同乡抱团意识强，通过商会建立起密切联系，在异地相互协助；而徽商多依靠宗族势力进行垄断经营。

第二，晋商、浙商以经商为职业追求，将资本盈余投入到扩大再生产中去；而徽商在发财后一般选择回家乡置家产、修祠堂。

第三，浙商和粤商多是从小商小贩而来，市场敏感性都非常强，富有敢为天下先的开拓精神，善于把握新兴市场机会。徽商以食盐专卖和茶叶出口为主要业务，与官府关系密切；晋商以特产、杂货长途贩运起家，后借助于同乡的商业网络建立起强大的票号业务，与政府交往密切；后徽商、晋商皆因清政府覆灭而衰落。

第四，浙商、粤商重利务实；徽商、晋商对于名号更为重视。

第四章

中国商业文化的历史演进与特点①

本章主要对中国古代商业文化的演进特点，以及计划经济体制的特点予以概述。从六个主要方面对影响和制约秦汉以降中国古代商业文化发生、发展和运行的社会基础加以概括，即相对封闭的地缘结构、小农文化的经济基础、中央集权的统治模式、儒家伦理的道德约束、商业的附属地位，以及城市作为权力中心的作用。对中国古代商业文化运行中的两大鲜明特点进行了分析：政府主导与夹缝中的商业辉煌，和情感重于守约、变通长于规范的商业行为习惯。最后从中央计划统制、法制简略、市场呆滞、重工业主导和工商分家的行业管理模式五个方面，对计划经济体制的特点予以概括分析。

一、重农抑商的小农社会传统

如何概括中国古代商业文化的演进特点，可以有多种视角。本书选取秦汉以降专制主义中央集权社会条件下，影响和制约中国古代商业文化发生、发展和运行的主要社会基础，探讨中国古代商业文化演进的逻辑和特点。这些社会基础和特点本身不是一成不变的，它们在历史演进的过程中互动和演化，构成重农抑商的小农社会传统。

---

① 本章由郭崇义、周清杰、王长斌、庞毅执笔。

（一）封闭地缘结构

早在 16 世纪，法国思想家丁·博丹在系统分析地理环境在社会生活和社会发展中的作用时，认为地理环境、气候条件等自然因素对人类社会的基本组织、生活方式、行为方式有巨大的影响作用，主张研究历史要从人和自然两方面入手。后来孟德斯鸠又把博丹的这一理论演变为地理环境决定论，认为社会制度、国家、法律、民族精神皆由气候的本性、土地的本性所决定。1897 年，德国地理学家 F. 拉采尔在其《政治地理学》一书中，提出国家有机体学说，标志着地理政治学的产生。地理政治学又称地缘学说，基本观点是认为全球或地区政治格局的形成和发展受地理条件的影响甚至制约。

法国历史学家、年鉴学派第二代领袖费尔南·布罗代尔（1902～1985），在论证一种地理时间——长时段的地理历史现象的时候，指出地理环境的影响其实就是一种人与自然交往对话的历史、相互作用的历史及动态平衡的历史，这种历史显然是对人类文明进步与发展起着不容否认的制约作用。他把历史时间区分为地理时间、社会时间和个体时间，用长时段、中时段和短时段称谓三种历史时间，并提出与三种时段相对应的概念，分别为结构、局势和事件。他认为，长时段的历史——结构是对人类社会发展起决定性作用的力量，它以半个世纪、一百年、二百年的时段为基本量度单位，是人类深层持久、恒在的结构；在这种时段中，人们可以观察到政治、经济、社会、文化等各种结构的变动。所谓"结构"，是指长期不变或者变化极慢的，但在历史上起经常、深刻作用的一些因素，如地理、气候、生态环境、社会组织、思想传统等；所谓"局势"，是指在较短时期（十年、二十年、五十年以至一二百年）内起伏兴衰、形成周期和节奏的一些对历史起重要作用的现象，如人口消长、物价升降、生产增减、工资变化等；所谓"事件"，是指一些突发的事变，如革命、条约、地震等，布罗代尔认为，这些"事件"只是"闪光的尘埃"，转瞬即逝，对整个历史进程只起微小的作用。①

地理和自然环境是人类社会诸多特征的首要制约因素，因而也是人类社会主要特征的自然前提。地理和自然环境对人类的影响，和人类的历史命运相始终。一个国家的地理区位、自然资源会对国家的发展、国家经济行为产生重要影响。当然，这种作用的大小和程度以及作用的直接与否，是与人类文明发展阶段的不同密切相关的。一般说来，越是在人类文明的早期阶段，这种作用就越大越明显

---

① ［法］费尔南·布罗代尔. 十五至十八世纪的物质文明、经济和资本主义（第一卷）［M］. 北京：生活·读书·新知三联书店，1992：7.

越直接，越是到人类文明的成熟阶段，其作用就相对变小。特别是进入现代以来，随着科学技术的飞速发展，生产水平成倍提高，人类社会生活尤其是政治生活、经济活动和军事活动，似乎出现距离自然环境越来越远的趋势，以至使人们反而常常有意无意地忽视其作用。正因为出现这种忽视，比如工业化的发展无疑为人类的生存和发展创造了极为丰富的物质财富，同时又造成了人类赖以生存环境的极度破坏和污染，所以，才有罗马俱乐部①提出令人振聋发聩的警告——人类社会的发展已出现"增长的极限"，才有 1983 年 11 月成立的联合国世界环境与发展委员会（WECD），才有该委员会 1987 年提出的《我们共同的未来》的报告，才有社会发展的"可持续发展模式"。

过去一段时间，我们中国人一度对地理和自然环境的作用表现出一种奇特的态度。比如，一些地方为了突出粮食生产的重要性，不顾地理和自然条件的适宜程度，盲目扩大粮食种植面积只讲"以粮为纲"，不讲"全面发展"。到头来，不仅粮食产量增长有限，而且影响了林业牧业渔业等发展，甚至破坏了自然环境，到头来反而影响了粮食生产的长期稳定发展。又比如，单纯为了国内生产总值（GDP）的增长，为了获取一己一家一企一地的一时之利，便不顾生态环境，为要金山银山宁弃绿水青山。之所以说是一种奇特的态度，因为从历史上看，中国文化是讲究天人合一的，虽然这更多是表现在微观角度和功利层次的，比如风水术等；再从中国发展的状况看，彼时中国的发展还在相当大程度上依赖自然条件。中共十六届三中全会明确提出了坚持以人为本，树立全面、协调、可持续的发展观，促进经济社会和人的全面发展，强调人与自然和谐发展。这是从社会发展的宏观战略角度，对地理和自然环境作用的重新认识。

现代中国人喜欢称自己为炎黄的子孙，所谓"自从盘古开天地，三皇五帝到如今"。那就是说，中华民族是以炎帝、黄帝生活的黄河流域和长江流域，作为文化发祥地的。从地理位置上看，这个发祥地位于地球上最辽阔的大陆板块——亚欧大陆的东侧，东临世界上最浩瀚的大海——太平洋，西南部是世界海拔最高的高原——青藏高原，西北、西部、西南深居亚欧大陆的腹地，是陆海兼备的大陆——海岸型国家。它以黄土高原、华北平原和长江中下游平原为基础，其中，黄土高原是最古老的文化摇篮。

对于这片中华始祖的文化栖息地，《尚书·禹贡》是这样进行描述的：

东渐于海，西披于流沙，朔南暨声教讫于四海。

———————————

① 罗马俱乐部（Club of Rome）是关于未来学研究的国际性民间学术团体，也是一个研讨全球问题的全球智囊组织。其主要创始人是意大利的著名实业家、学者 A. 佩切伊和英国科学家 A. 金。俱乐部的宗旨是研究未来的科学技术革命对人类发展的影响，阐明人类面临的主要困难以引起政策制订者和舆论的注意。目前主要从事有关全球性问题的宣传、预测和研究活动。

《禹贡》约成书于战国时期，这恐怕是对中国古代地域最早的文字描述。东部进入大海，西部到达沙漠，北方、南方连同声教都到达外族居住的地方。这些文字非常清晰地概括了古代中国东面向海，其他方向因"流沙"等屏障而难以逾越的地理环境。对此，屈原在《楚辞·大招》中也有形象的描述：

东有大海，溺水浟浟只。

南有炎火千里，蝮蛇蜒只。

西方流沙，漭洋洋只。

北有寒山，逴龙赩只。

这个领域，大致为东到大海，北到长城，西到甘肃，南到长江以南。在这个广阔的领域内，便于农业生产，阳光充足、雨水适中、地势平缓、土壤肥沃，因而成为世世代代养育中华民族的摇篮。但是，古代中国，在交通不便、科学技术水平不发达的情况下，一旦越过这个领域，便会四面受阻，难以发展。或者受困于天然屏障，难以逾越，比如西面的沙漠和戈壁，东西的大海；或者罹患于自然环境之险恶，不易生存，比如南方的丘陵山地和瘴疠之气；或者忧于文化差异的冲突，难以沟通，比如北面自然环境阻碍虽小，但与游牧民族为邻，文化差异和矛盾较大。

中国的自然地理环境，仿佛一个大的向心的圆圈。越是中心地区，越是中原地区，发展也越充分，自然也要求统一。所以，中国对"中"字既情有独钟，也确有心得，因为它本身有着最充分的地理根据和文化根据。在这个圆圈之外，又是高度的封闭，既然不能向外发展，也不容别人把脚插进来。所以，北面本无自然之险，却要不顾一切建立人工之障，远在战国时期就开始修筑长城。这道万里长城，固然是珍贵的人类文化遗产，成为古代中华民族抵御外来侵扰的坚固屏障，但它也一定程度上构成人们自我封闭的心理"屏障"。

因为古代中国的这种地理和自然环境，使中国成为典型的内陆性国家，虽然中国有漫长的海岸线，但它具有向心的选择，它的文化品性不是外向的，而是内向的。这种地域结构决定了中国的生产方式，以自然经济为主。而自然经济的发展，又需要一个稳定的社会环境作为保护。这种地缘环境，自然为农业发展，为家庭本位的建立，为中央集权统治，提供了充分的依据。这一点在奴隶社会也许还不显得那么充分，但在自然经济发展到一定程度后，这种需要就变得更加强烈。铁器的使用令中国古代文明的发展出现质的变化，正是这种文明程度的提高，要求社会的稳定和统一，以保护达到一定高度的文明。所以春秋战国时期虽有二百个诸侯小国，但无义之战的趋势，是向大一统的方向发展，也不容许向其他方向发展。结果，"秦王扫六合，虎视何雄哉！挥剑决浮云，诸侯尽西来。"（李白，《古风·其一》）秦国从商鞅变法开始，直到秦始皇建立中华民族历史上第一个中央集权的大帝国，顺应了这种趋势，也肩负了中国文化发展的历史使命。同时，由于古代中国缺少向外发展的可能和优势，也决定了它很难从内陆文化的束缚中挣脱出来。

中国地缘文化不仅作用于本土，而且对周边地区产生了深远的文化影响。整个古代，中国周边地区的文化类型，不是游牧文化就是小国寡民、刀耕火种式的半原始状态。中国历史上之所以有数次被外来文化入侵，而最终反被中原文化同化，其原因就在于这些文化类型相对于中原文化而言，处于落后和原始状态，而文明终究要取代愚昧，如果不顺应这种历史规律，即便是战胜者，也将丧失立足之地。古代中国之所以能被周边国家供奉不绝，不但在于中国的强大，也在于这些国家的落后。然而，令人遗憾的是，农业文明兴盛之果，又成为农业文明衰落之因。中国文化的强盛和向心作用，又促使中国逐渐在民族姿态上形成以自我为中心的观念误区，所以，当世界先进文明出现时，自然会不屑一顾。不但不会向人家学习，反而还一味要求人家对自己屈服。

中国地理和自然环境的重要特点之一，是因河而兴的大陆文化，虽然河水不止一条，而是黄河和长江两条。当然还有学者认为珠江流域也是中华文明发祥地之一，这个说法或许可以成立，但那主要的源头，还是黄河与长江。西方著名学者卡尔·魏特夫有所谓治水社会理论。他认为，古代特权文化都是治水文化，而整个世界大致可以分为两个部分，一部分是非治水地区，像西欧、北美和日本属于这一类，其余基本上是治水社会。治水社会形态主要起源于干旱和半干旱地区，在这类地区，只有当人们利用灌溉，必要时利用治水的办法来克服供水的不足和不调时，农业生产才能顺利和有效地维持下去。这些灌溉和治水的工程，时刻需要大规模的协作，这种大规模的协作自然需要纪律、从属关系和强有力的领导。而要有效地管理这些工程，必须建立一个遍及或者至少及于全国人口重要中心的组织网络。因此，控制这一组织网络的人总是巧妙地行使最高政治权利，于是便产生了专制君主。由于治水社会都存在于习惯上称作东方的地区，所谓治水社会，也可称为东方专制主义。[①]

魏特夫的理论很有道理，至少中国古代社会的发展状况，符合他所说的情形。中国古代社会是一种典型的治水社会，大禹治水的传说，可以说是这种情形的生动描述。

中国独特的地缘文化，适宜农业经济的发展。中华民族祖先的伟大之处在于：古代中国人不仅在这块土地上使农业生产得到充分发展，养育和繁衍了世代炎黄子孙，而且以自己勤劳和创造精神创造了辉煌的绵延数千年的农业文

---

① ［美］卡尔·魏特夫. 东方专制主义［M］. 北京：中国社会科学出版社，1989.

明。客观地说，中国独特的大陆文化，作为人类子孙发展的一种类型，是特定历史阶段的典型代表。在那个特定的历史阶段，它所取得的文明成就可以说是独一无二的。

（二）小农经济基础

中国是人类种植业和养殖业的主要起源地之一，中华民族则是世界上最早从事农业生产的民族之一。中国的农业起源于大约一万年以前旧石器时代晚期和新石器时代初期，最早驯化和种植的粮食作物，北方是粟（谷子）和黍（穈子），南方是水稻。1993 年、1995 年分别在江西万年仙人洞与吊桶环、湖南道县玉蟾岩发现了距今 10000 年或接近 12000 年的古栽培稻遗存，河北武安磁山遗址出土的粟碳化遗存，距今已有 7000 年。① 此外，中国还是大麻和苎麻的原产地，它们作为华夏祖先最早驯化和栽培的纤维作物，距今已有 5000 年左右的历史。

中国作为农业大国的历史，至少延续到了 20 世纪。中华人民共和国成立的 1949 年，中国的农村人口还占全国总人口的 90%，农业产值占工农业总产值的 70%，可谓不折不扣的农业国家。即使到了改革开放的 1979 年，中国的农村人口依然占全国人口的 67.5%，达到 9.7 亿人，农业总产值也仍占到工农业总产值的 25.6%。②

中国农业的历史悠久，但自给自足的小农经济并不是与生俱来的。在漫长的奴隶制时期，在农业生产的组织和劳动上，基本上实行奴隶大生产，并采用两人协作的耦耕制。《诗经·周颂·噫嘻》和《诗经·周颂·载芟》对此分别有生动的描述（采用金启华译诗）：

> 骏发尔私（快点带着你的农具），
> 终三十里（面对这三十里广阔的地方），
> 亦服尔耕（大伙儿都来耕地呀），
> 十千维耕（万人出动，配呀配成双）。
> 千耦其耕（千对的人呀在锄草），
> 徂隰徂畛（在田里，在田埂）。

进入春秋战国时期以后，尤其是战国时期，随着奴隶制的瓦解，特别是铁器农具的广泛使用，使农业生产力得到显著提高，粗放农业向集约农业转变，自给自足的农业经济得以确立。它也正好与中国专制主义中央集权制度的确立相吻合。

---

① 朱乃诚. 逐个早期新石器文化研究的新进展［N］. 光明日报，2000 - 07 - 28.
② 中国经济年鉴（1981）［M］. 北京：经济管理杂志社，1981.

所谓自给自足的农业经济，是指以家庭为基本生产单位，以家庭成员自然分工为基础的农业经济形式，是"男耕女织"自然经济的典型形态。因其经营规模以家庭个体劳动为主，又称为小农经济。中国小农经济基础的确立当在战国时代。这时，随着铁制农具的广泛使用，牛耕的初步推广及手工业和商业的相应发展，各诸侯国逐渐废除原来定期重新分配的授田制，把原来由农民耕种的公田赏给贵族、官吏，井田制下的公社内部也不再重新分配份地，农民可永久占有和使用份地，并使其逐渐演变为私有。同时，由于各诸侯国实行奖励耕战政策，使一批战功和事功卓著者成为地主，而原有宗法制度下分割土地和臣民的奴隶主贵族趋于衰落。土地买卖也开始出现，新的土地租佃制度开始发生和发展起来。此时，发生在秦国的商鞅变法，是一个标志性的事件。

商鞅变法的中心问题是农业和军事，而从其实质看，其关心军事的程度又不如关心农事。由于变法在农事中投入心血更多，所以取得的成绩更大。商鞅变法的一大措施，就是实行小家庭政策，该政策不允许在一个家庭中有两个成年男子，凡有两个成年男子之家，必须分家立户。这显然是在强制人们更多地参加农业生产劳动。分家则分地，分家分地则不再有依赖性，从而在体制上保证了农业的劳动投入。商鞅变法的另一个重要内容，是改革税赋制度。秦在商鞅第二次变法前，实行按地亩征税，商鞅二次变法后，实行按户纳税的制度。按户纳税，则不问你田多田少，也不问你有田无田。禁大家行分户令，再加上按户纳税，其结果是只有多种多置田才能多收，才能保证生活和富有，从而有利于农业生产。

商鞅变法使小农经济制度在秦国得以建立，标志着小农经济制度至少在商鞅时代已开始确立。小农经济制度的建立，不仅为秦国建立大一统的专制帝国奠定了基础，也为专制主义中央集权制度的形成奠定了基础。从这个意义上评价商鞅变法的历史作用，无论如何褒扬都不过分。

既然农业经济占据绝对统治地位，土地自然成为最重要的生产资料和财富。自从战国时期出现土地私有后，直到辛亥革命，全国的土地始终分为官地和私有地两部分。尽管历朝历代官地和民地的比重各有不同，但民地比重的不断加大总是发展趋势。19世纪80年代，官公土地约占25%，私有土地约占75%。到20世纪30年代，私有土地甚至达90%左右。

与欧洲中世纪土地的领主所有制不同，中国专制主义中央集权社会的特征之一是地主土地所有制。土地的私有化导致土地买卖的流行，土地买卖又造成新的土地占有不均。虽然农民取得土地所有权，但由于经济力量薄弱，经不起赋役的重压和商业高利贷的盘剥，随时存在丧失土地的危险，因而同时也失去了生产条件的保障。所以，占有土地的主要是官僚、军阀、地主、商人、贵族和少数经济地位上升的富裕农民，广大农民占地很少。地权的分配状况，不同历史时期和不同地区之间差异很大，且由于缺乏统计资料，因而难以准确估量。北宋中叶时，享有免税免役特权的官僚豪绅大地主所占有的土地约占全部已垦土地的 70%。①到 20 世纪初，全国约有 30%～40% 的农民完全没有土地，60%～70% 的有地农民约占有 40%～50% 的土地，其余 50%～60% 的土地为地主富农占有。②

　　土地的经营可分为出租和直接经营两种方式。农民占有的土地一般自己耕种。而官僚、地主、商人占有的土地，与劳动力结合的基本方式又有两种：绝大部分是分散出租给无地或少地的农民耕种，收取地租；另一种是使用雇工、奴婢或其他劳动者耕种。

　　根据地权状况的不同，中国专制主义中央集权时代农民大部分可分为三种类型：一种是拥有少量土地的自耕农；一种是没有土地，租佃地主或官地的佃农，他们虽然没有土地，但是具有相对独立的个体经济形态；一种是完全靠出卖劳动力，受雇于人从事农业生产、家庭手工业生产或家务劳动的雇农。佃农在汉代前并无正式名称，笼统称之为"贫民"。公元 208 年，西晋颁布的占田令规定"其应有佃客者，官品第一、第二者，佃客无过五十户"③。从此佃客、地客、田客、佃户等成为佃农的正式称谓。佃农与地主之间并不是简单的租佃关系，还存在着人身依附关系，虽然到明清时这种人身依附关系有所松弛，但社会生活中的不平等依然十分严重。

　　农民中自耕农和佃农的比例也因时因地有所不同。一般来说，当地权分散时，自耕农数量较多；而当土地兼并加剧，自耕农不断贫困破产时，佃农人数就迅速增加。受中国专制集权社会发展周期的影响，多数朝代的前期，都有数量不等的佃农通过垦荒或国家授田而成为自耕农。到了中后期，则由于赋役的重压和地主、商人兼并的加剧，自耕农又会丧失土地，沦为佃农。从总的发展趋势看，越到专制集权社会后期，租佃关系的范围就越大，佃农的人数也不断增加。据估计，唐代以前，佃农的比例并不大。北宋时期，佃户已占到总户数的 35% 左右。到了清康熙年间，南方各省的佃农甚至占到农户的 60%～70%。④

　　在专制主义中央集权社会的条件下，土地私有化的发展有利于农业生产和社会进步。土地不能买卖，则土地的使用缺乏活力，也不能提高土地的管理水平和使用价值。但土地的过度买卖，又会导致地权兼并的加剧和土地分配的严重不均，从而产生大量的流离失所者，出现大量的流民。中国专制主义中央集权社会历史上出现的大规模农民起义，与土地兼并的加剧有着必然的联系。

　　① ［宋］马瑞临. 文献通考·田赋考四［M］. 北京：中华书局，2011.
　　② 汪敬虞. 中国近代经济史［M］. 北京：人民出版社，2000.
　　③ ［唐］房玄龄等. 晋书·食货志（卷二十六）［M］. 北京：中华书局，1974.
　　④ 刘克祥. 简明中国经济史［M］. 北京：经济科学出版社，2001.

古代中国，地理和自然条件决定了中国的生产方式应以自然经济为主。而自然经济的发展，必然要求有一个良好的特别是一个稳定的社会环境作保护。这一要求，或许在奴隶社会表现得还不强烈，但在铁制农具被普遍使用、自然经济发展到一定程度后，就变得日益强烈了。商鞅变法后确立的小农经济生产方式，无疑为自然经济的发展提供了稳定的制度保证。它使土地、劳动力、家庭、农业、自给自足这些因素完美地结合在一起，构成一幅男耕女织祥和安谧的田园诗景象。以自给自足的农业经济为主体的小农文化，构成中国古代社会的基础和本质特征。难怪到了近现代，在西方资本主义的侵袭下，"耕"和"织"的自然分工一经解体，中国古代社会的历史命运也就土崩瓦解了。

也许有人会问，中国古代社会是小农经济，西欧中世纪也是小农经济，为什么西欧的小农经济如此脆弱，以至于令马克思把它比喻为马铃薯，而中国的小农经济如此稳定坚固，不仅绵延2000年之久，而且创造了无比辉煌的农业文明？实在说，这个问题问得非常好，它也是中外学者几百年来不断思考和探索的问题。

为何同为小农经济，在东西方有如此迥异的文化表现？

我们先看马克思对"马铃薯"的比喻。这是马克思在《路易·波拿巴的雾月十八日》一书中对法国农业经济的一个形象概括。先看法国小农状况：

> 小农人数众多，他们的生活条件相同，但是彼此间并没有发生多种多样的关系。他们的生产方式不是使他们互相交往，而是使他们互相隔离。这种隔离状态由于法国的交通不便和农民的贫困而更为加强了。他们进行生产的地盘，即小块土地，不容许在耕作时进行任何分工，应用任何科学，因而也就没有任何多种多样的发展，没有任何不同的才能，没有任何丰富的社会关系。每一个农户差不多都是自给自足的，都是直接生产自己的大部分消费品，因而他们取得生活资料多半都是靠与自然交换，而不是靠与社会交往。一小块土地，一个农民和一个家庭；旁边是另一块小土地，另一个农民和另一个家庭。一批这样的单位就形成一个村子；一批这样的村子就形成一个省。①

再看看马克思的形象概括：

> 这样，法国国民的广大群众，便是由一些同名数相加形成的，好像一袋马铃薯是由袋中的一个个马铃薯所集成的那样。②

其实，就单个"马铃薯"的状况而言，西欧与中国的小农经济个体并无本质区别。在法国表现为"马铃薯"，在中国则体现为"鸡犬之声相闻，老死不相往来"。然而，以小农经济为主体和基础的小农文化，则中国的情形不仅与法国不同，与整个欧洲也不同。

---

①② 马克思恩格斯选集（第一卷）[M]. 北京：人民出版社，1972：693.

西欧领主制的小农经济，是以封建庄园为基础的，每个庄园都是一个独立的王国，是自给自足的经济单位。而每个农户又是王国中的小王国。每个庄园又分属不同的领主，有的封建贵族拥有多达几千个庄园，不同的领主又呈封建割据状态。加上欧洲封建社会不是中央集权的社会，而是政教合一的社会，"封建制度一般是与公共权利的深刻危机及无秩序地分散到地方领主手中相联系的"①。于是，与中国地主制小农经济相比，西欧的小农经济表现出三个层次的脆弱：

第一个层次：农户家庭经济的脆弱；

第二个层次：庄园经济的脆弱；

第三个层次：领主封建割据的脆弱。

这三个脆弱叠加在一起，西欧的小农经济只能成为马铃薯的堆集。而中国地主制小农经济则不同，虽然在农户家庭自然经济层次上，和欧洲的小农经济同样是自给自足，是分散状态，缺少社会交往，因而同样的脆弱。但是，中国小农经济的基础之上，有通过郡县制体现的中央集权统治的权威；有家国同构的组织体系；有等级森严的官本位体制；有儒家政治理念和道德信念，等等。正是这些中国特有的文化因素，使在欧洲成为"马铃薯"的小农经济，在中国则变成了"混凝土"。只不过构建这混凝土的不是钢筋和水泥，而是中央集权的统治机构和政治——伦理本位的文化黏合剂。

（三）中央集权统治

中国并不是自古以来即为中央集权的专制国家。中国中央集权的专制体制，发端于春秋战国，确立于秦始皇统一六国。

夏王朝是中国古代最早的国家。由于它是在部落联盟的基础上发展起来的，因此氏族制度的残余浓厚，国王的权利也有限。夏王朝与各部落的关系主要表现为朝贡式的隶属关系，而且这种联系还带有相当浓厚的血缘色彩。

殷商时期王朝统治的区域不断扩大，王朝的统治机构也更加完善。这时王朝的统治区域基本分为两部分：一部分是商王朝直接统治区域，以王都殷为中心，包括今天河南北部、河北南部和山东西部地区，这一地区称为商；另一部分是与商有一定从属关系的方国。商王朝实际上仍然是参照氏族部落的方式，把各个具有一定从属关系的方国部落联系起来的政治共同体。在共同体内，国王只是盟主，他与各方国诸侯之间的关系并无严格的上下之分。商王虽然接受方国的朝

① 马克思恩格斯选集（第一卷）[M]. 北京：人民出版社，1972：693.

贡，但也要有所报偿，与其所属方国的关系又具有礼尚往来的一面。商王由于在政治、经济、军事、文化等方面的巨大优势而成为天下共主，但与同盟的各方国之间的关系基本上是一种较为平等的协同关系。

西周时期，周王朝在政治制度和许多方面传承了商制，并有所发展和创新。周武王灭商后，为加强对整个王朝的控制开始实行分封制，把一定范围的土地和人民分别授予自己的子弟、亲戚、功臣等，让他们代表周王去统治封地人民，以拱卫周王室，即所谓"封建亲戚，以蕃屏周"[①]。因此，周王室成为实际上的中央政权，而封国则可视为当时的地方政权。诸侯除对周王室负有朝贡、述职、从征等义务，一些大侯国的封君有时还受王命出仕于王室。周王朝为加强对地方的控制，还设立了监国制度，"天子使其大夫为三监，监于方伯之国"[②]。这与商王朝时王室和方国之间的关系多以武力来维系的情形相比，强化了王室与诸侯国间的政治主从关系。但此时的封国仍享有十分充分的自治权，封地可世代承袭，可自行制定法律、颁布政令，有独立的军队，有保持自己风俗习惯的权力。可见，西周时期的王朝，只是一个在共同的政治、经济利益的基础上，用血缘关系和一定契约关系将王室和诸侯联合在一起的政治共同体，还未达到统一国家的水平。

到了春秋战国时期，中国古代社会开始走向专制主义的中央集权时代。这个时期的时代主题，是变革与统一，是通过变革达到一统。其变革的意义在于为世界上第一个中央集权式的农业帝国打下坚实的基础。按照史仲文先生的观点，此时的改革，方向是朝前，重心是向下。[③] 所谓方向朝前，是说春秋战国的变革，不是为了维护旧体制，而是为了确立新体制，即从奴隶制向新体制的剧烈转变。所谓重心向下，是说改革的最终目标是解决土地和农奴的问题，把旧有的土地制度——井田制改为分田制，从而将农奴解放出来，使之成为具有人身自由的农民。这个变革的过程是漫长的，但发展又呈阶梯状。春秋时期，几乎一切社会活动都围绕着争霸而展开，因此，春秋的社会主题，在于周王朝的旧式统治权力被否定。到了战国时期，以韩、赵、魏三家分晋为标志，社会的基本面貌表现为合纵连横，走向统一，旧式诸侯国的统治权力也被否定。于是，周王朝的权力下降给诸侯，诸侯的权力下降给世卿，世卿的权力则有赖于个体农民的支撑。于是，变奴隶制为新制，给农奴以自由。

然而，给农奴以自由不是春秋战国大变革的唯一目的，虽然小农经济需要个体农民拥有足够的自由。小农经济是最需要稳定的经济，它需要风调雨顺的自然

---

① 左传·僖公二十四年 [M]. 北京：中华书局，2018.
② 礼纪·王制 [M]. 北京：中华书局，2017.
③ 史仲文. 中西文明的历史对话 [M]. 呼和浩特：内蒙古人民出版社，2000.

稳定，更需要安居乐业的社会稳定。但是，分封制不足以维护小农经济的稳定。如果说西周的分封制未与小农经济谋面，不足以说明问题，那我们看汉代的封王。汉代遍地姓刘不仅未能巩固皇权，反而酿成汉末的大乱。明代同样遍地是"王"，虽然没有兵权，但王家的飞扬跋扈，实在也是明末天下大乱的重要原因。不但如此，争霸称雄同样难以保护小农经济的稳定，兼并割据则只能破坏小农经济的稳定。所以，春秋战国大变革时期的任务之一，是要建立与小农经济相匹配的中央集权管理体制。这种体制的具体表现形式，就是发端于春秋，定制于商鞅变法，确立于秦始皇，一直延续到清代的郡县制。

郡县制起源于春秋初年。秦武公十年（公元前 688 年），秦人灭邽冀戎，设为县属。楚国在楚文王时（公元前 689 ~ 公元前 677 年）也已设县。晋国则在公元前 627 年建立郡县制。虽然郡县制在秦国由来已久，而且山东六国也有实行郡县制的成功经验，但战国时期在一个国度全面推行郡县制，却是商鞅在秦国变法的伟大功绩。商鞅两次变法的内容，除去"为田开阡陌封疆"，废除井田制，以农事为要；制定连坐法，以法治为本；重农抑商，发展农业生产；颁行二十等爵制，奖励军功，禁止私斗；统一度量衡，"平斗桶权衡丈尺"；按户征收丁口军赋；焚烧儒家经典，保证法治的权威和统一性等以外，重要的一条就是在秦国全面推行郡县制。商鞅"集小乡邑聚为县，置令、丞，凡三十一县"①。县令为一县之长，主县中全面事务，县丞主管民政。此外还设县蔚，主管治安和军事。这些官员都由中央直接任免，从而排除了旧贵族对地方政权的世袭把持，直接强化了专制主义的中央集权，也为秦始皇统一六国奠定了基础。

秦始皇统一六国后，果断地采纳了李斯的建议，在全国实行郡县制。秦王朝初设 36 郡，以后增加到 40 个。每郡置郡守、郡尉、郡监（监御史）。郡守掌管全部政务，是一郡的最高行政长官，直接受中央政府节制；郡尉辅佐郡守，掌管全部军事；郡监掌握监察工作。一郡之内分若干县，万户以上的设县令，不满万户的设县长，统管全县政务，受郡守节制；同时设县尉管理全县军务，设县丞作为县令的助理并管理司法审判工作。一县之内分为若干乡、里。郡县的主要官吏，均由皇帝任免。再加上三公九卿制中央政权组织的建立，于是皇帝的统治，在郡县制体制下，从中央直接延伸和渗透到地方政权中。这种中央集权的模式在秦王朝以后 2000 多年的历史中，始终是中国管理体制的主导形态。

有人将这一模式的特点概括为 ②：

---

① 《史记·卷六十八》。另据《史记·卷六》："并诸小乡，聚集为大县，县一令，四十一县。"故"三十一县"应为"四十一县"之误。

② 辛向阳. 大国诸侯 ［M］. 北京：中国社会出版社，1995.

①郡县没有或只有极小的自主权，一切权利都集中于中央；

②各级权力只对上负责，不对下负责；

③中央的权力高度集中于统治者个人手中，于是中央与地方的关系就主要表现为皇帝与地方政权的关系；

④中央的权力无所不在，无孔不入，社会生活的所有权力都由中央权力所派生。

又有学者将中国封建专制体制的特征也概括为四点①：

第一，皇权至高无上和不可分割，国家的最高权力全部集中在皇帝一人手中；

第二，皇权不可转让，皇帝一旦登位，便终身任职，不可动摇；

第三，皇位是父死子继，不可更改，严格实行世袭制；

第四，国家政权机构的组织原则是尊君卑臣。

我们可以从辛向阳先生绘制的图式中看到中国先秦前后国家管理体制的区别和表象②，如图4-1所示。

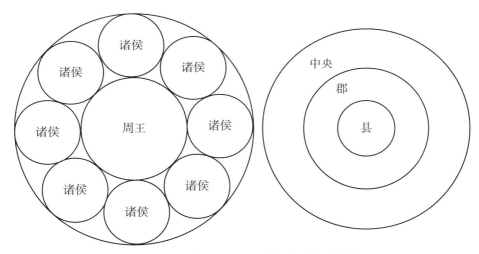

图 4-1 宗法分封模式中央集权模式

此外，国外学者 D. 赖特还曾绘制出一种周王朝末期分封割据的分离图式，见图4-2。③

---

① 史仲文. 中国人走出死胡同 [M]. 北京：中国发展出版社，2004.

②③ 辛向阳. 大国诸侯 [M]. 北京：中国社会出版社，1995.

73

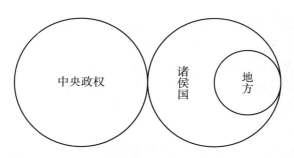

图 4 - 2　周王朝末期分封割据的分离图式

这种模式表示：①地方诸侯已脱离中央政权，绝对地进行分治了；②周王朝虽还存在，但已对诸侯没有任何实质和形式上的约束力了，周王朝的统治只存在于都城及其周边地区。

总之，经过春秋战国500多年的变革，中央集权的专制体制在秦始皇统一六国后得到确立。有学者认为，中国中央集权的专制文明有两个独特的风格：一是以农业为主要产业的国家之大，二是以家庭为基本生产单位、以男耕女织自给自足的小农经济规模之小。内陆型的大国，又以农业为主要产业，治水社会的特征明显，要使疆域内的农业生产得到稳定的发展，没有集权化的中央政权来管理，是难以想象的。

在生产力水平不高的条件下，以家庭为基本生产单位和消费单位，实行自给自足的生产方式，显然也是天经地义的。然而，问题在于，集权化的国家之大，与小农经济之小之散，又是如何结合的，而且又是如此相得益彰。也许这正是中国传统文化的博大精深和绝妙之处。

（四）儒家伦理约束

由于儒学及其伦理规范是中国古代文化的重要内容和代表性成就，因此我们在分析它在中国古代商业文化演进过程中的作用和影响时，不妨多着些笔墨。

1. 儒学是中国古代即专制主义集权时代的文化主题

儒学产生在春秋末年，但彼时的儒学没有特别崇高的社会地位。战国时期，儒学的命运已经有些不妙，等到秦始皇统一六国，命运更加不妙。秦皇焚书坑儒，不仅儒家文献被付之一炬，就连儒生也一下子死了460多人。到了汉高祖刘邦时期，采纳董仲舒的主张，"废黜百家，独尊儒术"，使儒学成为官方之学。此后，儒学逐渐成为中国古代社会文化的主流，儒学的地位也一直未曾遭遇生死存亡的挑战。中国古代文明选择儒学，既是儒学的荣耀，也是中国古代文明的荣耀。汉代以后的儒学，不但与中国专制主义集权文明情投意合，而且达到水乳交融的地步。儒学崇尚"礼乐"和"仁义"；提倡"忠恕"和不偏不倚、无过不及的"中庸"之道；政治上主张"德治"和"仁政"；重视伦理道德教育和自我修身养性。中国自春秋开始向专制主义集权社会过渡，正是儒学这个思想体系，既适应也保护了中国特有的小农经济基础和中央集权统治基础。小农经济需要稳定，儒学最讲稳定；小农家庭需要秩序，儒学最讲秩序；专制社会需要等级，儒学就是最充分最有理性的等级文化。

儒学产生在春秋，为什么到了汉代才获得主流地位？战国时期和秦代曾经选择法家思想作为文化主题，为何此后要以儒代法？中国专制主义集权文明为什么没有选择宗教或者其他思想学说作为文化主题，而是儒、道、释并存，以儒为主？个中原因，可谓复杂。从中国古代社会矛盾形态和内在动力方式看，儒学作为中国古代社会的文化主题，有它最充分的文化基础和依据。

第一，中国自秦汉至明清皆为中央集权制国家，其间虽有分裂，但政权特性不变，而且总体来说是分裂时少，统一时多。最有成就、最有影响的时期，也是中央集权统一帝国的兴盛时期。所以，中国古代社会的发展过程中，总是统治集团的行为影响最大。而统治集团最核心的问题是君权，君权一有风吹草动，社会就会风雨飘摇，甚至山摇地动。而那些不断出现又不断被解决的后妃干政、太监乱政、外戚篡政和地方分政问题，无一不是与君权与集权统治发生直接联系。

第二，中国古代社会是小农经济社会，小农社会各类社会矛盾的焦点是土地问题，其实质，一是农用土地的使用问题，二是农民利益的确认和保障问题。农业国家，土地自然是立国之本，没有土地，农业没有立业基础。为使农业生产得到保证，就必须保证土地在农业生产中的稳定，否则，让古代农民用无土栽培法生产农产品，那才真正是天方夜谭。从秦汉到明清，无论何时何地，不管是由于外患、内乱，还是由于兼并割据，只要是破坏农民土地使用的稳定性，势必造成农业的凋敝，以致引起社会和国家的衰亡。有了土地才有农业，有了土地和农业的稳定，才有国家和社会的兴旺。传统社会条件下的中国，土地问题是一切问题的关键，土地问题一天解决不好，国家的兴旺就没有什么希望，土地问题解决好了，就可以国泰民安、外御侵扰。

由于土地问题和农业问题的重要性，所以古代中国的社会矛盾，其焦点自然要落实在农民问题上。农民安居乐业，天下就不会乱。不管是党争也好，兄弟阋墙也好，外戚干政也好，只要农民不乱，不管天下是谁之天下，依然太平无事。武则天做了皇帝，对李氏宗室可谓作恶多端，但她较好地解决了土地与农民的矛盾，劝农桑、薄赋徭，对社会的稳定和发展做了很大的贡献。魏征劝唐太宗"载舟覆舟，所宜深慎"。所谓民犹水也，水可载舟，亦可覆舟。那个民，主要是农民，只要农民安定，社会想乱都不容易。

第三，农业自然经济需要稳定，也最渴望稳定。农业生产需要稳定，农民家庭也需要稳定。而正是大一统的集权国家，能够长期有效地保护小农的利益。所以中国古代社会对专制有着内在的要求和需求。因为有着强烈的向心力，必然坚决反对外部破坏；因为具有向心力，所以坚决反对分裂，主张大一统。解决中国古代社会文化矛盾的根本途径，也往往在大一统。所以，在中国搞分裂，不得人心。不但分裂不得人心，就是自治也不能被容忍。因为对专制有内在的需求和要求，所以对统治者的昏庸和暴政深恶痛绝，寄希望于"青天"式的统治人物，寻求德政和德治。

第四，由于中国古代社会的经济基础是农业自然经济，所以，中国古代社会文化发展属于渐进式的发展类型。小农经济靠天吃饭，习惯于日积月累，周而复始，喜欢讲万变不离其宗，"换汤不换药"。从秦始皇到鸦片战争的2100多年，朝代换了十几个，其间还有民族政权的更迭，但皇权专制政体没有改变；皇帝换了几百人，皇帝的地位也没变；虽然汉代没有玉米，没有甘薯，没有花生，但农业文化的性质始终没有改变，秦砖汉瓦一用就是两千年。

以上这些中国古代社会文化发展的特点，决定了儒学在中国古代社会文化中的地位和作用。由于儒学成为中国封建时代社会文化的主题，所以，史仲文先生将中国专制主义集权时代称为儒学时代。用一个历史时代的社会文化主题来概括这个时代，有助于我们准确地认识这一历史时期社会文化发展的主流，从而更好地把握历史发展的基本脉络。根据这样一个原则，我们同样可以把西方中世纪的时代概括为基督教时代。虽然基督教的产生远远早于中世纪，但那时的基督教还未被统治阶级承认和接受，还处于地下半地下的状态。只有到了君士坦丁大帝正式皈依基督教之后，基督教才峰回路转，成为西方社会中具有特殊地位和影响的文化形态。虽然经过文艺复兴革命、商业革命、科学革命、资产阶级革命、工业革命之后，基督教对西方社会已不再具有至高无上的统治作用，但举凡研究和讨论当代西方的任何问题，如果缺少对基督教的研究和认识，都是不完整的，甚至是很片面的。

儒学对于中国古代社会的作用，有类于西方中世纪的基督教。所以，研究中国古代商业文化演进轨迹，不能脱离儒学这个中国古代社会的文化主题。

2. 政治—伦理中心主义

中国漫长的专制主义集权时代，因为以小农经济为基础，所以在文化上实行的是政治—伦理中心主义。也就是说，一切社会问题，都以政治—伦理为中心。

因为自给自足的小农经济，第一要求是稳定，第二要求还是稳定，第三要求依然是稳定。一要国家稳定，二要土地稳定，三要家庭稳定。全世界的小农时代都实行专制主义，而中国式的小农经济又是一元化世俗性专制，要维护皇权的专制和社会的稳定，必然会选择儒学，必然要君君臣臣，父父子子。所以中国古代在政治上要保护中央集权制，在人际关系上要维护等级制，在社会关系上要推崇人身依附制，在价值取向上要追求道德中心制。中国是个大国，又是小农经济的国家，没有维系大国和小农经济这二者的价值系统，这样的大国就无法统一。不统一，则大国的稳定就没有保证。不稳定，则小农经济无法正常运行。因此，以忠孝为本，以忠孝治天下的理念就可以大行其道。因为就政治—伦理中心的内容来看，政治也是伦理，伦理也是政治。由于在自给自足的自然经济条件下，经济关系简单，社会关系也简单，一切经济关系，乃至一切社会内容，都由道德来负责仿佛也是可以办得到的。因为一切社会问题都以政治—伦理为核心，经济问题自然不在话下，抓住政治这个纲，经济问题也就迎刃而解了。

想当初，赵普当宋朝宰相时，有人说他一生只读过《论语》一部书。宋太宗赵光义就问他是不是这样。因为当年赵普被宋太祖任命为宰相时，太祖曾因其很少读书劝他多读点书，赵光义不相信赵普读书便只读一部书。不想赵普对这种说法并不隐讳，并坦诚地回答说，他平生所学，的确没有超出《论语》。过去，他以半部《论语》辅佐宋太祖赵匡胤打天下，现在要以另半部《论语》辅佐陛下建立太平盛世。果不其然，赵普晚年，每天回到家中就从箱子里取出书籍，爱不释卷，有时竟然读得通宵达旦。赵普去世后，家人发现他的箱子里确实只有《论语》二十篇。后来，"半部《论语》治天下"，成为一个非常著名的典故。

其实，站在今天的角度看赵普的话，既有不幸言中之意，又有些言过其实。说它不幸言中，是说以孔子学说为核心的儒学，对于治理专制主义集权时期的中国而言，确实有它奇特的功效。因为孔子学说的核心，无非一个"仁"字，然而什么是"仁"呢？"克己复礼为仁"；"孝弟也者，其为仁之本与"；等级森严的礼制是仁；孝敬父母，敬爱兄长，就是仁的基础。可见孔子学说的核心和重点，在于等级制的道德伦理。而这一切，正好适用于中国的专制主义集权社会，用这个理论来治理中国，调整中国社会各方面的利益，不能说放之四海而皆准，确也鲜有对手，一部《论语》，不过是儒学经典和儒家伦理的代表和标志而已。

所谓言过其实，有两层意思。其一，孔子学说是整体性的，如能拆开，当年秦始皇掰开一块用用，也不会因焚书坑儒而招致山东之乱。其二，不说秦以前的天下靠《论语》打不下来，就是皇太极和顺治皇帝，也不能靠《论语》平定明末清初的天下。因为如果照《论语》的意思，大明王朝的宝座，岂能由边陲的臣民来坐？造反有理，实在不是儒学的规矩。

3. 修齐治平、三纲五常的道德信念

所谓修齐治平，是修身、齐家、治国、平天下的简称。它和三纲五常观念一起共同构成中国儒学的道德体系，因而也就成为中国中央集权的专制时代伦理政治哲学的体系。修齐治平不仅是一种伦理思想，同时也表现了一种道德逻辑。

修齐治平实际上是一个道德逻辑的两种解释。从大往小里说，一个儒者，要实现明明德于天下的理想，就非治国不可，要治国就非齐家不可，要齐家就非修身不可，而要修身就非正心不可，要正心就非诚意不可，要诚意就非致知不可，而只有格物才能致知。从小往大说，由近及远，又形成从格物、致知、诚意、正心，到修身、齐家直到治国、平天下这样一环紧扣一环，一环制约一环的内圣外王的事功链条。

然而，"格物政知，便是要知得分明；诚意、正心、修身，便是要行得分明"①。这分明与否的标准又是什么？这个标准不是别的，就是三纲五常。把三纲五常放到极其重要地位的，是汉代大儒董仲舒，而真正确立三纲五常神圣地位的，则是采纳董仲舒"废黜百家，独尊儒术"建议的一代豪杰——汉武帝。

金春峰先生在其《汉代思想史》中认为：董仲舒伦理思想的核心内容和首要目标，是确立三纲五常的神圣地位。②汉初时，统治者继承秦代的法治政策，政治上崇尚黄老的清澈无为思想，从而导致等级权威的削弱。比如大臣犯法与庶民同罪，即所谓"法不分贵贱"；天子与诸侯王在服饰、乘舆与礼仪待遇不加区别，所谓"奴隶衣文绣，而天子皇后或服缩衣"等。对此，贾谊提出了建立礼治、严格封建等级制度的建议。董仲舒则继承了贾谊的思想，以天人关系为依据，为建立封建等级制度作了各方面的论证。董仲舒认为："礼者，继天地，体阴阳，而慎主客，序尊卑贵贱大小之位，而差内外远近新旧之级者也。"礼的基本内容就是建立严格的等级差别，而这种等级差别是天道的要求。自从董仲舒把儒学发展到一个新的阶段，汉武帝采纳董仲舒"废黜百家，独尊儒术"的建议，三纲五常就成为中国传统社会的主要道德准则。

虽然三纲五常作为中国专制主义集权时代首要和主要的道德准则，确立在汉代，但重视伦理道德、以崇高的道德精神作为人生信念的传统，却可以追溯得更加久远。梁漱溟先生曾对中国文化、印度文化、西方文化作过生动的比喻。他认为，中国文化是强调人—人关系的文化；西方文化是强调人—物（自然）关系的文化；印度文化是强调人—自我（灵魂）关系的文化。这个比喻，可谓既精辟，

---

① ［宋］黎靖德. 朱子语类·卷十四 ［M］. 北京：中华书局，1986.

② 金春峰. 汉代思想史 ［M］. 北京：中国社会科学出版社，1987：191.

又生动。

中国自古就有无神论的传统，而且从来都不是一个宗教性的国家。冯天瑜等先生认为，中华文化系统在古代居主导地位的不是神学世界观，而是伦理世界观，它在某种程度上起着与中世纪神学世界观相类似的作用，成为一种"准宗教"。① 所以，古代中国，除了殷商是神权至上外，周以后的三千年间，中国文化虽然容纳了诸多宗教，却避免了全社会的宗教迷狂。而造成这一现象的原因，则在于中国社会结构的宗法特征。夏王朝就是在部落联盟的基础上发展起来的，氏族制度的残余十分浓厚，即便到了殷商和西周时期，王朝实际上也依然参照氏族部落联盟的方式，成为王室与各个具有一定从属关系的方国（诸侯国）部落联系在一起的政治共同体。因此，氏族制血缘关系在中国解体不充分。这种独特的宗法制度，通过血缘意识，逐渐形成宗法式的伦理道德，构成中华民族文化意识形态系统的核心。而氏族社会的一大特点，就是人们的思想和行为，是以千百年来形成的生活经验和习惯为准则的，这些准则又是通过血缘关系加以连接和继承的。而且，这些生活经验和习惯，在成为法律条文之前，即已积淀为伦理观念，左右着宗法社会中人的思想和行为。所以，不论是不成文法也好，成文法也好，这些法律出现以后，"宗法"之民仍然习惯于用伦理观念约束自己，从而使法律退居二线。所以，商鞅、韩非等法家企图用"前刑而法"取代"先德而治"②，可以取得一时之显效，但不能维系宗法社会的长治久安。

中国古代伦理信念的文化作用，除了它出自中国古代社会的宗法制度原因外，与伦理关系起源于天道自然学说有密切联系。在崇尚自然法则的自然经济国度里，人伦效法自然无疑具有极大的说服力。"人法地，地法天，天法道，道法自然"③，所以"天尊地卑，乾坤定矣；卑高以陈，贵贱位矣"④。自然也被人伦化，天人之间也有了血亲关系，君王即为"天子"，从而形成天人合一。

这一点，或许史仲文先生的观点更具有说服力。⑤ 史仲文先生认为，到宋代，中国封建文化形成礼—法同构和理—俗同构。礼—法同构，即儒学礼教与国家法律成为一体，犯法者必然违礼，而违礼有时更甚于犯法。所以，旧时的民间，犯法者或许还有人同情，而违礼者却有类过街老鼠，人人喊打。礼—法同构，从根本上给了礼至高无上的地位，而所谓礼治，其实就是人治，或许说得好听点也可叫作德治。因为强调德治，从而也丧失了真正的法治基础。法即是礼；礼即是君

---

① 冯天瑜等. 中华文化史［M］. 上海：上海人民出版社，1990.
② 商君书·开塞第七［M］. 北京：中华书局，2018.
③ 老子·第二十五章［M］. 北京：中华书局，2014.
④ 周易·系辞上［M］. 北京：中华书局，2011.
⑤ 史仲文. 中西文明的历史对话［M］. 呼和浩特：内蒙古人民出版社，2000.

臣之礼，君尊臣卑，所以礼是王；王即是法，朕即天下，所以不称国法而称王法，可见王与法之间关系的密切程度。理—俗同构，即儒学主导的封建之礼与主导社会市井之俗，而社会市井之俗又必合乎封建之礼。理—俗同构，使儒学伦理文化深入社会，取得最广泛的心理支撑和最稳定的社会保证。

所以，如果西方文化属于"智性文化"，追求理性说明，重视人的知识和智能，那么中国古代文化则可称为"德性文化"，意在君臣父子，重视修身养性。中国古代文化在这种"求善"的德性文化模式约束下，不但看重人与人之间的关系，尤其重视人与社会，人与国家的道德关系。人伦与物理相通，世间万物都需要德，因此，国家治理的根本法则，不在"法"治，而在"德"治。既在"德"治，必然成为传统伦常的"礼"治；既在"礼"治必然成为君臣父子的"人"治。

三纲五常和修齐治平的伦理信念，确实维护了中国大一统社会，保护了中国的小农经济，符合自然经济和中央集权时代的本质要求。自给自足的农业经济，家庭就是基本生产单位，也就是一个小的王国。而中央集权的专制大帝国，只有家庭小王国的稳定，才有农业生产的稳定，从而才有社会的安定，才有江山社稷的长治久安。所以，当年齐景公向孔子问政，怎样才能治理好国家，孔子回答说："君君、臣臣、父父、子子。"齐景公听后欣然感慨道："善哉！信如君不君、臣不臣、父不父、子不子，虽有粟，吾得而食诸。"① 假如真的君不君，臣不臣，即使粮食很多，我虽为一国之君，又到哪里去吃饭呢！然而，齐景公虽然对孔子的话很感兴趣，但他不能采用孔子的主张，因为那是一个群雄争霸和走向统一的时代。不但齐景公不采用孔子的主张，孔子周游列国也未能实现他的政治抱负，更不用说对他的理论不感兴趣的秦国了。不幸的是，秦始皇统一六国后，不但不能对儒学给以青睐，反而变本加厉要焚书坑儒，以为严刑峻法暴力苛政可以治天下，用统一六国后的旧法可以施新政。殊不知，小农经济的经济基础和中央集权的专制体制建立之后，正是儒学可以发挥讲究礼教、维持人治、维护安定作用的大好时期。没有儒学伦理信念的支持，就不能保证小农经济的稳定，就不能获得士人之心，就不能使中央集权得到巩固，秦王朝的封建帝国也就失去了赖以生存的文化基础。于是，"坑灰未冷山东乱"，秦王朝的失败只是时间的早晚而已。这既是儒学的不幸，也是秦始皇的不幸。而儒学和三纲五常伦理信念的确立，也只是时间的早晚而已，汉高祖时已经初露锋芒，汉武帝时，便开始大行其道。

4. 儒学的经济观

其实，儒学是不喜欢谈论物质利益、物质生产和经济问题的，至少在孔孟时

① 论语·颜渊 [M]. 北京：中华书局，2016.

代，不言利、不谈论经济问题已成为儒学传统。所以，当魏惠王向孟子请教治国强国之道时，孟子劈头就说："王！何必曰利？亦有仁义而已矣。"① 大王何必急着谈利益呢，最要紧的是讲仁义。讲仁义当然很好，但对一心想网罗富国强兵人才的魏惠王来说，仁义之事过于遥远，孟子的主张显然太过迂腐不合时宜。魏惠王只好冷落孟老夫子，而对庞涓给予青睐。因为庞涓据说是鬼谷子的门生，与彼时的经邦济世之才孙膑、苏秦、张仪都是同学。

儒学不言利，不喜欢讨论经济问题，不等于对中国古代经济不起作用，没有影响，没有贡献。儒学不言利而意在言外，虽不言利但效用巨大，这是儒学与中国古代经济独特而绝妙的结合方式。仿佛中国的酒文化，饮酒的最高境界不在品酒，而在借酒寄情山水，寄情心中所思所念，所谓"醉翁之意不在酒，在乎山水之间也"。所以，不能超越醇冽之香，没有山水之情的酒人，不能做酒仙。中国儒学对古代经济的这种奥妙之处，不但魏惠王不能理解，就连实现统一、建立适应小农经济的中央集权统治的秦始皇，也未能理解。这一点，不能不说是秦始皇的一大悲剧。然而，这个遗憾和悲剧是历史性的，社会没有发展到这一步，即便他本人主观上想对儒学表示宽容和理解，也难。

（1）平均主义的分配观。

儒学的平均主义分配观，可以追溯到孔子的言论。孔子说："有国有家者，不患贫而患不均，不患寡而患不安。盖均无贫，和无寡，安无倾。"② 意思是说，别管是诸侯还是大夫，不必为财富不足而着急，只需为财富的不均而着急；也不必为人民的稀少而着急，只需为境内的不安定而着急。如果财富平均，就无所谓贫困；如果境内和平，就不会觉得人少；如果境内平安，就不会有倾覆之危。

有人认为，不能依据孔子"不患贫而患不均"的言论，就认定孔子主张平均财富。一来是孔子虽说"不患贫而患不均"，却从未明确提出平均财富的具体主张。二来认为平均的"均"至少可有两种解释，平均是均，均衡也是均。所以，孔子的"患不均"是反对破坏礼制的均衡，反对破坏等级差异的均势。

其实，"不患贫而患不均"或许未必一定指要平均财富，但如果联系孔子乐贫和安贫的一贯思想，联系孔子克己复礼和义主利从等主张，说明孔子是主张在严格的等级制度下，实行平均主义分配制度的。否则，对"礼崩乐坏"耿耿于怀的孔夫子，主张"君子而不仁者有矣夫！未有小人而仁者也"③ 的孔夫子，是不会容忍统治者与平民均贫富的。正是在这个前提下，孔老夫子可以"饭蔬食饮水，曲肱而枕之，乐亦在其中矣。不义而富且贵，于我如浮云"④。吃粗粮，喝

---

① 孟子·梁惠王上 [M]. 北京：中华书局，2016.
②③ 论语·季氏 [M]. 北京：中华书局，2016.
④ 论语·述而 [M]. 北京：中华书局，2016.

冷水，弯着胳膊当枕头，把这样的生活当乐趣是要有前提的，视富贵如浮云也是有条件的。

实在说，儒学均贫富的主张，对古代中国社会有着特殊的意义。中国专制集权社会诸矛盾中，中心议题还是土地问题，因为农业自然经济的基础在于土地问题。从人为因素对土地直接危害的角度看，古代中国危害土地的不外乎内患与外患。外患即发生外部的侵略和战争，土地因此荒芜或被掠夺，农业生产自然会遭受严重危害。内患即发生土地兼并，土地兼并的结果是使少数大土地所有者占夺土地的数量极大，而大批农民因丧失土地破产成为流民，流离失所，民不聊生。所以平均主义作为一项重要政策主张，从分配制度上和体制上支撑了贫苦农民对土地的保护，也抑制了权势者对土地的大肆掠夺和兼并。

从土地在农业自然经济中的基础条件看，土地除去受人为因素的危害，受分配制度的制约外，还受到以下几个条件的制约。一是自然气候条件。地理位置的作用固然重要，因为在西伯利亚不可能去种植热带农作物；风调雨顺同样重要，在农业生产力还十分低下的时候，只有风调雨顺才能五谷丰登，否则，旱涝风雹，土地越多，受灾的程度越重。二是人口数量与耕地面积的比例关系。人多地少与人少地多，或是土地面积不变，人口或多或少，在其他条件不变的情况下，都会直接影响人均农产品的占有数量。三是社会的稳定。社会动乱，农业生产首先受到冲击，而小农经济最为脆弱，当然经受不住社会动乱的冲击。

以上这些因素，共同作用于古代中国农业自然经济，中国古代经济发展也好，停滞也好，都是这些因素共同发生作用的结果。然而，比较而言，还是分配制度的作用显得最为关键。土地使用权的分配合理，即使风不调雨不顺，也可同心协力抵御自然灾害；虽有"三藩之乱"，难挡"康乾盛世"；尽管清代初期人均耕地6亩，到乾隆时期，由于人口增加，人均耕地约减少一半，因为还未超过土地承载限度，所以出现前所未有的经济繁荣。当然，这些条件也有自身的极限，任何一个条件超过它自身的极限，都会引起其他因素的连锁反应。这里的所谓分配合理，其实就是使天下人人得以耕其田。也正是在这个意义上，孔子的"不患贫而患不均"，有了积极的意义。

正因为平均主义政策主张在中国古代有如此重要的意义，所以，虽然中国古代历朝历代都不乏农民起义和农民战争，然而，唐代以前也就是中国专制主义集权文明还处在上升和发展阶段时，农民起义中反而并未出现要求"均贫富"的主张。只是到了唐宋以后，"均贫富"的口号才在农民起义中广为流传。北宋王小波、李顺起义时，王小波就对起义农民说："吾疾贫富不均，今为汝均之!"公开提出均贫富的战斗目标。明末李自成领导的农民起义，则提出"均田免赋"的口号。

孙中山自是资产阶级民主革命的先行者，他领导建立辛亥革命的目的是要推翻帝制，建立共和，他的思想纲领是所谓民族、民权、民生的三民主义。民生主义学说是孙中山经济思想的主要内容。民生主义又包括平均地权和节制资本两个纲领，而节制资本是孙中山解决民主革命中土地问题的纲领和理论。孙中山正式提出节制资本的口号，并把它和平均地权一起作为民生主义的主要内容，是较晚的事情，是在 1924 年《中国国民党第一次全国代表大会宣言》上确立的。节制资本的实质是借助国家的力量发达资本，为资本主义经济的发展创造有利条件，同时又要防止垄断资本的出现，从而使发达资本与节制资本结合起来。

　　不仅要平均地权，而且要使耕者有其田。孙中山的三民主义之所以能够深入人心，成为全体中国人的共识，与他的这个主张不能说没有直接关系。对此，毛泽东有过评价。他说："孙中山先生的'耕者有其田'的主张，是目前资产阶级民主主义性质的革命时代的正确主张。"[①] 然而，孙中山提出耕者有其田时已经是 1924 年的事情，第二年，他便因病辞世。所以，孙中山虽然提出"平均地权"和"耕者有其田"的主张，但并没有主动实行过土地制度的变革。孙中山领导的辛亥革命，结束了中国古代的历史。然而，辛亥革命后中国社会的基础结构和经济结构，并没有因为帝制的推翻而发生根本性的改变。因此，平均主义的分配观依然深深地影响着中国社会。

　　由此观之，在中国这块土地上，只要农业文明占据主导地位，平均分配的思想主张就有广泛的社会基础。再加上久而久之，平均主义又成为一种思想传统，因此，直到今天，虽然社会的变化已经既广泛又深入，然而，平均主义仍然有着一定的市场。所以，中国当代管理体制改革，往往从打破平均主义的大锅饭入手。

　　（2）重本抑末的产业观。

　　最早用本和末比喻农业和工商业不同产业概念的是商鞅。商鞅不是儒家，但他却是中国经济思想史上最先提出本末概念的人。他明确地把男耕女织的自给自足农业称为"本事""本业"，对"末业"虽未明确界定，但显然是指工商业。商鞅不仅用本和末来界定农业和工商业，而且对农业和工商业的产业发展有自己的价值判断，他的论断便是"事本禁末"。本和末不仅指两种不同的产业，而且对两种不同的产业有褒有贬，有扬有抑。

　　商鞅以及商君学派"重本抑末"的产业观虽然不是源于儒学的观点，但这种产业观在中国专制集权时代延续了两千多年，并被后人奉为儒学的信条，可见在中国农业自然经济的大背景下，商鞅及商君学派与儒学有着一种天然的内在联系，与其说后来成为儒学信条的"重本抑末"观源于商君之学，毋宁说它们都根

---

① 论联合政府·毛泽东选集（合订本）［M］. 北京：人民出版社，1967：975.

植于中国古代的农业自然经济基础。

汉代桓宽著《盐铁论》时，经过汉武帝独尊儒术的倡导，又经过社会经济的发展和专制政权的巩固，儒学的统治地位已经得到确立。重本抑末的论点本不是儒学的专利，然而当儒学在意识形态乃至整个社会取得统治地位之后，重本抑末这种与儒学理念不谋而合的论点，自然也就被当作儒学的教条来阐释和宣扬了。《盐铁论》开卷伊始，便以文学之口说道：

> 窃闻治人之道，防淫佚之原，广道德之端，抑末利而开仁义，毋示以利，然后教化可兴，而风俗可移也。今郡国有盐铁、酒榷、均输，与民争利，散敦厚之朴，成贪鄙之化，是以百姓就本者寡，驱末者众。夫文繁则质衰，末盛则本亏，末修则民淫，本修则民悫。民悫则财用足，民侈则饥寒生。愿罢盐铁、酒榷、均输，所以进本退末，广利农业，便也。①

由于是作为儒学教条来宣扬，所以《盐铁论》的重本抑末与此前的重本抑末观点相比，又有了新的变化，真正成为儒学的理念。这种变化，主要表现在两个方面。

其一，是由重本抑末进而成为重农抑工商。商鞅对末的认识是泛指妨碍农业发展的其他活动，即"商贾技巧之人"。贾谊、晁错所反对的末，则指富商大贾、末技游食之民。《管子》的轻重论是从对富商大贾取得轻重之势的角度认识重本抑末的，因此虽不常用本末的比喻，却主张使"大贾蓄家不得豪夺吾民"。《盐铁论》中的贤良、文学，则将末专指工商业，所谓"国有沃野之饶而民不足食者，工商盛而本业荒也"；"故商所以通郁滞，工所以备器械，非治国之本务也"。②

其二，重本抑末观点与贵义贱利观点从对立到统一。商鞅提出重本抑末观点时，是不同意贵义贱利的儒学理念的，至少是没有把两种观点联系起来。贾谊虽提出"置天下于仁义礼乐"，但那时是从治理国家的大政方针角度考虑的，并没有得出因为要行仁义礼乐而必须重本抑末的结论。他只不过开始意识到只是从仁义礼乐角度考虑问题还不够，还要富民，还要蓄积剩余产品，所以才要重本抑末。然而，这也确实开了一个头，开始把仁义礼乐与重本抑末联系起来。所以到了《盐铁论》，到了贤良、文学们那里，便成了根据贵义贱利的原则，必须重本抑末，因为只有"抑末利"，才能"开仁义"。而末又专指工商业，因此，由于贵义贱利是圣人之道，那么，为了贵义贱利，就必须重农而又抑工商。这样，重本抑末就与贵义贱利完全合而为一，因为合而为一，重本抑末这一原本不始于儒学的观点，从此也成为儒学的正统理念。

---

①② 盐铁论·本议 [M]. 北京：中华书局，2015.

如果说早期重本轻末论还有它的合理成分的话，随着社会的发展和演变，随着重本轻末论与儒学的合一特别是与贵义贱利论的结合，重本轻末理论的合理内核蜕化，重本轻末作为正统儒学观念，其主要理论依据就自然成为贵义贱利论。工商之所以要抑、该抑，是因为它追求货利。而货利为贱，利贱义贵，因此要重农抑工商。

（3）重义轻利的价值观。

儒学不喜欢谈物质利益，一心一意谈仁政，谈礼义。孔子所谓"君子喻于义，小人喻于利"，可见儒者对物质利益是多么不屑一顾。所以孔子一生"罕言利"，既然不喜欢谈，当然就不愿多谈了。不喜欢谈不多谈，并不代表对物质利益没有看法。既然只有君子才懂得仁义，小人只懂得追逐利益，而君子和小人是有贵贱等级之分的，那么，君子之德必定贵于小人之行，君子之义也就自然贵于小人之利，重义轻利、贵义贱利也就成为如孔子这样的儒学之君的价值观念了。

不言利、罕言利，不等于不重视利的问题，不等于对经济问题可以忽视。就孔子的本意而言，他所谓的罕言利，是不在礼制范围以外言利，即不能突破礼制的要求来言利。而对礼制范围之内的利，当然就不用再谈它了，因为礼制已经把不同等级的利益考虑和规定好了，各得其所，尤其是在贵族和统治者的利益有了保证时，当然也就无须再言。所以孔子说"义以生利"[1]。

好一个"义以生利"。虽不言利而利又在言外，虽不言利却利又自在，这是儒学理念与中国古代经济独特而又奇妙的结合方式。其实，儒学作为一种现实主义类型的学说，不是不考虑物质利益，只不过物质利益与道德理想，与仁、义、礼、智、信相比，是次要的，是居于从属地位的，义与利相比，义重于利，义大于利，义先于利。如果只知道物质利益，那只能是小人。儒学的这些观点，在古代自然经济条件下，确有其道理。儒学的这一套不言利、罕言利，一心大谈仁政，谈礼义，谈三纲五常的思想体系，确实适应和保护了中国古代小农经济的基础。古代中国虽然统一是大潮流，但战乱时常发生，动辄天下大乱，国家的统一，天下的争夺，大多要靠武力解决。然而，能统一全国夺取天下的，首先是能得人心者，所谓得人心者得天下，"兵不能胜大患，不能合民心者也"[2]。得民心、合民心的，首先是仁义之师，是军纪严明之师。只有争取老百姓的支持，才能有兵源，有粮源，有供给，有多方面的支援。正是在这个意义上，孟夫子说："得道多助，失道寡助。"

贾谊富安天下论主张的前提，是要"置天下于仁义礼乐"，主张以礼义治国。

---

① 左传·鲁成公二年［M］.北京：中华书局，2018.
② 诸子集成·孙膑兵法［M］.北京：中华书局，1954.

这是他总结秦王朝灭亡的历史经验后得出的结论。秦王朝用商鞅之法，"遗礼义，弃仁恩，并心于进取"①，取得统一天下的巨大成功。但秦统一天下后，没有及时调整政策，没有找到维系中央集权统治的好办法，"反廉愧之节，仁义之厚"②，结果使社会矛盾激化，导致王朝的灭亡和社会的动乱。所以他建议汉文帝"改正朔，易服色制度，定官名，兴礼乐"③，"使天下同心而向道"④。

《盐铁论》是将重本抑末和重义轻利观点合一的始作俑者，此时的儒学已取得正统的官学地位，自然要宣扬重义轻利的观点。不仅如此，还要把重义轻利作为重本抑末的理论依据。所以，《盐铁论》要把重义轻利作为重要的价值准则和教条，要"抑末利而开仁义"，"以礼义防民欲"。

重义轻利的价值观，自先秦至明清，始终深刻地影响着中国古代社会。尽管近代以来，中国人对义利观的认识有了质的变化和突破，然而重义轻利的思维惯性不时在影响着我们。以至于当代商人往往更喜欢称自己为儒商，对"君子爱财，取之有道"的古语也表现出极大的兴趣。殊不知，仁义之道与市场之道虽均可称为"有道"，但此道绝非彼道。

（4）崇俭黜奢的消费观。

古代自然经济产出有限，小农经济更是家大人多，所以主张勤俭，主张长幼有序。因此，崇俭黜奢的消费主张很早以前就是古代中国的主流消费观念，至少先秦诸子大多是主张节俭反对奢侈的。孔子自是坚定的崇俭黜奢者，然而，他的特点在于把节俭和维护礼制结合起来。他强调治国要"节用而爱人"，在个人生活消费上则"奢则不孙，俭则固。与其不孙也，宁固"⑤。宁可生活简陋（固），也不愿因奢侈而超越礼教（不孙）。真可谓"克己复礼为仁"。抑制自己，使言论行动都合于礼，这就达到了仁的境界。消费不仅有节和俭的区别，更要有道德标准，要符合等级制度的要求，把奢俭问题与维护礼制联系起来，是儒学特有的消费观。

此后，崇俭黜奢一直作为正统儒学理念影响着中国社会，自然也影响着中国人的生活消费，以至成为家庭教育和启蒙教育普及读物中的重要内容。

清代以来流传甚广、家喻户晓的《朱子家训》，又称《治家格言》，对崇俭黜奢的消费观，有生动、细致的描述："自奉必须俭约，宴客切勿流连。器具质而洁，瓦缶胜金玉；饮食约而精，圆蔬愈珍馐。"粗质的瓦罐就足以够用，要金盆玉碗有什么用，不过是奢侈浪费。能有菜园子里的蔬菜佐餐已然是小康生活，所以它远远胜过山珍海味。连日常生活的用具都渗透着儒学的消费观

---

①② 古文观止·治安策［M］. 北京：中华书局，1959.

③④ 汉书·贾谊传［M］. 北京：中华书局，2011.

⑤ 论语·述而［M］. 北京：中华书局，2016.

念，真可谓微言大义。这又让我们联想到20世纪后半叶人们日常生活中的口头禅："贪污和浪费是极大的犯罪。"把贪污与奢侈浪费并称，可见对奢侈消费行为的鄙夷。

实际上，在生产力不发达的农业社会，由于剩余产品有限，再加上统治者的盘剥和骄奢淫役，广大劳动者往往拼死拼活挣了一年，也未必能做到腹饱衣暖。所以，崇尚节俭的消费观念不仅是合理的，甚至是天经地义的。但是，如果从再生产的角度看，由于古代中国的农业文化特点，中国人又是不讲增殖讲消费的。重视扩大再生产，重视资本的增殖，追求高附加值，这恐怕与古代中国的农业社会少有联系。所以，中国古代虽然从消费观念上更注重节俭，然而从再生产的角度看，是不讲增殖讲消费的。

（5）强调治理经济的自然秩序。

小农经济是自然经济，当然要遵循并推崇符合自然的经济秩序。自然经济是对自然条件依存度很高的经济类型。以种植农业为例，土地条件好坏，贫瘠还是肥沃；气候条件如何，降水量、光照度、温度等是否适宜；地质、地理条件，山区还是平原，酸性土壤还是碱性土壤，温带、寒带抑或是热带，内陆还是沿海等，这些都从不同角度对种植农业的生产起着重要的制约作用。所以，自然经济对社会稳定的要求极高，社会动乱，家庭变故，劳动力不稳定，都有可能使农业生产的自然规律遭到破坏。过去中国农业生产中喜欢讲"不违农时"，就是指要根据农作物生长的自然规律，适时地安排农业生产。

强调治理经济的自然秩序，是和社会的农业文明基础密切相关的。法国在资产阶级革命前，农业在国民经济中占据统治地位，而且这些农业基本上属于封建性农业。作为法国资产阶级革命准备时期新兴资产阶级意识形态的重农主义学说，就把自然秩序的观念作为重农学派思想体系的理论基础。杜邦是重农学派创始人魁奈的门徒，他曾明确地称重农主义为"自然秩序的科学"。魁奈的另一个门徒利维埃，则将自己的一部著作命名为《自然秩序和政治社会的原理》。实际上，重农主义一词的法文，就是由"自然"和"权力"两个希腊字合成，含有人类社会受自然规律支配的意思。所以，就本来的意义说，法国重农主义经济学说就是自然权力的学说。由于重农学派强调自然秩序，所以他们就得出了农业是社会财富源泉的结论，认为只有农业才是国家繁荣富强的根本。当然，重农主义学说是反映新兴资产阶级利益和要求的，它的意义在于，在重农学派看来，人类社会也和自然界一样，存在着不依人们意志为转移的客观规律，这种客观规律就是自然秩序，而经济科学的基本任务，首先是对"自然的法则的认识"。

中国古代社会不同于法国资产阶级革命前夜的社会，儒学也不同于重农主义，所以，中国古代经济经典和儒学理论，对自然秩序有着独特的理解。相对西方而言，中国文化没有超越宗教之神，当然也就没有上帝的观念。中国人深信人是在自然中演化创生的，因而属于自然，人的发展变化也和自然的变化原理相契合。所以老子《道德经》要说"人法地，地法天，天法道，道法自然"。因为农业自然经济需要稳定，小农家庭和礼制社会需要等级秩序，这种稳定状态和等级制度就是符合自然要求的自然秩序。先秦儒学讲究天人合一，承认有天命、天道，但又并不深究天道，而认为天道可以表现为人道，天有意志，也有运命，合乎天命者兴，逆乎天命者亡。天命不是虚无缥缈的，它和人世间道德观念相一致，只有善尽人道，实现仁、义、礼、智、孝、悌、忠、信的要求，就自然体现和符合天道。汉儒董仲舒又以天人合一思想为依据，提出天人感应学说，天命虽然至上，人天之间却可以相互感应。所以，君主统治人民的权力是神授的，所谓君权神授。天是"百神之君"，人世的君子就是"天子"。儒学这种天人合一的思想，不仅影响了中国古代政治和经济，也影响艺术、建筑、医学等诸多领域。所谓师法自然，巧夺天工，一切讲究顺乎自然、师法自然，使天下万事万物都有了人的趣味，当然人世间的事理也就要顺乎自然的逻辑，保持和强调自然的旨趣。

儒学的这种观念正好迎合了自然经济需要稳定的要求，迎合了小农家庭需要秩序的要求，而这种要求是体现和符合天道的自然。儒学强调治理经济的自然秩序主要表现在两个方面。

第一，先礼后经，天下安而后有农。

儒学属于现实主义类型的学说，它并不是不考虑经济利益，而是认为与仁政和社会安定相比，经济利益总是次要的。因为有了仁政，有了社会安定，还愁没有经济利益吗？还愁没有国家富强吗？所以孔子要说"不患贫而患不安"，就是说稳定是第一位的。

儒学的这种观点，在中国古代特定的历史条件下，确有其道理。

其一，不言利而利益自在。儒学罕言利，主张用仁心仁术治理国家，用三纲五常治理国家，然而却在专制主义的集权时期，在汉代，在唐代，以至宋代，取得了世界性的历史辉煌。这种辉煌，不仅是经济的，不仅是政治的，不仅是艺术的，而且是文化的。真可谓虽不言利，却利在义中，利在言外。其中的奥妙，正如《增广贤文》概括的："君子爱财，取之有道""若争小利，必失大道"这种文化之道，岂能简单用经济利益来涵盖和概括。

其二，从中国古代历史发展过程中，在逻辑顺序上，往往是先有政局的稳定，再有经济的繁荣、农业的丰收。我们举中国历史上三个最重要的历史时期为例。先看西汉的"文景之治"和"昭宣中兴"。刘邦建立西汉王朝之后，汉初的统治者崇尚黄老思想，随着封建秩序的初步稳定，汉惠帝、高后、文帝和景帝进而推行与民休息、无为而治的政策，使社会经济得到恢复和发展，形成历史上著名的"文景之治"。其实，文景之治更多的是指政治的清明，而非经济的繁荣，至少是还未达到繁荣时期。汉武帝"罢黜百家，独尊儒术"，大力加强专制主义中央集权，打击地方割据势力，击匈奴、通西域，奠定中国古代疆界。但由于连年征战，使"海内虚耗，户口减半"。为缓和社会矛盾，汉武帝后期以及汉昭帝、宣帝，实行了一系列轻徭薄赋，与民休息的政策，致力于恢复和发展生产，使社会趋于稳定，最终出现了"昭宣中兴"的繁荣局面。

再看唐代的"贞观之治"和"开元盛世"。唐太宗经玄武门之变成为唐朝的第二代皇帝，他励精图治，任贤纳谏，开创了著名的治世——贞观之治。其实，贞观之治，主要治在三个方面。一是轻徭薄役，重在轻徭，与民休息；二是任贤纳谏，形成君臣共理天下；三是严守律法，使"官吏多自清谨"，"王公、妃主之家，大姓豪猾之伍，皆畏威屏迹，无敢侵欺细人"①。由于唐太宗和武则天参政与直接统治时期，进一步强化中央集权的各项制度和措施，促进了社会经济的发展，到了唐玄宗统治前期即开元年间，逐渐建立起了一个空前统一和昌盛的大唐王朝，即所谓"开元全盛"，也有人称之为"开元之治"。开元全盛是唐王朝统治的鼎盛时期，也可以说是中华民族历史上最辉煌的时期。

还有清代的所谓"康乾盛世"，或称"康雍乾盛世"。这是指自康熙经雍正至乾隆的130多年，形成的中国古代历史上的最后一个辉煌时期。这个时期，使中国社会在多个方面在旧的体系框架内达到顶峰。乾隆末年，中国经济总量居世界第一，人口约占世界三分之一，对外贸易长期出超。然而，盛世固然盛世，但康熙早期，社会经济仍处于凋敝状态，经过60年的调整和恢复，直到康熙末年才出现社会经济初步繁荣的景象。清初这种社会经济由衰败到初步繁荣状况较其他主要朝代建立初期迟到的现象，甚至成为中国古代史上的一个特例。因为清初从清军入关到康熙六十一年（1722年），经历了七八十年的时间，才出现初步繁荣的景象。比历史上几个重要朝代，在建立初期恢复社会经济的时间都要长。比如西汉，从朝代建立到出现文景之治，不过三四十年。唐代从建立到出现贞观之治，则时间更短。明代从洪武元年（1368年）到永乐年间，也不过40多年。其实，雍正在位的13年，社会经济的主题仍然是改革和调整，其中，最主要的改革措施，就是实施"摊丁入亩"的赋役制度和"耗羡归公"的财政制度，所谓社会经济的繁荣，依旧没有到来。只是到了乾隆时期，经过清代100多年的发展与积累，才使社会经济出现空前的繁荣。可见，如果没有康熙、雍正两朝社会的

稳定和调整，尤其是没有在康熙末年形成的全国空前统一，便没有后来出现的空前繁荣。也许正是因为调整和恢复的时间过于长久，积累到了一定程度，才出现繁荣的极致；也正因为是达到了极致，才出现盛极而衰的转折，从此，中国古代社会经济一蹶不振。

第二，先义后利。

儒学在考虑经济利益时，不仅要把它放在仁政和社会安定之后，同时认为经济利益与道德理念，与仁、义、礼、智、信相比，都是次要的。儒学在价值观上提倡贵义贱利，所以，当子贡问孔子怎样治理政事，在粮食、军备和人民的信心三者中谁最重要时，孔子要说"去兵"，"去食"，"民无信则不立"。孔子生活的年代，生产力水平还很低下，生产剩余是十分有限的，真正是民以食为天。在这种情况下，粮食问题居然比不上信义问题来得更重要，可见儒学对义的重视程度。

然而，孔子尽可以抱着他的信念不放，但社会没有发展到一定程度，空谈信义是没有现实意义的，所以孔子的理想在当时以至整个战国时期都没有多少市场。即便到了西汉初年，社会生产有了新的发展，小农经济的体制得到确立，中央集权的统治得到初步巩固，贾谊虽然提出"置天下于仁义礼乐"的观点，但他并未忘记同时提出要用"粟多而财有余"之富来安天下。从这个意义上讲，贾谊的政治主张，并不是以义代利的，而是义利并举的。

按照儒学的正统思想，理财本身就有不义之嫌。否则，当桑弘羊提出本末并利，强调流通，推崇商业时，就不会被《盐铁论》放在负面来加以审判。宋代的王安石是儒学的另类和叛逆，但他深谙为儒之道，所以尽管他倡导和推行熙宁变法的许多内容并不符合儒学的理念，但他不免要树立起"以义理财"的思想旗帜。王安石为了实行变法，达到富国强兵的目的，认为理财不仅不是不义，反而正是治国治民的"政事"。"政事所以理财，理财乃所谓义也。一部《周礼》，理财占其半，周公岂为利哉？"[1] 这就是说，为治国治民理财就是义，而我用义来理财，自然是合于义的。仿佛我们曾经耳熟能详的说法，只要我们用政治挂帅，思想领先，那么，促进生产，抓抓教育，搞点科研，也是符合大方向的。

（五）商业附属地位

中国古代的商业不能说不发达，至少夏朝时商人就已产生，到了商代，商人则发展成为一个独立的社会阶层，商业也成为必不可少的一种社会分工。农业在以农业为主的国度，当然是社会生产的重要支柱产业，虽然中国商业早在夏代就

---

① 宋临川先生文集·卷七十三［M］. 北京：国家图书馆出版社，2018.

90

中国商业文化实践与理论

已产生，显然，不要说夏代，即便到了清代，商业在与农业相比较时，自然也只是农业的补充。

小农经济社会，重视农业是十分正常的，甚至是天经地义的。然而，在重农的同时，是否一定要抑制商业，至少在中国古代并不是始终如一的。实际上，伴随中国小农经济社会的确立和发展，在对待商业与农业关系的问题上，有一个从以商补农到重农抑商的总的变化过程；而在不同历史时段，也会有起伏和变化。

中国奴隶制时代，商品交换的规模十分有限。与西方奴隶制社会相比，中国奴隶制是一种不发达的奴隶制。所以，农业奴隶多，工商奴隶少；贵族奴隶主多，工商奴隶主少；工商食官、国家垄断多，工商私营、贸易自由少，成为中国奴隶制社会的重要特点。商业作为一个行业主要由奴隶主贵族掌控，并为他们的需要服务。此时，商业之所以被列为"九职"之一，目的在于通四方之珍异。我们看《周礼·天官冢宰第一》中是如何叙述经济生活中的九种职业的：

> 以九职任万民，一曰三农，生九谷；二曰园圃，毓草木；三曰虞衡，作山泽之材；四曰薮牧，养蕃鸟兽；五曰百工，饬化八材；六曰商贾，阜通货贿；七曰嫔妇，化治丝枲；八曰臣妾，聚敛疏材；九曰闲民，无常职，转移执事。

由于商业被官府操纵，商品交换也只能在官府允许的范围内有限地发展，因此留给私人经营的余地并不多。即便有一些商人替奴隶主贩运土特产品，其地位虽不算高，但比奴隶自由，算是平民。所以，到了春秋时期，许多士人也并不以经商为耻。比如越国的范蠡，帮助越王勾践发奋图强，一俟灭吴雪会稽之耻，便弃官不做，携美女西施乘扁舟泛于江湖，经商致富。游至陶（今山东定陶）改名陶朱公，19 年中 3 次经商，终成巨富。还有孔子的学生子贡，姓端木，名赐。由于他擅长经商，"结驷连骑、束帛之币以聘享诸侯，所至，国君无不分庭与其抗礼"[1]。当然，范蠡和子贡经商做商人，既有避祸的意思，也有另寻美好前途的意味。否则，他们就会去学介子推，躲进绵山做隐士，不要说区区小利不会为之心动，就连晋文公放火逼他出山都不会有半点动摇。正因为范蠡和子贡以经商致富著称，所以后世才有用"陶朱事业，端木生涯"称赞商家的美誉。

春秋时期，私营商业已有所发展，形成官、私商业并存的局面。管仲虽然延续了西周时期工商食官的传统，但他主要是在流通中保证官营商业的垄断地位，不让私营商业占有优势，而在生产环节则放宽尺度，尽量利用私营力量发展生产。所以，管仲的"官山海"，是通过商业活动，从盐、铁的国家专卖中扩大财政来源，而不是国家直接从事生产活动所获得的全部利润。由于政策既保证了国家从盐、铁经营获得大量的利益，又照顾了各方面尤其是生产者的利益，并不是

---

① 史记·货殖列传［M］. 北京：中华书局，2014.

国家独占其利，因而极大地刺激了经济发展。

商鞅之前，在对待农业和工商业关系的态度上，最有代表性的观点是管仲的以商补农论。管仲生活的时代，是古代中国从奴隶制向封建制转化和过渡的时代，也是自给自足小农经济开始形成的时代。管仲出身贾人，年轻时与好友鲍叔牙合伙经商，对商品、货币、贸易等问题有丰富的知识和技能。齐国历史上久有重商的传统，也有较好发展工商业的地理环境，尽管当时工商业所占比重很小，但管仲对其作用极其重视，认为商业"负任担何，服牛轺马，以周四方，以其所有，易其所无，市贱鬻贵"①。管仲当政后采取保护和鼓励工商业政策，大力发展手工业、商业和对外贸易，把他们作为社会分工中不可缺少的部分，作为增加齐国经济实力的一条重要途径，从而促进了齐国经济的发展，也加强了各诸侯国之间的经济往来。管仲重视商业主张以商补农的思想，主要体现在官山海、官工商通轻重之权、发展对外贸易和承认并保护私商等政策以及士农工商的"四民分业"论上。

商鞅以后，除去杂家《吕氏春秋》受黄老无为思想影响，重农而不抑商，对商业提倡自由放任思想外，对后世影响较大的儒、法两家均主张重农抑商思想。荀子是战国时期儒学的集大成者，但他的思想已然与孔、孟有所区别，他总结了各家学说的得失，形成礼法结合、王霸兼称的思想体系，是对儒学传统思想的修正和发展。荀子虽然充分肯定商业在社会经济中的地位，把农、工、商并提，但他还是强调农业的首要作用，主张发展手工业和商业是有条件的，这个条件就是以不妨害农业生产发展为前提。"士大夫众则国贫，工商众则国贫……故田野县鄙者，财之本也。"② 所以他要"省工贾、众农夫"，"省商贾之数"③，主张适当限制工商业人数的过分膨胀，以防阻碍农业生产的发展。法家代表人物韩非则受商鞅的影响，不仅要重农抑商，而且要重本抑末，把末特指为工商业。

秦始皇崇尚法家学说，其统一大业得益于商鞅变法所形成的一整套政策主张，当然也包括重农抑商的政策，所以不仅主张重农抑商，甚至还增添了不少抑商的新内容。比如贬低商人的地位，不准商贾立户，不给商人分田地房屋，还把商人发配去远征和戍边。

汉承秦制，刘邦刚一即位就表示要抑商，甚至还颁布了贱商令。商人不许穿丝织衣服，不许携兵器自卫，不许乘车骑马，不许做官吏，商贾买饥民子女为奴婢要无偿释放，对商人的算赋要比常人加倍等。刘邦抑商偏重在政治上贬低商人，并主要抑制那些投机商和身份低下的中小商人，而对从事正常经营活动的富

① 国语·齐语 [M]. 北京：中华书局，2016.
② 荀子·富国 [M]. 北京：中华书局，2016.
③ 荀子·君道、荀子·富国 [M]. 北京：中华书局，2016.

商大贾并未采取更多的抑制政策，甚至还对秦代的国家干预政策进行了某些调整，开始允许私人在铸钱、制盐和冶铁上有自由经营权。刘邦在政治上极力贬低商人与他在战争中吃尽投机商的苦头不无关系，投机商乘战乱和灾荒之机囤积居奇，使物资奇缺而价格暴涨，人民饿死无数，不仅给社会带来极大的负面作用，也令汉高祖刘邦不胜恼火。

从此以后，虽然在无为思想占社会主流时期有过一些松动，但重农抑商、重农轻商思想始终占据古代中国社会的主流，尤其是在汉武帝独尊儒术之后。看来，中国的自然和历史环境，决定了当农业自然经济体系建立之后，实行重农抑商政策的必然性。因为商业固然可以获得高利，但在小农经济生产力水平低下的条件下，却不利于农业的稳定，因而也不利于整个国家的稳定。只有当社会生产力达到一定发展水平、商品经济发展到一定阶段，重农抑商的思想基础才会发生动摇。在中国，这个基础的动摇到明清时期才开始产生，而其彻底破产则要在20世纪才真正到来。

我们可以从反面的历史经验看到，中国古代专制政权，没有一次是被农民以外的政治力量推翻的。只要农民安定，国家就强盛；农民安定农业稳定的时间越长，社会就越繁荣；农民一乱，江山就动摇。难怪在以阶级斗争为纲的时期，有人会得出这样的结论，说是以农民起义为代表的阶级斗争，是中国历史发展的真正动力。这个结论或许有些片面，然而它却看到了农民起义与政权更替之间存在的内在联系。

按照中国古代小农文化的传统，只要影响农业稳定，一定要管。不仅要管，而且要严管。因为重商必伤农，所以，对于工商业，不仅要轻视，而且要抑制；不仅要抑制，而且要严禁。因此，重农抑商成为封建时期历朝历代的基本国策。

在这种文化大背景下，虽然中国古代商业为社会发展做过很大贡献，但始终不能得到充分的发展，更不要说如西方走过的道路，由商业革命而引发工业革命，从而奠定资本主义发展的物质基础。

中国古代商业不能得到充分发展，除去重农抑商的政策和观念影响外，至少还有以下原因。

第一，自给自足的自然经济，不利于市场的发育和成长。以家庭为基本生产生活单位的小农经济，男耕女织自给自足是其经济活动的基本特征。由于生产力水平低下，农民剩余产品有限，所以商品交易活动只能是偶然的、零星的和不定期的。集市贸易正是适应这种交易活动而产生的市场形式。于是，商人难以与农民建立起固定的密切联系，商业更无法打破农民对自己消费的"垄断"。商人只好把眼光转向皇亲国戚，转向达官贵族，转向朝廷的各种需要，特别是皇帝的需要。商业建立在广大民众极其少量的日用品交易和少数统治者的奢侈品消费基础上，其发展的空间可想而知。不仅商业如此，手工业也是如此。因为绝大多数农民家庭已经将日用品的手工劳动局限在家庭这个经济范围，所以，长期以来，手工业更多的是为城镇人口，为皇亲国戚、达官贵人，为官吏和军队服务。

第二，封闭和相对一致的地理环境和单一的文化环境，不利于贸易活动的开展。中国的地理环境，从外面看，它的封闭性很强，所以，中国自古以来就是以封闭为主要特征的文明古国，这也决定了它更需要强调国家统一。但从内部看，它的地理和气候条件又是相对一致的，至少中原地区差异不大，否则二十四节气也不会成为指导中国大多数人从事农事活动的规律，并成为中国古代历法的一大创造。中国虽然自古就是一个多民族国家，然而中原地区主要居住的是汉族人口，少数民族大多数居住在国家的周边地区。就中原地区而言，文化的单一性特点非常明显。这些特点，使中国自古以来，特别是在中原地区，根绝了长久分裂的可能，这对农业生产是非常有利的。但是，文化的单一性和地理自然条件的相对一致性，也同时根绝了大规模贸易活动的可能，这对商业的发展绝非幸事。从西方发展历史来看，地理气候条件的多样性，地区发展的不平衡，国家发展的不平衡，民族文化的多样性，对贸易发展极其有利。中国古代的国内市场固然是统一的，然而这种统一的市场是建立在自给自足经济形态基础上的，市场的意义虽然不能说完全没有，但确实打了一个大大的折扣。中国计划经济的实践也告诉我们，社会主义的统一市场固然计划完备，但在自给自足的条件下，竞争没有基础也没有环境，市场的作用微乎其微，商业除去做好计划的辅助和附属，想要得到独立和充分的发展，十分困难。在计划体制下，不要说商业的独立和充分发展困难，就连轻商思想都从未得到真正的扭转。

第三，商有官、民之分，官商的大量存在不利于商业的独立发展。中国古代重农抑商政策和思想，是与官工商的政策和思想同时产生的，所以，所谓抑商，指的是抑制民间中小商人，抑制的目的是限制弃农经商。由于中国古代特别是中央集权前期主张经济干预政策，发展官营商业，因此，长期以来，中国商业就有官商、民商的区别。在大一统小农经济的初期，实行官工商政策，发展官营商业，抑制私营商业，使农村保持充足的劳动力，以促进农业生产的发展，巩固中央集权统治，是非常必要的。然而，由于官商经营的领域都关系着国家财政经济的命脉，如盐、铁等山泽之利，且经营者与其说是商人，不如说是官吏，或者说是商官。官商以官吏的身份，营商业利益，得垄断利润，说是为皇帝办事，所以有权有势。正因为有权有势，又是为皇帝办事，于商业的独立发展，于商人的独立发展却是十分的不利。

《红楼梦》中薛宝钗的哥哥薛蟠是一个皇商，该书第四回介绍他，"虽是皇商，一应经纪世事，全然不知，不过赖祖父之旧情分，户部挂虚名，支领钱粮，其余事体，自有伙计老家人等措办。"虽然薛蟠的生意不只是为宫廷服务，又在户部领取俸禄，皇帝女儿不愁嫁，皇商自然没有赔本的忧虑。所以，薛蟠只顾吃喝游荡，根本没有半点经营的本事。

中国古代商业和商人原本地位低微，主要赢利领域又被国家控制，又由官吏把持，真正的自由商人和中小商人处境更加艰难。他们不仅要被社会歧视，还要被官商打压，哪里还有独立发展的空间。而那些官商原本就是官吏，商业市场中没有他们还可称为市场，有了他们，哪里还有商道，哪里还有商人的独立地位，有的只是官奴，这是官场的游戏规则。

第四，商人没有合理的社会地位，是等级社会不利于商业发展的重要原因。中国古代社会是严格的等级社会，原本没有等级差异的事物还要划分三六九等，何况还有士、农、工、商的职业划分。因为商人排序最后，所以等级低下，再加上皇上对其不感兴趣，所以下令不让其骑马，不许其乘车，连丝织的衣物也不能穿，不仅地位低下，而且人格卑贱。由于商人地位低微，又由于只有官商才好赚钱，所以中国古代商人大致有三种发展道路：第一是攀附官府，走官商之路。因为攀附官府不仅好赚钱，而且有了后台，原本大气不敢出，一旦有了靠山，便可"店大欺客"。只要一攀上官府，便可财源滚滚。我们看山西票号的发家史，看红顶商人胡雪岩的创业史，莫不如是。然而，他们好景其实不长，因为他们勾结官府，一旦出现大的政治动荡，马上就会天翻地覆。真可谓成也萧何，败也萧何。第二是买地兼做地主。古代中国有了土地便有一切，地主的身份也比商人高贵，且租金收入虽不如商业利大，但显然比商业稳定。如果市场变幻莫测，退身田亩不失为良策。第三便是忍气吞声，夹着尾巴做贱商。因为中国古代商人低下，所以我们看中国古代商人的形象，总是低三下四，直不起腰杆，但那不是视顾客为上帝的形象，而是原本就被人看不起，又时时处处想方设法去贿赂官吏，寻找靠山。

人们常问，中国古代的商业到唐宋时期已经发展到相当的程度，到明清时商品经济更加繁荣，但为什么商业不能得到充分的发展？为什么资本主义没有在中国产生？实在说，在小农文化的结构网中，商业还未走到资本主义的门口时，就既被堵住了前门，又被断绝了后路。

（六）城市权力中心

城市地理学家薛凤旋先生在其《中国城市及其文明的演变》一书中将中国数千年城市发展史作了如下总结：

中国在公元前 5000 年至清代中叶的聚落发展可简化为以下四个阶段：

1. 以氏族为基础的环濠聚落；

2. 以地方水利工程为基础的龙山城邦；

3. 以封建为基础的早期帝国城市；

4. 中央集权帝国的行政型城市。

综观四个阶段，我们可以发现以下几个特点：

1. 城市的核心是行政和宗庙结合的功能区；

2. 背北面南成为公共建筑布局的重要主导原则；

3. 科举和官学（包括私学）机构是城市的重要设施；

4. 城市的行政、宗教、教育设施的服务对象主要是城市的腹地居民而不是市内居民；

5. 工商活动一般在空间布局和营运上受到歧视和严格控制；

6. 城市虽设城墙和门卫，但一般人员的往来和在城内居住不受限制。

简言之，传统中国的城市是按照儒家思想设置和规划的，负责将上天的德荫（即风调雨顺和国泰民安的德化）向其所属的农村和腹地推广，亦即是为农村经济和农民提供农业和社会所需的各种服务的平台。军事和工商业活动一直处于附属或次要地位。①

我们知道，中国在战国时就出现了以政治中心、手工业中心、商业中心合一型的城市，如临淄、邯郸、大梁、郢等。在唐代又出现了以手工行业为中心的城市，如丝织业的定州、益州、扬州，陶瓷业的邢州、越州，造纸业的宣州、益州；产生都市商业区如长安城中的东市、西市和外贸中心城市广州。在宋代出现手工技术中心地区，如定窑、汝窑、景德镇；城市中商业区界限消失；外贸城市增多，如泉州、广州、明州；甚至由商贸、制造业、娱乐和服务业所孕育出来的新城市文明，凌驾于传统的行政功能之上，为中国传统城市文明在性质、内容和空间格局上添加了新的内容。② 明清时期有以苏州、杭州、松江、景德镇为代表的手工业中心城市，有以成都、武昌、扬州为代表的商业中心城市，有以广州、宁波、泉州、福州为代表的对外贸易港口城市。

但薛先生的研究告诉我们：至少自周代起，从历史发展的主要趋势和主流看，由于中国古代的城市主要功能是大多作为各级权力的中心，因此也成为权贵的集中地，成员多以权力从属和籍贯、血缘为纽带，从而既不利于商业活动的开展，不利于商人、商业组织的发展，也不能为商业文化健康发展和传播提供支撑，也因而成为古代商业不能得到充分发展的重要因素。

中国古代城市的上述特点与欧洲中世纪城市的发展形成鲜明的差异，而恰恰

①② 薛凤旋. 中国城市及其文明的演变 ［M］. 北京：世界图书出版公司，2015：326 – 327.

由于欧洲中世纪城市的兴起，尤其是城市的自治及其相应的政治法律制度，使其成为近现代商业文明的摇篮和温床。

中世纪的城市，是经济、社会、政治、宗教和法律等因素互动综合作用的复合体，但是，经济因素是其中的一个关键动力。亨利·皮雷纳[①]和汤普逊[②]等人也都认为，商品经济和贸易的发展是城市兴起的直接推动力，这种商业起源论无疑是中世纪城市起源的最具代表性观点，使历史学界在历经两三个世纪的争论后，开始一统中世纪城市起源学说。[③]

11世纪前后，西欧封建制度的巩固促进了经济的发展，乡村的日益繁荣提供了大量的剩余产品和剩余劳动力，从庄园经济内部分离出来的手工业为商业的发展提供了可能，"十字军"东征也打通了东西方商品贸易的通道。地中海地区以其优越的地理位置和交通条件逐渐成为中世纪城市兴起的中心地带。随着贸易的日益扩展和深入，逐渐改变了西方的经济生活方式。新兴工业迅速产生，新的城镇不断涌现。城镇经济的发展对封建制度下的农业经济和社会具有腐蚀作用，到了12、13世纪，城镇的货币经济直接冲击着庄园的土地经济。作为城市兴起的主要推动者手工业者和商人，通过自愿的方式定居在封建城堡或修道院的围墙内，他们大多用石头或木栅栏建立起进行活动的区域，通常被称为"堡"，而生活其间的居民被称为"堡民"。到了11世纪末期，这些"堡民"具有越来越浓厚的"市民"气息。市民从事的是手工业或纯粹的商业，频繁的商业交换使市民养成了尊重自由意志、尊重契约、尊重平等交易地位和专心追逐利润的习惯。这就是市民与农民、农奴以及封建贵族有着明显区别的"工商业性格"。这种"工商业性格"，带给城市政治制度的影响就是，城市政治制度的民主性（自由、平等思想）、契约性（合意产生政府）和商业性（以增加商业利益为目的）。城市政治制度是市民们依照自己的意志，为了维护自身的利益建立起来的。这些"自愿团体"开始以一种非官方的形式去适应新兴的社会经济生活，逐渐建立起了一种新型的市镇机构。

城市经济发展逐渐改变了人们的生活观念。正是经济的复兴和商品贸易以及商业空间的扩展，个人自由的机会才不断增多。大批的农奴、自由农和小贵族纷纷抛弃传统的庄园而奔向城镇，由封闭的生活转向开放的生活，由奴役的地位转向较为自由的地位。城市虽然主要是由商人和手工业者组成，但它也自然地吸收了大量骑士、地主、贵族和农奴，尽管这些社会成员的生活方式不同，但可以获得同样的法律地位（市民权）。因此，与古希腊和罗马帝国的城市不同，中世纪

①　[比利时] 亨利·皮雷纳. 中世纪的城市（经济和社会史评论）[M]. 北京：商务印书馆，1985.
②　[美] 汤普逊. 中世纪经济社会史 [M]. 北京：商务印书馆，1984.
③　陈兆旺. 西欧中世纪城市自治的制度分析 [J]. 甘肃行政学院学报，2012（2）：69－82.

的城市是由各种"自由人"集合在一起而组成的，通过平等的法律关系重新调整内部成员关系，城市法中几乎不存在奴隶法。由"自愿团体"形成的市镇机构与古典的城市或者封建国家的其他任何机构的最大不同就在于，它是唯一没有特权阶层的一个群体功能的有限机构。中世纪的城市，通过内部机构尤其是行会组织，成功地把消费者的利益与生产者相应的自由和责任结合起来。中世纪城市经济发展是一场社会革命，催生了一个前所未有的新社会集群即"市民阶级"或"资产阶级"的出现，西方历史也开始了一个"市民的传记时代"。城市经济导致社会变革而诱发的自由观念，进一步激发了市镇的兴起。

所以，马克斯·韦伯认为，"完整的词义上的城市'社会'（community）仅仅出现于西方"。他认为，"一种定居点（settlement）必须代表一种与商业贸易关系相关的先决条件，并有整个展示下列特征的居民区：（1）一个城堡；（2）一个市场；（3）一个自己的法庭和一种至少部分自治的法律；（4）一种相关的社团形式，以及（5）至少部分自治和自主并因此又是由经市民参与的选举所产生的权力机构来管理的。"他认为，这样的实力体（system of forces）只能出现于满足特定条件和特定时间的中世纪欧洲。"在西方，古代和中世纪的城市，中世纪的罗马教廷和正在形成的国家，都是财政理性化、货币经济以及政治性很强的资本主义的体现。"东方的城市没有西方中世纪城市所固有的"共同体"，没有为自治和争取自由而进行斗争，没有出现市政民主机构并发展出"城市法"，等等。①

对此，美国社会学家贾恩弗兰科·波齐也认为，"在中世纪的西方，城市的发展不只是生态学那种独特的定居，稠密的定居居民专心地从事城市生产和商业经营，而且还是政治上的自治统一体。这种自治权常常通过反对勒索他们的敌对势力、对付来自领地统治者及其代表或封建势力，或者是来自西方的明白可见的阻力而取得"②。

实际上，城市自治制度首先是罗马帝国制度的遗产。在罗马的帝国体制架构内，行省之下的各大城市保留着相当的自治权利，在罗马帝国不断征战的过程中，无暇顾及各地方城市的管理与控制，松散的行省制度使得各大城市拥有相当独立的自主权。

西欧中世纪城市的最大特点是它们不同程度的自治。城市自治运动激励着处于封建依附体制下的手工业者、领主官吏、下级教士、自耕农民、逃亡奴隶以及其他一切渴望自由的人们力图摆脱封建制度，在居住的城市或市镇区域创建新型的社会政治实体和全新的法律体系来保护他们的经济物质利益，以便更好地进行

① ［德］马克斯·韦伯. 儒教和道教［M］. 北京：商务印书馆，1995：57-58.
② ［美］贾恩弗兰科·波齐. 近代国家的发展——社会学导论［M］. 北京：商务印书馆，1997：40.

商品经济活动。在城市政治制度保护下的城市工商业发展迅速，市民的财富也不断增长。一方面，交易的扩大催生了一系列高效的新型交易方式，如银行、公司、票据等，这些为之后发生的商业革命以至资本主义的产生奠定了基础。另一方面，市民的自由吸引着农奴逃离压迫奴役他们的封建庄园，并间接迫使封建领主主动给予农奴自由，从而成倍地瓦解着封建农奴制，加速了封建制度的终结。城市政治制度的"工商业性格"等特殊内容，在时代的锤炼后形成一套西方关于国家政体建设的思想观念，成为启蒙运动的先声。

二、政府主导与夹缝中的辉煌

（一）政府主导和官营垄断

官营工商业在中国历史发展中时有兴废，有时强化有时弱化，但总体处于主导地位。民营工商业在皇权专制、重农抑商等宏观管制的背景下于夹缝中求生存，这成为中国古代社会一个重要的商业文化特点。

1. 官营工商业的历史发展

（1）先秦的官工商制度。

"工商食官"[①] 是周代，尤其是西周春秋时期工商业发展的基本制度。工指百工，商指官贾。在西周时期，手工业者和商贾都是官府管的奴仆，他们必须按照官府的规定和要求从事生产和贸易。在西周，王室和各诸侯国拥有各种手工业作坊，占有大量手工业者，并设工官管理。到了春秋时期，奴隶制让位于封建领主制，但工商食官的格局没变。到了春秋后期，随着私营商业的兴起和发展，工商食官制度解体。

（2）汉朝的官营工商业。

汉初，为了尽快恢复经济，休养生息，汉高祖刘邦实行重农抑商政策。尽管重农抑商，但民间工商业发展的环境还是相当宽松。汉文帝对商人的态度则更是宽容，连铸钱、冶铁、煮盐这些关系到国计民生的产业也允许民间自由经营。商人的社会地位尽管不高，而经济收入却颇为丰厚。汉初的无为政治与经济上的自

---

① 国语·晋语四 [M]. 北京：中华书局，2016.

由放任使重农抑商实际上成为重农通商。^① 汉武帝继位以后，以文治武功来取代休养生息政策。连年的战争使国家财政入不敷出，为稳定与扩大财源，一是对商人征收重税，二是实行官营工商业政策。政府不但对关系到国计民生的重要商品的生产实行直接控制，而且以垄断经营的形式获取超额商业利润，使之成为国家的主要财政收入来源。汉武帝时期官营工商业的主要对象是盐、铁、酒的专卖与均输平准。^② 汉武帝元狩三年（前 120 年），设大农丞主持盐铁事务，由盐民煮盐，政府统购统销。汉武帝元狩六年，对铁实行专卖，政府对铁的生产与销售实行垄断。桑弘羊在元封元年推广均输的同时，创办了平准制度，均输与平准相辅相成，是中央政府直接主持的商业活动。凡有利可图的商品都在经营之列，并把各地与京师的商业活动联系在一起。^③

（3）唐代的官营工商业。

唐代的官营工商业主要是对盐、酒、茶的专卖。唐代刘晏的盐法改革，采用民产、官收、商销的办法。既体现了政府统一收购统一批发所带来的间接调控作用，保证了政府的财政收入，也调动了盐民与盐商的积极性。官营工商业的生产规模与经营范围随着社会经济的发展一直在不断扩大，唐代又出现茶的专卖。唐初，对茶实行民间经营，也不收税。后来，唐朝在财政困难时，开始对茶收税。后来禁止民间私人进行茶的制造和贩运，实行茶的专卖。^④

（4）宋代的官营工商业。

在宋代，仍然对某些重要商品实行官营垄断政策，包括盐、茶、酒、矾、香料等。盐的专卖有两种形式：官鬻和通商。官鬻是由官府自设机构组织盐的运销。通商指商人获得官府允许后，领盐发卖，是一种间接的专卖制度，主要有折中法、盐钞法、盐引法等。^⑤ 茶的专卖实行官收商销的间接专卖制。

北宋政府通过商品专卖政策获得大量的收入，但由于富商大贾势力强大，政府的专卖利益受到冲击，商业利润很多被大商人瓜分。^⑥

（5）元代的官营工商业。

在元代，官营工商业范围较广，涉及盐、茶、酒、醋等产品。盐的专卖与宋代类似，也分为两类，一是政府直接销售，一是商人代售。茶叶专卖，实行商卖商运。

（6）明代的官营工商业。

在明代，官营工商业比元代大为放松。对盐、茶仍然实行专卖，但放开了

---

①②③　傅允生. 汉武帝时期官营工商业政策及其影响再认识——兼论中国历史上的封建统制经济 [J]. 财经论丛（浙江财经学院学报），2002（3）：12-20.

④⑤　余鑫炎. 简明中国商业史 [M]. 北京：中国人民大学出版社，2009.

⑥　吴慧. 中国商业政策史 [M]. 北京：社会科学文献出版社，2014.

酒、醋、铁的专卖。允许私人酿酒售卖，只是征税。盐、茶在延续元代政策的基础上，新增了开中法。开中法是明清政府实行的以盐、茶为中介，招募商人输纳军粮、马匹等物资的方法。开中法分为报中、守支、市易三个步骤。报中是盐商按照明政府的招商榜文所要求的，把粮食运到指定的边防地区粮仓，向政府换取盐引；守支是盐商换取盐引后，凭盐引到指定的盐场守候支盐；市易是盐商把得到的盐运到指定的地区销售。

（7）清代的官营工商业。

到了清代，继续实行商品专卖制度。食盐是清政府仅存的有数的专卖商品。销售食盐的方式更加多样，如官督商销、官运官销、民运民销、官运商销。茶虽然实行专卖，但管理趋松，课税也轻。

除了专卖以外，在工商业中，有许多是以官办的形式出现的，如江南的江宁、苏州和杭州三个织造局，景德镇的御窑厂和京师以及各省的铸钱局等。[1]

2. 官营工商业的商业文化

官营工商业有其存在的必要性与合理性。实施官营工商业政策能给国家带来稳定的财政收入。封建经济是小农自然经济，工商业只是农业的补充。由于工商业的发展会对小农经济产生分解作用，政府从维护封建经济、稳定统治秩序出发，就需要对工商业的发展进行控制。而官营工商业就是政府控制工商业的有效手段，因而在本质上说官营工商业是与封建小农经济融为一体的。

官营工商业也有其明显的局限性。官营工商业由于政府垄断经营，排斥竞争，必然抑制民间工商业的发展，进而导致经济失去活力。从主体行为来看，官营工商业难免脱离市场，缺乏效率，衙门作风，官僚习气。官营商品一般质次价高，服务较差。官吏往往贪污腐败，官商勾结，中饱私囊。

（二）丝绸之路开辟的古典商业文化

1. 陆上丝绸之路

"丝绸之路"是指起始于古代中国长安或洛阳，通过甘肃河西走廊和今天的新疆地区，越过帕米尔高原，进入中亚、伊朗等地，连接亚洲、欧洲的交通和商业贸易路线。[2]

---

① 郑学檬. 清前期企业与市场的互动分析 [J]. 福建论坛（人文社会科学版），2008（1）.
② 刘进宝. "丝绸之路" 概念的形成及其在中国的传播 [J]. 中国社会科学，2018（11）：181－202＋207.

早在先秦时期，中国即通过中亚与西方有了商业交往。在汉代张骞出使西域后，丝绸之路最终形成。为了保证这条中西商业大道的畅通，汉朝政府在商路沿途建有驿站、驿馆，以保护、接待往来的商人，保证他们的交通、食宿需要。[①]通过丝绸之路进行的商业贸易和文化交流，使中国从西方引进了葡萄、苜蓿、芝麻、黄瓜等新植物品种，琉璃、象牙、犀角、玳瑁等工艺品以及西域的乐器。更为重要的是，印度的佛教经由大月氏开始传入中国。而中亚和西方各国从中国输入的商品和技术则更多，中国的铁器、漆器、纸张、香料、布匹，尤其是丝绸制品传入中亚和西方国家。[②]

2. 海上丝绸之路

宋朝政府鼓励私人海上贸易，并将其作为国家收入的来源，重要的是，政府还为私人贸易提供海上技术支持，使得海上贸易迅速兴起，史称"海上丝绸之路"，使得"沿海地区经济也保持了长期繁荣"。关键还在于，海上贸易的发展促进了东亚贸易网络的兴起和发达，带动了国内市场乃至东亚地区的市场经济发展。正如阿瑞吉所写的那样，"与此同时，中国人在东南亚岛国的定居促进了私人海上贸易，而这又超过了官方纳贡贸易，成为中国与亚洲海洋国家主要的经济交流形式。元朝继续对私人海上贸易和向东南亚移民给予国家支持，形成了横跨南海和印度洋的海外华人贸易网"[③]。

明清两代调整了宋元时期的市场管制政策，采取了发展国内市场、抑制海外市场的政策。明朝政府在建国初期曾积极扶持郑和航海事业，但是这类航海并非以开拓海外贸易为主要目的。明朝中后期以抑制海外市场为主。清朝时，清政府延续了明朝优先发展国内贸易的政策。从 1661 年到 1683 年，清朝重新禁止了私人海上交通，并实施了坚壁清野政策。[④]清朝后期的鸦片战争，使中国社会的自然经济遭到破坏，开始从封建社会变为半殖民地半封建社会，被动的参与了国际贸易。

3. 丝绸之路的文化特征

丝绸之路本质上属于国际贸易，不同国家和地区间物品的互通有无，但同时也是一种国际文化和商业文化的交流，反映了中国古典商业文化的跨国传播。

---

①② 柏铮. 丝绸之路——古代东西方的商业交流 [J]. 中国党政干部论坛，1996（4）：42–43.
③④ 吴苑华. 国家市场经济模式：一个封建社会的解读"符码"[J]. 华侨大学学报（哲学社会科学版），2015（3）：5–14+30.

中国商业文化实践与理论

（三）大运河承载的水路商业文化

中国大运河是一项集航运、灌溉、防洪功能为一体的规模宏大的航运工程。大运河始开于春秋、完成于隋代、畅通于唐宋、取直于元代、繁荣于明清[1]，包括隋唐宋时期以洛阳为中心的南北大运河、元明清时期以北京为中心的京杭大运河（元明清运河）及其延伸段浙东运河。[2] 自隋唐以来，大运河沿线的城市一直是人口密集、商业繁华的区域，承载了多样的水路商业文化。

大运河通过航运功能，实现了我国南北资源和物产的大跨度调配，沟通了国家的政治中心与经济中心，促进了不同地域间的经济和文化交流。[3] 从地理空间上，大运河贯穿燕赵、京津、齐鲁、中原、淮扬、吴越六大文化区，区域文化之间的交流和碰撞，形成了大运河文化的包容性和开放性。从物质形态看，大运河仍然保留了相当的反映当时商业活动的遗址遗存，如码头、钞关、官仓、会馆等。

尽管大运河修建贯通的初衷和使用主要在于漕运，并无商业目的，但却无心插柳柳成荫。即便在重农抑商的古代中国，商业的神奇作用也绝不可小觑。根据日本学者松浦章的研究，大运河上每年有 4 000 只上下的漕船，约占大运河上航行帆船总数的 10%。[4] 如此看来，运河上的商船多达四五万艘，其所贩运的商品数量非常可观。

正是这条贯通中国南北地区之间政治、经济、文化交流的大动脉，使其成为商人商帮商品南来北往的重要通道，使沿线成为街巷店铺、会馆密集分布的廊道，使星罗棋布的城镇人丁兴旺、文化繁荣，使商业打破封闭、专制的枷锁成为中国古代南北和地区文化交流传承的重要载体和媒介；进而形成了"因漕而兴，因农而商，以农促商，农商并行"的大运河商业文化，与重农抑商的宏观政策和背景形成鲜明差异，成为中国古代文明的靓丽和奇特风景线。

（四）商帮的地域特色与文化承接

在官营工商业主导的封建经济中，各种行会、商帮在夹缝中求生存，展现了各种各样的商业文化。

---

① 黄杰. 建设大运河文化带的历史价值、时代意义与可借鉴的国际经验 ［J］. 档案与建设，2019 （2）：67 - 70.
② 姜师立. 中国大运河文化的内涵、特征及分类研究 ［J］. 中国名城，2019 （2）：82 - 87.
③ 国家文物局. 中国大运河申遗文本 ［Z］. 北京，2013：47 - 48.
④ ［日］松浦章. 清代内河水运史研究 ［M］. 南京：江苏人民出版社，2010：103.

1. 行会、商帮的发展

商帮，是以地域为中心，以血缘、乡谊为纽带，以'相亲相助'为宗旨，以会馆、公所为其在异乡的联织、计议的一种既'亲密'而又松散的自发形成的商人群体。①

商帮的形成有一个历史过程。唐代货运业出现的"纲"这种组织形式，是商帮的渊源。宋代内河运输有粮纲、茶纲、盐纲等，市舶之物起解也采用"纲"的组织形式。②

北宋时期，大城市中的商人都按照不同的行业而组成各种行会。政府则通过行会对商人进行控制和勒索。北宋的商业行会是统治阶级中的官绅和豪商大贾们共同组成的。各行业的小商贩们在城市当中经常遭受到同业行会的欺压，因而也经常与之展开斗争。③

明清时期的商人自治组织得到进一步发展，出现了地域性与行业性的行帮、会馆、公所等。行会组织有利于避免同行的恶性竞争。商人外出经商往往受到当地商人的排挤和欺诈，外地商人为了自身利益也会建立一些商业组织，比如建立同乡同业的行帮组织。④

行会组织本身要受到政府的管理，不得不与政府走得很近。政府则通过行会这个中间组织间接地管理商业和市场，行会直接替政府收纳商业税，为政府提供一些货物等。⑤

2. 商帮的地域特色

下面将列举中国明清时期最有影响力的晋商、徽商商帮，以及近代最负盛名的浙商、粤商商帮，同时将它们带有区域文化特征的经营价值观，作为鲁商的参照。

（1）晋商经营价值观。

山西人有着悠久的经商传统，明清时期山西商人纵横捭阖，在中国商业和金融史上留下了辉煌的一页。分析历史上一批批晋商的财富故事和经商之道，我们可以发现晋商的商帮文化特点。

①具有崇商重利的价值观念。在中国传统等级思想统治下，"士农工商"的价值序列一直左右着人们的人生选择，然而在山西，人们对功名的追求反而不如

---

① 张海鹏、张海瀛主编. 中国十大商帮［M］. 黄山：黄山书社，1993.
② 周膺. 当代地域商人群体与古代商帮的差异［J］. 浙江学刊，2011（5）：95－102.
③ 李杰. 古代中原商路与商业经济关系［J］. 河南广播电视大学学报，2003（3）：31－33.
④⑤ 赵志浩. 古代商业管理受控于行政力量［N］. 中国商报，2014－03－04.

对从商的热爱，因此晋商的队伍才逐渐变得庞大。

②笃实不欺信义为商的精神。"信"和"义"是晋商的立业之本，晋商在经济活动中从中国传统文化中吸取了"诚信"和"仁义"的商德规范，他们通过成文的规章制度和不成文的道德约束来博得顾客的信任，从而将票号、丝绸、茶叶等生意做到大江南北。

③自强不息、勤劳节俭的精神。晋商的创业者们，大都出身贫寒，是靠自强不息、吃苦耐劳的精神白手起家，最后发展成为巨贾大商，虽然"富甲一方"仍然笃信勤俭的信条。

④卓越的创新精神。在晋商的经营实践中，资本运作中与时俱进的制度创新、圆融有度的人事管理策略、票号等在金融业上的创新都体现了晋商智慧卓越的创造力。

⑤和谐为贵、守望相助的精神。晋商在商业上的成功都是靠互相扶持、精诚合作，他们把遍布全国的老乡称为"相与"，在信义的基础上相互合作、患难与共，最终结成了规模巨大的地域性商帮。

（2）徽商经营价值观。

徽商是明清时期长江流域地区出现的最大地域性商帮，以其经商规模和实力与晋商并称商界两大劲旅。与晋商的"学而优则贾"不同，受儒家传统文化影响较深的徽商形成了别具一格的徽商文化。

①贾而好儒，走"官商"之路。宋明理学在徽州的兴起为徽州社会积淀了深厚的文化底蕴，徽商在走向商业之路时往往将自己定位为"儒商"，这种地位不仅使人们对"无商不奸"这句话有了新的认识，也取得了朝廷的信任和文人们的吹捧。他们或先贾后儒，或先儒后贾，大有亦贾亦儒、时贾时儒的儒商作风。

②重公益而抑私利。"鱼与熊掌不能兼得"的义利之辨，是儒家人格的重要组成部分，但对于以获取利润为主要目的商人而言，将"义"置于"利"之前有点不可思议，但徽商用自己"以义取利"的大智若愚证明了"以义为利"是生财之大道，因此，徽商在从事经济活动中，能够为了维护家族公共利益而排除私欲同心协力。

③"徽骆驼"式的吃苦耐劳精神。很多徽州商人都是因为无田可种而沦为商人的，因为他们开始"行商"就意味着走上了一条未来生死未卜的流浪之路，正是在这样的情况下，徽商在吃苦耐劳中造就了一个个创富传奇，也获得了"徽骆驼"称号。

④依靠宗族势力进行垄断经营。徽州商人的宗族观念非常重，外出经商往往会与同宗族的人一起出动，而后再将势力向乡党蔓延。这种宗亲血缘纽带和地缘纽带使强大的商帮网络具有非同一般的向心力。徽商在发财后一般选择回家乡置

家产、修祠堂，这样势必会使投入到生意中的银子数量减少，也为徽商最后的衰落埋下了伏笔。

（3）浙商经营价值观。

浙江人历来以经商著称于世，而作为一个商帮，浙江商帮则形成于明末清初，进入近代以来，浙江商帮更以雄厚的经济实力与强烈的创业精神闻名海外。浙江商人具有很强的自立自强意识，形成了颇具特色的商帮文化。

①注重乡情乡谊，提倡同乡扶助。与其他商帮相比，浙江商帮有一个强大的心理认同机制，把同乡看作是"自己人"，在经商活动所到之处建立起保护浙江商人利益的商会组织，促进了浙江商人的各项事业的发展。

②坚持走自立自强的民商之路。浙江商人利用"近水楼台先得月"的优势在"抢滩"上海时捷足先登、身手不凡，并在后来称雄上海商界，但他们并不将这种经济上的成功转化成政治上的权力，也不是像其他商帮那样用经营所得来充军饷或者购买土地、奢侈消费，而是用它来扩大经营规模或投资新兴产业。

③灵活善变的经营之道。浙江商人处于中国近代历史上一个特殊的阶段，又因地理位置的优势面临着诸多机会，他们在经商中机敏善变，总是会在审时度势的前提下及时调整经营策略或转战海外，正是这样才成为了商界中的常青树。

④勇于开拓，积极适应新形势。浙江商帮形成时间较晚，但可以后来居上，原因在于浙江商人具有非同一般的开拓进取精神，一方面以上海为大本营向外拓展经商范围，另一方面凭借自身优势介入对外贸易领域的新兴行业，与时俱进地实现从传统商帮到近代资本主义商业集团的转型。

（4）粤商经营价值观。

粤商是岭南商人的代表，他们喜欢标新立异，具有冒险精神，且不喜欢谈政治，与官府一直保持着适当的距离。除此之外，粤商还具有胆大务实、精明灵活、擅长贸易的优势，并与港澳及海外资本有紧密联系，同时对市场策略、产品策略的研究很重视。广东人的勤奋吃苦、利益交往、注重效率和讲究避讳的个性也体现在粤商的商帮文化之中。

①市场敏感性强。粤商一般能先人一步，发现商业机会所在，并且在别人看不准或犹豫的时候，果断而大胆的作出决策。

②接纳和包容性强。粤商对于新事物和各种有能力的人才，都能够虚心接受和学习，这使得经商活动能够持续发展。

③讲求实效和稳健。粤商在从事工商活动中非常实在，既不虚张声势，也不急于求成，踏踏实实，不做没有把握的事。一切经营，强调的是效果，对于形式和场面的东西一般都不讲究。

④重实干和苦干。许多粤商都是从小商小贩做起来，因此即使经营规模做大

了，也勤劳苦干。

（5）鲁商地域文化与经营价值观。

山东商帮又称鲁商。春秋战国时齐国齐桓公以管仲为相，实行以商补农政策，便渔盐之利，煮盐垦田，富甲一方，迅速成为春秋五霸之首；两汉进一步发展；至明清时期经商者增多，商帮最终形成，并跻身中国十大商帮。历史上的鲁商虽不像晋商、徽商那般辉煌，但在兴盛时也曾控制了北京乃至华北地区的绸缎布匹、粮食批发零售、餐饮等行业。鲁商厚重和坚韧的商业底蕴，使其商业发展虽不温不火，但能平实沉稳。黄县、周村、章丘、临清商人是鲁商的杰出代表，"登、莱、青三府皆人多地少。土跷民贫，民多逐利四方。"明清时兴起的鲁商在经营价值观上有以下特色。

①以义为先，以义致利。儒家义利观长期教化的结果是使山东人格外具有道德感，这在商务活动中充分体现出来。旧中国最大的丝绸经营联合企业——瑞蚨祥就颇具代表性。孟洛川创业之初就确立了"以德为本，以义为先，以义致利"的经营思想。在他们看来，作为一个企业，一个生意人，固然是要求利的，但必须把求利的行为首先放到为社会、为大众服务的价值取向上，这才是企业和生意人真正永恒的"价值观"（欧人，2000）。

②以诚经商，以信得人，以质服人。受儒家思想浸润与陶冶，山东人形成了淳朴、敦厚的性格气质，反映在商业领域，则表现为货真价实、童叟无欺，讲求商业信誉。山东商人做生意十分注重质优价廉，讲求信誉，这往往使他们在市场竞争中立于不败之地。这种商业作风从明清时期开始，一直流传至今。比如，清末，山东商人把持了北京的饭庄业，其中有不少驰名京华的百年老字号饭店，都是山东商人开设的，一直到现在，还为人们津津乐道。求利不贪财，这是山东商人传统的经营思想。

③吃苦耐劳，务实肯干。山东人是中国人中最能吃苦耐劳的群体，他们什么苦都能吃得了，真可谓"吃苦一族"。闯关东，是山东人吃苦耐劳精神的体现，他们是所有到东北拓荒的人中最能吃苦的。有文献记载："山东人实为开发东北之主力军，为东北劳力供给之源泉。荒野之化为田园，大半为彼辈之功。其移入东北为时既久，而数量又始终超出其他各省人士。登、莱、青与辽东一衣带水，交通至便，彼土之人，于受生计压迫之余，挟其忍苦耐劳之精神，于东北新天地中大显身手，于是东北沃壤悉置于鲁人来锄之下。"① 在近代东北工业、交通运输业中从事艰苦创业的劳动，也是非能吃苦耐劳的山东人莫属。在孟子"苦其心志"精神的感应下，山东人普遍具有一种"苦行主义"，以苦为本，以苦为荣，

---

① 辛向阳. 人文中国 [M]. 北京：中国社会出版社，1996：1101.

以苦为乐，成为民众内心的真实体验。

④团结互助，相亲相帮。受儒家文化影响，山东人在外经商格外看重同乡关系，非常重视同乡间的团结互帮。明清两代，随着江南一带商品经济的发展，山东商人不仅在江南，在北方各省也随处可见山东商帮的足迹。山东人外出经商，有这样一个习惯，每到一地即设立山东会馆。这些会馆既是山东商人聚集之地，又是联络乡谊，团结互助的中心。如清朝初年在上海设立的山东会馆；在苏州设立的东齐会馆；康熙年间，山东商人又在南京建立山东会馆；而在汉口，则设齐鲁会馆。凡是山东商人建立会馆的地方，他们在当地的经济实力都很强大，凡是商品经济发展的地区，差不多都有山东商人在那里经商。

⑤重视功名。受儒家思想长期熏陶，山东人向来以经商为耻，重义轻利。即使为商成立一番事业，仍难以摆脱重义轻利求取功名的思想。如孟洛川这样成功的商人，仍以自己的身份为耻，把读书做官、重回孟府作为终身理想。认为"光当一个商人，总觉得是无根之本，无源之水，抬不起头"。清代鲁商在东北获利后，除投资商业外、还投资土地和政治（捐官、供子弟读书、入仕）。

⑥经商活动中缺乏冒险意识。本来，山东东靠黄海，有交通海外之条件，但自古以来山东人楫舟远航者寡，没有多少人飘荡到海外和南洋谋生。在海外华侨中，有宁波帮、闽南帮、南粤帮，唯独没有山东帮。清代开始山东商帮在东北占据突出优势地位，而奉天城（沈阳）"金融界多系关里帮，实业界多系山东帮"。山东商人主要以经营实业为主，即经营油坊、烧锅、粮食、杂货等业。

3. 商帮的文化特征和传承

亲缘、地缘、业缘是商帮的主要特征。亲缘关系可为商人提供人力、物力、财力的支持。晋商在招聘经理、伙计和录用学徒时，需要应聘者有殷实的亲友或商铺作保。① 地缘是同乡的人长期聚集同一地域而建立的人际关系，同乡的范围小至村镇，大至县、府（州）、省。明清时期远程贸易兴盛，加之经济、政治存在很多潜在阻碍与危险，商人在利用家族、宗族关系网络为之提供保障之后，在外地则需要地缘关系的保障，商人以商号的名义加入具有共同信任、乡谊、规范及习俗的会馆，从而受到会馆的管理及保护。②

会馆是商帮的组织形式。其设立目地是为了联系乡谊，增强会馆商人的凝聚力，以抵御外部风险，保障其利益。会馆的凝聚力对强权者具有一定的制约作

① 蔡洪滨，周黎安，吴意云. 宗族制度、商人信仰与商帮治理：关于明清时期徽商与晋商的比较研究 [J]. 管理世界，2008（8）：87 – 99 + 118 + 188.
② 乔亦婷. 从亲缘、地缘、业缘角度论古今商帮 [J]. 安阳师范学院学报，2018（4）：64 – 67.

中国商业文化实践与理论

用，抵御来自政府、牙行、竞争者、当地宗族势力等处的外部风险。会馆具有一定的惩罚仲裁机制，利益纠纷之时，会馆可从中予以调解，具有一定的商事裁判权，以及进行或轻或重的处罚。①

古代商帮衰落于清末民初。改革开放以来，新商帮渐渐形成、壮大，目前国内主要有五大商帮：山东商帮、浙江商帮、苏南商帮、闽南商帮、珠三角商帮。②

尽管当代商帮与古代商帮有某种内在联系，但在当代社会，商人群体的存在不再完全需要历史上商帮存在的自我保护机制，"浙商"等概念的提出主要体现的是地域人对地域经济文化模式的自我认同或者某种程度上的自信，文化意义与商帮已完全不同。③当代地域商人群体是当代社会一种十分重要的文化现象。"帮"或"行会"的色彩已基本消解。

三、情感重于守约、变通长于规范的行为习惯

中国古代商业文化在商人行为上的重要表现为：情感重于守约，变通长于规范。具体体现在熟人社会亲缘为本、重义轻利以诚立德、清官人治以仁为本三个特征。

（一）熟人社会亲缘为本

1. 熟人社会的概念和特征

熟人社会的术语源于费孝通所著的《乡土中国》，是对中国基层社会乡土本色的经典概括，费孝通认为，农民束缚在土地上，聚村而居，不流动性导致了乡土社会的地方性，形成村落的熟人社会。④

关于熟人社会的特征，柴玲将其概括为：（1）熟人社会的形成是以中国小农经济为基础；（2）熟人社会以地缘、血缘为纽带，以自我为中心形成"差序格局"；（3）熟人社会的治理不依靠外部强加的法律，而依靠从小习得的礼。⑤贺

①②　乔亦婷. 从亲缘、地缘、业缘角度论古今商帮［J］. 安阳师范学院学报，2018（4）：64－67.
③　周膺. 当代地域商人群体与古代商帮的差异［J］. 浙江学刊，2011（5）：95－102.
④　费孝通. 乡土中国［M］. 北京：人民出版社，2008.
⑤　柴玲，包智明. 当代中国社会的差序格局［J］. 云南民族大学学报，2010（2）.

雪峰将其概括为四个方面：一是礼治秩序，二是无讼，三是无为政治，四是长老政治。[①] 此外，熟人社会还有三个重要的特征：（1）人的乡土性；（2）人的活动空间的受限性；（3）"熟悉"为熟人社会的重要特征。[②]

2. 熟人社会的在商业文化中的表现

尽管熟人社会这个术语的提出在 1948 年，但熟人社会所体现的现象却贯穿着整个中国封建社会，并成为商业文化的一个重要特点。

上述熟人社会的特征深刻地影响了商业文化。主要有以下几个方面[③]：

（1）做生意的长远预期。因为人们要世代生存于特定的村落熟人社会中，因此在与他人的交往中，就不是短期的单次博弈，而要考虑长远的和谐发展。因而更加倾向于诚信经商。

（2）做生意的用力方向。在生活环境无可选择的前提下，要想做好人，最现实的办法就是向内用力，通过改变自己来适应环境。因此，长久预期和向内用力是经商的两个重要特点。在乡土熟人社会中，伪君子是没有市场的，"装得了一时，装不了一世""日久见人心"，长久接触便是熟人社会中的真伪识别机制。

（3）熟人社会中的行动逻辑是特殊主义的。人与人相处有足够的接触机会和时间互相了解，建立在彼此全方位熟悉基础上的交往贯彻的是特殊主义原则。

（二）重义轻利以诚立德

1. 义利统一

如本章第一节所述，儒学不是不考虑物质利益，只不过物质利益与道德（仁、义、礼、智、信）相比，是次要的，义重于利，义大于利，义先于利，义以生利。但对商人而言，义和利是统一的，既有完全遵循儒家思想践行重义轻利的商人，又有把义当成达成利的手段的商人。这种义利的辩证关系为古代工商业活动提供了基本的价值导向，指导着商人们的行为方式。

工商业经营属于经济活动，其直接目的是物质利益。在古代工商业经营中，始终存在一个义与利的关系问题。围绕着义与利的关系，根据对义的重视程度，可将古代商人经商中分成四种商业文化类型。一是完全贯彻儒家重义轻利的思

① 贺雪峰. 论半熟人社会——理解村委会选举的一个视角 [J]. 政治学研究，2000（3）：62.
② 任远. 新熟人社会视阈下的县域法治研究 [D]. 淮北师范大学，2017.
③ 王德福. 做人之道：熟人社会中的自我实现 [D]. 华中科技大学，2013.

想，宁愿少赚钱甚至不赚钱也要坚持以义当先，把义当成经商的社会目标。为了国家、民族、百姓的利益而不惜牺牲自己的物质利益。二是把义作为利的根本。把获取物质利益建立在道义的基础上，不义之财不取。孔子说："不义而富且贵，于我如浮云"；但若合乎义，"虽执鞭之士，吾亦为之"①。三是把义当成达成利的手段。遵循义是为了得到利。这种类型的商人尽管把义作为手段，但仍能做到诚信经营、童叟无欺。以上三种类型的商人都可称为"诚贾""义商"。四是为了利可忽视义。为了获取物资利益，在经商中使用了不道德甚至违法的手段。如"无商不奸"一说即代表了这种类型。

2. 以诚立德

儒家的义利观要求商人以诚立德，做到诚实守信，其中诚实指不说谎、不做假、不欺骗；守信指讲信用、讲信誉、信守承诺，忠实于自己承担的义务。诚实守信是中华民族传统美德，是经商者必须遵守的职业道德准则。

儒家、法家有很多关于诚实守信的论述。② 经商取与以时，获利以义，要求商人诚实不欺，讲求信誉，成为"诚贾"③，而不做"奸贾"④"任商（即佞商、奸商）"⑤。《中庸》说："诚者，天之道也；诚之者，人之道也。"⑥ 春秋时齐国的管子早年与鲍叔牙一起经商，他认为"是故非诚贾不得食于贾，非诚工不得食于工，非诚农不得食于农，非信士不得立于朝"⑦。战国时的荀子认为，"夫诚者，君子之所守也""商贾敦悫无诈，则商旅安，货通财，而国求给矣"⑧。

（三）清官人治以仁为本

如本章第一节所述，中国古代文化是"德性文化"，国家治理的根本法则，不在"法"治，而在"德"治。法治、德治都要靠人来执行。即便是法治，在执法时也会注入德治，最终表现为"人治"。"德治"和"人治"不可分割。"德治"强调教化的程序，"人治"则重视德化者本身，是贤人政治。

---

① 论语·述而［M］. 北京：中华书局，2016.
② 徐少锦. 中国古代优秀的商业伦理精神［J］. 审计与经济研究，1997（5）：37－40＋42－43.
③ 管子·乘马［M］. 北京：中华书局，2016.
④ 韩非子·五蠹［M］. 北京：中华书局，2016.
⑤ 管子·轻重乙［M］. 北京：中华书局，2016.
⑥ 大学中庸［M］. 北京：中华书局，2016.
⑦ 管子·乘马第五［M］. 北京：中华书局，2016.
⑧ 荀子·王霸［M］. 北京：中华书局，2016.

人治是指依靠个人权威和崇拜来实行政治统治。人治是儒家学说提倡的一种治国理论，被封建统治者奉为正统思想。儒家的"人治"主义，就是重视人的个性化和同情心，重视人的道德发展，把人当作有选择主动性和有伦理天性的"人"来管理。[①]

人治思想有其合理性的一面。在人治思想的统治下，解决争端不能违背和谐，这就要求以双方都认为"公正"且自愿接受处理的结果，更重要的是任何一方都不能丢面子。争端应尽量化解，而不是仲裁或强行判决。这种中庸和谐的民族心理，使得中国民众在解决纠纷时，特别强调和解谦让，认为用法律解决纠纷会伤和气，使纠纷变成对抗性的矛盾，这种"以和为贵"的传统思想助长了人治。[②]

人治思想应用到工商业管理，就形成典型的东方商业文化。在法治思想下，起决定作用的是法律；在人治思想下，起决定作用的是人。这里的人主要有两类，一是古代的各级官员。能否公正地处理商业纠纷取决于官员的道德水平和个人意愿。二是商会。如本章第二节所述，会馆具有一定的惩罚仲裁机制，商人之间及商人和消费者之间有利益纠纷时，会馆可从中予以调解，具有一定的商事裁判权。

四、不断革新、适应环境的商业文化要素

在中国古代商业的历史发展中，商业文化要素在不断的演进。下面从商人、交易场所、交易媒介三个方面来揭示这种变化。

（一）商人及组织的发展

人类社会的第三次社会大分工是商业与农业、畜牧业、手工业的分离，出现了不从事生产、专门从事商品交换的商人阶级。中国的商业起源有夏代说、商代说、春秋战国说三种说法。[③] 本书认同商代起源说。商人、商品、商业都和商朝有历史的渊源。[④]

---

① ②　宋云芳. 中国传统人治向法治的转变 [J]. 湖北经济学院学报（人文社会科学版），2017，14（6）：78 – 80.

③　余鑫炎. 简明中国商业史 [M]. 北京：人民大学出版社，2009.

④　吴慧. 中国古代商业史 [M]. 北京：中国商业出版社，2014.

古代商业产生以后，最初是由官府控制商业，即西周时期的主流形态"工商食官"。官府控制商业活动，商业奴隶依附于奴隶主，从事商品买卖、贩运贸易，商业经营收入归奴隶主所有。[①]

春秋战国时期打破了"工商食官"的商业体制，商人获得了独立，出现了一批自由大商人（富商大贾），民间自由中小商人也有了很大的发展。自此商人独立地站在历史舞台，促进了中国商业的发展。春秋战国时期出现了很多有名的大商人，如范蠡、子贡、白圭、吕不韦、管仲、弦高等。司马迁在《史记·货殖列传》中为春秋以来的 30 多个大商人立传[②]，赞扬商人的智慧和经营艺术。这些大商人在经商中运用了高明的商业智慧，如审时度势、顺势而为；人弃我取、人取我予；智勇仁强、无往不利；心志专一、诚信无欺等。这些商业智慧与本章上一节内容"情感重于守约、变通长于规范的行为习惯"是一致的。

正如本章第二节的观点，从总体上看，中国古代商业是政府主导的，不同朝代大商人的不断涌现是夹缝中的辉煌。但大商人通过与土地、官府的结合，壮大自己的势力，进一步攫取高额利润。甚至出现商人、地主、官僚的三位一体的格局。具体的表现有：（1）富商大贾勾结官府官僚寻求政治保护和利益支持；（2）官僚利用特权经商牟利；（3）高利贷资本与官商的相互渗透。[③]

商人除了与官府、地主的结合，为了自保、开发市场、处理竞争等，商人之间也往往进行联合，如出现基于亲缘、地缘、业缘的会馆、商帮（参见本章第二节）。商帮会馆在商业历史上扮演了重要的角色。

（二）交易场所"市"的变迁

市是物品的交易场所，起源很早，可追溯到神农氏时代。神农氏时"日中为市"，颛顼时"祝融作市"，黄帝时"市不预贾"。[④] 尧舜时，市存在于氏族部落首领居住的邑内。夏朝，市存在于早期的城市——城郭内。商朝，在都邑内都有常设的市。西周时期，已经重视城市的商业布局，如西周王城中的市采取的是"前朝后市"的布局形式，并且对市有一整套管理制度。将市根据时间分为三种等级：大市日昃而市，百族为主；朝市朝时而市，商贾为主；夕市夕时而市，贩夫贩妇为主。[⑤]

春秋时期，礼崩乐坏，对市管理的等级制度被打乱，市的交易时间延长了，

---

①③　余鑫炎.简明中国商业史［M］.北京：人民大学出版社，2009.

②　史记·货殖列传［M］.北京：中华书局，2014.

④　吴慧.中国商业通史［M］.北京：中国财政经济出版社，2004.

⑤　周礼·地官·司市［M］.北京：中华书局，2014.

在市内交易的物品类型扩大了。独立的手工业者与商业结合，出现了工商合一的"前店后坊"。"前店后坊"的形式一直延续到今天。另外，市也不再限于都邑内，在城市外的一些地方也形成了一些小的集市。商人除了在市场里有固定地址卖东西（称为"坐贾"）外，也出现了流动的商贩——"行商"。春秋战国时期市的布局发生变化，不再依附于宫的后方布置，里与市开始分离，里用于居住，市用于交易场所。秦汉时期，里与市严格分开。隋朝将里改称为坊。唐朝市和坊分开，界限分明，市只从事商业活动，不能住人。唐朝都城长安在皇城的左右前方对称设置东、西两市，内部由井字街划分成九个区域。[①]

宋朝之前，市坊严格分开，官府设市长和市令管理市场，有严格的时间、地点限制；从宋朝开始，市坊界限被打破，随着城市布局从封闭"里坊制"转变为开放的"坊巷制"，城市的商业空间形态发生的革命性的变化。表现为：（1）商业分布不再局限于市，开始分布在街道两旁、遍布全城；（2）行业街市、综合商业街和榻房促成商业空间作为面的铺陈[②]；（3）经营时间也被突破；（4）位于城郊和乡村的"草市"更加普遍。明清时期的商业空间，在宋朝的基础上进一步发展，出现了现代商业街区综合体的雏形。

总之，商业交易空间，由最初的市开始，逐步演进，发展到今天的商业街区；由点发展到线再到面；由单纯的物品的交易，发展到对消费者商品、服务、体验的全方位满足。

（三）交易媒介和金融组织

1. 货币及交易方式的演变

货币从功能上说是用作交易媒介、储藏价值和记账单位的一种工具，从本质上说是一种关于交换权的契约。在原始社会，人们通过物与物的交换来获取自己所需要的物品。

在商代，天然的海贝成为商品流通的主要货币材料，后来又出现了铜铸货币。在春秋战国时期，铜铸货币和黄金成为货币。春秋时期铜铸货币已经广为流通，主要形态有空首布、刀化（货）、铜仿贝等；战国时期铜铸货币又出现了圆钱等新形态。黄金作为货币，在春秋就出现了，在战国时期广泛使用。黄金多用于大商人、贵族之间进行奢侈品交易时的论价，以及诸侯国之间的交易。

---

①② 彭亚茜，陈可石. 中国古代商业空间形态的变革［J］. 现代城市研究，2014（9）：34－38＋54.

秦国统一中国后，统一了度量衡，也在全国统一了货币，规定黄金为上币，单位"镒"；铜为下币，单位"半两"；而将珠玉龟贝银锡等作为器饰宝藏，不再作为货币使用。西汉初年，允许诸侯国自由铸钱，因此各种货币杂行；到汉武帝时期，进行多次币制改革，由朝廷统一铸造，因钱上有"五铢"两个篆字，故名汉五铢。魏晋时期，由于朝代更迭频繁、社会动荡不安，因而以物易物成了主要的交换手段。隋初货币极为混乱，隋文帝下令整顿货币，铸行统一标准的五铢钱。到了唐代，唐高祖李渊在武德四年废五铢钱，铸行"开元通宝"，开元通宝成为主要的流通货币。

宋代的货币制度较为复杂。铜钱仍是主要的流通货币，白银开始流通，尤其是出现了纸币——交子。价值尺度仍然由铜钱表示，白银仅在大额交易和大量货币财富转移时使用。到了南宋，纸币发展成了广泛流通的货币。

明朝的货币形式主要有钱币、纸币、白银等。纸币指大明宝钞，由于只发不收，贬值极快。明代所有钱币统称通宝，如洪武通宝、永乐通宝、宣德通宝、弘治通宝、嘉靖通宝、隆庆通宝、万历通宝、泰昌通宝、天启通宝和崇祯通宝等。由于纸币贬值、铜币使用不便，白银成为交易的主要通货。

清朝沿袭了明朝的货币制度，白银和铜钱两种货币同时在市场上流通，具有同等合法性。一般大笔交易多使用白银，民间零星交易多使用铜钱。在清代也有三个时期发行过纸币，如顺治年间、咸丰年间、光绪年间等。

中国古代货币经历了五次重大的演变：自然货币向人工货币的演变、由杂乱形状向统一形状的演变、由地方铸币向中央铸币的演变、由文书重量向通宝元宝的演变、金属货币向纸币的演变。[①] 货币在不同的时期有着不同的表现形式。

中华人民共和国成立以后，1949 年 12 月 1 日中国人民银行发行了第一套人民币，是我国唯一的法定货币。货币的支付方式上也在变化，除了人民币现金交易、银行转账等方式外，随着电子商务和技术的发展催生了新的移动支付方式，如支付宝、微信支付、银联支付等。

2. 金融组织的发展

从金融组织上看，在唐代出现了柜坊和飞钱。柜坊是专营货币的存放和借贷的组织；飞钱是异地取银钱的一种汇兑方式，起源时间约在唐宪宗时。其功能是在一地出钱并取得有关证明，在异地凭证明取得钱款。柜坊和飞钱的出现，既是商业贸易发达的结果，反过来又进一步便捷了区域之间的商业往来。

在清朝又出现了票号，亦称"票庄""汇票庄"，或"汇兑庄"。早期金融组

---

① 彭信威. 中国货币史［M］. 上海：上海人民出版社，1965.

织账局、钱庄的出现，为票号的产生创造了基础条件。票号是一种金融信用机构，开始主要承揽汇兑业务，后来也做存放款等业务。票号多为山西人开设，以山西平遥、太谷、祁县三地商人开设的票号势力最大。通过商业资本和金融资本的结合，强化了晋商在当时中国商业的主导地位。

五、计划经济体制的影响

（一）资源配置计划化

在中华人民共和国成立之后的近三十年里，我国仿照苏联模式实施了严格的计划经济或命令经济。计划经济的实质，是国家根据发展战略，通过指令性和指导性计划，把有限的资金、优质的人力资源及其他资源投入到最需要的部门和地区，在宏观上干预经济发展的走势，在微观上直接介入企业的运营。

在以政府为主导的资源配置体系中，生产组织"一大二公三纯"是经济领域的一个基本特征。全民所有制企业是计划经济时期最典型的公有制企业，这些企业是政府在微观层面控制、调节经济的载体。这一时期不存在投入品和产成品的市场，企业活动主要是围绕上级的计划来完成，并非市场经济中具有自主决策功能，以盈利为目标的经济组织。例如，企业的生产活动以上级部门下达的任务或指标为目标，投入品由物资部门调配，人力资源由劳动部门和人事部门来安排，投入品和产品的价格均由物价部门定价，产品的销售由商业部门或物资部门来完成。对全民所有制企业的这样一种经营管理模式也被称为"九龙治水"，此时的企业只是一个作业单位，而非成本中心和利润中心。

改革开放以来，在制度惯性的作用下，计划经济所形成的政府干预微观经济运行的做法，不仅成为不少政府部门的思维定式，也被某些企业视为理所当然。这些影响在转轨时期虽然是客观事实，但也是我们建立成熟规范的市场经济必须要破除的。

（二）法治力量让位于行政力量

计划经济是天然排斥法治的。因为计划经济中的政府是一个无所不会、无所不包的万能政府，长官意志成为经济管理和社会治理的主要力量。经济冲突、社会矛盾往往是在"国家"或"政府"的名义下，用行政命令、政治说教以及道德等其他手段来协调、处理的，并没有给法治留下发挥作用的空间。

从经济层面上看，由于计划经济中没有实质性的市场交易行为，无论是生产或提供产品的企业，还是产品的需求者，都不具备基本的契约精神，基于科层制的、超经济的行政力量主导着经济活动。行政手段虽然也有其有效性，但在法治约束缺失的情况下，长官意志所具有的主观、任性往往会带来灾难性后果。

在苏联模式中，计划就是法令。这种理念深深影响了新中国成立初期的治国思维。"人治大于法治"是计划经济时期经济活动的一个显著特征，这也是改革开放以后市场经济法治化转型的一个主要障碍。

（三）市场先天发育不良

在计划经济体制下，基于私有产权和分散决策的市场经济被认为是低效率的制度安排。企业的生产经营活动，如生产什么、生产多少、为谁生产等均由上级主管部门来确定；居民的消费行为也被政府依据户籍、身份的差异通过票证、配给等手段来干预。由于企业行为和居民行为都受到政府的直接控制，市场经济形成所需要的基本元素缺失，交易价格也不可能出现买卖双方通过讨价还价来形成，真正的"市场交易"是不存在的。

新中国成立初期，我国的国民经济是几乎所有产品都供不应求的短缺经济，国民经济的运行是一种"紧运行"。这种供求状态以及建国初期国际国内的紧张形势是政府采用行政手段调节，分配短缺产品的逻辑前提。当资源配置行政化成为一种正式的制度安排，并得到社会的默认后，基于自由买卖的市场也就失去了存在的物质基础和制度基础。几千年来自发形成的农村集贸市场，也多次因为"割资本主义尾巴"，农民没有多余的农副产品而凋敝。

资金、土地、劳动力等生产要素是计划经济时期政府管制的重点，其供应和调配均由相关管理部门决定，根本没有市场经济可言。改革开放后，要素市场一直没有真正形成，政府干预始终主导要素供应，一个重要的原因就是计划经济所导致的"路径依赖"现象。

（四）"重工业优先发展"带来产业失衡

新中国成立后，面对"一穷二白"的经济现实和资本主义国家的经济封锁，中央政府将"重工业优先发展"作为一个主要的经济战略。

在重工业发展的制度设计上，实施了以行业管理为主的"条条管理"体制。

117

中央部门设置了机械、冶金、航天、石油、化工、兵工等部委，专门负责某个工业行业的规划、投资、运营管理，并形成了一批国有的重点生产企业。行政控制的生产资料供应体制，是确保"重工业优先发展"战略实现的一个重要制度保障。物资管理机构按照中央、省（市、自治区）、地区、县等分层纵向设置，并由专业的公司组织各类物资的供应，保障重工业发展所需的物资。

在"重工业优先发展"的思路下，我国将有限的资源集聚到一些关键产业，在较短的时间内建立起一个较为完整的工业体系。但是，这种战略也导致轻重工业比例严重失调，多数消费品要凭票供应；农业发展滞后，温饱问题悬而未决，居民生活受到了非常大的影响。改革开放初期，以家庭联产承包责任制为抓手的农业领域改革和消费品工业的快速发展，可以看作是对"重工业优先发展"战略所带来的产业发展失衡问题的修正。

（五）工商分家的行业管理模式

计划经济时期，除了农业、教育、金融等相关部门外，政府机构设置了众多的第二、第三产业主管部门，包括机械、冶金、航天、化工等工业行业管理部门，物资、商业、粮食、供销等商业管理部门。这种工商分家的行业管理模式是计划经济时期"条块分割"管理的一个具体体现，也是政府实施产业发展战略的主要手段。

这种基于专业化、纵向的管理模式之所以能顺利运行，主要是因为政府对整体经济的直接干预。全民所有制的企业在"九龙治水"的格局下，只负责按照计划生产产品、提供服务，不需要考虑生产要素的购买和产品的销售，不考虑资金的筹措和利润的分配。工业企业被局限在某一个专业化领域，无法实现跨行业的多元化发展，商业企业则只能在规定的领域从事购销活动，缺乏弹性发展空间。

经济体制改革后，工业领域的行业主管部门或转型为本行业的控股母公司，或转型为行业协会，官本位色彩依然较浓。而那些远离市场的企业，要么在市场经济的大潮中彻底转型，按照所有权和经营权分离的原则，建立规范的公司治理结构，独立完成资金筹措、人员招聘、土地购买或租赁，到产品的市场营销等各项经营活动；要么因改革滞后或不适应市场竞争而被时代无情淘汰。

第五章

改革开放与中国商业文化的巨变与创新[①]

本章主要分析和探讨中国改革开放 40 年来商业文化建设发生的历史巨变和创新。从经济发展总量、速度，产业发展，市场培育，消费领域，城市化与区域协调，公司（企业）成长等方面展现改革开放催生的商业繁盛。从国家治理体制的变革，市场运行机制和法人治理机制的建立健全，分析通过社会主义市场经济体制的构建推动制度变革与改善。用渐进式、双轨制、从农村到城市、从市场换技术到自主创新、从沿海到内地、从经济到全局、从速度到质量分析和概括 40 年间中国商业文化的转型模式。从产业体系的完善，产业结构的优化，业态结构、交易模式的演化，商业模式的创新等方面，分析现代技术推动产业体系、商业模式的创新。用从生产导向到顾客导向、从价格竞争到价值竞争、从复制模仿到自主创新、从规模经济到速度经济、从经济责任到社会责任等内容，分析概括商业理念的变革与创新。

一、改革开放催生商业繁盛

自 1978 年改革开放以来，我国的经济实现了快速增长，人民生活水平发生了翻天覆地的变化，我国在国际舞台上的地位也不断提升，成为世界第二大经济体和最大的进出口贸易国。40 年来，我国一步步逐渐实现从计划经济向社会主

[①] 本章由周清杰、王长斌执笔。

义市场经济的转变，劳动生产率不断提高，商品市场和生产要素市场日益繁荣，人们的消费水平和结构发生巨大改变，商业发展更加趋于规范化和多元化。

（一）总量和增速

国内生产总值的增量和增速可以在一定程度上反映经济发展的情况，改革开放以来我国的经济发展状况大致可以分为两个阶段：1978~2008年的高速增长期和2009年至今的新常态时期。

以经济建设为中心和"赶超"说法的"唯GDP论"，表现出了我国经济发展中的新重商主义特点，保护国内企业、出口退税和出口补贴等政策使得我国在改革开放前期阶段的GDP取得突飞猛进的增长，经济总量得以高速增长。但是这种出口导向型经济也带来了一些"副作用"，偏激的新重商主义思想导致了国际市场上的外贸制裁、国内劣势产业的低效率、国内消费外流等各种经济问题日渐凸显。与此同时，生态环境遭到了严重破坏，国内不同地区、行业之间的发展失衡，贫富收入差距悬殊，提高了生产效率却没有兼顾到社会公平。另外，虽然我国的GDP总量达到了全球第二位，但是人均GDP水平与发达经济体相差甚远。经济总量的增加代表着我国整体实力的不断增强和国际影响力的日益提升，而人均水平则反映了国民真实的生活质量，自然生态、社会保障、政府服务等体现了人们生产生活的综合环境。经济的发展不仅仅是GDP的增加，还要兼顾生态、社会、文化、政治等多方面的变化和影响。

1. 1978~2008年：高速增长的30年

改革开放是我国经济发展进程中一个里程碑式的存在，对内不断改革经济体制，对外扩大开放引进外来技术和资金，从1978年到2008年这30年间，计划经济体制被一点点打破，生产力得到解放和发展，企业自主权不断扩大，市场经济逐渐繁荣起来。我国借助人口红利和改革红利的优势，实现了经济的高速发展，年平均增长率达到10.02%，最高达15.20%。

图5-1为我国1978~2008年的国内生产总值及其增长率的变化情况，可以看出30年间我国经济呈现高速增长的态势，经济总量的规模迅速扩大，多数年份的年增长率在10%以上。

随着我国经济的快速发展，我国的经济全球地位也在不断提升。第一，我国国内生产总值的全球排名稳步靠前，1978年我国的国内生产总值为3 678.7亿元，位于世界第15位，2008年时我国的国内生产总值已经达到319 515.5亿元，跃居第3位，仅次于美国和日本（见图5-1）。第二，我国积极参与到经济全球化的浪潮中，进一步开放市场，引进先进的技术和管理理念，同时开拓更广阔的海外市场，利用劳动力优势大力发展出口贸易。

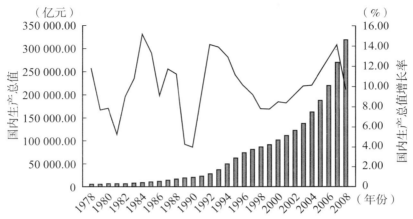

图 5 - 1　1978 ~ 2008 年我国国内生产总值及其年增长率的变化

资料来源：国家统计局（www.stats.gov.cn）。

2. 2009 年至今：经济新常态

2009 年以来，我国经济结束了 30 年的高速增长期，进入了一个新的发展阶段，这个阶段被称为"经济新常态"，其特点在于增速逐渐放缓，增长模式发生变化，经济结构亟待改善。

2009 年到 2017 年国内生产总值的年增速出现明显下降的趋势，从接近 10%回落到 7% 左右，经济实现中高速增长（见图 5 - 2）。

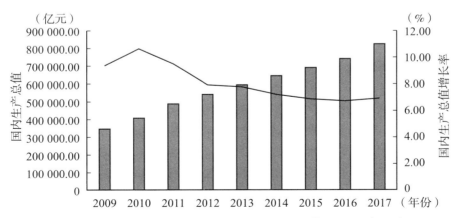

图 5 - 2　2009 ~ 2017 年我国国内生产总值及其年增长率的变化

资料来源：国家统计局（www.stats.gov.cn）。

对于增速放缓的原因，主要有以下几点：第一，经济总量的规模越来越大，受边际报酬递减规律的作用，增长率必然出现下降。第二，随着改革开放的不断推进，先易后难的渐进式改革已进入深水期，剩下的都是"难啃的硬骨头"，改革红利逐渐消失。第三，我国正处于经济转型期，原有的一些支柱产业因资源能源耗费大，污染排放多，被逐渐淘汰，而新的支柱产业还处于培育期，短期无法承担起推动经济增长的大任，导致增速放缓。另外，随着国际市场上其他发展中国家开始工业化，我国的劳动力优势和成本优势也开始逐步丧失，出口对经济的贡献呈现下降趋势。

3. 全球经济增长的主要贡献者

随着出口贸易的不断发展和经济规模的日益庞大，我国已然成为国际市场上不可忽视的关键要素。近年来我国处于经济结构转型升级的新阶段，经济增速逐渐放缓，国内生产总值保持每年6%以上的中高速增长，远高于欧美发达国家的2%左右的增长水平，这使得我国成为推动全球经济复苏和可持续发展的重要力量。根据世界银行提供的数据可以计算，2017年我国在全球经济总量中的占比超过15%，对世界经济增长的贡献率为34%左右。同时，我国经济的平稳增长对降低全球经济波动也起到了重要作用。

具体而言，我国对世界经济的贡献主要表现在以下三个方面。第一，中国拥有增速快、潜力大、覆盖广的消费市场。近年来我国消费者的消费观念、消费方式、消费结构等正逐渐发生改变，对中高端消费品的需求逐年增加，国内消费市场的进一步放开也为进出口贸易和全球经济增长提供了新机遇。第二，我国是全球第一大货物贸易国，在国际市场上担任将零部件等中间品加工组装成最终品并出口到发达经济体的工作，影响着全球产业链的形成和发展。第三，"一带一路"倡议的实施为沿线国家提供技术帮助和资金支持，带动了沿线国家的经济发展。"一带一路"倡议加强了各国之间的经济关系，通过国际产能合作在全球范围内扩大基础设施投资，增加了全球的消费需求，对促进世界经济增长意义重大。

（二）产业发展

1. 产业规模迅速发展

1978年以来，我国三次产业规模均呈现上涨趋势，其中第二产业和第三产业上涨速度较快，第一产业增速缓慢，并且 1990 年之后与第二、第三产业的差距不断拉大（见图 5 – 3）。

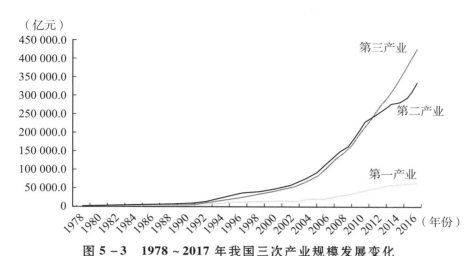

图 5 – 3　1978～2017 年我国三次产业规模发展变化

资料来源：国家统计局（www.stats.gov.cn）。

　　长期以来，我国三次产业保持一种二产和三产齐头并进、一产相对稳定的局面。2012 年之后，第三产业的规模超过第二产业，并且从图 5 – 3 可知，第二产业的发展速度已经越来越不及第三产业。第三产业规模迅速壮大，增长势头正盛，已经毋庸置疑地成为我国未来经济发展的主要推动力。近年来，随着人们生活水平的提高，对生活质量的要求也越来越高，一些享受型、便捷型和多样化的产品成为人们的主要选择，再加上不断创新、研发和引进新技术，新兴产业不断发展壮大，成为带动经济增长的关键因素。以金融服务业、电子通信产业、医疗教育业、文化娱乐产业等为主要组成部分的第三产业迅速崛起，发展速度持续加快，相继超过第一、第二产业，产业规模达到最大。

2. 产业结构日益优化

　　在产业规模不断扩大的同时，我国产业结构也发生了持续、影响深远的变化，劳动生产率得到很大提高，三次产业结构和空间布局趋于合理。随着时代的发展和产业政策的演变，不断涌现出新型的产业业态和组织形式，对新时期转换经济增长点和维持经济可持续发展起到至关重要的作用。

　　自 1978 年改革开放以来，我国的产业结构得到不断完善和优化。第一产业占 GDP 的比重持续下降，从 1978 年占比 27.7% 到 2016 年的 8.6%，最近几年下降速度趋缓，在 8%～9% 波动，但是随着第二、第三产业的壮大，一产的占比仍会继续减少。第二产业一直是国民经济的支柱产业，占比在40%~50%，创造的产品价值将近全年国民生产总值的一半，但从图5-4中可以看出来，第二产业的占比也在减少，尤其是2010年以后这种趋势更加明显，2013年更是被第三产业反超，2016年第二产业占比为39.8%，首次下降到40%以下。第三产业发展迅猛，总体呈现出持续上升的态势，改革开放之初占比仅为24.6%，是占GDP比重最低的产业，但是现如今，2017年第三产业占比已经增加到51.6%，陆续超过了第一产业和第二产业，成为推动我国经济增长的最重要力量。

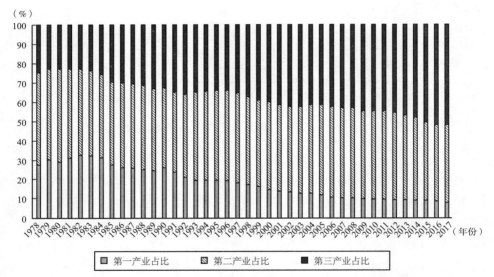

图5-4　1978~2016年我国三次产业增加值占GDP比重的变化

资料来源：国家统计局（www. stats. gov. cn）。

图5-5为改革开放以后三次产业对GDP的贡献率，在反复波动中的整体变化趋势与三次产业占比基本相同。2010年以后的变化十分明显，第一产业的贡献率维持在4%左右，第二产业的贡献率不断下降，而第三产业的贡献率迅速增加，2015年超过第二产业，并且两者差距正在不断拉大。

无论是从三次产业占比的角度还是从贡献率的角度来看，40年来我国的产业结构发生了很大变化，第一产业发展趋于缓慢和稳定，是国民经济发展的基础性、后备性力量，第三产业逐渐代替第二产业对国民经济起到主导作用。整体来看，改革开放以后我国产业结构呈现出由"二一三"到"二三一"再到"三二一"的演变趋势。

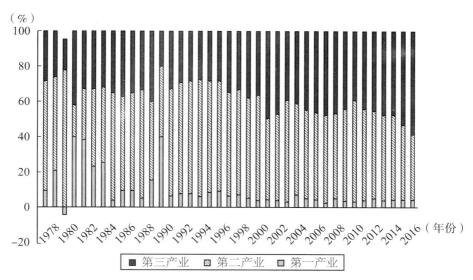

图 5 – 5　1978 ~ 2016 年三次产业对 GDP 的贡献率变化

资料来源：国家统计局（www. stats. gov. cn）。

3. 新兴产业崛起加快新旧动能转换

随着改革开放的推进和不断深入，改革初期的人口红利已经逐渐消失，依靠劳动密集型产业的发展无法再对经济产生很大影响，经济发展进入了新阶段。在这一阶段，我们急需转换新旧动能，寻找新的经济增长动力。21 世纪技术革命蔓延到全球，信息技术和互联网等兴起并快速发展，随之一批新兴产业迅速崛起，成为新的产业动能，对产业结构调整和升级产生了重要影响。

2015 年提出的"中国制造 2025"计划是中国制造业转型升级，建设世界制造业强国的第一步。这一战略计划确定了十大重点发展领域：新一代信息技术产业、高档数控机床和机器人、航空航天装备、海洋工程装备及高技术船舶、先进轨道交通装备、节能与新能源汽车、电力装备、农机装备、新材料和生物医药及高性能医疗器械，旨在通过借助高新技术的力量实现制造业从传统的纺织业、低端加工制造等劳动密集型向高端装备制造、智能制造等技术密集型转变。战略性新兴产业的兴起无疑将会引领我国技术革命和产业变革的发展方向，是培育新动能、创新自主研发和打造新竞争力的重要因素。

大数据、云计算和人工智能等新技术的兴盛也带动了现代服务业的快速发展。传统服务业也面临转型升级的压力，增加值占比逐渐下降，现代服务业开始崭露头角并表现出强大的发展能力和势头。"互联网 +"、共享经济、数字经济等新型产业模式的发展打破了原有的产业结构形式，三次产业之间和产业内部各企

第五章　改革开放与中国商业文化的巨变与创新

业之间开始实现相互渗透和融合，分界线越来越模糊，信息化、智能化的转变已经深入各个产业，多元化、一体化的形式也逐渐成为各企业的转型发展趋势。

在高新技术快速发展的引领下，传统产业开始转变发展模式进行产业升级，新兴产业也不断涌现。在经济发展进入转型时期的大背景下，技术进步带来的这些变化顺应了人们的需求和时代的潮流，改变了产业模式和产业结构，培育了新的增长动力，对产业的转型升级和经济的可持续发展起到了至关重要的推动作用。

（三）市 场

改革开放的推进也带来了我国各种市场的发展和繁荣，无论是国内经济进行的自发式调整和改革，还是对外开放引进了国外先进成熟的市场体系和配套政策措施，我国在商品市场、劳动力市场、资本市场和技术市场等主要市场都发生了巨大变化，能更好满足人们对物质文化生活的高质量需求，更加匹配经济体制的改革和转型。各类市场的繁荣是经济发展的外在直接表现，同时也是推动经济持续进步的内在关键力量，这一部分我们主要讨论改革开放以来我国在市场方面取得的成就和仍然存在的一些问题。

1. 商品市场日趋繁荣

在商品市场上，我国的商品供应量不断扩大，逐渐实现从数量要求向质量要求的转变。随着人们生活质量的改善，仅仅能用、能吃、能穿的商品已经不能满足大众的需求了，人们需要的更多是多样化、美观实用、具有高附加价值的商品。市场上名、优、特、新商品逐渐占据主导地位，高质量、高档次、高营养、新口味、新用途、高技术的商品层出不穷。

消费者地位不断提高，买方市场越来越明显。党的十九大报告中提出，我国社会主要矛盾已经转化成人民日益增长的美好生活需要和不平衡不充分的发展之间的矛盾。2015 年政府提出的供给侧结构性改革，正是因为国内市场供给无法满足消费者的有效需求，需求不断升级，而供给体系质量却无法匹配。目前，供给侧改革已经取得一定成效，但作为新时期经济转型升级的重要举措，这一改革仍然任重而道远。

简而言之，改革开放以来，我国商品市场发展迅速，从数量到质量、从外观到功能、从种类到特色，等等，都表现出商品市场的繁荣。但是，由于产业结构的落后和缺陷，商品的供应品质仍有较大的改善空间。

2. 劳动力市场危机与机遇并存

在劳动力市场上，改革初期我国拥有大量闲置的劳动力人口，劳动力工资水平较低，具有很明显的人口红利，因此在这段时间劳动力密集型产业迅速发展壮大，在国际市场上具有较强的比较优势，出口扩大，"中国制造"的商品占领了全球的每个角落。这种状态持续了很长一段时间，出口的增加和长期的贸易顺差拉动了我国的经济增长。但是，伴随我国经济发展步入新阶段，劳动力市场也发生了一些变化，改革初期的人口红利已经不存在，企业生产成本上升，劳动密集型产业在国际市场的竞争力也表现为减弱的态势。

近年来，我国劳动力市场存在的问题日渐凸显，直接影响了企业的生产发展和市场经济的有效运行。在劳动力供给方面，我国的劳动年龄人口正在逐年减少，人力资源成本越来越高，劳动力流动频率较高；在结构方面，我国劳动力市场存在严重两极化现象，越来越多的人力资源流向东部较为发达的地区，不同行业之间的劳动力收入水平差距悬殊，另外大多数人才培养以管理岗为主，技能型人才极度缺乏；在管理方面，随着社会的发展进步，劳动力的价值观念也发生了很大转变，在劳动关系处理、人员任用、激励机制等方面均需要与时俱进，做出相应调整。当然，新时代下我国的劳动力市场发展也面临很多机遇。劳动力的受教育程度普遍提高，人才培养更加注重就业者的质量，推动着我国劳动力由人力资源向人力资本的转型升级。中高端制造业和新兴服务业的发展创造了大量的就业岗位，成为就业数量增加和结构升级的新动能。经济全球化的趋势也为我国劳动力市场的国际化提供了有利条件。

3. 金融市场实现多层次

金融市场是整个市场经济的活力源泉，是企业成立、发展和壮大所需资金的主要来源。20 世纪 90 年代以来，我国开始真正重视金融市场的发展和完善，90年代上海和深圳证券交易所相继开业标志着我国股票市场的正式建立。近 30 年来我国逐渐构建出一套产品多样化、涉及企业多、相互补充的多层次多功能金融市场体系，为企业融资提供了便捷、多元的途径，满足了企业发展壮大的资金需求。

目前，我国逐渐建立健全了多层次资本市场体系，从 20 世纪 90 年代初成立上交所和深交所，到 2004 年深交所在主板市场内设立中小板，再到 2012 年深交所继续推出创业板，2013 年设立全国中小企业股份转让系统（即"新三板"市场），标志着多层次资本市场已经基本形成。不断改革和完善的资本市场提高了资金的流动性，融资功能持续强化，为各种类型的企业提供了有效的融资渠道，在一定程度上缓解了融资难、融资贵的问题。另外，国有银行的改革、民营银行的发展和互联网金融的兴起也推动了多层次金融市场体系的建立和完善。

我国金融市场发展时间较短，尚不成熟，仍存在很多问题需要解决。加快健全种类多样、服务高效、安全稳定的金融市场体系，对实体经济的健康发展、社会资源的有效配置和经济社会的转型升级都至关重要，金融体制的改革是全面深化改革进程中的一项艰巨任务。

4. 技术市场助推创新发展

2015 年，中共十八届五中全会提出"创新、协调、绿色、开放、共享"五大发展理念，其中创新是国家全局发展的核心部分。技术市场的发展和繁荣推动了市场的创新发展，催生了大量的新经济和新业态，激发市场主体创新创业活力，为经济增长注入了新动能。随着互联网、大数据、人工智能、共享经济等技术的快速发展和盛行，传统行业开始借助新技术的力量实现转型，新兴产业更如雨后春笋般不断涌出，蓬勃发展。对于农业生产，新技术的应用加快了农业机械化、信息化和现代化的转型步伐，在传统方式上不断创新衍生出生态农业、农业旅游、统一管理、网络营销等新模式，技术进步为"三农"转型发展创造了新机会和新路径。技术创新是中高端制造业发展的基础，2015 年提出"中国制造2025"计划，培育高新技术引导的一系列战略性重点产业，充分发挥科技创新的引领作用，为建设制造业强国蓄力。另外，网络经济、共享经济、数字经济、智能经济等新形式得益于互联网、大数据等技术的兴盛而迅速发展起来，技术的发展实现了跨行业、跨领域、跨空间的融合，不同的生产模式和理念不断碰撞出新产品和新服务，如高铁、移动支付、共享单车和网购被称为中国的"新四大发明"。

（四）消费

前面提到改革开放以来商品市场越来越繁荣，商品向着多样化、个性化、品质化、智能化等方向发展，反映出我国经济社会的蓬勃朝气和人们日益提升的生活质量。接下来我们重点讨论一下商品市场尤其是消费品在哪些方面取得显著进步，又在哪些方面存在一系列亟待解决的难题。

1. 消费品市场规模进一步扩大

消费品市场快速发展，1978 年社会消费品零售总额为 1 558.6 亿元，到 2017 年这一数值已经达到 366 262 亿元，增加了 200 多倍。

根据图 5-6 的数据，我国的社会消费品零售总额呈现显著的上升态势，随着经济的发展消费品市场的规模越来越庞大，进入 21 世纪后，增速开始变缓，2008 年达到一个峰值，但是之后增速又慢慢降下来。2018 年上半年的社会消费品零售总额为 180 018 亿元，同比增长 9.4%，其中城镇和农村分别同比增长 9.2% 和 10.5%。消费升级类商品销售增长相对较快，限额以上单位家用电器和音响器材类、通信器材类和化妆品类分别同比增长 10.6%、10.6% 和 14.2%。

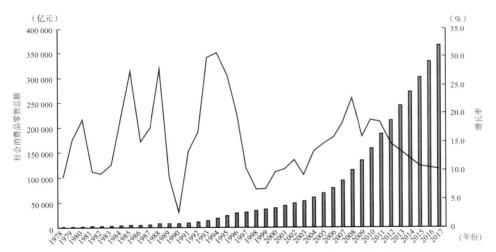

图 5-6　1978～2017 年我国社会消费品零售总额及增长率变化情况

资料来源：国家统计局（www.stats.gov.cn）。

一直以来，国内消费是经济增长的主要驱动力。2018 年上半年，三大需求中最终消费支出对经济增长的贡献率达到 78.5%，远远高于投资和出口。

图 5-7 的数据显示，自改革开放至今，最终消费支出对国内生产总值的贡献率维持在 50%～80%，总体来说高于资本形成总额、货物和服务净出口的贡献率，并且相比更加稳定，波动较小。这意味着，新时期实现经济的转型升级和可持续发展，充分重视国内消费市场和发挥消费驱动经济的模式至关重要。

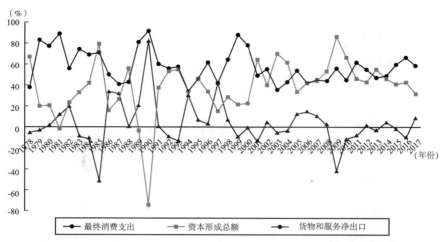

图 5 - 7　1978 ~ 2017 年我国三大需求对 GDP 增长贡献率变化情况

资料来源：国家统计局（www. stats. gov. cn）。

2. 消费转型升级态势明显

在消费市场规模不断扩大的同时，居民的消费结构也逐渐实现转型升级，从量到质、从生活必需品到娱乐享受型商品、从低技术到高技术等各方面的改变，都表明消费者对多样化、特色化、高质量的商品需求不断提高。

在消费者结构变化方面，我国"85 后""90 后"和中等收入家庭成为消费主力，使得消费结构由过去传统的生存型向发展型拓展。日本 20 世纪 70 年代也经历了同样的消费结构变化，在这一阶段，教育发展、保险服务、医疗健康发展以及创新体验式消费，成为升级的主要方向。

同时，消费者结构的变化也带来了购买行为的变化。"85 后""90 后"成为消费的主力，使得购买行为从过去传统的生存型消费品，到如今更加重视购物和使用环节的体验感受，注重产品的附加价值，注重新鲜感和娱乐精神等方面，新服务、新体验成为年轻群体追捧的对象。与此同时，由于中等收入家庭负担重，房价支出在消费支出中的占比居高不下，出于高房价的压力，消费者的购买行为也会逐渐追求高性价比、重视消费背后的情感属性等。

消费者结构的变化与购买行为的变化，促成了我国新一轮的消费升级趋势。生存类消费占比逐渐下降，发展类消费占比不断上升。教育、健康文娱以及体验式情感属性消费，逐渐成为新的消费核心。尤其是近几年兴起的移动支付、共享经济和人工智能等新产物在一定程度上颠覆了传统的消费方式和消费理念，加速了消费的创新升级。消费转型升级态势愈发明显，其中商品结构、城乡结构的转变尤为突出。

在商品结构方面，计划经济时期，生活消费品的数量和种类都十分有限，随着经济体制改革的推进，社会生产力得到解放，生产效率有了很大提高，商品市场越来越繁荣，人们看重的不再是商品的量，更多是商品的质。互联网等新技术的研发和应用更是加快了商品结构的优化，升级类消费品的发展势头迅猛。根据国家统计局公布的数据，2018 年上半年限额以上单位家用电器、通信器材和化妆品类的商品销售额同比增长率分别为 10.6%、10.6% 和 14.2%，高于全社会消费品零售总额的 9.4%，促进了国内消费市场的发展和对经济增长的拉动作用。商品市场上名、优、特、新商品不断涌现并成为人们购物的重点，商品消费逐渐向着高质量、高技术、高颜值、专业化和多样化的方向转变。

在城乡消费结构方面，在消费能力不断提高和消费环境持续优化等因素的带动下，城乡居民的消费水平都有了很大的改善，消费品市场均保持着较快的增速。2018 年上半年，城镇消费品零售总额为 154 091 亿元，同比增长 9.2%，农村为 25 927 亿元，增长 10.5%，农村市场占全社会消费品零售总额的 14.4%，高于去年同期 0.1 个百分点。

随着家电下乡、精准扶贫等政策的实施，以及交通、通信和物流等基本设施的完善，人们的消费方式和消费理念发生了很大转变，农村居民的消费能力得到极大释放。农村消费品市场迅速扩大，居民收入和消费支出均实现快速增长，近年来增速已经超过了城镇居民和全国平均水平（如表 5-1 所示），城乡消费品市场的发展逐渐趋于平衡和协调。

表 5-1　　2018 年上半年城乡居民人均可支配收入和消费支出

指标	数额（元）	实际同比增长率（%）
全国人均可支配收入	14 063	6.6
其中：城镇居民农村居民	19 770	5.8
	7 142	6.8
全国人均消费支出	9 609	6.7
其中：城镇居民农村居民	12 745	4.7
	5 806	10.1

3. 新兴业态和新商业模式快速发展

进入 21 世纪以来，消费市场衍生出了许多新型业态，如电子商务、"互联网 +" 等，这些新兴业态和商业模式的产生和发展既是技术进步和消费升级的产物，同时也是推动两者顺利进行的关键因素。近年来，"新零售" 一词成为流通领域关注的焦点，不同于传统零售业业态，"新零售" 以互联网、大数据、云计算、智慧物流等新技术为基础，实现了消费方式逆向牵引生产变革的转变。可以说，新零售是一种集购物、餐饮、娱乐、休闲于一体，以消费者体验为中心的数字化零售形态,是消费市场转型升级的重要表现,满足了人们对更高质量、更高品质的商品和服务的需求。

在新兴业态和新商业模式的带领下,网络经济快速发展,全国各地涌现了许多特色小镇、淘宝村等,各种电子商务产业园、网络经济示范区也逐渐增多。以江苏省宿迁市为例,家具、花木、水产品等是宿迁网络经济的特色产业,凭借开网店实现脱贫致富的村庄不在少数,如耿车镇大众村就通过家具产业完成了从"垃圾镇"到全国首批"淘宝村"的转型。

网店数量和网购用户数量不断增加,网络经济销售额也表现出快速上涨的态势。2018年上半年全国网上零售额达到40 810亿元,同比增长30.1%,实物商品网上零售额占全社会消费品零售总额的17.4%,同比增加3.6个百分点。

(五)城市与区域

随着改革开放的推进,我国的城市发展也产生了很大变化,各地区都在积极推进城市化建设,城镇人口占比越来越高。近年来,我国逐渐形成了三大城市群、九大中心城市,这些较为发达的城市主要分布在东部沿海地区和中部地区。

1. 城市化进程稳步推进

改革开放以来,我国的城市化进程持续稳步推进,图3-8为2001~2017年我国城镇人口占比(人口城镇化率)的数据。

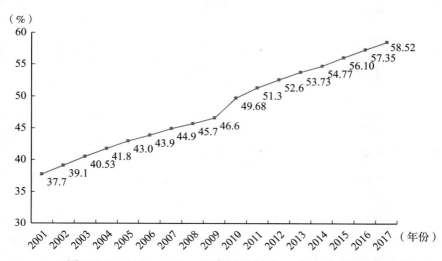

图5-8 2001~2017年我国城镇人口占比变化情况

资料来源:国家统计局(www.stats.gov.cn)。

中国商业文化实践与理论

虽然人口城镇化率不能完全代表城市化程度，但从城镇人口占比的变化中可以大致看出我国城市化发展的进程。21世纪以来我国城镇人口占比呈现持续增加的趋势，2011年占比首次超过50%，这表明从2011年开始我国有一半以上的人口为城镇人口。推进城市化是经济社会发展的必然趋势，城市化建设需要提供相应的配套基础设施，如房屋、城市轨道、通信、生态绿化等，此外还需要进行医疗卫生、教育、文化娱乐等的建设。投资的增加直接拉动了建筑业、房地产业、交通运输业等与之相关行业的发展，促进了当地的经济增长和市场繁荣。

城市化建设与农村发展密不可分。劳动力转移、资金技术支撑、土地供给等众多问题必然带来城乡关系的转变。农村经济会出现一定程度的萎缩，留守儿童、空巢老人等社会问题正是大量青壮年劳动力向城镇流动所导致的，大量农村会出现劳动力不足、空心化、衰退化等现象，这是城市化进程中无法避免的农村问题。2014年新华社发布《国家新型城镇化规划（2014～2020年）》，该规划指出要统筹城乡，加快农业现代化进程，推动城乡发展一体化。新型城镇化建设更加突出了农村的地位和重要性，强调城乡一体化，并非以牺牲农业生产、农村发展、生态环境等为代价。

2. 三大城市群基本成型

1990年以来，我国城市化建设不断加速，城市群是城市化发展到一定阶段后的必然产物，京津冀城市群、长三角城市群和珠三角城市群是目前我国最为成熟和典型的城市群，正在建设成为具有全球影响力的世界级城市群。城市群通过对相邻城市、城镇建立相互联系，形成空间集聚效应，起到了降低生产成本和提高经济效率的作用。

经过不断改革和发展，我国三大城市群已经基本建设成型，涵盖了我国东部和中部地区较为发达的城市。从城市群的整体发展状况来看，京津冀落后于其他两个城市群，区域内发展不平衡的问题尤为严重。长三角和珠三角地区在发展历史、相关政策、资源存量等方面均优于京津冀城市群，但城市群之间的差距正在逐渐缩小，表现出均衡化的发展趋势。三大城市群各有特色，形成差异化发展格局，其中京津冀以文化发展最为突出，长三角地区经济发展水平普遍较高，珠三角则是经济、社会、文化等综合表现最好。

城市群的地位非常重要，是我国城市化建设成效的一种表现，对各中小城市和城镇的经济发展起到引领和带头作用，同时对城乡关系也有一定影响，直接关系着我国未来城市化和现代化的规划。党的十九大报告指出，要以城市群为主体构建大中小城市和小城镇协调发展的城镇格局。城市群的形成加强了各地区经济的相互联系和协调，促进了区域经济的快速发展。

3. 九大中心城市清晰定位

"国家中心城市"这一概念由中国住房和城乡建设部在 2005 年编制《全国城镇体系规划》中提出，中心城市对于加快城市化进程和提高城市化质量来说具有重要意义，无论是对国内市场还是对国际关系都起到了进一步开放、融合、协调发展的作用。2010 年的《全国城镇体系规划》指出了国家中心城市在国家层面上具备的引领、辐射和集散功能，其作为推动我国新型城镇化建设的关键力量将进一步扩大对现代化建设和区域经济发展的影响力。

截至目前，我国支持建设并清晰定位的中心城市共有九个，分别是北京、天津、上海、广州、重庆、成都、武汉、郑州和西安。北京是全国的政治中心和文化中心；天津是环渤海地区的经济中心，和北京共同带动京津冀和环渤海地区的区域发展；上海是重要的经济中心，引领长三角地区的经济发展；广州是全国重要的国际商贸中心和综合交通枢纽，是珠三角地区经济发展的主要动力；重庆是长江上游地区经济中心、西南地区综合交通枢纽；成都是西部重要的中心城市、全国重要的商贸物流中心，和重庆起到连接东西部地区经济的重要作用；武汉是中部地区的中心城市、全国重要的工业基地和科教基地，主要带动长江中游地区经济的发展；郑州是中部重要的中心城市，居于东中西部重要交通枢纽的战略地位；西安是西部重要的中心城市、全国重要的科教基础和工业基地，位于古丝绸之路的起点，对与中部和东部地区的交通运输、经济互通和文化交流起到重要的纽带作用。

（六）企业

随着改革开放的深化和推进，社会主义市场经济体制逐步建立起来并越来越完善，市场经济呈现出一片欣欣向荣的景象，市场主体的生产动力和生产积极性被充分调动起来，促进了市场竞争的有效性和企业的进一步发展。无论是创业型的小微企业，还是大中企业，或是上市公司、跨国巨头企业，均在不同企业层面上反映了经济改革的成效和社会主义市场经济的繁荣。

1. 小微企业蓬勃发展

小微企业是我国民营经济的重要组成部分，可以反映出经济社会的市场活力和企业家的创新动力，对带动地区就业、调整产业结构和促进经济转型具有重大意义。创新力是企业发展和经济增长的最主要源泉，是步入新常态阶段后实现经济可持续发展的关键引擎。"大众创业、万众创新"的发展战略极大地激发了市场主体的积极性和创造力，在鼓励创新发展的时代背景下，小微企业数量迅速增加，规模不断扩张，推动了新兴产业和业态的发展，丰富了市场经济的内涵，创新了商品和服务的供给，在经济转型升级的新阶段发挥着重要作用。

深化商事制度改革进一步推动了简政放权，对企业登记的行政审批制度进行改革，尽可能地降低市场准入的门槛。"多证合一""一证一照""一证多址"等措施的实施简化了企业登记审批程序，缩短了审批时间，充分利用互联网、大数据等网络技术构建信息化、智慧型的政府监管体系。行政审批制度的改革和制度性交易成本的降低，为小微企业的成长提供了更为良好便利的营商环境，催生了小微企业蓬勃发展的市场景象。

2. 上市公司规范运作

当企业发展到一定阶段，需要筹集更多资金进行生产扩张、业务拓展、项目建设等投资行为来维持企业的正常运行和进一步壮大。对于公司来说，上市是扩大融资渠道的最佳选择。上市公司首先要将公司类型更改成股份有限公司，才可以在资本市场上发行股票并获得融资，因此公司上市后的运作要更加规范标准，除了考虑公司自身的利益外，还需要保障资本市场上众多大、中、小股东的利益。随着市场监管制度的不断改进和完善，无论是金融市场还是产品市场均受到越来越严格、科学和规范的管理。2002 年证监会首次发布了《上市公司治理准则》，从公司高层的组成、基本权利义务、激励约束机制、机构投资者行为、企业社会责任、信息披露等各方面对上市公司的运作进行了说明和规范。《准则》的发布对我国上市企业的发展具有重要的指导作用，有利于建立健全现代企业制度和推动金融市场的健康发展。2018 年证监会修订并发布了《上市公司治理准则》，加强对控股股东及其关联方的约束，保护中小投资者的利益，优化"三会一层"（股东会或股东大会、董事会、监事会和经理层）制度和相应的激励约束机制，强化信息披露的透明性，这些制度进一步规范了上市公司的运作行为，提高了公司治理的效率和质量。

推进经济体制改革，更好地激发市场主体的积极性和创新性，释放市场活力。上市公司是我国现代企业中的佼佼者，与国民生活息息相关，无论是对经济发展还是社会稳定、生态保护、文化传播等其他方面都影响重大。经济改革的不断推进和深入使得上市公司的制度安排和行为操作更加标准、规范，企业承担和履行了更多社会责任，为中小企业的发展起到带头指导的作用，营造了自主创新、自由竞争、协调合作的市场氛围。

3. 全球巨头脱颖而出

经济全球化的趋势促使了我国经济的进一步开放，也为我国企业的发展提供了新机遇。不断改善的市场经济环境，持续实施的"走出去"战略为企业的发展创造了有利条件，迅速成长壮大。开放程度的提高也使得企业可以走出国门、迈向国际市场，利用经济全球化的趋势，逐渐扩大国际影响力，奠定在国际市场上的重要地位。

在 2018 年公布的"2018 年中国跨国企业 100 大"中，入围门槛为 72.22 亿元，比上年增长 17.49%，并且海外资产占比、海外营业收入占比、海外员工占比较上年分别提高 2.78 个、1.32 个、0.77 个百分点。从发展数量上来看，入围世界 500 强的中国企业数量继续增加，中国内地上榜企业为 107 家；从发展潜力来看，"2018 年世界 500 强"共有 33 家企业首次上榜或重新上榜，其中 10 家来自中国内地，包括招商局集团、雪松控股、象屿集团、兖矿集团、鞍钢集团、首钢集团、中国太平保险集团、泰康保险集团、河南能源化工集团、青岛海尔。

在互联网行业，阿里巴巴、腾讯、京东等著名企业已经在国际舞台上打响了口号，将传统消费和电子商务相结合，创新消费方式和消费理念，是电子商务领域的全球领军企业。近年来，国内的电子产品品牌华为也迅速成长起来，创造了巨额市值。作为一家高新科技企业，华为在自主研发和创新上投入大量资源，着力打造国内本土的手机品牌，并逐渐打开国际市场，同时，在制造业方面，格力、海尔成为代表中国制造业发展的品牌受到国内外消费者的欢迎和好评。

中国的国际巨头企业崛起是对经济改革的一种肯定，凸显了 40 年来的改革成效，同时也是民营企业的成功典范，充分展现了我国企业的成长活力和创新动力。从全球巨头企业到上市公司再到中小微企业，我国逐渐形成了一套层次分明、相互协调、覆盖全面的现代企业结构，对产业体系的完善、市场经济的发展和改革开放的深入开展起到了基础性支撑作用。

二、经济体制的转型推动制度变革与改善

简单来说，经济体制就是资源占有和配置的方式。中华人民共和国成立后的30 年，我国一直实行公有制计划经济体制，无论是工厂生产商品，还是农民种植粮食，或是人们日常生活消费等，都是由国家事前计划好的。在这种传统的经济体制下，经济发展是可以人为控制的，但是也极大地遏制了人们的生产经营积

极性和企业的创新性。改革开放后，计划经济体制逐渐向社会主义市场经济体制转变，从农村到城市，从局部到整体，市场经济范围不断扩大，社会主义市场经济体制得以建立并不断完善。

政府更加注重经济的发展，将经济建设作为首要任务，新重商主义的经济思想成为经济治理的主要观点。新的体制提高了劳动生产率，激发了市场活力，经济社会呈现一片欣欣向荣的景象。与此同时，从传统的计划经济向社会主义市场经济的体制转型也带来了制度的改革与完善，在国家、市场和企业等层面都有所体现。

（一）国家治理

中共十八届三中全会指出，"全面深化改革的总目标是完善和发展中国特色社会主义制度，推进国家治理体系和治理能力现代化。"国家治理不是政府对经济、文化、社会等其他方面的强制干预和执法，也不是政府与其他社会主体的"零和博弈"，而是政府通过制定并实施相关政策、规章制度等实现全社会各方面协调共同发展。在经济体制转型过程中，从国家层面来看，国家治理制度和执行能力均有所改善。

1. 制度完善

国家治理体系是一个国家在政治、经济、文化、生态、社会等各领域的制度的综合，是一个相互联系、相互协调的整体。

在经济方面，加强了党中央对经济工作的统一领导和全面领导制度，中国特色社会道路的明显特征就是坚持中国共产党的领导。改革开放后，建立了中国特色社会主义制度，尤其是市场经济制度的建立和完善，加快了市场运行效率，政府与市场的经济职能划分更加合理化，市场在资源配置中发挥着越来越重要的作用。

各领域的发展趋于协调，从过分注重经济建设到"五位一体"，其他领域的制度不断完善，并与经济发展相互促进。新重商主义的思想关注商业的发展，而忽视其他领域的建设，这使得过去很长一段时间我国生态环境遭到严重破坏。可以说，我国工业化的进程是以牺牲环境为代价的。但是随着环境的不断恶化，生态领域的制度开始建立起来并不断发展和完善，可持续性发展、建设生态保护型和环境友好型的社会等口号和说法已经充分说明了生态制度的转变。GDP 不再是政府官员绩效考核的唯一标准，根据各地的不同情况设置适合当地综合发展的考核指标，这也是治理制度的一大进步。例如，对于环境优美的地区，当地政府的工作重点就是保护生态不受破坏。

2. 能力加强

加强国家治理能力，提高国家治理效率，其中一个很重要的问题就是要优化政府职能，对政府干预进行约束，在经济发展领域处理好政府与市场的关系。社会主义市场经济体制的不断发展使得国家治理经济的能力不断增强，经济体制的转型推动了政府机构的优化和行政效率的提升。

在计划经济时期，国家控制能力很强，这只"看得见的手"无处不在，掌控着国家的一切生产生活活动，但是国家治理能力却十分落后，政府的异常强大导致了市场自我调节能力的萎缩，经济发展速度缓慢。市场经济更加强调市场对资源配置的作用，政府不再事无巨细、事事上心，政府逐渐退出微观经济领域的干预，主要负责宏观层面的调控和对市场失灵的领域进行调节等。简政放权，不断优化政府职能，国家治理能力也随之提高。

一切以经济建设为中心的说法已经稍显落后，国家治理注重的是各领域协调发展。在经济高速增长的 40 年间，国家治理在经济领域收获了机构的优化和效率的提升，这一点毋庸置疑，但是显然在社会共治、生态保护、文化传承等方面却不尽如人意。可持续发展、法治化建设、"五位一体"等说法的提出是深化改革的转折点，也是国家治理能力进一步提升的催化剂。建设法治化政府、鼓励公众参与市场监管、推进商事制度改革等一系列政策措施，均体现了国家治理的现代化发展。

（二）市场运行

随着经济体制从传统的计划经济向社会主义市场经济的转型，政府职能也在不断转变，宏观调控的范围逐渐缩小，将更多的空间留给市场，政府做好"守夜人"的角色即可。

1. 政府与市场的角色定位逐渐清晰

中共十八届三中全会对政府和市场在经济运行中的关系做了阶段性修改，强调要使市场在资源配置中起决定性作用和更好地发挥政府作用。从"基础性作用"到"决定性作用"，在改革开放的进程中，市场和价格机制对社会资源的配置起着越来越重要且不可替代的作用。市场通过供求关系和价格机制实现资源的有效配置。在市场经济中，价格机制是调控社会资源的关键。

计划经济时期，全国商品的价格统一由国家制定，人力、资金、自然资源等生产要素的配置和调节也由国家计划决定，市场主体对商品的生产和买卖没有话语权，经济效率低下，并由此衍生出腐败寻租、穷人买不起、富人买不到等一系列社会现象。在这种经济体制下，商品价格无法真实反映市场的供求变化，自然也就对资源配置的作用减弱，进而导致市场主体的生产积极性不高和市场运行低效率。

伴随经济体制的改革和转型，政府逐渐放权给市场，退居幕后负责宏观经济的调控，而微观层面的商品供求和价格决定则交由市场自主调节。从农村到城市、从家庭联产承包责任制到国有企业改革、从局部到整体、从数量到质量，我国在改革开放的进程中逐渐明确了政府和市场的角色分工，政府改革不断深入，政府职能日益优化，市场自由的范围逐渐扩大，延伸到生产生活的各个领域，在经济社会中的作用更加突出和重要。

2. 法律法规日益完善

社会主义市场经济本质上是法治经济，市场经济的健康发展离不开一套健全完善的法律法规体系作为基础保障。随着经济改革的不断深入，我国市场经济领域的法律法规制度也逐渐形成、发展和完善。从改革开放初期的经济立法，到社会主义市场经济法律制度的建立、发展，再到法律体系的基本形成，我国市场经济法治化的程度日益加深，为社会主义市场经济的正常运行和健康发展提供了更好的保障。

经济改革首先是对传统的计划经济进行调整，党的十二大明确了要以计划经济为主，以市场调节为辅，并首次在宪法中修改了关于私营经济的规定，允许私营经济的存在。1993年再次修正宪法为"国家实行社会主义市场经济"，在法律上明确了要建立社会主义市场经济体制。随后，我国的经济立法进一步加强，逐渐建立起匹配新经济体制发展的法律制度，相继颁布了反不正当竞争法、消费者权益保护法、公司法等一系列涉及经济生产和消费各方面的法律文件。1997年，党的十五大报告把坚持以公有制为主体，多种所有制共同发展确立为我国处于社会主义初级阶段的基本经济制度。传统的计划经济时期，一切都是公有制，人们都是"吃大锅饭"的。经济体制的改革使得生产要素的所有权制度发生改变，允许私有制的存在，并鼓励支持私营经济发展壮大，在市场经济中发挥着不可替代的作用。与此同时，私有产权制度也得以建立和发展，物权法等相关法律法规也相继出台、不断改进。

法治化国家和全面深化改革的提出，进一步推动了社会主义市场经济法律体系的建立，将依法治国写入宪法中，经济立法工作有了更大的突破和进展，关于市场主体、商品交易、政府监管、社会管理等方面的法律法规制度更加完善，更能保障社会主义市场经济的有效运行。

（三）法人治理

法人是一个法律概念，是指与自然人相对应的虚拟抽象的组织或机构。法人治理也可以称为"公司治理"，是现代企业制度中最重要的组织架构。按照学界共识，公司治理研究的是企业权利安排，讲究的是企业所有者如何授权给企业经营者并监督其履行职能。狭义的公司治理结构由股东会或股东大会、董事会、监事会、经理层四部分构成，涉及企业中投资者、决策者、监督者和经营者的基本权利和义务。各组成部分各司其职，相互协调和制衡，共同实现企业的有效治理和运行。

公司制企业的成立和《公司法》的颁布是我国经济体制改革的重要里程碑事件。社会主义市场经济体制的建立和发展历程，同时也是公司治理制度和结构不断完善的过程。从私营经济合法化到现代企业制度构建，从"投机倒把"到自由买卖，从第一家交易所开业到多层级资本市场体系形成，这一点一滴无不体现了市场经济体制带来的经济主体的活力和市场的繁荣。

1. 转轨过程中的控制权问题

内部控制人问题是我国转轨企业控制权中的主要问题。内部人控制是由计划经济制度向市场经济制度转轨时期的产物。在 20 世纪 70 和 80 年代的东欧国家，为了解决经济停滞问题，中央计划官员将大部分计划指标放给国有企业，因而企业负责人在自己的企业内部拥有不可逆的权力。企业的内部人控制，就是指企业内部人员掌握企业的剩余控制权、剩余索取权。他们可能通过持有企业的股票而获得该种控制权，而更多的情况在于，他们不持有企业股票，也不是企业法律上的所有者，却通过其他途径掌握企业的控制权。

同时，协调"新老三会"的关系也是转轨过程中，我国重新改组企业所面临的主要问题。"老三会"中的党委会、职工代表会以及工会，是我国政治制度在国民经济基层单位的体现。而"新三会"中的董事会、监事会以及股东会是现代公司的基本治理结构。"新老三会"的冲突也对我国法人治理提出了挑战。

要解决内部控制人问题、"新老三会"的关系，不仅需要从内部健全公司治理结构，加强对负责人的监控，同时需要在外部构造良好的市场运行环境。这更需要进一步完善多元化所有制结构，进一步规范董事会制度，在完善市场运行方面，发展经理市场，建立企业风险监控系统，发挥证券市场的监督职能。

2. 多元化所有权结构

产权制度是市场经济有效运行的基础保障和核心部分。公司作为最主要的企业组织形式，其所有权结构问题一直以来都是学术界和企业界关注和讨论的焦点。中共十八届三中全会指出，产权是所有制的核心，要建立健全归属清晰、权责明确、保护严格、流转顺畅的现代产权制度。产权制度的完善有助于推动现代企业制度的改革，是深化经济体制改革的关键和重点。支持和鼓励产权多元化，尤其是国有企业的产权改革，是发展混合所有制经济的有效途径。

长期以来，我国国有企业所有权结构单一的弊端逐渐显露，比如动力不足、约束机制弱、生产创新效率低下等，因此对国有企业的产权制度改革刻不容缓。目前国企混合所有制改革正在如火如荼地进行着，在借鉴国内外成功经验的基础上不断创新发展，其中产权主体多元化是推动改革的重要力量。支持民间资本的进入、开展"国退民进"的民营化改革、调整国企的收入分配制度、促进公有产权的交叉持股等政策措施的实施，完善了国有企业的公司治理机制和结构，有效地推动了国企内部活力的释放和生产效率的提高以及盈利能力的增强。此外，积极引进外商资本、鼓励机构投资和企业员工持股、生产要素投资入股等做法，也极大地丰富了产权主体的多样性，对非国有经济的进一步发展意义重大。

产权主体的多元化发展是完善现代企业制度的重要部分，拓宽企业的融资渠道，融合多种所有制资本，合理的所有权结构有助于企业形成有效的激励和约束机制，规范法人治理结构，提高企业抗风险能力，起到了提高效率和优化资源配置的作用。

3. 规范的董事会制度

对于现代企业而言，建立一套完善的"三会一层"的治理机制十分重要，是公司能够持续经营的基石和保障。其中董事会相当于是企业的"大脑"，由股东会或股东大会选举产生，行使经营决策权，有权任用和解聘经理层人员，代表股东行使监督经理人行为的权利，维护和保障企业所有者的利益，由此董事会在公司中的重要度可见一斑。

经济体制改革不断推进，公司制企业已然成为推动市场经济发展的中坚力量。改革开放以来，我国的董事会制度不断改进，借鉴其他国家的优秀经验，并结合我国市场和企业的实际情况，逐渐形成一套本土化、独特的董事会制度，极大推动了公司制的发展和社会主义市场经济体制的完善。早在 19 世纪 70 年代的近代时期，我国就已经出现了公司的组织形式，但是现代企业制度的真正建立和发展是从 20 世纪末经济体制改革开始的。无论是国有企业改革还是民营企业的壮大，都需要一套运作有效、监管到位的董事会制度作为保障，将企业的所有权和经营权切实分离开，建立配套的权责机制、激励和制衡机制，提高公司治理效率。2001年证监会推出了独立董事制度，独立董事的人数迅速增加，在一定程度上缓解了企业内部人控制问题。董事会制度是公司治理的重点部分，直接关系着企业绩效和成长前景，随着经济体制改革的推进和不断深入，我国的董事会制度也在探索中持续完善，但仍存在一些显著问题亟待解决，如政府主导型的国有企业改革不彻底、董事会成员选聘、责任机制建立和激励机制欠缺等。

三、商业文化转型模式

（一）渐进式

行政性分权的改革，没有触及经济改革的本质，资源配置的方式依然是行政计划性的，企业层面的自主权依然是极其缺乏的。从1956年到1978年，中国改革一直陷入"一放就乱，一管就死"的循环中。

1978年12月召开的中共十一届三中全会，给中国带来了真正的改革春风。一批学者在"拨乱反正"之中，重新扛起了市场经济改革的大旗，认为经济改革的观点在于扩大企业的经营自主权。

中国改革的最大特点，就是渐进式改革。从农村改革开始，然后扩展到城市；先着力发展比较适合市场经济的非国有制经济，而后重点推进国有经济的改革；先发展商品市场，然后着重发展生产要素市场；价格改革先调后放，调放结合，并逐步同国际市场价格相联系；生产、流通、价格等都出现计划内外的双轨制，然后向市场化过渡。从经济特区、沿海城市改革开放到逐步向内地推进，先易后难、先实验后推广、先增量后存量，兼顾改革、发展与稳定的关系。

1. 先增量后存量

中国改革的独到之处是，先"增量改革"后"存量改革"，即在国有经济体制外大力发展非国有制经济，以市场经济"增量"来加速推动市场主体的形成和市场机制的发育，在国有经济体制外形成一个有效竞争的市场环境（增量）。增量改革战略最初是在农业中得到初步的实现。1980年9月，中共中央决定允许农民根据资源实行家庭承包制度。农村经济面貌从此焕然一新，以集体所有制为主的乡镇企业蓬勃发展起来。伴随着增量改革在农业中的进步，以及对外开放的沿海地区的基础，沿海地带成为非国有制经济发展的开放地区。

增量改革的战略主要体现在：

首先，鼓励非国有企业的成长。非国有经济是以市场配置为决定要素的，随着非国有经济的发展，局部性的市场较快速的形成，市场配置资源的力量越来越大。非国有企业的成长，是"存量改革"的"催化剂"。面对非国有经济开始崛起，竞争性市场的逐步形成，使国有经济面临越来越激烈的竞争。国有经济经营不善、效率低下等一系列问题暴露无遗，倒逼国有经济进行改革。

其次，在发展非国有经济的配合下，实行对外开放，把具有适宜条件的地区与世界市场紧密联系。发挥"后发优势"，引入竞争力量，参与国际的分工与贸易的协作，承接发达国家的产业转移，进一步推进市场制度的形成和壮大。实行"以点带面，逐步推进"战略。增量改革从沿海一些市场比较发达，又具有良好的对外开放条件的地区，先行一步，再以点带面，形成示范和辐射效应，带动内地经济的改革和开放。"存量改革"的"制度榜样"和"行为示范"，使人们开始考虑如何将它们的产权制度、治理机制引入国有企业，使竞争意识、企业家精神、机会平等的观念逐步发展起来并深入人心，使得制度变迁的"人力资产的转化成本"大大降低。

2. 先体制外后体制内

先着力发展比较适合市场经济的非国有制经济，而后重点推进国有经济的改革。在渐进式转型过程中，由于放松管制而自发在原来计划经济体制以外形成的市场经济体系，它主要表现为非国有的个体经济、私营经济、乡镇经济以及外资经济的发展。这样，在渐进式转型中实际上形成了一种"双轨式"的改革策略。

3. 先易后难

体制外先行，增量改革先行，继而带动存量改革。计划经济体制下形成的僵化的资源配置体制和利益分配格局，具有极强的刚性结构，推动其改革的难度很大。在改革初期，决策者主要将关注点放在了增量上，允许并鼓励私有经济和乡镇企业等非国有经济的发展，逐渐引入市场调节作用。让非国有经济与国有经济共同发展，倒逼国企改革，并稀释改革成本。

先发展商品市场，然后着重发展生产要素市场；价格改革先调后放，调放结合，并逐步同国际市场价格相联系；生产、流通、价格等都出现计划内外的双轨制，然后向市场化过渡。从经济特区、沿海城市改革开放到逐步向内地推进。先实验后推广、先增量后存量，先易后难，兼顾改革、发展与稳定的关系。

（二）双轨制

"双轨制"是我国在改革开放初期，为了保障非国有经济能够在计划配置体系还没有完全打破的条件下，生存和发展的一种特殊的过渡期安排。

在计划配置资源条件下，生产资料只能由国家进行统一的调拨，满足的是最为基本的生活需求，最为平常的生活消费品都需要由国营商业系统统一经营，价格机制完全由物价部门决定。由于商品价值体系在这套系统里面，基本上是失效的，生活必需品的配给制度广泛存在，非国有经济没有市场决定的供给和生产的渠道。

改革开放的一大重点，就是关于如何解决非国有企业的供销渠道和产品定价问题。1980年进行"扩大（国有）企业自主权"的全面十点措施以后，规定试点企业拥有超计划产品的自销权和自销产品的定价权，开启了物资流通的"第二轨道"，即"市场轨"。随着20世纪80年代初非国有经济成分的迅速扩大，它们迫切需要自由交易的市场，同时，国有企业计划外生产和交换的竞争压力也在扩大。1985年1月1日起正式实行了生产资料供应和定价的"双轨制"。

1. 改革初期的路径依赖

所谓"路径依赖"（path-dependence），是指人类社会中的技术演进或制度变迁均有类似于物理学中的惯性，即一旦进入某一路径（无论是"好"还是"坏"）就可能对这种路径产生依赖，惯性的力量会使这一选择不断自我强化，轻易走不出去。

诺斯将技术中出现的路径依赖和技术锁定引用到了制度层面，认为"人们过去作出的选择决定了他们现在可能的选择"。一个国家的路径选择往往受到过往选择的制约，无法轻易改变。如果原有的路径符合发展趋势，经济制度的变迁可能进入良性循环的轨道；反之，则可能顺着原来的错误路径前行，还会被锁定在某种无效率的状态之下。

改革能否成功，不仅取决于改革者的主观愿望和最终目标，也与初始路径的选择密切相关。以20世纪80年代中期我国实行的双轨制为例，这种渐进式改革虽然在推进市场化、稳定经济方面功不可没，但由此产生的"官倒"也引起了社会的不满。当时就有学者提出通过市场化改革铲除寻租活动的制度基础。可是，计划经济的"路径依赖"导致中国实行的不是自由市场经济模式，而是政府主导的市场经济模式。由于商品价格和要素价格双轨并存而形成的"权力揽买卖"的寻租环境，就属于这种制度偏离之列。

改革的任务十分艰巨。而前期不规范、不彻底的改革，又使现有体制存在许多不利于进一步改革的缺陷。可以认为，中国经济体制转轨的临界点面对着根本性的结构改造，亟须将现行体制中偏离市场经济目标的部分扭转过来。

2. 价格双轨平稳推进市场化

双轨制的正式确定，为非国有经济的存在和发展提供了基本环境，这种以"体制外"先行的做法，对改革前期的非国有经济和中国经济的迅速发展起到了良好的作用。诺贝尔经济学奖得主斯蒂格利茨将价格双轨制，说成是"计划经济向市场经济过渡中，中国人找到的天才解决办法"。

价格双轨制的制度安排，既包含着传统的计划关系，又包含着崭新的市场关系。在价格双轨制的制度安排下，国有企业生产产品的一部分成本仍然服从政府计划安排，即一方面按照较低的计划价格购买投入品，一方面按照较低的计划价格在政府的计划范围内供给产品。另一部分几乎完全按照市场经济的原则行事，即一方面按照较高的市场价格购入投入品，一方面按照较高的市场价格在市场中销售某产品。

1984年，中国经济的计划控制已经开始松动，为了推动价格多元化的发展，国家开始实行"放权让利"政策，允许国营企业超计划生产的产品有不超过20%的价格浮动权。在"放权让利"政策的作用下，当时社会已经出现多重价格，价格双轨制就是因势利导，先放开计划外价格，国家参与组织生产资料市场，刺激产品供给，使物价下落，同时再上调计划价格，使计划内价格向计划外价格靠拢。1984年我国开始实行同一种工业生产资料在同一时间、地点上存在计划内价格和计划外价格。1984年5月20日，国务院规定：工业生产资料属于企业自销（占计划内产品的20%）和完成国家计划后的超产部门，一般在不高于或低于国家定价的20%幅度内，企业有权自定价格，或由供需双方在规定的幅度内协商定价。从此双轨价格就变得合法化和公开化。

1984～1991年我国生产资料价格开始并逐步向市场价格单轨制转变。随着国民经济中非国有经济份额的扩大，市场定价的范围也逐渐扩大。伴随着对外贸易的扩大，国内市场也渐渐与国际市场的价格结构靠近，20世纪90年代初期，行政定价的商品不占据主导地位。80年代中期开始我国工业生产资料实行价格双轨制，到90年代初顺利实现向市场单轨价过渡，是中国推进渐进式的市场化价格改革的成功范例。

价格双轨制改革发挥关键作用，促进了经济体制改革，为建立完善社会主义市场经济体制做出重大贡献，价格改革有力地促进了经济社会发展、对外开放和广大群众生活的提高及社会稳定和谐。

3. 双轨制的淡化

双轨制改革，在改革的初期成效明显。但是这项战略的目标只是减缓改革压力，最终的目标还是建立统一的市场经济体系。当"体制外"的改革已经开始向深水区的"体制内"进军时，就应当顺应改革潮流，一鼓作气，在适时实现由计划经济到市场经济的转轨。

随着经济体量的不断增加，对外开放的程度深化，体制外与体制内的摩擦，在这个双重体制下，产生了消极的后果。

首先，国有企业改革滞后，内部人控制机制泛滥，效率低下的问题依然严重。政府和部分经济学家们推动股份制改造的初衷，是希望通过职工持有股票这一形式，加强对经营者的监督，激励国有企业的自身发展。而企业则主要考虑股份制的融资功能。"翻牌"公司泛滥，"企业的主人"既未能成为真正意义上的"主人"，关心的也不是企业的效益，而是股票在市场上转手之后可获得的差价。董事会和经营者是同一主体，监督机制形同虚设。国由企业的运行机制没有本质的改变，并且从未从低效率运转状态中解脱出来。

其次，寻租问题让双轨制下拥有权力的官员，实现了社会阶层的跨越。股份制改造的"运动"，在地方上演变成了一场"内部人"为主体，瓜分国有资产，对社会资源进行大分配的寻租活动。

由于在计划经济体制向市场体制过渡的过程中，在资源逐渐市场化的背景下，政府仍然保持对经济生活的干预和管制，使权力能以市场化的形式全面参与分配。而这些寻租活动没有任何刚性的制度进行约束，各种利益集团只要进行内部的活动，就享受着价格双轨制的差价。

最后，社会贫富差距拉大。1978年开启的改革开放的过程，实质是对社会资源重新配置，对各种利益关系进行调节，调节的过程势必也是当代资本原始积累的过程。从原始积累中大致产生了三代富人阶层：第一代是被传统体制所抛弃的人，比如地主分子等，他们迫不得已干起了被社会所轻视的"个体户"；第二代则是20世纪80年代前中期"下海"的科技知识分子和技术人员，用技术投放于市场；第三代富人则是在1985年推行价格双轨制以后的"下海者"，他们大多数都是权力阶层的官员或者家人，凭借着他们的权力资本，瓜分价格双轨制的巨大差价。这些人凭借权力和已经积累的资本介入"股份制改造""开发区圈地运动"形成了政商合谋，积累了巨大的财富。

现阶段的改革进入了攻坚时期，这更需要有壮士断腕的勇气，直面问题的要害。例如，国有和民营企业的双轨制，必然导致第二个双轨制：产品市场和要素市场之间的双轨制。市场机制要发挥它应有的机制，地方的"僵尸"国企挤占了中小企业的金融资源。国有企业的改革，改掉既得利益者，要有左手断右手的勇气才是最主要的。

深化制度改革才能解决增长与转型的两难，如果不尽快进行实质性的、制度性的、深层次的市场化改革，中国经济持续增长的潜力很难实现；中国仍然需要面临的是一个发展型服务型的政府，仍然会一如既往地出现"重政府轻市场、重国富轻民富、重发展轻服务"的死循环。

当前中国经济下行主要在于自身经济结构的问题，市场化改革不够深入，政府与市场、政府与社会之间的治理边界不够合理，仍然有不利于企业创新和挤压民营经济发展的制度性障碍。制度治理才是现在的关键，只有从规范、制约和监管政府权力的制度、法治和公民社会这三个维度的综合治理着手，合理政府和市场，政府与社会治理边界，转变要素驱动向创新驱动发展方式，解决效率与公平的问题，才是跨越"中等收入陷阱"的关键所在。

（三）从农村到城市

1978 年是当代中国历史上一个具有决定意义的转折点，中央的改革方针一改通过总体性支配来实现工业化积累或通过群众动员来克服该体制之缺陷的思路，而是通过调动、激发基层民众的活力来塑造新型的社会主义政治经济体制。在改革最初的十年间，这套办法的核心机制，即是在农村家庭、国有企业和地方财政诸领域普遍推行承包制。

1. 改革版"农村包围城市"

旧体制下，农村的主要生产资料和主要产品通过集体掌握到国家的手中。合作化和公社化以后，农民失去了对农业经济的控制权和对自己劳动剩余的收益权。而严格的户籍制度，限制了农民的身份自由。中华人民共和国成立后的前30 年，通过工农业产品价格"剪刀差"，从农村征收"暗税"来加快工业化原始积累，使得农民失去了自己的财产权利。

1978 年的改革通过建立农村家庭联产承包责任制，恢复了基层农业组织结构，使家庭代替了生产队而重新成为生产和社会活动的基本单位，农民的生产积极性和农业的生产效率大大提高。一方面，包租土地的做法农民是非常熟悉的，"包产到户"的思想在中国农业发展的历史长河中有很多的先例。这种制度是：土地归国家和大地主所有，租给农民耕种，国家收取税赋，地主收取地租。土地的使用权和所有权分离，在所有者和经营者之间用契约关系来制约和协调发展。另一方面，向承包制转化没有严重的社会障碍。由于计划经济体制是一种向城市倾斜的经济体制，农民并不像城市工人享受福利保障。农民对实行家庭承包有强烈的需求，而且并不会对利益格局产生威胁。农村承包制的推行，极大地促进了农业的发展。实行承包制对 1978 ~ 1984 年产出增长的贡献为 46.89%，各项农村改革对 1978 ~ 1984 年产出增长率贡献总和为 48.64%，承包制占了绝对比重。

在农村改革之前，一方面，集体经济的效率低下，农业中的集体财产少得可怜；另一方面，国家通过统购统销的方式，严格控制了农产品的生产、销售和定价权，并通过工农业产品的"剪刀差"，夺取农业的大量收入。从 1952 ~ 1978 年的 20 多年间，农民创造的大部分收益由国家拿走。

随着农业生产的复苏，使得农民手中的农副产品有所剩余。承包制制度安排，使得农民对自己的财产有剩余索取权。农民手中也有了小额储蓄，促使国家自 1985 年起以"合同订购"和下达"订购任务"的方式取代了原来的粮棉油等重要农产品的统购统销体制，进行了农产品统购统销体制的改革。改革以后，我国农民获得了三种形式的财产权，包括私人财产、土地的使用权并获得财产权利、农民人力资本的增长。

家庭联产承包责任制的推行，首先使得农村的剩余劳动力合法拥有向非农业体制下流动的自由，为其发挥创造精神创造了条件。其次，农村生产力的解放，使得农村的生产有一定的剩余，为发展农村工业提供必要积累。最后，农民生活水平的提高，使得乡镇的需求和市场不断扩大。在这些基础上，20 世纪 80 年代以来，我国的乡镇企业不断发展壮大。

由于城市计划体制和交易市场的相对封闭，轻工日用品的供应严重不足，以及城乡二元分割所造成的双轨价格，也形成了乡镇企业的初级产品"农村包围城市"的局面。

由计划体制向市场体制的过渡时期，市场空间被释放，这是乡镇企业自主出现的关键，也是没落的关键。

计划经济通过抑制人们的消费，扩大国家积累。计划经济是短缺经济，民生工业维持在最基础的保障上，民生的很多需求是被限制的。改革开放后，居民需求的释放催生了乡镇企业。由于乡镇企业定位于农村市场，人口多，与农村相关的日用品，产品需求档次不高，拥有广泛的市场。另外，日用品生产技术要求低门槛低，其市场定位于农村，劳动力富裕且廉价。因而，在当时短缺经济的背景下，乡镇企业的产品拥有足够的市场。而市场经济却不同，供求之间的缺口开始反转，乡镇企业在初期经过了发展后，由于人们的品质需求越来越高，而低技术的乡镇企业不能满足，于是乡镇企业慢慢没落。随着农业多种经营和乡镇企业对农村剩余劳动力的吸纳能力减弱，以及改革推动的国民经济高速增长，农民选择了"用脚投票"，即通过跨地区流动寻找非农产业就业机会，形成了人类和平时期最大规模的劳动力流动。

2. 城市经济引领区域发展

与农村经济改革交相辉映的是城市经济改革。20世纪80年代初的城市经济体制改革，是以扩大企业自主权试点为起点的。到1992年邓小平南方谈话和党的十四大之后，中国确立了建立社会主义市场经济体制的改革目标，我国经济体制改革思路实现了根本性转变。

返城知青的就业问题成为当时的历史背景，以街道企业为特点的集体经济在城市中兴起，从而带动了个体经济的兴起。伴随着商品市场的发展和不断活跃，城市中市场的不断扩大，仅仅依靠计划体制完全不能满足人民的需求，于是工商管理部门恢复建制，并随着进一步发展，地区之间的横向经济合作不断深化。

城市经济体制的改革主要经历了两个阶段：第一阶段进行了局部改革试验和探索。1978年夏，四川省率先进行6个企业扩权试点，1982年扩大到全国6 000多个企业。第二阶段是全面改革城市经济管理体制。1984年10月，中共十二届三中全会作出了《中共中央关于经济体制改革的决定》。此后，全国改革的重点由农村转移到了城市，开始进行经济体制的全面改革。

20世纪80年代的城市综合改革试点，立足城市经济体制实际，围绕发挥城市中心作用，主要进行了以下几方面探索。

在"搞活企业"方面。各试点城市紧紧围绕增强企业活力这个中心环节，把搞活企业作为推进改革的重要内容。当时改革企业的主要思路是放权，为扩大企业资金支配权力，自1979年实行企业基金制度以后，经过两步利改税，国家逐步扩大了企业留利。

1985年前后，试点城市搞活企业的改革逐步从放权让利转向企业机制改革，主要包括租赁制、股份制和承包经营责任制。一些试点城市还努力探索企业经营管理机制的"转型"，努力实现企业从行政机关附属物向相对独立的商品生产者转变，从封闭型向开放型转变，从生产型向生产经营型转变。

不断拓展和发挥城市经济功能。试点城市在推进城市综合改革的过程中，始终抓住发挥城市多种功能作用这个环节，释放出城市的能量，增强中心城市的吸引力和辐射力。并开始注重发挥大城市经济中心作用，要求搞活流通，发展市场体系，同时敞开城门，促使地区之间的横向经济合作不断深化。

在发展横向经济联合方面，到1987年上半年，全国已建立了3.2万个新的横向经济联合组织，组建了100多个大型企业群体和企业集团，形成了49个跨

149

地区的横向经济联合网络，出现了一批以中心城市为依托的经济区，如上海经济区、东北经济区、西南五省区六方经济协调组织等。企业和城市之间的横向联合，成为 20 世纪 80 年代中国城市经济发展的新景观。

在促进城乡一体化方面，农村商品经济的发展和城市改革的深入，提出了建立新型城乡关系的课题。1982 年 12 月，中共中央发布《关于地方党政机关机构改革若干问题》，提出"以经济发达的城市为中心，以广大农村为基础，逐步实行市领导县体制，使城市和农村结合，是我们改革的基本目的和要求。"包括进一步扩大县级自主权。同时，城乡发展互相支援、互相促进。农村工业原料和农副产品生产基地的发展也支援了城市的工业发展和副食品供应，蓬勃发展的农村商品经济推动了城市经济中"市场轨"的发展。

在扩大对外开放程度上，国际经济技术合作从 1979 年 7 月开始，对福建、广东两省实行灵活政策和特殊措施，对外开放。1980 年，陆续建立了深圳、珠海、汕头、厦门 4 个经济特区。1984 年开放了沿海 14 个港口城市和海南岛，建立了 13 个经济技术开发区。1985 年开放了长江三角洲、珠江三角洲和闽南三角地带。随后又逐步开放山东和辽东两个半岛。到 1987 年初，在中国大陆已设立了 7 700 多个中外合资、中外合作和外商独资企业，中国还在海外 50 多个国家和地区设立了 270 多个合资或独资企业，进出口贸易总额逐年增加，已达到 700 多亿美元。

中国经济体制改革对国民经济的发展起了促进推动作用，使国民经济摆脱单一发展模式，在多种混合模式下快速发展，适应时代经济发展潮流，为中国的崛起奠定基础。

（四）从"以市场换技术"到自主创新

20 世纪 80 年代，为了引进国外先进技术和管理经验，推进对外开放战略，我国采用了"以市场换技术"的基本思路，旨在通过开放国内市场吸引外商直接投资（FDI），引导外资企业的技术转移，获取国外先进技术，并通过消化吸收，最终形成我国独立自主的研发能力，提高我国的技术创新水平。

"文革"结束后的初期，中国现代化建设面临严重的储蓄/外资"双缺口"的约束条件，再加上民族工业技术的落后，商品短缺，于是中共中央确立了利用外资和引进先进技术的经济战略。1982 年，中共中央提出"以市场换技术"的外资方针，外资随之成为中国经济增长的主引擎之一。以 1992 年《合资企业法》允许外方控股和出任董事长为标志，我国政府开始实施"以市场换技术"政策，作为利用外资的基本战略正式提出，并逐步成为中国制造业发展的普遍模式。

在"以市场换技术"战略的实施过程中，外商根据中方提供的优惠政策选择是否进入中国投资；中方根据外商投资质量与是否转让先进技术来决定让出市场的尺度。这一战略具有支付少、速度快、规模大、效率高等优点，在财政资金有限、配套技术极其落后的历史时期，无疑曾对中国实施技术追赶发挥了重要作用，取得了显著成效。同时也应该看到，"以市场换技术"依然没有解决重复引进、重引进轻吸收和创新的老问题，希望通过引进先进技术以实现自力更生的目标也远未达成。

1. "以市场换技术"战略取得的成就

"以市场换技术"是指发展中国家在技术引进过程中，所实施的利用本国市场潜力和优惠政策吸引外商投资，通过让渡一些国内市场以换取或学习国外先进技术，带动本土企业技术水平提升的一项政策。"以市场换技术"政策的提出，一方面源于发展中国家企业技术能力低下，又无法承担引进技术所需的巨额资金；另一方面，跨国公司处于成熟甚至过时状态的技术需要寻找新的投资市场，而发展中国家廉价的劳动力资源和较低的需求层次恰好提供了投资机会。

"以市场换技术"的演进体现了中国技术进步的历史阶段性，技术进步是一个历史过程，当中国与发达国家之间的技术水平存在巨大差距的时候，技术进步必然要经历模仿、学习的历史过程。外商转移先进技术必然会要求中国开放其最渴求的广阔市场。由此，中国与外商之间的动态博弈推动了"以市场换技术"方针的形成与发展，只有当双方从博弈中的获益越来越小时，"以市场换技术"的实施空间才逐渐收窄，直至退出历史舞台，中国的技术进步方式将自然过渡到新的历史阶段——技术自主创新。

事实上，"以市场换技术"是发展中国家引进技术促进工业化发展普遍采用的一种方式，并非中国独有。但是，发展中国家既希望利用外资引进先进技术，又希望在市场保护下实现进口替代和出口替代；而跨国公司既有为成熟设备、过剩资金找出路和不断开拓市场的强烈动机，又有担心技术优势丧失因而不断加强知识产权保护的本能，两者相互矛盾。通过优势互补和市场分享，"以市场换技术"的博弈，其形成、发展直至消亡的轨迹取决于双方博弈力量的大小以及各自收益的多寡。只要双方还能从博弈中获得各自所期望的收益，"以市场换技术"就仍有生存的空间。

"以市场换技术"战略的实施使得市场竞争程度提高，带来了大量的资金、先进技术和生产方式、管理经验等，而且该战略并没有使我国完全丧失市场，反而使参与到国际竞争中的中国汽车等产业获得了不断细化和衍生出的新市场。

2. "以市场换技术" 战略的局限性

对于"以市场换技术"政策的实施效果存在着一定分歧,部分学者认为,该政策对我国制造业技术水平的提升起到了促进作用;相反观点认为,本土企业缺乏自主设计能力,市场出让并没有换回核心技术。

"以市场换技术"政策提高了外商资本的市场占有率,有助于行业技术进步,但却阻碍了本土企业的自主创新能力,导致"以市场换技术"政策实施效果并不十分理想。其原因包括以下三方面:第一,以获得市场份额为目标的跨国公司为保持技术差距,转移核心技术动机不强,占领市场后往往利用专利、自主知识产权保护对合资企业加以控制;第二,本土企业缺乏自主创新的动力,对外方先进技术的依赖增强了自主研发的惰性,同时外资企业利用优厚待遇和良好条件吸引大批国内企业科技人才,研发动力缺乏和人才流失阻碍了自主创新能力;第三,"以市场换技术"政策实施初期过分关注外资引进数量,在外方势力本就强大的情况下给予其"超国民待遇",导致不公平的市场竞争环境,并且缺乏保证获得先进技术的有效途径、制度安排和配套措施。

为了吸引外资,我国对外资企业实行了内资企业无法享受到的税收、土地、贷款等方面的优惠政策,认为通过优惠政策将外资引进来,必然会获得先进技术的溢出。然而,就效果而言,优惠政策虽然吸引了大量外资进入,但并未带来国内科技创新水平质的飞跃。

一方面,引进外资并没有产生显著的技术溢出效应,因为技术的溢出效应决定于内外资技术差距、东道国新技术吸收能力、制度环境、要素价格等要素,也即东道国企业内部与外部环境,到底能否促进其对技术的消化与吸收。中国当年仅仅以东道国的优惠政策来期望增加外资技术的溢出效应,而不去从制度环境、要素价格因素去营造内外资企业公平竞争的商业环境,"以市场换技术"的逻辑是不可能持续的。

另一方面,以市场换技术,虽然得到了技术,但是技术经济效益不高,造成产业的空心化,"以市场换技术"是一种成本昂贵而受益不确定的政策。我国的汽车产业就是一个很好的教训。

"以市场换技术"战略的提出具有一定的历史必然性,其演进体现了中国技术进步的历史阶段性,对其评价也应坚持历史辩证法,既反对超越历史阶段的盲目否定,也要看到"以市场换技术"依然没有解决重复引进、重引进轻吸收和创新的老问题。因此,在当前中外技术差距已大大缩小的背景下,应当抓住历史机遇,加快向技术自主创新过渡。

专栏5.1　中国汽车产业

20世纪70年代后期开始，我国在着手进行国内经济体制改革的同时，启动了对外开放。我国进口替代的外贸战略转变为外向发展型的出口导向战略。中国的经济体制和中国经济发展进入一个完全开放的新境界。

对外开放战略实施的初期，我国对原有的外贸体制进行了一系列的改革，包括下放部分外贸经营权；探索工贸结合、技贸结合与产销结合的途径；对外商开放进出口贸易和国内贸易；制定和建立各项有利于对外贸易和鼓励出口的优惠政策措施。

我国从20世纪80年代中期开始进行中外合资以后，中国汽车产业就逐渐放弃了自主开发，主要以引进技术进行国外汽车品牌的组装生产。中国政府的产业发展战略是以合资为手段，通过"以市场换技术"，引进国外先进技术，然后通过消化吸收，形成自主创新能力。但是，最终情况是，作为手段的合资（FDI），不仅没有引导中国的自主开发，反而挤出了自主创新，最终汽车行业放弃了自主创新之路。

同时，导致汽车产业规模化发展无法实现的另一原因是中国政府的产业管制失效，这是中国行政制度的分散决策模式和地方分权体制的必然结果。国有企业以经营业绩为主的考核机制，地方政府追求企业的产值和利润，而不去激励企业进行自主创新和研发，只追求短期的利润。从企业方面来说，由于接受各种优惠政策和政策性补贴，企业自身也没有激励主动研发，最终导致了"以市场换技术"战略的失败。

（资料来源：笔者根据相关资料整理）

3. 自主创新战略的实施

20世纪80年代初期，由于我国企业普遍资本短缺，技术薄弱，商品短缺，对外开放主要依托经济特区，进行"引进来，走出去"战略，采用"以市场换技术"的战略，使得中国实际利用FDI（外商直接投资）在发展中国家排名第一，对外贸易额全球第二，外汇储备第一，轻工业获得巨大的发展。

"以市场换技术"主要包括两个主要途径：（1）技术引进。企业可以通过消化吸收发达国家先进技术的构成和应用条件，达到模仿的目的。（2）FDI。伴随着先进设备的流入，通过高技术培训，使得国内劳动力获得先进的技术能力。进而通过这两个途径，获得市场上的巨大突破。

但是，随着高科技企业对技术的要求越来越高，如果仅仅用模仿为主的技术进步模式，由于技术领先国家的封锁和打压，以及自主研发能力不足，具有巨大的局限性，不可能获得技术的持续突破。党的十八大明确提出"科技创新是提高社会生产力和综合国力的战略支撑，必须摆在国家发展全局的核心位置"。强调要坚持走中国特色自主创新道路、实施创新驱动发展战略。

我国的自主创新战略主要依靠集成创新以及引进消化吸收再创新战略。集成战略是通过对各种现有技术的有效集成，形成优势竞争力或者新兴产业。而引进消化再吸收战略是指在引进国外先进技术的基础上，学习、分析、借鉴再创新，形成具有自主知识产权的新技术。我国高铁飞速发展便是引进消化再吸收的成功案例。

加大自主创新投入，合理分配企业研发资源；对科技政策和战略保持高度敏感；注重区域差异化，这些对提高自主创新效率，加速技术进步模式从模仿到自主创新的转型，都具有重要意义。

专栏5.2　中国高铁

中国高铁创新可以分几个阶段。第一个阶段是从1993年由原铁道部完成的《京沪高速铁路线路方案构想报告》正式在国务院立项开始，到2004年，这个时期可以称作孕育期。在这个阶段，我们开始研究高铁、了解高铁，并且开始尝试自己制造高铁核心装备，比较典型的有中国自己研发的"大白鲨""中华之星"。

第二个阶段是从2004年开始，以原铁道部公开招标为标志，此后，中国陆续引进了日本、德国、法国、加拿大几个国家的高铁技术，并生产出了CRH1\2\3\5系高速动车组列车。这一阶段可以称作引进消化吸收阶段。

第三个阶段是自主创新阶段，从2008年开始。标志就是原铁道部与科技部联合在当年2月26日签署了《中国高速列车自主创新联合行动计划合作协议》，当年的目标定得很高，就是要自主研发世界最高水平的、包括高速列车在内的中国高速铁路技术。

第四个阶段是2012年以后，是一个持续创新阶段，标志就是国家高速列车科技发展"十二五"重点专项，后面接上的就是目前正在实施的国家"十三五"重点研发计划的先进轨道交通重点专项。

2008年后的自主创新阶段，标志成果之一就是CRH380系列高速列车；在2012年后的持续创新阶段，我们研发了时速500公里的高速列车，时速400公里的高速检测列车，时速200公里的混合动力高速列车和时速160公里米轨高速列车。

如果从 20 世纪 90 年代由原铁道部完成的"京沪高速铁路线路方案构想报告"正式在国务院立项算起，中国在高铁领域的探索、实践已经有 24 年的时间。

在 24 年的时间中，中国实现了超过 2.2 万公里里程的高铁运营线路，构建了世界最庞大的高铁网络。与此同时，在高铁技术领域中国也已经跻身世界前列——和谐号 380 系高速列车已经实现核心技术自主化，而在新近为中国铁路总公司研制的复兴号中，中国化标准占比已经达到了 84%。

"十三五"期间，有两个大的目标。一个是要研发出时速 400 公里，可以跨国互联互通的高速列车。其中的难点在于不同国家的铁轨、牵引供电、通信信号等标准是不同的，如高速列车的轮距就必须根据轨距的变化而变化。比如从新加坡到马德里，就要转变四次轨距。

另一个就是时速 600 公里的磁悬浮交通系统。这个在国际竞争中也是激烈的，比如日本现在就在做 500 公里的磁悬浮系统，计划 2027 年开通运营。中国也确实存在这种高速度、大容量、点对点的运输需求。按照目前的时间表，到 2020 年我国要建成 30 公里的实验线。

（资料来源：笔者根据多方资料整理）

（五）从沿海到内地

我国从 20 世纪 70 年代末开始以沿海地区为战略重点，分阶段、分层次地推进对外开放。到 80 年代末期，基本构建了从经济特区到沿海开放城市，从沿海经济开放区到内地，包括不同层次，具有不同开放功能的对外开放基地。

1. 经济特区引领改革

经济特区引领改革进程。1980 年 8 月，中国政府批准在深圳、珠海、汕头、厦门试点办经济特区。1884 年 5 月，决定进一步开放大连、秦始皇、天津、青岛福州、广州等 14 个沿海城市。到 20 世纪 90 年代，逐步发展成为沿海、沿边、沿江、沿路的"四沿战略"。经济特区的开放，有效地利用了国际资源，积极参与国际竞争，成为我国对外开放的先行区，有力地促进了经济的快速发展，成为区域经济中最具有活力的高速增长区。

2. 示范效应带动内地经济发展

特区的示范效应，发挥了内引外联的功能，成为连接内地与国际市场的枢

155

纽。沿海开放地区具有得天独厚的沟通内外的门户地位，可充分发挥内外双向辐射的作用。一方面，可以吸收国外资金、先进技术和管理方式，大力发展出口贸易，不断壮大自己；另一方面，可以消化吸收先进技术和管理方式，把他们逐步向内地转移，推进内地的发展和振兴。特区和沿海地区还大胆探索新的经济体制和运行机制，为全国性的经济体制改革积累了经验，树立样板。

3. 产业转移为中西部地区发展带来契机

不同区域间的产业转移也为中西部地区的发展带来了契机。美国经济学家雷·弗农的"产业循环说"是从发达国家角度，阐述产业由发达国家逐渐向发展中国家转移的过程；相对落后的地区主动接受外部产业转移、充分利用外部资源，进行本区域内的产业结构升级，促进本区域工业化进程与经济发展。

西部地区产业结构调整和升级过程同时也是其承接转移产业的过程。在承接转移产业、进行产业结构调整与升级的过程中，西部地区应处理好国际转移产业与东部地区转移产业关系及本地区城乡产业转移问题，不断进行观念创新、制度创新和机制创新，因地制宜，合理选择主导产业，走可持续发展之路。

（六）从经济到全局

1. 唯 GDP 论 与 经 济 增 长

传统体制依靠政府配置资源，进行产业补贴的方式已经出现了很多弊端。传统的发展模式主要依靠投资，地方政府投资于短期内有经济成效的企业，那么这个绩效的主要看点就是 GDP，也是地方官员晋升通道的主要政绩。

计划性的资源配置方式，往往容易出现系统性的问题。当计划配置的资源投到那些生产技术先进、自主创新能力强的产业，那么经济的发展会有一个好的循环；但是，如果地方官员为了政绩，关注于 GDP，可能将资源优势集中于落后产能的产业，污染当地环境，只有短期内高消耗资源能源所带来的 GDP 业绩，这样的经济发展方式往往是不可持续的，经济的增长一定会遇到瓶颈，走不出所谓的"中等收入陷阱"。

2. 传 统 发 展 模 式 弊 端 渐 显

从经济增长模式的演变规律来看，遵循的基本上是由劳动力密集型到资本密集型，由低技术低附加值向技术密集型和知识或智力密集型的转变。我国目前面临着从劳动密集型、资本密集型向技术密集型和知识密集型转化的关键时期。

当前我国经济面临着五大约束：资源能源约束、环境约束、人口约束、市场约束、体制限制。这要求我们需要通过技术进步、产业升级，突破资源能源约束，实现资源节约和能源节约发展。环境约束和传统经济增长模式下，以制造业为龙头的产业结构给环境带来了巨大的压力，环境容量受到非常大的挑战。

我国现阶段也面临着如何转型升级产业结构的问题，其关键就是要将产业升级为技术密集型、知识或智力密集型，进行自主创新，以保障我国的产品由中低端向中高端迈进。传统粗放的以劳动密集型为主的中低端增长模式，必然会因为人口红利的丧失，以及边际收益的减少而产生限制，只有转向技术和知识密集型模式才是唯一的出路。

我国如何通过产业升级、转型，结构优化，突破环境约束，缓解环境压力，将成为我国可持续增长发展的重要因素。人口的约束也要求我们突破人口结构约束，改变倒金字塔式的不稳定人口结构，优化服务性产业就业人口。市场约束需要我们利用国际市场弥补我国资源瓶颈，同时保证国内产业不会受到较大冲击（如大豆、玉米、棉花等）；体制模式的限制依然是发展的重要阻碍。改革进入深水区，如何既保持中国特色社会主义市场经济体制，又让这些制度适应现代市场经济发展，改变其对经济的约束就成为一个非常重要的问题。政府的经济角色值得反思和总结。

3. "五位一体" 发展新思路

理念的转变是必然要求，发展思路的转型也是我国新时期改革开放中，一直在着力突破的关键点。商业文化也在新的发展理念下，不断转型优化。

"五位一体"是党的十八大报告的"新提法"之一。经济建设、政治建设、文化建设、社会建设、生态文明建设——着眼于全面建成小康社会、实现社会主义现代化和中华民族伟大复兴，党的十八大报告对推进中国特色社会主义事业作出"五位一体"总体布局。"五位一体"总体布局提出了"实现什么样的发展、怎样发展"的重要命题。要求经济建设、政治建设、文化建设、社会建设和生态文明建设同步发展。

"五位一体"的发展思路有其发展的逻辑。在马克思主义关于推动社会发展的两对基本矛盾及其基本作用机理的论述中，我们可以找到答案。生产力、生产关系（经济基础）、上层建筑之间的矛盾运动推动着人类社会不断从低级形态过渡到高级形态，是人类社会发展的基本动力。人类文化演进的规律或许更加复杂，除去上述基本动力，至少还有人体自身的心理要求以及人类与自然界的适应及和谐问题。这就要求我们在改革过程中，按照社会发展需要以及社会与自然和谐的要求，构建合理的并能够不断自我完善的机制。

（七）从速度到质量

1. 增速换挡是经济规律使然

2015年，中国经济步入"新常态"发展阶段，全年GDP同比实际增长6.9%，增速创25年新低。2016年全年GDP同比增长6.7%。2017年经济增速为6.9%，超出市场预期。2018年前两季度经济增速为6.8%和6.7%，低于去年平均增速，也低于去年同期。

我国经济总量越来越大，经济增速会逐步放缓（边际生产力递减规律）。产业结构调整必然产生以下结果：我国近年主动进行经济发展模式转型、淘汰落后产能；战略转型中，新旧动能转换存在空档期；改革开放40年来，我国传统经济更多是靠要素投入实现增长，全要素生产率提高不明显，靠劳动投入、资本投入、更多消耗能源和资源换来的经济增长边际效率逐渐下降。如此看来，只有"双创"（技术创新和制度创新）才是经济增长最持久的动力源泉。

2. 高质量发展是新时代的主要标志

在"旧经济"的时代，粗放型的经济增长模式，是单纯依靠需求管理政策，进行投资驱动、出口驱动，使得资源能源高消耗，污染高排放，产业依然多为劳动密集型产业，产品多数处于低附加值，缺乏知名品牌。

在新旧动能转化时期，高质量的发展理念，才是时代的号召。新旧动能转化发展时期，新经济需要培育新动能或新动力，实现经济转型发展，要依靠轻资产，发展智力密集型、技术密集型产业，进行附加值高、品牌效应强的产业。例如我国高铁、支付宝（移动支付）、共享单车、网购等都是很好的例子。新动能产生领域主要在中高端消费、创新引领、绿色低碳、共享经济、现代供应链、人力资本服务等。

3. 从新重商主义思维到生态文明发展的转变

我国在改革开放初期，在实行外向型经济战略的过程中，其主要的观念是"重商主义"，国家倾向于实行产业政策，主张以低价、补贴占领国外市场，进行出口创汇。对于中国这样一个大国而言，国家介入国际贸易的环境之中，势必会对国内、国际的经济结构产生巨大的影响。就国内而言，一方面，企业倾向于在国外市场中盲目杀价，进行价格战；另一方面，国内企业也会倾向于牺牲国内的消费者剩余，以及更加克扣员工工资，将国内公众应得的利益，补贴给了国外市场。另一方面，国内企业为了弥补在国外市场中由于杀价所带来的损失，会倾向于寻求政府补贴，这为寻租与腐败问题埋下了一种根源。

经济型政府与企业型官员，政企合谋，是改革开放至今我国重商主义催生的产物。随着改革开放的不断深入，计划经济体制遗留下来的路径依赖仍然限制着改革与开放的进一步深化。在计划经济条件下，按照"国家辛迪加"的体制模式，建立了由国有外贸企业垄断经营为特征的外贸经营体制。国营外贸公司事实上成为行政机关的附属物，既得利益者由于从事垄断贸易的特殊地位，享有更多的权利，其体制弊端就更加难以克服。

重商主义是对人文主义的无视，只想着为了经济发展，对于经济的效率只是考虑短期的目标。这也催生了地方政府与地方企业的政企合谋，只看重短期的经济效益，为晋升铺路。政府的重商主义表现之一，就是从中央到地方官员，过分以经济建设为中心，大力发展生产力。过去政府的重点在于以经济建设为中心，从党政机关到政府官员，唯经济论，唯 GDP 论。政府的产业政策重点在于短平快的项目，官员的绩效考核主要在地方 GDP 的竞赛，经济型企业家层出不穷。这些现象与问题，给我们国家现阶段改革与发展带来了很多路径依赖性的问题。放弃 GDP 考核，将生态维护建设也纳入地方考核的评价体系中，这是我国发展模式的重要转变。

四、现代技术推动产业体系、商业模式创新

（一）现代化产业体系的完善

创新引领、协同发展的产业体系，着力加快建设实体经济、科技创新、现代金融、人力资源协同发展，这是我国建设现代化经济体系的重要性战略举措。我国正在通过提高科技创新在实体经济发展中的贡献率，增强现代化金融服务实体经济的能力，优化人力资本支撑实体经济发展的作用，形成现代化产业体系的整体发展效应，协同促进企业技术进步、行业供求衔接和产业优化发展，协同促进实体经济和产业体系优质高效发展。

1. 科技创新孕育新产业

科技创新是现代化产业体系的动力。我国的科技进步平均贡献率不断提高，

2011～2016 年科技进步平均贡献率达到 56.4%。特别是高技术产业的发展取得了优越的成绩。2016 年高科技产业的有效发明专利数为 25.72 万件，较上年增加 5.75 万件。专利申请数为 13.17 万件，较上年增加 14.94%。研发机构为 6 456 个，较上年增加 15.87%。在研发经费方面的投入也不断增加。2016 年 R&D 经费内部支出为 2 437.6 亿元，较 2013 年增长 40.54%；新产品开发经费为 3 000.4 亿元，较 2013 年增长 44.98%（见图 5－9、图 5－10）。

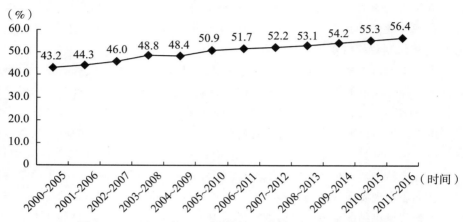

图 5－9　2000～2016 年各阶段科技进步平均贡献率

资料来源：国家统计局．中国科技统计年鉴 2017 ［M］．北京：中国统计出版社，2017.

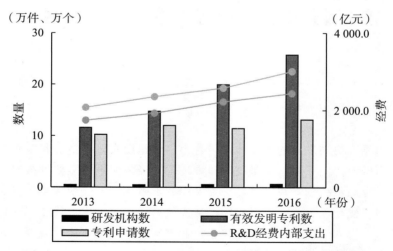

图 5－10　2013～2016 年高科技产业的科技活动及相关情况

资料来源：国家统计局．中国科技统计年鉴 2013～2017 ［M］．北京：中国统计出版社，2013～2017.

我国专利市场的交易规模也不断扩大。从专利市场的交易规模来看，2016

年在技术市场的成交金额为 13 000 000 万元，较上年增长 92.10%。其中发明专利的交易份额占比最大，为 56.33%，具体如图 5-11 所示。

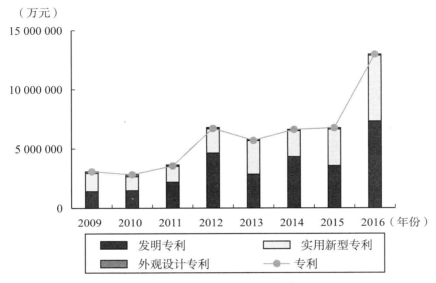

图 5-11　专利市场的成交金额

资料来源：国家统计局. 中国科技统计年鉴 2009~2017 ［M］. 北京：中国统计出版社，2009~2017.

但是，科技创新存在自主创新能力不强、科技资源分配不合理、科技创新激励机制不足、科技与实体经济"两张皮"、科技成果转化率低等问题。我国的专利一般都是实用新型专利和外观设计专利，对于发明专利的增长距国际水准还有一定的差距。

由图 5-12 可以看出，从专利申请的受理量来看，我国对专利发明和创造的活跃度正在不断提升。2017 年，国内专利申请量为 3 513 200 项，较上年增长 7.07%。其中实用新型专利授理量、发明专利申请授理量、外观设计专利申请授理量 2016 年的增速为 31.13%、24.45%、14.59%。

另外，从专利申请的授权方面来看，我国专利在有效性方面有待提高。2017 年国内专利申请授权量为 170.51 万元，占受理量的 48.53%，不足申请受理量的一半，授权量的增速为 5.78%，增速较 2015 年减少了 26.66 个百分点。其中实用新型专利授权量、发明专利申请授权量、外观设计专利申请授权量 2016 年的增速为 3.26%、14.69%、-7.55%。在发明专利方面，我国发明专利的有效授权占比较低，占比的增长速度也较慢，2016 年发明专利的授权占比仅为 25.06%，低于实用新型专利和外观设计专利的授权占比（见图 5-13）。

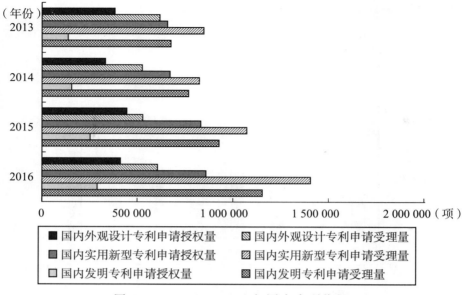

图 5 - 12　2013 ~ 2016 年国内专利指标

资料来源：国家统计局（www. stats. gov. cn）。

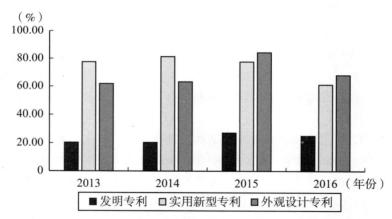

图 5 - 13　2013 ~ 2016 年国内专利申请授权量占受理量比重

资料来源：国家统计局（www. stats. gov. cn）。

　　发明专利中的低授权率是我国科技创新过程中的一个短板。需要推动发明技术的发展，建立以企业为主体、市场为导向、产学研深度融合的技术创新体系，倡导创新文化，强化知识产权保护，支持大众创业、万众创新。

2. 绿色金融支持绿色发展

现代化产业体系的血脉是现代金融。我国在大力发展现代金融，深化金融体制改革的过程中，开始融入生态文明的理念，提出绿色金融的概念，支持绿色发展。通过支持环境改善、应对气候变化和资源节约高效利用的经济活动，对环保、节能、清洁能源、绿色交通、绿色建筑等领域的项目投融资、项目运营、风险管理等提供金融服务。绿色金融的支持为实体经济的生态友好、节能低效的转型升级提供了有力的支持。

（1）我国的绿债市场蓬勃发展。绿色债券是指为绿色项目或为这些项目进行再融资的债券工具。从 2016 年我国正式启动绿债市场以来，就一跃成为最大的绿债发行国。2017 年的中国绿色债券市场依然蓬勃发展。中央结算公司中债研发中心发布的《2017 年中国绿色债券市场报告》显示，截至 2017 年底，中国债券市场上发行贴标绿色债券约 2 486.13 亿元，同比增长 22.72%。其中，符合国际定义的中国绿色债券发行量达 1 543 亿元，占全球发行量的 15%，位列第二。

（2）绿色金融债是绿色债券发行的主导。2017 年绿色金融债的数量为 44 只，发行规模 1 234 亿元。数量与规模占比分别为 39% 和 60%。发行的类型也多样化。绿色企业债、绿色公司债以及绿色债务融资工具的规模和发行数量也在不断增加。2017 年非金融企业绿色债券的发行数量总计为 59 只，规模总计 664.75 亿元，如图 5 – 14 所示。

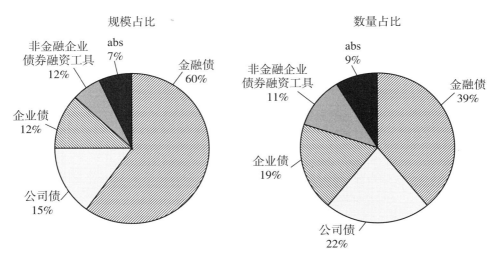

图 5 – 14　绿色债券发行的规模与数量占比

资料来源：中国金融信息网绿色债券信息库。

163

（3）我国绿色债券信用层次不断丰富。2017 年我国 AAA 级绿色债券发行数量比重为 40%，AA 级以下（包括 AA 级）绿色债券发行数量占比达到 19%，较上年增加 3 个百分点。更多地方发行人和中小型发行人进入绿色债券市场，绿色债券的活力不断增加，如图 5 - 15 所示。

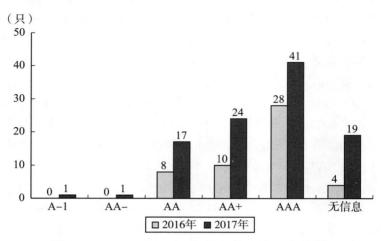

图 5 - 15 2016～2017 年绿色债券各评级数量
资料来源：中国金融信息网绿色债券信息库。

（4）清洁能源领域是绿色债券募集资金投入的最主要部门。对于清洁能源、清洁交通、污染防治以及生态保护和适应气候变化的资金投向占比分别达到了 14%、13%、12%、11%。值得注意的是，还有 26% 的绿色债券募集资金是没有投向信息的，这说明绿色债券的管理还有提升的空间，如图 5 - 16 所示。

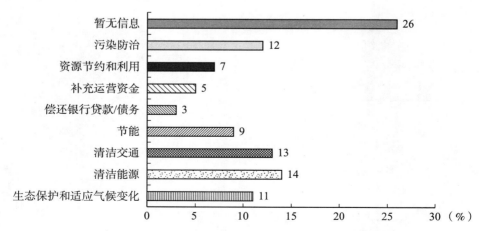

图 5 - 16 2016 年以来绿色债券募集资金投向
资料来源：中国金融信息网绿色债券信息库。

中国商业文化实践与理论

绿色债券在我国的发展依然处于初级阶段，对于绿色债券的认定标准、绿色债券的成本、第三方绿债认证、信息披露等方面，我国依然有提升的空间。同时，在机构投资者绿色化、绿色 ETF 与中小金融机构参与等方面依然与欧美发达市场有差距，需要进一步努力。这需要进一步建立绿色债券的激励机制，降低融资成本，提高回报率；鼓励绿色产品创新，积极引导绿色投资意识。

3. 人力资源强力支撑

人力资本是指劳动者受教育、培训和实践经验等方面投资而积累的知识和技能，具有创造力、应变性和学习能力。舒尔茨第一次明确提出人力资本的概念，认为人力资本积累是经济增长的源泉。卢卡斯的增长模型也阐明：人力资本比物质资本更重要，拥有较高人力资本存量的经济体，哪怕物质资本存量较低，也会带来经济的较快增长。

当前，我国劳动力市场存在的主要矛盾是劳动力供给侧的矛盾。劳动力供给质量分层明显，高技术人才的短缺与劳动密集型产业的技术工人过剩共存。在进行产业结构调整与升级，转变经济增长方式以及经济增长放缓的过程中，对于优质人力资本的需求更加迫切。同时，人口老龄化也是当前我国必须考虑的一个重要问题。这更需要提高全员劳动生产率，发展人力资本，提升弥补劳动力资源总量下降的不足。由图 5-17 可以看出，从 2013~2017 年，我国全员劳动生产率不断提高，平均年增长率为 6.67%，2017 年较上年增长 7.73%。

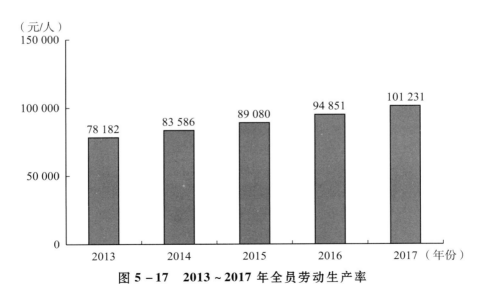

图 5-17 2013~2017 年全员劳动生产率

资料来源：国家统计局. 中华人民共和国 2017 年国民经济与社会发展统计公报［N］.
2018-2-28.

第五章 改革开放与中国商业文化的巨变与创新

工资水平是人才资源发挥积极性的重要方面。从三次产业的人均工资水平对比中，可以看出第三产业的人均工资在我国的增长水平，增速为13.40%，高于第一产业和第二产业，具体如图5-18所示。

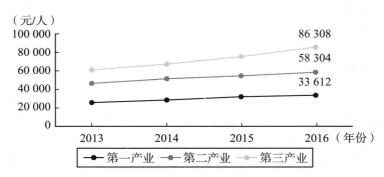

图5-18 2013～2017年三次产业的人均工资水平

资料来源：国家统计局（www.stats.gov.cn）。

我们也可以从第三产业城镇单位人均工资看出，排名前三位的分别是信息运输、计算机服务和软件业，金融业以及科学研究、技术服务和地质勘察业，分别为年均12.25万元、11.74万元和9.66万元。第三产业中，城镇单位人均工资增速排名前三的行业为教育、公共管理和社会组织、信息运输、计算机服务和软件业，增速分别为11.83%、11.48%、11.07%，如图5-19、图5-20所示。

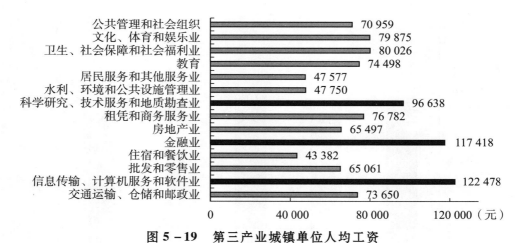

图5-19 第三产业城镇单位人均工资

资料来源：国家统计局（www.stats.gov.cn）。

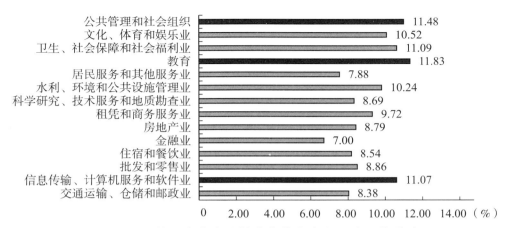

图 5-20　第三产业中城镇单位就业人员平均工资增速

资料来源：国家统计局（www.stats.gov.cn）。

但是，在我国人力资本受社会保险制度安排、人事制度约束，在地区间、产业间的人才流动渠道不流畅，对于人力资本的产权保护，有竞争性的薪酬激励机制、社会福利以及收入分配方面，仍然有进一步改善的空间。例如，多数研究所和高等院校的人力资本价值被严重低估，科研人员的人力资本激励严重不足，造成高素质人力资本的浪费。

未来一段时期，我国在人力资本提升方面应该做好以下工作：①提高对人力资本的认识，激发和保护企业家精神。不断挖掘知识技术以及企业家创新能力，建立健全技术知识保护制度。特别是以制度或文化的形式，评估技术与知识对企业长期效应的作用。②实行更加积极、更加开放、更加有效的人才政策，培养和造就一大批具有国际水平的人才和高水平创新团队。③完善薪酬激励机制和社会保障机制，鼓励高技术人才投入新兴产业，投身创新创业。

（二）我国产业结构的升级与优化

随着改革与开放的不断深入，我国产业结构升级的进程，取得了深入的发展。产业结构的优化是指产业结构的合理化和高度化，产业结构由低级状态向高级状态的转移。优化我国产业结构的主要任务是：加快农业升级转型，提高农业的生产效率；推进第二、第三产业的转型升级；实现三大产业的信息化、现代化。在经济新常态的背景下，随着深化改革，我国农业加快转型升级，工业产能优化，新兴产业铸造新动能，服务业不断升级，渐成为主导产业。

1. 农业加快转型升级

党的十九大报告指出，"以实施乡村振兴战略为总抓手，以推进农业供给侧结构性改革为主线，优化农业产能、绿色兴农、转变农业生产方式，构建现代农业产业体系。"

《中国农业农村科技发展报告》（2012～2017）指出，我国农业科技进步贡献率由2012年的53.5%提高到2017年的57.5%。农业高新技术产业不断壮大，带动农村新产业新业态蓬勃发展，推进了农业三产的融合，促进了农民增收和农业绿色发展，加快了我国农业科技创新的步伐。

从农业技术市场交易规模来看，2016年我国在农业技术的市场交易金额达到3 178 260万元，较上年增长3%。技术市场的交易规模，也从另一方面凸显农业科技创新的发展趋势，如图5-21所示。

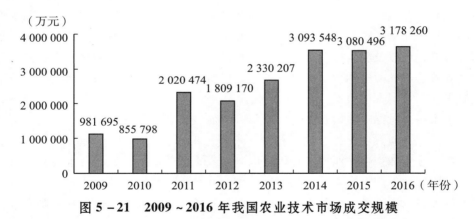

图5-21　2009～2016年我国农业技术市场成交规模

资料来源：国家统计局. 中国科技统计年鉴2010～2017［M］. 北京：中国统计出版社，2010～2017.

加快农业科技支撑方式转变。技术密集和科技含量是农业科技创新的关键。在构建现代农业技术推广体系方面，我国正在充分运用现代化生物技术、信息技术等使农业资源得到充分利用，提高农产品的科技含量和产出效率。同时，我国也在加快农业科技教育的转型，着力形成"产学研，农科教"一体化的新兴科技推广体系，培育新型技术高端型的农业领域劳动者。

自2013年到2016年，我国农业科技产出不断提高，2016年专利申请数较上年增长19.11%，其中发明专利的占比为67.84%。有效发明专利总数为6 536件，形成国家标准或行业标准数为462项。特别是专利所有权转让及许可收入的增速巨大，较上年增长67.65%，如图5-22所示。

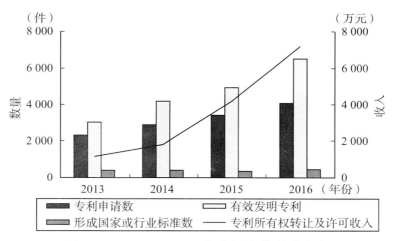

图 5 – 22　2013～2016 年我国农业科技产出

资料来源：国家统计局. 中国科技统计年鉴 2014～2017［M］. 北京：中国统计出版社，2014～2017.

　　绿色农业发展也是农业转型升级的重要战略。环境友好、生态文明的农业生产方式，是构建我国生态新兴农业现代化道路的关键。当前我国将农业的绿色发展作为一项重要的战略，转变农业发展的新方式，从农业资源短缺的实际出发，走低碳发展之路。我国当前的做法主要包括：①推进节约型农业和清洁化生产技术，扭转过去农业生产过程中高消耗、高污染、高排放的粗放模式，发展节约型、生态文明型的农业技术生产。②绿色安全优质农产品引领市场。建立食品可追溯制度和农产品市场准入制度，保证食品从源头到餐桌的农业标准化安全体系。③加强农业产业的生态布局，优化农业资源配置效率，保护生态环境的多样性，建设农业资源永续利用，大力创新循环农业发展模式。构建结构优化、产业融合、绿色发展的农业产业体系。

2. 新兴产业铸就新动能

　　《"十三五"国家战略性新兴产业规划》中，我国以创新、包容、开放为主题，发展战略性新兴产业。在经济发展新常态下，新产业、新业态、新模式的"三新"模式发展，促进新动能的不断增强，是我国进行调结构、稳增长的有力动力。2018 年前三个季度，在规模以上工业中，高技术产业增加值同比增长 11.8%，战略新兴产业增加值同比增长 8.8%。新能源汽车等新产品产量不断增加，新模式等"三新"经济活动层出不穷，新动能不断增强。

　　高技术产业的不断发展。我国高技术产业的不断发展，代表新技术和产业变革的新产业不断壮大。智能化、信息化为新产业的发展注入源源不断的动力，工业高技术产业、工业战略性新兴产业保持较快增长，推动工业向价值链中高端发展。

从高技术产业中的企业个数来看，2016 年我国高技术产业的企业数为 30 798 家，较上一年增加 1 167 家。从企业的经营效益来看，高技术产业的经营效益不断提高，2016 年比 2015 年增长 9.88 个百分点。在高技术产业的出口货值方面，2008～2016 年的年平均增长率为 6.97%，具体如图 5－23 所示。

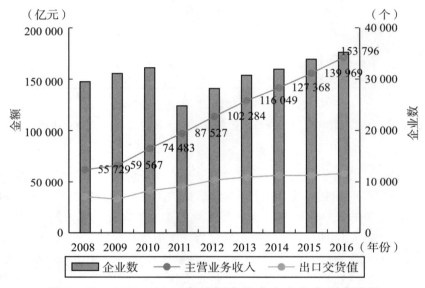

图 5－23　2008～2016 年我国高技术产业生产经营情况
资料来源：根据国家统计局相关数据计算。

新动能持续发力。在经济新常态的背景下，以新产业与新业态为核心的新动能不断增强，是推动我国经济平稳增长和经济结构转型升级的关键。一方面，通过新技术、新业态、新产业、新模式的发展，新动能推进了我国产业结构的优化升级，2016 年，"三新"经济中新型生活性服务活动增加值占全部"三新"经济增加值的比重约为 7.2%，比 2015 年有明显提高。另一方面，新动能的发展也从需求方面，推进了我国消费与投资结构的优化升级。新动能推动创造新型消费供给，推动居民消费的品质不断改善。网上零售、互联网医疗等 O2O 服务，网络约车、共享单车、共享住宿、移动支付等新服务模式改变着人们的消费行为，使其更加智能化、便利化、精准化。

3. 服务业渐成主导产业

随着供给侧结构性改革不断推进，产业结构逐步优化升级，服务业逐渐成为主导产业。从对经济增长的贡献率来看，2013～2017年，第三产业对经济增长的年均贡献率为52.8%，是推动我国经济增长的主动力。同时，2018年，战略性新兴服务业①首次被纳入国民经济与社会发展统计公报中，规模以上战略性新兴服务业营业收入为4.1万亿元，比上年增长17.3%。

（1）服务业结构不断优化，不断增强助推新动能加快成长。服务业融合互联网技术、大数据以及人工智能技术等，在电子商务、共享经济、物流、餐饮、金融、教育等多个服务业领域新型发展。战略新兴服务业、高技术服务业、科技服务业等新兴服务业发展强劲。"互联网＋"发展战略，互联网经济、数字经济、共享经济等新经济已成为推动我国经济增长的新动力、新引擎。2017年，规模以上服务业中，战略性新兴服务业、高技术服务业、科技服务业营业收入分别增长17.3%、13.2%、14.4%，如图5－24所示。

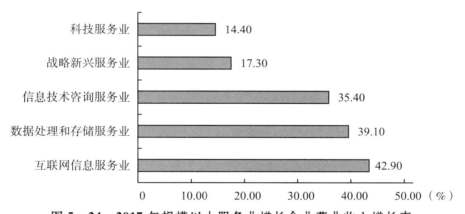

图5－24　2017年规模以上服务业增长企业营业收入增长率

资料来源：根据国家统计局相关数据计算。

（2）服务业对国民经济平稳运行的贡献不断增加。服务业是税收的主要来源、吸纳就业的主要渠道、新设市场主体的主力军、固定资产投资的主要阵地、对外贸易的新增长点，支撑国民经济健康发展，如图5－25所示。

---

① 战略新兴服务业包括节能环保产业，新一代信息技术产业，生物产业，高端装备制造业，新能源产业，新材料产业，新能源汽车产业七大产业中的服务业相关行业。

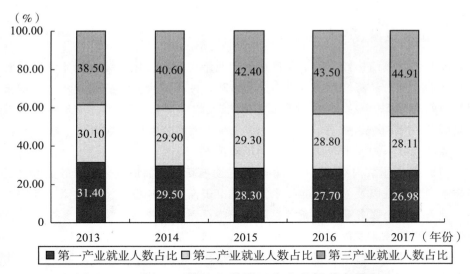

图 5 - 25   2013 ~ 2017 年全国三大产业就业人数占比

资料来源：根据国家统计局相关数据计算。

（3）从吸纳就业的规模来看，第三产业吸纳的就业人数不断增加。2017 年，服务业就业人员比重比上年提高了 1.4 个百分点，达到 44.9%，高于第二产业 16.8 个百分点。对于人均工资水平而言，第三产业的人均工资不断上升，增速比第一产业快 8.19 个百分点，较第二产业快 1.54 个百分点，如图 5 - 26 所示。

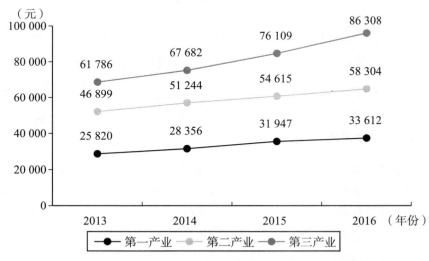

图 5 - 26   2013 ~ 2017 年三次产业的人均工资水平

资料来源：根据国家统计局相关数据计算。

中国商业/文化实践与理论

（三）业态结构、交易模式的演化

新业态新模式不断涌现。借助大数据与 AI 赋能，使得"互联网＋"与各行业深度融合，共享经济、平台经济等新业态不断涌现。特别是战略新兴服务业领域，依靠大数据与人工智能技术，进行线上线下的深度融合。

在经济发展新常态背景下，伴随着互联网的发展推动全球 3.0 进程，消费结构、方式与理念也处于深刻的变革当中，全球的传统实体经济发展遭遇天花板，这对于传统业态的转型升级发展提出了新的要求。我国提出的构建现代化产业体系，推动新产业、新业态、新模式的"三新"模式发展，促进新动能的不断增强，是我国进行调结构、稳增长的强大动力。

1. 传统业态寻求突破

传统零售营销渠道和交易模式落后。传统零售业主要由生产商，经过多级批发商，转至不同零售商，最后到达消费者的手中。流通效率低下，依然是以生产者的发展瓶颈。一方面，在消费结构转型升级的背景下，这样的分层营销渠道不能直击消费者的需求点，更不能满足消费者日益增长的关于品质化服务和个性化体验的诉求；另一方面，营销渠道的多层环节，使得每一环节的成本增加，信息不对称会更加严重，对于商品质量信息和价格的透明度较低。中国实体传统零售业发展处于初级阶段，流通效率整体偏低，缺乏顶级零售品牌；同时，全球零售发展脚步放缓，亟待寻找新的增长动力。

移动互联网电商的冲击。电子商务运用网络效应和信息交流平台，相对于传统零售行业的成本低、效率高、透明度高，其强大的扩张性和网络效应的外部性对传统零售行业带来威胁。2017 年全年，全国网上零售额 7.18 万亿元，比 2016年增长 32.2%。其中，实物商品网上零售额 5.48 万亿元，增长 28.0%。移动互联网的发展不断增强，手机网络购物成为众多网民的选择。截至 2017 年 6 月，手机网络购物用户规模达到了 4.8 亿，较上年增长 3 个百分点，具体如图 5 - 27所示。

互联网技术和新消费引领新变革。互联网技术的发展释放了巨大的经济与社会价值，推动全球化进入 3.0 时代。同时，对于大数据、智慧物流、互联网金融、平台化统一市场的新商业基础设施已经初具规模。在新消费者方面，消费者的数字化程度高，消费的贡献率不断上升。高端消费群体接近日韩水平，对于个性化、高科技和高品质的需求成为新的增长趋势，中国的消费结构正在发生转换。这些都需要传统业态进行转型升级。

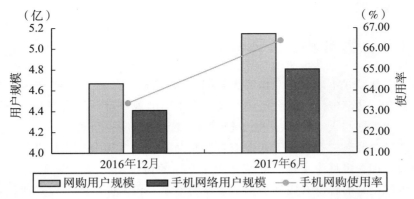

图 5 - 27　2016 年 12 月～2017 年 6 月网络购物规模及使用率

资料来源：中国产业信息网（www. chyxx. com）。

2. 电子商务引领风骚

（1）电子商务对经济的拉动作用日益突出。电子商务是消费增长的重要力量。2018 年 1～9 月，我国社会消费品零售总额 27. 43 万亿元，其中网上零售额总额达到 62 785 亿元，相比上年同期增长 27%，实物商品网上零售额在社会商品零售额中占比达到 17. 5%，同比提高 3. 5 个百分点。电子商务实物增长额占社会商品消费品零售总额增加额的比重日益增加，截至 2018 年 1～9 月，电子商务实物增长额占比已经达到社会零售总额的 44. 62%，这意味着每增加 1 元消费中，网络消费的贡献率达到了 44. 62%，是推动消费增长的重要力量，具体如图 5 - 28 所示。

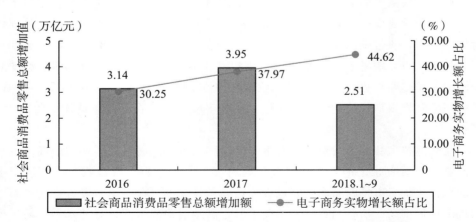

图 5 - 28　电子商务实物增长额占零售总额增加值的比重

资料来源：笔者根据相关资料整理。

中国商业文化实践与理论

（2）新零售与"新物种"爆发。商业模式的与时俱进不可避免，而"线上＋线下"的全渠道整合营销战略最近正被各大品牌火热提及。新零售的终极目标是实现线上与线下的整合式营销流程，旨在为顾客提供无缝式的消费体验，并使品牌在线下实体业务营运与线上数字业务应用的过程中实现收益最大化。在消费升级过程中，也是新零售与新物种爆发的时代，实体商业正不断寻求自我转型与升级，根植于成熟的新技术，越来越多不同领域的传统行业正在被"互联网＋"模式洗牌，基因重组出更具适应性的"新物种"，为线下商业提供全新的生活方式和体验，进行线下线上的深度融合。借助大数据与 AI 赋能，使得"互联网＋"与各行业深度融合，共享经济、平台经济等新业态不断涌现。特别是战略新兴服务业领域，依靠大数据与人工智能技术，进行线上线下的深度融合。2015～2017年，战略性新兴服务业营业收入年均增长 14.8%，高于同期规模以上服务业营业收入年均增速 3.5 个百分点。

3. 私人定制渐成潮流

随着消费结构的转型与升级，我国高端消费群体接近日韩水平，对于个性化、高科技和高品质的需求成为新的增长趋势，中国的消费结构正在发生转换。公众的个性化倾向不断增强，更加追求个体偏好的独特性和个性化的服务。

（1）消费者需求精准定位。基于大数据分析和互联网时代的技术革新，精准定位消费者需求，实现全息消费者画像。技术的革新促使新大卖场、便利店、电子商务、VR、智能终端、文娱互动、直播等无处不在的消费场景瞄准新消费的诉求，更加贴近消费者对个性化体现和服务的需求。

（2）新消费推动私人定制。消费诉求主要包括两个方面：一是功能诉求；二是体验诉求。以往的消费者主要需求关注点在于功能需求，要求符合价格偏好，性价比高，产品功能齐全，并且具有耐用性。而新消费的诉求中，体验诉求已占了一半的比例。消费者具有新的诉求，在商品方面，不仅要求更高性价比的产品组合，更加关注高品质，不仅有标准化的基本质量，也要有个性化，还要注重功能；在内容方面，重视社交体验，分享与交流，重视参与感，需要文化认同和价值认同；在服务方面，要求商品不仅具有商品服务属性，更要求贴心的个性化服务，定向的推荐，便捷的体验，全渠道无缝融合的不同场景……满足"内容＋服务"的体验诉求，成为新消费的主要阵地，更加注重个性化的异质性需求，增强消费者的认同感与参与感，进行私人定制的体验和服务。

（四）商业模式的创新

党的十九大明确提出，推进互联网、大数据、人工智能与实体经济的深度融合，在中高端消费、创新引领、绿色低碳、共享经济、现代供应链、人力资本服务等领域培育新增长点、形成新动能。"互联网＋"时代背景下，商业模式的创新价值体现了更大的优势。借助互联网与大数据、人工智能，实现产业链整合与跨界融合，实现共享经济的发展。通过互补性的社会资源合作，发挥优势资源，打造合作共赢的商业生态网络。

1. "互联网＋"重塑实体经济

"互联网＋"大背景下，大数据、AI、智能终端赋能实体经济。我国在现代化制造业、新型服务业部门，深入融合互联网技术、大数据以及人工智能技术等，在先进制造业、电子商务、共享经济、物流、餐饮、金融、教育等多领域新型发展。"互联网＋"发展战略，互联网经济、数字经济、共享经济等新经济已成为推动我国经济增长的新动力、新引擎。

"互联网＋先进制造业"的不断发展，引领中国制造。2017年10月，国务院常务会议通过《深化"互联网＋先进制造业"发展工业互联网的指导意见》，促进实体经济振兴和转型升级。工业互联网逐渐成为推动先进制造业深度发展，提质增效的关键。结合人工智能、大数据、物联网等新一代信息技术的智能制造技术，优化和引领中国制造，推动中国制造的产业变革，释放强大动能引擎。当前，我国智能化、信息化为新产业的发展注入源源不断的动力，工业高技术产业、工业战略性新兴产业保持较快增长，推动工业向价值链中高端发展。2018年第一季度，我国制造业加快转型升级。在新动能不断发展壮大的同时，传统制造业加快改造，高耗能行业产能有序缩减。2013～2017年，六大高耗能行业年均增速为6.4%，比全部工业低0.2个百分点。

互联网＋新型服务业，推动新型服务业发展。2017年，规模以上服务业企业中，与共享经济、数字经济密切相关的互联网信息服务业、信息技术咨询服务业、数据处理和存储服务业营业收入分别增长42.9%、35.4%、39.1%。战略新兴服务业发展势头强劲，详细信息如图5-24所示。

"互联网＋"新模式，重构传统实体经济商业模式。以零售业态为例，运用互联网与大数据，重构实体经济传统的人货场模式。互联网重塑实体经济，打通线上线下，全渠道、全链路、全数据支持。重塑高效流通链，在生产链进行数字化生产、数字化转型咨询和智能制造；在金融服务领域提供供应链新金融；在新供应链综合服务领域进行智能物流、数字化供应链等，满足新消费者的升级需求，精准提供商品，提供贴心体验服务。

中国制造在参与全球化竞争中，倒逼国内制造业逐渐向中高端转移，提升自主创新能力。在高端装备制造业领域，中国的高铁、航天、新能源汽车等取得了重大突破 2018 年 1~5 月，新能源汽车产量同比增长 85.8%，工业机器人增长 33.7%，智能电视增长 23.3%。在前沿制造领域，5G 应用、超级计算机、无人机等新型产业正在不断发展。在传统商业领域，新零售、全渠道电商平台也在不断深化。

2. 共享经济方兴未艾

我国共享经济领域发展热潮不断。根据国家信息中心分享经济研究中心与中国互联网协会分享经济工作委员会 2018 年 2 月发布《2018 年中国共享经济发展年报》中的定义，共享经济是指利用互联网等现代化信息技术，以使用权分享为主要特征，整合海量、分散化资源，满足多样化需求的经济活动总和。共享经济主要是通过互联网平台将商品或服务等在不同主体间进行资源所有者与资源需求者之间使用权共享，满足人们获得多样化使用价值的需求。

共享经济持续保持高增长，结构不断完善。2017 年中国共享经济市场交易额约为 49 205 亿元，比上年增长 47.2%。非金融共享领域（包括生活服务、生产能力、交通出行、知识技能、房屋住宿等）市场交易额约为 20 941 亿元，比上年增长 66.8%。金融共享领域市场交易份额为 28 264 亿元，比上年增长 35.5%。从各领域增速看，2017 年知识技能、生活服务、房屋住宿领域市场交易额增长最快，增速分别为 126.6%、82.7% 和 70.6%，如图 5 - 29 所示。

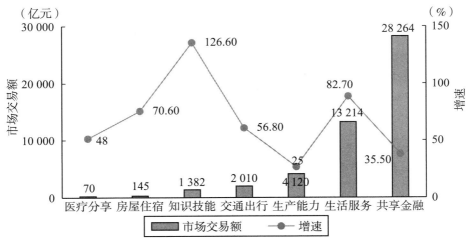

图 5 - 29　2017 年中国共享经济重点领域市场交易额与增速

资料来源：国家信息中心. 中国共享经济发展年度报告（2018）［N］. 经济日报，2018 - 03 - 02.

177

共享经济结构继续改善。非金融共享领域市场交易额占总规模的比重从2016年的37.6%上升到42.6%，而金融共享领域市场交易额占总规模比重则从2016年的62.4%下降到57.4%，下降5个百分点。从投融资市场情况看，2017年共享经济融资规模约2 160亿元，同比增长25.7%。其中，交通出行、生活服务和知识技能领域的共享经济的融资规模位居前三，如图5-30所示。

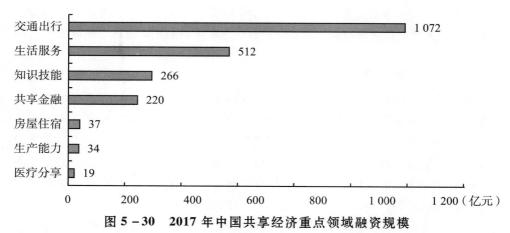

图5-30　2017年中国共享经济重点领域融资规模

资料来源：国家信息中心.中国共享经济发展年度报告（2018）［N］.经济日报，2018-03-02.

共享经济带来的活跃新产能，是创新驱动发展的要求。在移动互联网、物联网、大数据、云计算、移动支付等信息技术不断成熟和创新发展的时代，我国共享经济迎来了爆发式的增长。网约车、共享单车、在线短租、滴滴出行等一批创新型企业迅速成长，在各行各业，结合新需求，运用创新技术，依托现代化科技，进行创新驱动发展。值得一提的是，随着我国现代化产业体系的不断完善、供给侧结构性改革的不断深化，以及中国制造2025战略的深入实施，中国的制造业产能共享领域也在悄然兴起，以图重塑价值链体系。2017年制造业产能共享市场交易额约为4 120亿元，较上年增长25%，平台上提供服务的企业数超过20万家。传统的制造业开始整合各方面资源，依托现代化信息科技，基于新需求，重塑产业链，向个性化、网络化、服务化和柔性化转型。例如沈阳机床推出的iSESOL平台，航天科工打造的"航天云网"平台。

3. 跨界融合蔚然成风

随着互联网技术的不断发展，"互联网+"商业模式的创新发展经历了1.0时代至4.0时代的升级。经历了由"平台+免费"商业模式、"内容+社区"商业模式、"互联网+O2O产业链"模式，现阶段已经发展到"互联网+"4.0时

中国商业文化实践与理论

代，即"互联网+跨界生态网络"商业模式的创新，开启了全社会资源整合、全产业链生态发展模式。

"互联网+跨界生态网络"商业模式，是技术和新消费诉求的迭代产物。一方面，基于云计算与大数据的不断开放，如百度医疗云、金融云等。另一方面，各商业品牌也在积极整合优质资源，如阿里巴巴与苏宁易购等，通过跨界融合，整合优质资源，构建新型生态网络，延长产品线，拓宽涉入市场领域，提升服务体系，满足消费升级背景下人们对多样化、高附加值、高质量产品的诉求。

领先企业的生态化扩张是跨界模式的标杆。领先企业积极探讨平台化扩张，积极利用掌握的资源数据优势、技术优势，结合海量用户资源，通过与用户、金融机构、政府、高校及其他企业不同主体的协同互动，积极推动横向业务和跨领域合作，打造全链条生态系统。例如优客工场就提供一站式创新创业服务，除了提供办公空间共享，还打通721家服务商，涵盖财税、金融、人力、法律等服务，同时链接与创业教育辅导相关的人才、技术、市场和资源。截至2017年12月，优客工场与超过100个投资机构建立合作关系，平台上处于新兴和高增长行业的企业占比83%。美团点评也覆盖餐饮、电影、酒店、旅游、家政等多个领域。不断迭代与完善服务体系，满足用户一站式需求。

从商业领域来看，"商业+文化"（如K11购物中心）、"商业+健康"（如欧亚集团）等正成为跨界融合的新趋势。以商业+文化为例，由于消费的体验感、归属感以及情感认同越来越成为消费者的追求，商业与文化的结合便通过跨界的融合，使消费者在购物的同时，享受文化的熏陶和满足。例如K11购物中心，就将艺术·人文·自然三大核心元素融合，通过举办不同的艺术展览、多种类型的多维空间，让大众消闲或购物的同时，可欣赏到不同的艺术作品及表演，享受多元文化生活区，体验生态生活区的舒适与便利。与此同时，消费结构的不断升级，也使得健康、教育、医疗以及保险等发展型行业成为新的消费增长点。百度医疗云、欧亚集团等充分整合各自优势资源，将商业与健康融合。

未来"互联网+"时代，互联网渗透率不断提升，行业跨界融合更为深度。在大数据、云计算、人工智能等新一代信息技术应用不断深化的背景下，以及转变发展模式的改革需求下，优化产品服务，加快创新驱动，更加充分运用竞争优势，整合各自优势资源，合作共赢，共同构建生态商业系统。

五、商业理念的变革与创新

中国改革开放，开启了计划经济向市场经济的转变。国家从放权让利到建立社会主义市场经济体制，企业成为自主经营的市场主体，为商业文化的大发展提供了前提。随着市场环境从卖方市场向买方市场的转变和制度环境的逐步完善，中国商业理念也发生了巨大的变革与创新。回顾改革开放以来中国商业发展史上的关键事件，归纳中国典型企业的商业理念陈述，我们可以发现中国企业的商业理念呈现如下变化。

（一）从生产导向到顾客导向

"好的企业适应市场，优秀的企业创造市场。"德鲁克的这句话，为中国企业的市场观念转变做了一个非常精辟的注脚。

自20世纪80年代市场放开以来，传统国营企业走向没落，乡镇企业异军突起，鲜明的对比已经使得市场观念深入人心。企业意识到，经营不是有什么吆喝什么，而是要响应客户的需求，投其所好，才能生存下去。联想集团战略的确定就是这一体现。1987年，在公司是搞个人计算机还是研发大型计算机的争论上，柳传志说了这么一句话："联想未来的方向，不是我们定出来的，而是人家需要什么。因而，市场需求的导向是联想成长的前提。"1994年的倪柳之争，实质上是企业在"贸易""制造"与"技术"发展优先次序的斗争。最终，柳传志的胜出，使得"贸工技"战略得以落定。90年代中后期，这基本上也成为当时所有知名企业家的选择。

20世纪90年代后期，多种产品、多个产业由卖方市场转换到买方市场阶段，过剩和滞销成为普遍现象。此时，洞察客户潜在的需求就成为企业发展的金钥匙。企业家发现，客户的需求并不是通过访谈就可以问出来的。许多时候，客户也讲不清需要什么。然而，当你拿出他想要的产品时，生意很快就成交了。此时，以张瑞敏为代表的一批勤于思考而先知先觉的企业家，总结提出"发现市场""创造市场""引领市场"的观念。

21世纪开始后，顾客导向更是开始成为大多数中国企业的共识。"顾客是我们的衣食父母"这样一种具备中国文化特色的提法广为传播。企业不仅通过设立营销部门专门了解、研究、分析消费者的需要和欲求以及购买者的行为，还进一步将顾客引入企业的新产品开发活动中。众多企业围绕"顾客参与""顾客价值共创"的机制设计开始探索。随着产品复杂程度提高、用户需求日趋个性化，在新一代信息技术的助推下，服务型制造已成为我国制造业发展的新趋势。继高端化、智能化之后，服务化成我国制造业发展的新趋势。

（二）从价格竞争到价值竞争

长期以来，中国企业将价格作为市场竞争的利器。这有几个方面的原因。第一，消费者最为看重价格。在消费者有效购买力不足的情况下，首先要满足的是拥有核心商品的需求，而将品质放在第二位。第二，成长期的中国企业缺乏战略思维，往往是一哄而上，形成市场上过剩的同质化产品，只能将价格作为主要竞争手段。第三，中国企业起步晚，不掌握核心技术，在产品品质上短时间内无法与跨国公司进行正面竞争。事实表明，低价是最能引爆中国众多消费者需求的。以价格为主要竞争手段在各行各业中普遍存在。无论是在彩电行业，由长虹屡次发起的价格战；还是在 IT 行业，联想、方正等自主品牌电脑以价格对抗 IBM、惠普（HP）；又或是在家电零售行业崛起的国美、苏宁；又或是誓言"做世界上最便宜的车"的吉利汽车公司，其竞争策略都是依托鲜明的价格利器，迅速提高了市场占有率。即使是在国内拥有专利最多、以创新著称的华为公司，在起步时也是靠低价格，走农村包围城市的道路，在中国程控交换机市场更新换代的机会中，赢得了宝贵的初始资本积累。

中国企业的价格竞争策略，适应了中国市场很长一段时期的需要，加速了从服装、家电到汽车等主要消费品的普及。与之相对比，不少跨国公司在中国一度水土不服，在竞争中被本国的土狼所赶超。比如，美国通用电气公司的前首席执行官（CEO）杰克·韦尔奇在 20 世纪 90 年代初到中国时发现，中国顾客通常都倾向于买两元一只，用几个月就会坏且光源不是甚好的国产灯泡，而不会买 10元一只，光源好又可以使用一年不会坏的 GE 灯泡。

长期的价格竞争带来许多负面的影响。过度的价格竞争将企业的盈利空间压至底线，导致劣币驱逐良币的现象在许多行业上演。一方面，假冒伪劣产品层出不穷。无论是 20 世纪 90 年代初温州、晋江的皮鞋皮具，还是近年来相继出现的三聚氰胺事件、瘦肉精事件，都凸显出市场失范下过度价格竞争带来的惨痛后果。另一方面，由于价格竞争损害了行业利润，以及路径依赖，导致企业无法积累足够的资金用于投入研发，家电企业在 1999 年前后失去了最好的转型为技术型企业的机会。

价格竞争可以换来市场份额，但换不来品牌忠诚。幸运的是，已经有不少企业意识到价格战的不归路，开始选择差异化的战略路线。从拼质量，拼服务，到拼速度、拼形象，中国企业开始了由价格竞争向价值竞争的转型。

价值竞争首先表现在质量的竞争。早在 1980 年底，不少中国企业如海尔、万向、双星等确立了质量立企的路线。海尔砸掉 76 台有问题的冰箱，万向将 40 万的不合格品卖给废品站，确立了企业的质量文化，为向名牌产品过渡奠定了基础。如果说质量只是价值竞争的基础，那么在价格战背景下的标新立异，如海尔的"星级服务管理"，则是典型的价值竞争措施了。其后，交货期的竞争，客户投诉处理时间的竞争，尤其是响应客户个性化需求的新产品开发周期的竞争，成为价值竞争的另一个主题。"快鱼吃慢鱼"成为标志性事件。

围绕着品牌的塑造，价值竞争是一个可以无穷创新的领域。品牌形象竞争便是一个方兴未艾的主题。靠独特的品牌个性赋予产品以形象价值，从而获得超额利润，成为众多企业的选择。李宁公司是品牌形象竞争的典型代表。"人无我有，人有我优，人优我新"精辟地概括了中国企业营销观的转变，从低价加广告，到品质加品牌，价值竞争永无完结。

（三）从复制模仿到自主创新

我国于 20 世纪 90 年代开始实施"以市场换技术"的技术发展战略，希望通过出让部分市场换取我国产业技术的进步，然而 10 多年的实践证实，"以市场换技术"战略的实际效果与预期目标相去甚远。

实施"以市场换技术"战略的主要目标是通过开放国内市场，引进外商直接投资，引导外资企业的技术转移，获取国外先进技术，并通过消化吸收，最终形成我国独立自主的研发能力，提高我国的技术创新水平。应该说，该战略实施 10 多年来，对我国产业发展、生产能力和生产技术水平的提高起到了很大的推动作用。但是，外资企业获得了巨大市场份额，甚至垄断我国某些产业。我国企业在同外资企业的合资合作过程中，由于外资企业的品牌优势，使我国的一些民族品牌逐步消失，有名的例子包括"中华"牙膏、"熊猫"电子等。

同时，国内自主研发和创新能力的提高却进展缓慢，甚至在一些产业内形成了严重的技术依靠。比如，在中国加入世界贸易组织之前，近 16 年的汽车企业合资历史，带来的是长期以来的捷达、富康、桑塔纳老三样统领中低端市场，奥迪、奔驰统领高端市场，带来的是上海汽车牌子的消失，国内产量几乎全部由大众、雪铁龙、本田、通用等几家跨国公司投资企业的产量组成。中国汽车企业一直未能掌握核心技术，自主品牌并没有建立起来。

残酷的事实告诉中国企业，核心技术是买不来的。也正因为此，伴随着中国加入世界贸易组织，中国提出了国家自主创新战略，依靠自主创新，而不是引进技术成为许多中国企业的共识。

理念的引导，政府的扶持，使得我国企业的自主创新能力近年来已经呈现出良好势头。大凡具有国际竞争力的产业或企业，靠的都是自主开发的新技术。程控交换机是如此，杂交水稻是如此，航天、船舶产业也是如此。安徽奇瑞汽车公司，创建不过几年，就自主研发了轿车，而且在国际上拿回了大订单，超过一汽、上汽、东风，成为中国汽车出口量第一的企业。以中国工程院院士、中南大学原校长黄伯云领衔的课题组，二十年如一日，坚持自主创新，终于攻克了航空制动材料的制备技术难题，一举打破了国外的技术封锁，使我国成为继英、法、美之后第四个拥有该制造技术和生产该类高技术产品的国家。而在电信设备领域，华为更是依靠几十年如一日的巨额研发投入，建立起了世界第一的优势，成为5G时代的领跑者。在此背后，是华为坚持每年将10%以上的销售收入投入研究。

（四）从规模经济到速度经济

传统观点认为，企业只有"做大"，才能"做强"，"大鱼吃小鱼"是市场竞争的不二法则。这是因为单位成本随着经验曲线下降，大企业容易形成规模经济优势，通过成本领先战略淘汰小规模竞争对手，扩大市场份额和市场占有率。规模竞争有利于提高企业的市场地位和综合竞争力，为企业带来高额利润。20世纪90年代，倪润峰靠大量生产、大量分销，引领了家电业的潮流，在彩电市场占有率一路攀升，由1995年的22%猛增至35%，成为中国名副其实的彩电第一品牌。长虹之所以能够实施价格战，是因为采取大量生产和大量分销策略，增强了企业的采购议价能力，降低了单位产品的制造成本和分销成本，从而使长虹赢得了市场份额和高额利润。

进入21世纪以来，许多企业发现：高的市场份额，并不一定意味着高的利润。很多企业在扩大市场份额的过程中，虽然销量增长导致生产成本下降，但由于扩大市场份额的费用远高于生产成本的下降，再加上价格下降使单位产品利润减少，最后导致企业利润的降低。扩大市场份额费用快速增长的原因，一方面是市场扩大过程中，增加的营销管理人员由于缺乏经验或素质不高，使得费用失控；另一方面是企业扩大市场份额的行动引起竞争者激烈的反抗，例如提供更低的价格或发布更多的广告，结果是企业付出很大的精力与代价，销量却没有显著增长，或者销量增长了，利润却下降了。

事实上，企业的盈利能力受到很多因素的影响，当众多企业在红海厮杀时，第一个发现蓝海的企业就赢得了机会。在当今的互联网和知识经济时代，资本市场高度发达，"知识雇佣资本"替代"资本雇佣知识"成为新的法则。哪里有机会，资本就很快会在哪里重新组合，速度会转换为市场份额、利润率和经验。此

183

外，由于产品更新换代的速度大大加快，如果企业积累大量库存，在新产品出现后，这些库存很有可能迅速贬值。所以，在目前的市场竞争中，企业对顾客需求的响应速度成为竞争取胜的关键，"快鱼吃慢鱼"成为新的竞争法则。2000年左右，TCL正是通过"以速度冲击规模"的策略，在两年时间内全面超越长虹，成为彩电市场的领军企业。所谓速度，是企业对顾客需求的响应速度，也即产品通过生产、流通和消费三大领域的速度。TCL通过强化新产品开发和县区级终端销售力量，对产品款式不断推陈出新，对生产批量灵活控制，对老产品及时降价，引领了市场的节拍，成功阻击了长虹彩电进入消费领域，使长虹产品大量滞留在经销商手里。

显然，在知识和技术高速发展的互联网时代，"大鱼吃小鱼"的规模经济优势正逐渐被"快鱼吃慢鱼"的速度模式所取代。与其卷入红海的漩涡无法抽身，不如及时发现蓝海，以速度赢得机会和未来。而对于深处快速变革中的互联网公司，更是提出了以"试错"和"快速迭代"为关键词的竞争战略。承接速度经济的战略，越来越多的企业开始再造企业运营流程，在管理上给予基层充分的授权，并且广泛使用跨职能团队，以便更好更快地响应顾客需求。

（五）从经济责任到社会责任

20年来，中国企业开始在世界市场上崛起。央视2009年的一部纪录片《公司的力量》象征着中国企业影响力的扩大。影响力的增大意味着责任的增大。尤其在环境破坏、资源瓶颈、劳资冲突、海外围堵等深刻的社会矛盾问题下，中国企业正在感受到和意识到社会所赋予的责任。

2006年3月10日，国家电网公司首次对外发布企业社会责任报告，这是我国中央企业对外正式发布的第一份社会责任报告。2007年12月，阿里巴巴集团发布了国内互联网企业第一份社会责任报告。2009年3月，国务院国资委直属的合资企业上海贝尔发布了第一份企业社会责任报告。据中国证券报统计，截至2017年8月，已有797家上市公司发布2016年度社会责任报告。可见，"企业社会责任报告"发布已经蔚然成风，标志着企业的责任观由纯粹的经济责任向综合社会责任转变。

2017年2月8日，江苏省经济和信息化委等部门联合发布《江苏省企业社会责任建设指导意见》，明确了推进全省企业社会责任建设的总体要求、主要内容、工作措施和保障机制，标志着社会责任已经成为区域间经济竞争的重要关注点。2017年6月21日，肯尼亚中国经贸协会正式发布2017年肯尼亚中资企业社会责任报告，较为全面地展示了驻肯中资企业融入当地社会、带动经济发展和履责绩效。这也是第一份以中资企业协会为主体发布的国别社会责任报告。表明中国企业在"一带一路"建设过程中，高度重视社会责任的引领。

改革开放以来，对企业责任的认识可以分为三个阶段。20 世纪 80 年代初，企业社会责任是要减负。当时的国有企业，还没有完全从计划经济模式下走出来，员工能进不能退，企业是一个包括医院、学校在内的综合单位，担负着员工生老病死的责任。这种过重的社会责任束缚了企业的发展。通过主辅剥离和辅业改制减小企业的社会责任是改革的潮流。90 年代，企业责任在于赚钱。确立社会主义市场经济的目标以来，大批民营企业、三资企业成立，市场主体趋于多元化。本着矫枉过正的原则，许多企业提出不赚钱的企业不是好企业。企业的责任就是经济责任，通过整合资源，市场交换，实现资本价值的增值和社会财富的增加。社会，尤其是政府不可以对企业要求过多。2000 年后，从媒体、学术界到企业界，社会责任呼声越来越高。企业开始对自身使命进行重新认识。除了经济责任外，企业还应该对自身行为带来的外部效应负责，包括产品安全、员工健康、环保，甚至慈善等。

对于企业社会责任的内涵，以及对企业的影响争论较多。需要指出的是，一个企业社会责任水平并不等于该企业的慈善捐款排名。根据学者的研究结果，企业的社会责任可以概括为四个层次：经济责任、法律责任、员工责任、慈善责任。衡量一个企业社会责任的水平，亦应从低往高，要求逐级提高。

既有的事实证明，企业承担社会责任并不必然会带来经济利益的损害。我们可以预见，企业社会责任水平与企业的长期利益成正向循环关系。企业越有实力，承担社会责任能力越强；承担社会责任越多，越有利于企业的社会形象，越有利于企业对客户、人才、资本等优质资源的聚集。

第六章

转型时期制度变革的微茫与探索①

在中国共产党的领导下，我国改革开放走过了40年的辉煌历程，经济建设和社会发展取得了举世瞩目的成就，中国特色社会主义建设进入21时代。但是，我国仍处于并将长期处于社会主义初级阶段的基本国情没有变，经济、政治、文化、生态等领域仍存在许多深层次矛盾或问题，例如，社会信用体系建设尚待深入推进，诚信文化仍需普及和深化；产权保护不力，企业家精神仍不能充分释放；法治、公平、透明的营商环境尚不完善，制约了企业创新和市场活力；综合生产成本上升，企业成本优势削弱，等等。这些问题，有的是长期存在的老问题，有的则是在新形势下出现的新问题。尽管我国经济社会各领域的改革大方向基本明确，但在具体问题上仍存在"微茫"，如何通过深化改革来解决这些具体问题仍需要进一步探索和实践。

本章重点围绕法治如何护佑公平竞争，探讨如何建设法治化、国际化、公平、透明的营商环境；分析失信现象的产生原因，探讨如何构建现代社会信用体系；分析企业家成长环境建设与完善，探讨如何通过企业家精神的绽放促进商业创新和国家创新；分析中国商业文化现代化的基本要求，探讨中国文化传统的继承和中国传统商业文化的涅槃创新。在未来一定时期内，这几个方面的问题将是中国商业文化现代化建设需要面对的艰巨任务。

---

① 本章由刘文纲执笔撰写。

一、法治如何护佑公平竞争

法治是人类政治文明的重要成果，是现代社会治理的基本框架。法治社会的真谛在于：公民的权利必须得到保护，政府的权力必须受到限制和监督，与此相悖的就不是法治社会。

市场经济本质上是法治经济，法治不仅是公平竞争和市场活力的有力保障，也是消费者权益和市场繁荣的守护神。改革开放以来，我国依法治国的基本方略逐步确立，规范市场经济秩序的法律体系不断完善，促进市场经济发展和社会和谐的法治环境逐步形成。当然，依法治国还有漫长的路要走，特别是法治监督体系仍需要进一步完善，政府依法执政的能力有待进一步提高。进一步完善社会主义法治体系，是实现我国国家治理体系和治理能力现代化的关键任务。

（一）法治建设的轨迹与成果

1. 我国法治建设的轨迹

（1）中华法系源远流长。

中国是一个具有五千年文明史的国家，中华法系源远流长。早在公元前21世纪，中国就已经产生了奴隶制的习惯法。春秋战国时期，中国开始制定成文法，出现了自成体系的成文法典。唐朝时期，中国形成了较为完备的封建法典，并为以后历代封建王朝所传承和发展。① 但是，总体上看，中国过去几千年的皇权专制社会是以小农经济为基础的人治社会。人们曾追求"人治"的完善，将治国理想寄托于"圣人""明君"身上，但历史的车轮却一次次无情地碾碎了这一幻想。

中国土壤里并非没有过法治的种子。先秦时期法家的政治哲学思想就强调法律制度在国家治理中的权威地位。如代表人物商鞅主张"智者作法，愚者制焉；贤者更礼，不肖者拘焉"（《史记·商君列传》）。需要指出的是，儒法两家在人性假设和治理国家理念上表面上存在很大的差异，但实质上两家的观点有着内在的相同之处，即法家的"性恶论"与儒家荀子的"性恶论"接近，法家的"法

---

① 中华人民共和国国务院新闻办公室.《中国的法治建设》白皮书，2018–02.

治论"与儒家的"人治论"在本质上都是"人治"。与西方的"性恶论"和法治思想相比较，法家的"性恶论"的适用范围小于西方的"性恶论"，法家将君主以及高级别官吏排除在"性恶"的范围之外，而西方的"性恶论"则包括所有的社会成员；同理，法家的"法治"是"君权至上"的法治，而西方的"法治"则是"宪法至上"的法治。[①]

（2）近代中国的维新变法运动。

1840年鸦片战争后，中国逐渐沦落为半殖民地半封建的社会。为了改变国家和民族的苦难命运，一些仁人志士试图将近代西方国家的法治模式移植到中国，以实现变法图强的梦想。但是由于各种历史原因，他们的努力最终归于失败。

在近代维新变法运动中，戊戌变法最具代表性和影响力。戊戌变法，又称百日维新，是在晚清中国民族危机加深同时民族资本主义获得初步发展的情况下，以康有为、梁启超为代表的维新派人士通过光绪帝进行倡导学习西方，提倡科学文化，改革政治、教育制度，发展农工商业等的资产阶级改良运动。戊戌变法是一次具有爱国救亡意义的变法维新运动，是中国近代史上一次重要的政治改革，也是一次思想启蒙运动，促进了思想解放，对社会进步和思想文化发展起到了重要推进作用。

（3）新中国成立开启了中国法治建设的新纪元。

1949年中华人民共和国的建立，开启了中国法治建设的新纪元。1949年~20世纪50年代中期，是中国社会主义法治的初创时期，在这一时期，中国制定了具有临时宪法性质的《中国人民政治协商会议共同纲领》和其他一系列法律法令，对巩固新生的共和国政权、维护社会秩序和恢复国民经济起到了重要作用。1954年，第一届全国人民代表大会第一次会议通过的《中华人民共和国宪法》以及随后制定的有关法律，规定了国家的政治制度、经济制度和公民的权利与自由，规范了国家机关的组织和职权，确立了国家法制的基本原则，初步奠定了中国法治建设的基础。60年代以后，特别是"文化大革命"十年动乱，中国社会主义法制遭到了严重破坏。

（4）改革开放对法治建设提出更高要求。

20世纪70年代末，中国共产党总结历史经验，做出了把国家工作中心转移到社会主义现代化建设上来的重大决策，实行改革开放政策，并明确了一定要靠法制治理国家的原则。通过加强社会主义法制，使民主制度化、法律化，使制度

[①] 丁鹏，张锐智. 东西方基于人性善恶选择治理制度的比较 [J]. 辽宁大学学报，2011（5）：125－129.

和法律具有稳定性、连续性和权威性，使之不因领导人的改变而改变，做到有法可依、有法必依、执法必严、违法必究，成为改革开放新时期法治建设的基本理念。

20世纪90年代，中国开始全面推进社会主义市场经济建设，由此进一步奠定了法治建设的经济基础，也对法治建设提出了更高的要求。1997年召开的中国共产党第十五次全国代表大会，将"依法治国"确立为治国基本方略，将"建设社会主义法治国家"确定为社会主义现代化的重要目标，并提出了建设中国特色社会主义法律体系的重大任务。1999年，"中华人民共和国实行依法治国，建设社会主义法治国家"载入宪法，中国的法治建设揭开了新篇章。2014年10月，中共十八届四中全会又专题研究依法治国问题，会议通过了《中共中央关于全面推进依法治国若干重大问题的决定》，对全面推进法治中国建设提出明确要求。

2. 我国法治建设取得丰硕成果

中华人民共和国成立近70年来，特别是改革开放40年来，在建设中国特色社会主义的伟大实践中，法治建设取得了巨大成就。

（1）确立了依法治国的基本方略，法治文化逐步形成。

1997年9月召开的党的十五大报告中提出了"法治国家"概念，并将过去"建设社会主义法制国家"的提法，调整为"建设社会主义法治国家"，突出了"法治"的关键地位。1999年九届全国人大二次会议通过的宪法修正案规定："中华人民共和国实行依法治国，建设社会主义法治国家"。宪法修正案将依法治国作为《宪法》的第五条第一款，这是中国近现代史上破天荒的事件，是中华人民共和国治国方略的重大转变。

（2）社会主义法治体系不断完善，对权力的制约和监督得到加强。

第一，科学立法、依法立法、民主立法成为立法必须坚持的基本原则，立法质量不断提高，立法在表达、平衡、调整社会利益方面的重要作用逐步显现，立法越来越符合宪法精神并反映人民意志。

第二，法治实施体系不断完善。党的十八大以来，司法体制改革一直是法治中国建设的重点，甚至被认为是依法治国的突破点，特别是深化司法体制改革，已经成为建设高效的法治实施体系的核心和重要任务。据统计，党的十八大至十九大期间，习近平总书记先后主持召开了38次中央全面深化改革领导小组会议，其中28次涉及司法体制改革议题，至少审议通过了50个司法体制改革文件。

第三，法治监督体系逐步建立。法治监督的重点之一就是规范和约束行政权力。中共十八届四中全会《决定》明确了行政权力监督体系建设的主要任务，即

"加强党内监督、司法监督、审计监督、社会监督、舆论监督制度建设，努力形成科学有效的权力运行制约和监督体系，增强监督合力和实效"。为了确保国家监察全覆盖落到实处，党的十九大报告要求深化监察体制改革，成立监察委员会，制定国家监察法，实现对所有行使公权力的公职人员监察全覆盖。

第四，有力的法治保障体系逐步形成。中共领导是中国特色社会主义最本质的特征，也是社会主义法治最根本的保证。尤其是党的十九大提出成立中央全面依法治国领导小组，以此来加强党对法治建设的统一领导，这也是党中央深化依法治国实践最根本的举措。中央全面依法治国领导小组是对未来全面依法治国最大的组织保障。此外，不断完善党内法规体系，加强管党治党，也是建设社会主义法治国家的有力保障。

（3）规范市场经济秩序的法律体系日趋完备，促进经济发展与社会和谐的法治环境不断改善。

改革开放以来，在现行宪法基础上，我国制定并完善了一大批法律、行政法规、地方性法规、自治条例和单行条例等，中国特色社会主义法律体系基本形成。特别是，规范社会主义市场经济秩序的法律体系日趋完善，包括民事法律制度、市场主体的法律制度、市场管理的法律制度、宏观调控的法律制度、知识产权保护的法律制度、资源节约和环境保护的法律制度、对外经贸合作的法律制度等，这些法律制度对于促进经济发展和商业环境的改善起到了不可替代的保障作用。以市场主体的法律制度建设为例，我国市场主体的法律制度经历了以所有制为导向向以组织和责任形式为导向的立法转变，适应了市场经济对市场主体的基本要求。《公司法》《合伙企业法》《个人独资企业法》《商业银行法》和《农民专业合作社法》等法律，确认了各类市场主体的合法地位，保障其公平参与市场竞争。《企业破产法》建立了规范市场主体退出的破产制度。我国还建立了法律、财务、信息咨询等大批市场服务组织，完善了市场中介组织法律制度。

（二）法治是市场经济商业文明的坚实基础和守护神

市场经济本质上是法治经济；法治化进程最快最好的区域，会产生人才、资金乃至产业的集聚效应，大大有利于该区域的经济、社会发展，市场充满活力。

1. 法治是公平竞争和市场活力的有力保障

市场主体之间富有效率的竞争，是一个国家经济发展的原动力。在法治社会中，为了促进公平竞争和有效竞争，任何损害竞争、侵害消费者权益以及妨碍创新和技术进步的垄断协议、滥用市场支配地位行为都将依法严肃查处。

企业并购可能导致垄断并损害竞争，因此，对于企业并购行为，政府相关部门将根据反垄断法及相关规定，开展经营者集中反垄断审查，以有效防范通过并购获取垄断地位并损害市场竞争的行为。例如，2009年3月，中国商务部根据反垄断法否决了可口可乐公司对北京汇源饮料食品集团有限公司的收购案，这是我国在2008年8月反垄断法实施之后首次否决的外资收购案。

市场交易是市场经济中最经常的行为和现象，而市场交易最需要的前提条件就是交易的各方是平等的。虽然市场经济讲求的价值规律对于任何主体都是平等的，但是在具体的市场行为中，仅靠市场本身并不能实现市场主体的完全平等。这就需要能满足市场主体平等要求的一视同仁的法律制度，但仅有法律制度还不够，还要得到公正、有效执行。截至目前，我国仍有一些地方政府不能依法行政，严重破坏了法制化营商环境，导致市场竞争缺乏公平，投资者利益受到侵害。

2. 法治是消费者权益和市场繁荣的守护神

依法保护消费者权益，对于促进消费并发挥消费对经济发展的基础性作用有重要的意义。随着我国全面依法治国的推进，消费者权益必将得到更好的保护。

消费者权益保护是一个庞大的系统性法律工程，几乎与老百姓生活相关的内容都属于消费者权益保护的领域，如对造假售价者的处罚、对维权消费者的司法救济、对产品质量的监管等，这些远不止《消费者权益保护法》一部法律可以言尽，全面依法治国必然有助于消费环境的优化。

法治促进市场繁荣。法治通过提高失信者的失信成本和降低其失信收益，促进市场主体诚实守信，进而保护消费者权益并促进市场繁荣。法治通过保护专利权、著作权、商标权等知识产权，维护创新者创作者的合法权益和创新动力，进而促进更多的好产品源源不断地进入市场，让消费者有更多更好的选择。

（三）全面依法治国是中国特色社会主义的本质要求和重要保障

全面依法治国是关系中国共产党执政兴国、关系人民幸福安康、关系国家长治久安的重大战略问题，是"四个全面"战略布局的重要组成部分。党的十八大以来，以习近平同志为核心的党中央从坚持和发展中国特色社会主义全局出发，从实现国家治理体系和治理能力现代化的高度提出了全面依法治国这一重大战略部署。中共十八届四中全会又专题研究依法治国问题，并做出中共历史上第一个关于加强法治建设的专门决定，开启了中国法治新时代。改革开放以来，特别是党的十八大以来，全面依法治国取得了一系列重大成就。但是，确实还有一些短板，还有一些弱项，全面依法治国任务依然繁重。

1. 完善法律法规体系，提高立法质量

（1）完善以宪法为核心的法律体系。建设中国特色社会主义法治体系，首要的是完善以宪法为核心的中国特色社会主义法律体系。要维护宪法的尊严、权威，健全宪法实施和监督制度。坚持立法先行，坚持立改废释并举，加快完善法律、行政法规、地方性法规体系，完善包括市民公约、乡规民约、行业规章、团体章程在内的社会规范体系，为全面依法治国提供基本遵循。

要加强重点领域立法，及时反映党和国家事业发展要求、人民群众关切期待，对涉及全面深化改革、推动经济发展、完善社会治理、保障人民生活、维护国家安全的法律抓紧制定、及时修改。例如，互联网和实体经济的深度融合，引领了社会生产新变革，拓展了国家治理新领域，同时也对互联网领域立法提出了新命题、新要求。

（2）提高立法质量。要完善立法体制，深入推进科学立法、民主立法，抓住提高立法质量这个关键。要优化立法职权配置，健全有立法权的人大主导立法工作的体制机制，发挥人大及其常委会在立法工作中的主导作用，健全立法起草、论证、协调、审议机制，完善法律草案表决程序，增强法律法规的及时性、系统性、针对性、有效性，提高法律法规的可执行性、可操作性。为进一步提高人大及其常委会的立法工作水平，应增加有法治实践经验的专职常委比例，同时加强专门委员会和法制工作机构力量，提高起草和审议法律草案的能力。

2. 完善法治监督体系，推动依法行政和秉公执法

权力不论大小，如果不受制约和监督，都可能被滥用。习近平总书记指出："没有监督的权力必然导致腐败，这是一条铁律。"因此，全面依法治国，需要建立严密的法治监督体系。要以规范和约束公权力为重点，加大监督力度，加强党内监督、人大监督、民主监督、行政监督、司法监督、审计监督、社会监督、舆论监督，努力形成科学有效的权力运行制约和监督体系，增强监督合力和实效，做到有权必有责、用权受监督、违法必追究。

3. 深化司法体制改革，提高司法公信力

公正是法治的生命线。司法公正对社会公正具有重要引领作用，司法不公对

社会公正具有致命破坏作用。这就要求我们在实践中推进公正司法。所谓公正司法，就是受到侵害的权利一定会得到保护和救济，违法犯罪活动一定要受到制裁和惩罚。如果人民群众通过司法程序不能保证自己的合法权利，那司法就没有公信力，人民群众也不会相信司法。

推进公正司法，要重点解决影响司法公正和制约司法能力的深层次问题。我国执法司法中存在的突出问题，很多与司法体制和工作机制不合理有关，必须进一步深化司法体制改革。要从确保依法独立公正行使审判权检察权、健全司法权力运行机制、完善人权司法保障制度三个方面，着力破解体制性、机制性、保障性障碍，不断提高司法公信力，发挥司法公正对维护社会公平正义最后一道防线的作用。

二、一诺千金与现代诚信体系构建

市场经济不是一次性博弈，不是玩一锤子买卖，而是重复博弈。在重复博弈中，最重要的是名声，即别人是不是信任你。别人相信你，他就愿意买你的东西，和你持续做生意，签更多协议，你就可以赚更多钱。所以，诚实守信是市场经济中最好的声誉，是一个企业实现可持续发展所依赖的最重要的无形资源。

改革开放 40 年来，一些企业坚持诚实守信的经营理念，树立了良好的市场形象，企业获得持续发展；与此同时，在食品、医药、房地产、培训、电商等行业领域，诚信缺失或信用危机事件频频发生，例如"三聚氰胺"事件、"苏丹红"事件、"长生生物"事件等，严重扰乱市场秩序并侵害了消费者权益。改革开放 40 年过去了，我国现代诚信体系建设依然任重而道远。

（一）林林总总失信乱象与守信典范

1. 失信乱象高发、频发

（1）假冒伪劣如野草丛生。假冒伪劣是指商品冒用其他品牌进行伪造，或质量低劣。其中，假冒产品是指使用不真实的厂名、厂址、商标、产品名称、产品标识等，从而使客户、消费者误以为该产品就是正版的产品；伪劣产品是指质量低劣或者失去使用性能的产品。从广义上讲，假冒商品的内容与名称不相符，也属于伪劣商品的一种。假冒伪劣商品不仅让消费者蒙受人身的、经济的、精神的多重伤害，而且还严重损害名牌的声誉，侵犯企业的合法权益，危及企业的生存与发展。

我国从 20 世纪 80 年代开始打击假冒伪劣，取得的成绩也有目共睹。但人们在高兴之余，又觉得有点不是滋味，"打假"打了几十年了，年年把"3·15"当节日过，但是假冒伪劣现象并未根除，优难胜，劣不汰，恶性事件屡有发生。2008 年，"三聚氰胺"事件爆发，让中国消费者在很长一段时间里对国产奶粉失去信任。2018 年 7 月，又爆发了震惊全国的长春生物假疫苗事件，让国人对国产疫苗失去信心。根据原国家工商总局通报，2012～2015 年，全国工商和市场监管部门共立案查处侵权假冒案件 31.7 万件；捣毁制假售假窝点 10 622 个；依法向司法机关移送涉嫌犯罪案件 2 644 件，涉案金额 29.1 亿元。假冒伪劣商品的大量存在已经成为我国市场经济发展的一大公害。

（2）购物节"套路多"，失信现象严重。自 2010 年以来，伴随电商行业竞争日趋激烈，电商平台开始热衷于"造节"，"双 11"唱罢，"双 12"登场，来年又有"6·18"。购物节连轴转，商家们变着法儿玩打折、预售、秒杀、红包满天飞……可热闹之后，有不少消费者吐槽称"购物节套路多"。当然，更让消费者不满意的，是电商平台上充斥着各种各样的假冒伪劣商品，让消费者遭受多重伤害。

每年底，电商购物节扎堆，网购行业价格举报量屡屡突破历史前高，其中的举报主要涉及虚假折扣等问题，从先提价、后降价的老伎俩，到虚构原价、夸大宣传、优惠违约等新花样，商家失信现象大量存在。令人尴尬的是，这还是在原国家工商总局提前约谈主要电商平台强调不搞价格欺诈后出现的情况。一些电商巨头虽然已建立起各自的征信体系，但自己给自己当裁判，难免出现监管不严、打击不力的情况。说到底，电商也是商；要从商，就得先立信。那些不建"信用墙"、任由卖家忽悠消费者的电商平台，买家怎么可能一直上当。电商若不把好信用关，再盛大的狂欢也终将曲终人散。2017 年"双 11"期间，不少消费者对网购优惠心存疑虑，而一些折扣真、体验好的线下商场则迎来了顾客回流。

想走出这一困境，就需要打破电商在信用管理上的闭环。比如，政府作为外部力量，在失信联合惩戒上有强大的威慑力，倘若电商平台与政府共享信用信息，把价格波动、商品评价、失信举报等征信数据接入政府信用监管体系，将有效提高卖家的失信成本，使失信者处处受限。

（3）欠债不还有理，欠债不还有利。欠债还钱，天经地义！在我们的文化传统里，也有"好借好还、再借不难"这样的精神传承。但是在一段时间里，欠债不还有理、欠债不还有利却成为一种普遍现象，我国也变成了"老赖"的盛产国。在我国，"老赖"们的情况还非常复杂，除了个人，还有法人组织机构；除了明赖，还有暗赖；除了民赖，也有官赖。

为了惩戒欠债不还的"老赖"们，2017年12月，国家发布《关于印发对失信被执行人实施联合惩戒的合作备忘录的通知》，明确了要进一步限制"老赖"们的行动，让"老赖"们真正认识到一旦失信，寸步难行。该《备忘录》共提出八类55项惩戒措施，例如，"老赖"们不能在星级以上的宾馆、酒店等场所消费，想去旅游度假也将无法乘坐飞机、高铁等交通工具。据统计，截至2018年9月底，全国法院系统累计公布失信被执行人达1 212万人次，累计限制失信人购买飞机票1 478万人次，限制失信人购买动车高铁票524万人次；税务部门累计公布13 468件"黑名单"案件。

（4）一些地方政府失信，阻碍企业诚信体系建设。随着法治建设深入推进和社会监督力度不断加大，政府诚信建设有了很大进展。然而，一些地方政府部门失信事件仍时有发生，政府公信力和法律的公正性受到损害。政府部门的大多数失信行为，主要原因还是没将权力置于群众的监督之下，"官本位"思想依然严重。政府失信行为有多种表现，包括朝令夕改、出尔反尔、知情不报、拖欠债务、空头支票、"踢皮球"等。在一些地区，发布各类优惠政策作为招商引资的"蛋糕"，但由于政策优惠力度过大却无法兑现的案例比比皆是。

知情不报是政府失信的典型表现。知情不报，即对于公众关心的重大突发事件和社会热点，有的政府部门刻意隐匿不报，尤以责任事故为多。领导干部不敢担责是知情不报的重要原因，他们在面对突发事故时，往往选择先"拖"再"撇"，最好把责任撇少撇清。

"新官不理旧账"和"部门之间踢皮球"也都是政府失信的典型表现。"新官不理旧账"原来是指新上任的官吏对其前任经手的案件不会主动重申，更不会主动翻案，以避免给自己招来麻烦。当前，"新官不理旧账"不仅指对历史上发生的冤假错案不予理睬、不能及时纠错，更主要指的是现任政府对前任政府的决策无论正确与否均全盘否定、推倒重来，导致政策失去连续性，或者走重复建设的歪路。"部门之间踢皮球"则是指由于职责不清，政府相关部门在服务时相互扯皮推诿，导致百姓关切的问题久拖不决。这两种失信现象，都严重危害了政府的公信力。

2. 诚实守信典范立行业标杆

没有哪个企业不明白诚信对于立企、兴企的重要性，但在具体实践中差异却很大，关键在于企业能否在经营理念、模式和机制上保障并发展自己的诚信。在市场竞争日益激烈的环境下，一些企业经受住了考验并实现逆势上扬，究其原因，对诚实守信的坚守是主要的原因之一。这些企业中，既有经历百年发展历史的老字号，也有改革开放以来逐步发展起来的品牌企业；既有国有企业，也有民营企业。

（1）同仁堂：老字号企业对诚信的坚守。

我国有一批老字号企业历经沧桑巨变，仍长盛不衰，成为行业标杆。这些老字号之所以能够赢得良好商业信誉并实现可持续发展，坚持诚信经营是关键。同仁堂是它们中的代表。

同仁堂是我国中医药行业著名的老字号，国家首批非物质文化遗产，至今已有近350年的发展历史。三百多年里，同仁堂历经沧桑巨变，始终昌盛不衰。翻开同仁堂的历史，中华民族悠久的文化传统和美德熔铸于企业的生产经营之中和职工的言行之内，形成了有中药行业特色、独具魅力的同仁堂文化。济世养生的创业宗旨，同修仁德的敬业精神，货真价实的职业道德，讲信义重人和的行为规范，代代相传，流传至今，成为同仁堂绵延发展、永续经营的立业之道。

诚信者以质为本。同仁堂历代继业者始终恪守古训，将质量作为企业经营管理的重中之重，不敢有丝毫怠慢。这从同仁堂所用药材的选购就可以窥一斑而见全豹。同仁堂所用药材，一直坚持"取其地、采其时"的原则，讲求的就是地道二字：人参用东北吉林的，蜂蜜用河北兴隆的，白芍用浙江东阳的，大黄用青海西宁的，枸杞必用宁夏所产。

（2）海尔集团：真诚到永远。

从传统制造企业到拥抱互联网，海尔30多年走来，一直在做一件事，就是打造世界品牌。世界品牌，无信而不立，由企业之诺到企业与用户双方互信，无论是何种模式，无论处在何种时代，诚信都是海尔的安身立命之本。30多年前，一句"真诚到永远"曾经温暖了千百万用户和消费者的心，让海尔品牌成为中国制造的诚信标签。今天，海尔遵循一以贯之的商业精神，用互联网全然开放的姿态，用一种系统化的现代制造逻辑，构建了一个独树一帜而具普遍意义的诚信生态。

海尔的"真诚"是从30多年前的一次砸冰箱事件开始的。1985年，一位用户向海尔反映：工厂生产的电冰箱有质量问题。于是厂长张瑞敏突击检查了仓库，发现仓库中不合格的冰箱还有76台！当研究处理办法时，干部提出意见：作为福利处理给本厂的员工。就在很多员工十分犹豫时，张瑞敏却做出了有悖"常理"的决定：开一个现场会，把76台冰箱当众全部砸掉！而且，由生产这些冰箱的员工亲自来砸！听闻此言，许多老工人当场就流泪了……要知道，那时候别说"毁"东西，企业就连开工资都十分困难！况且，在那个物资还紧缺的年代，别说正品，就是次品也要凭票购买的！如此"糟践"，大家"心疼"啊！当时，甚至连海尔的上级主管部门都难以接受。

但张瑞敏明白：如果放行这些产品，就谈不上质量意识！企业不能用任何姑息的做法，来告诉大家可以生产这种带缺陷的冰箱，否则今天是76台，明天就可以是760台、7 600台……所以必须采取强制措施，必须要有震撼作用！因而，张瑞敏选择了不变初衷！

结果，就是一柄大锤，伴随着那阵阵巨响，真正砸醒了海尔人的质量意识！从此，在家电行业，海尔人砸毁76台不合格冰箱的故事就传开了！至于那把著名的大锤，海尔人已把它摆在了企业展览厅里，让每一个新员工参观时都牢牢记住它。1999年9月，张瑞敏在上海《财富》论坛上说："这把大锤对海尔走向世界，是立了大功的！"

（3）格力电器：工匠精神与诚信经营的统一。

2013年9月，由商务部、中宣部、国家发改委、工信部等十六个部委指导支持的"首届国家信用盛典——2013中国信用企业发布会"在北京举行，会上评选出首批20家"中国诚信典范企业"，珠海格力电器股份有限公司作为家电业的诚信典范企业位列其中。格力电器能够获得该奖项，不仅因为它在相关行业领域内取得了杰出成就，更因为它切实践行了工匠精神与诚信经营的统一，为中国企业诚信体系建设做出了卓越贡献。

格力电器自1991年成立以来，始终坚持"自我发展、自主创新、自有品牌"的经营发展思路，以"缔造全球领先的空调企业，成就格力百年的世界品牌"为发展愿景，不断努力前行，为"中国创造"贡献了自己的力量。自1995年以来，格力空调已连续22年产销量、市场占有率位居中国空调行业第一。

格力电器能够实现持续快速发展，体现了工匠精神与诚信经营的统一。工匠精神是中国制造前行的精神源泉，是企业竞争发展的品牌资本，是员工个人成长的道德指引。格力电器股份有限公司董事长董明珠认为，格力的工匠精神，就是做好每个细节，给消费者带去最满意的产品；再进一步，就是对自己的挑战，要不断给自己挑刺，找自己的麻烦，对产品要追求完美，最终达到与消费者需求的无缝对接。

在董明珠和格力电器人眼里，诚信是工匠精神的核心。一般而言，我们总是把工匠精神理解成敬业的态度和精湛的技术，这些当然没错，但如果没有诚信这个核心，总是想糊弄别人，总是以盈利为目标，又焉能耐住寂寞提高技术？即便有了先进技术，又焉能为消费者提供货真价实的产品和服务？所以，董明珠在"2013中国信用企业"颁奖会上说："做企业，做产品，首先要从做人开始，做一个诚信的人，这样才能做一个诚信的企业，打造一个有信誉的产品。"

（4）古井集团：百年不变的承诺"好人酿好酒"。

作为全国知名大型白酒企业，古井集团深入践行以"做真人、酿美酒、善其身、济天下"为核心价值观的"贡献文化"，在做好美酒经营企业的同时，立德扬善，积极履行企业社会责任，努力做有责任、有担当、有爱心、有奉献的企业。古井集团核心文化价值观中的"做真人"与诚实守信的经商之魂不谋而合。在古井集团，每个员工手中都有一本《古井企业新理念解读》手册，从中可以看出，"做真人"即老老实实做人、踏踏实实做事、实实在在做市场，来不得半点虚假。这正是古井集团的立身之本。

对于一个白酒企业来说，最根本和最重要的就是要保证产品品质，向消费者提供最真最纯的优质美酒。在酿酒生产中，古井集团弘扬"三个坚决反对"的传统，即坚决反对大糠大水，坚决反对任何添加剂，坚决反对任何假数据，从根本上保证产品的优质稳定。古井集团实行独具特色的"135精益质量"管理模式，2015年该模式被国家工信部认定为"工业企业质量标杆"，是质量管理方面中国白酒业唯一入选企业。

此外，古井集团还从体系建设、质量管控、活动开展等方面提升企业经营的诚信度。2013年，古井集团在行业内率先建立了诚信管理体系，并通过中国轻工业联合会审核，成为安徽省首批诚信管理体系试点企业。2014年，古井集团承办以"质量、诚信、品牌"为主题的"建设质量安徽企业在行动"活动，发布质量诚信承诺书，制定《古井贡酒"建设质量安徽，企业在行动"2014年计划》。2015年，古井集团被中国质量检验协会评为"全国质量诚信标杆典型企业"，被安徽省消费者协会授予"诚信单位"荣誉称号。

再好听的企业文化标语，如果不能融入员工内心，不落实到具体行动，那就是一句空话。古井集团正是用"善其身"引领员工队伍建设。"善其身"就是严格要求自己，守规守矩，不断完善自我，提高自我。古井集团不仅对企业文化进行多渠道、常态化地宣传，还通过形式多样的活动让企业文化内化于心，外化于行。如古井集团首创"感恩馆"，对企业发展做出特殊贡献的优秀员工及社会人士都可以在馆内找到自己的陈列；连续举办"感动古井""十大杰出青年""星级党员"等人物评选活动。

古井集团核心文化价值观"做真人、酿美酒、善其身、济天下"虽然只有12个字，但却包含了人类对于真善美的永恒追求，它把做人与做酒、做企业、做公民有机结合起来，既是对传统文化的继承，又是对社会主义核心价值观的践行，也是古井人对未来的美好向往和崇高追求。

（二）传统的"一诺千金"为何变得一文不值

信用是市场经济的基石，没有信用就没有市场经济。但是，改革开放以来，我国经济社会各领域的失信现象呈现出不断增多的趋势，信用缺失已成为我国经济社会发展的"软肋"。信用缺失受诸多因素影响，政府职能错位、缺位及其行为不规范；法治不健全，失信成本低，或者守信收益小；信用体系建设不完善；诚信道德教育不普及不深入等，是信用缺失的主要原因。当然，社会处于转型期，建立与市场经济相适应的信用体系和信用秩序是一个长期过程。

1. 市场监管机制不健全不规范，监管不到位

政府职能越位限制市场监管机制建设。虽然我国已进行了一系列市场化取向的改革，但由于长期受计划经济影响，政府尚未完成从市场参与者向市场监管者的角色转变。一些地方政府或行政主管部门过度干预企业行为或者在问题面前推卸责任，这严重削弱了市场功能的发挥和市场法则的权威，公平竞争的市场秩序被破坏。

从制度设计上看，我国市场监管长期采用行业主管部门监管和综合监管部门监管相结合的模式。从现实执行的效果来看，还存在不少问题。

（1）监管机构设置分散，部门中心主义严重。市场监管机构设置分散，导致部门、行业立法不一，政出多门，各自执法、重复执法现象比较严重。一旦问题出现，部门和行业监管都从部门中心主义出发，按各自的执法标准和规范进行调查处理，使原本应保持统一连贯的执法行为变得杂乱无章、相互冲突，影响监管效率。

（2）各部门权力横向配置不清晰，市场监管边际效益递减。现代经济产业链条的复杂性，使得商品生产、流通、消费等环节无法严格分开，导致监管主体与监管对象在理论与现实上的错位。一些关系民生的行业，如电信、金融、医药等，都有专门的行业监管部门，而工商、质检、食药监、安监等部门对这些行业的一些经营行为也有规制职能。因而，在监管实践中，经常出现执法交叉，既有重复监管，又有监管空白，造成执法资源的重复和浪费，导致市场秩序治理边际效益递减。

（3）缺乏完善的协同机制及社会参与机制。监管部门横向协同机制缺失，各部门独立执法，各自为政，部门利益冲突，信息难以共享，执法配合难以完成。地区之间合作执法机制缺失，地区分割的治理体系使许多跨地区违法经营行为难以得到及时有效的处理。责任追究制度不明确，绩效评价体系不科学，造成监督

失效或盲目问责，难以对市场主体形成有效的制度约束。社会参与机制不健全，社会治理力量没有得到充分利用，官民协同的社会参与机制尚未完全建立。

2. 企业产权制度不健全，无法形成稳定预期

孟子曰："人无恒产，则无恒心。"信用的实质是一种财产关系的交换，只有交易双方具有明晰、独立的产权，才能开始进行信用交易。但是，我国企业，无论是国有企业，还是民营企业，均存在企业产权制度不健全、不合理的问题，进而影响信用机制的形成。换句话说，企业产权制度不健全、不合理是导致我国企业信用缺失的深层次制度性原因。

（1）国有企业产权不清，国有资产保值增值无明确责任者和监督者。党的十四大以来，国有企业产权制度改革一直是各级政府的一项重要工作；然而时至今日，国企改革目标仍未能全面实现，产权不清晰、内部人控制的问题仍未得到根本性解决。由于国有企业是国家所有，受国家保护，不用担心因不讲信用而影响到自己的生存；所以，国有企业容易滋生不讲信用的行为，"欠债不还有利"自然会成为国有企业的理性预期。

（2）民营企业缺乏稳定预期和科学的治理结构。民营企业虽然有明确的产权所有者，但所有者担心产权得不到有效保护，加之经常变化的政策环境，使得民营企业家无法形成相对稳定的预期。此外，民营企业在产权方面还存在一个共性问题就是家族企业问题。家族企业往往缺乏科学的治理结构，企业所有权和经营权大都掌控在家族成员手中。这既不利于企业信息的披露力度和真实性，也不利于提高企业的市场竞争力、履约能力及信用意识。在这种情况下，民营企业往往不会为了守信带来的长期利益而拒绝眼前利益的诱惑，追求短期利益成为最优选择，信用机制自然也难以形成。

3. 社会法治不健全，失信成本低

（1）我国当前诚信缺失现象严重的一个重要原因，是社会诚信的法律约束不足，即失信惩戒机制不健全。在现实生活中，失信行为不能受到应有的惩罚，缺乏有效的惩戒机制，造成失信者有利可图，即失信成本低。社会尚缺乏相应的风险评价机制，诚信的企业和个人甚至被视为"傻子"，诚信者的诚信成本反而加大，这就助长了失信者的气焰，在失信惩戒机制不健全、道德约束力有限的情况下，人们往往会追逐利益最大化，甚至不惜损人利己，进而形成"劣币驱逐良币"的局面。

（2）酌情执行的法律法规太多。既然法律法规都可以打折扣，可以酌情实施，那么又如何取信于民，如何做到"有法必依、执法必严、违法必究"？比如

《劳动合同法》，从政府机关的编外人员到企业用工，有多少单位能够老老实实、规规矩矩地签订劳动合同？又有多少企业能够按规定为农民工缴纳社会保险？既然法律法规都可以酌情执行，既然政府可以成为拖欠工程款的大户，既然政府部门的职责模糊不清，社会失信的问题可以想象，只能越来越突出。地方政府行政干预过多，是导致执法不力、法律的正义性受到破坏的重要原因。

4. 社会信用体系发育不良，信息不对称

我国尚未建立健全与发达市场经济相适应的作为信用体系基础的信用记录、信用组织和监督制度。我国对企业信用及经营者经营行为的记录和监督分散在工商、税务、银行等不同部门中，尚未形成体系，既难以形成完整的信用记录，也无法进行有效监督。而对个人经济行为的记录和监督，目前基本上还是空白，这不仅影响了个人信用的发展，同时也无法提供企业和社会评价个人承担经济责任能力的依据。由于企业和个人信用登记、信用评估、信用担保、信用监督等一系列制度尚不够完善甚至缺失，各市场主体在业务往来中对信用的发展、甄别和信用风险防范异常困难。市场经济主体之间的信息不对称，给失信和欺诈提供了可能。

此外，信用服务中介市场供需不足的问题依然严重。一方面，信用服务的社会需求不足，企业使用信用产品的意识普遍淡薄。另一方面，目前国内仍缺少有实力的能够提供高质量信用服务的机构或企业，整个诚信中介服务行业的培育缺乏健康发展的市场环境，中介服务的市场化程度有待提高。

（三）现代诚信体系构建时不我待

1. 加强社会信用体系建设，健全信用监管

社会信用体系建设包括政府信用、企业信用、个人信用三大块，三方面相互影响、相互制约。因此，要为企业信用体系建设创造良好的环境，就必须提高政府的信用意识和信用能力，提高社会公众的信用意识和信用能力。政府信用是社会信用的基石，包括执法效率、执法公正、执法能力等；个人信用包括公众的基本素质、知情权的保障、正义感和维护正义的能力等。

社会信用体系中，最关键、最活跃的还是企业信用。企业信用体系建设是一项复杂的系统工程。它应在政府的推动下，通过社会各方的密切配合，逐步建立和完善适应市场经济发展要求的、符合国际标准和我国实际的法律法规、评价技

术和标准、组织形式以及相应的管理制度等。从组成要素看，企业信用体系至少应包括以下内容：一是与企业信用有关的法律法规的建立和执行，包括信用信息采集、使用的法律法规和违规行为的惩罚机制的建立和完善；二是征信企业合法的市场化运作和征信资料的开放；三是政府或第三方机构对信用交易和征信企业的管理监督。

2. 加快市场主体信用信息平台建设

对于信用信息的消费者来说，最重要的是通过畅通的信息系统来了解市场主体的信用状况，并做出其是否能够履约、履约能力如何的判断。因此，只有把信用状况统一集中到同一个能够方便查询的信息平台上，才能满足信用消费者的需求。企业信用信息平台是企业信用信息汇集的关键节点，是社会各方共同参与企业信用监督、获取企业信用服务的重要载体。

企业信用信息平台建设需要突破"信用信息孤岛"，即通过建设跨部门的信用信息共享平台，实现部门之间的信息共享和互联互通。为推动市场主体信用信息归集和共享，省一级政府应加快建设与公共信用信息归集和使用管理有关的法规制度。

为满足市场化大规模应用的需要，应夯实信用信息平台软硬件设施建设，主动开展适应"互联网＋信用"的服务模式创新，提升服务能级，加大对符合条件的信用服务机构、商业银行、信用保险机构等的支持力度，完善数据归集、查询应用、质量评估等统计分析功能，开发并拓展信用信息平台移动端布局及客户端。

深入开展区域合作。推动长三角、珠三角、京津冀等区域法人和自然人信用信息平台共建共享，以重点领域、重点应用涉及的信用信息事项为突破口，协同研究区域性信用信息共享查询的管理机制、数据标准、系统架构等，在深化区域协同发展的同时，不断拓展与其他省市信用平台的合作。

3. 良法善治：法律法规应体现"三升三降"的立法思维

诚信社会与法治社会互为表里，相辅相成，密不可分。一方面，诚信社会有助于推进法治社会建设；另一方面，法治是诚信社会的根基，没有法治社会，就没有诚信社会。因此，全面建设诚信社会离不开法治建设。

依法治国的核心是：科学立法、严格执法、公正司法、全民守法。概括起来就是四个字：良法善治。其中，良法是善治的前提；换句话说，科学立法是构建诚信社会的前提。有法律，未必有法治；无良法，必无善治。为确保立法的科学性，应坚持开门立法、民主立法、透明立法、精准立法的原则。

中国人民大学法学院教授刘俊海认为，任何诚信友好型法律法规都要体现"三升三降"的立法思维。一是提升失信主体的失信成本，大幅降低失信收益，确保失信成本高于是失信收益；二是提升守信主体的守信收益，降低其守信成本，确保守信收益高于守信成本；三是提升受害主体的维权收益，降低其维权成本，确保维权收益高于维权成本。

三、沙泥俱下鱼目混珠与怀瑾握瑜货真价实

假冒伪劣商品的大量存在已经成为我国市场经济发展的一大公害。中商产业研究院发布的 2018 年 6 月婴幼儿奶粉品牌竞争力排行榜显示，前十大上榜品牌中仅有两款是本土品牌，前五大品牌则全部是进口品牌。足见 11 年前（2008年）发生的"三聚氰胺"事件和之后不断曝光的食品安全问题给行业带来的伤害之大、影响之久。选择"用脚投票"的中国消费者对外资品牌的依赖度在这11 年内不断上升；而且，消费者对外资品牌的"迷恋"正在从一二线城市向三四线城市蔓延。如何防范假冒伪劣和保障质量安全，不仅是关系到人民群众切身利益的大事，而且关系到我国市场经济的可持续发展。

（一）"假冒伪劣"为何如野草丛生

如果一个社会当中，对个人来讲利人不如损人，君子（利人又利己者）一定竞争不过小人（损人利己者），社会中的小人就会越来越多，而君子就会越来越少，那说明什么？说明制度出了问题。这个时候最应该做的是什么？是改变制度，通过改变制度，使更多人成为君子而不是小人。

1. 对制假售假者的惩罚力度不够严厉

对涉假行为的法律规定，许多国家奉行严刑重典。例如美国，初犯会判 10 年以上的监禁，重犯 20 年以上，公司会罚到破产，连携带使用假货的个人也会面临拘禁，如此才有了今天美国的创新环境。

当前，我国法律对制假售假惩罚力度明显不够严厉，违法成本极低但获利丰厚，一定程度上导致假冒伪劣猖獗。根据我国《刑法》规定，制假售假案值 5 万元以上才会负刑事责任；涉案金额 5 万元以上不满 20 万元的，处二年以下有期徒刑或者拘役；涉案金额 20 万元以上不满 50 万元的，处二年以上七年以下有期

徒刑；涉案金额 50 万元以上不满 200 万元的，处七年以上有期徒刑；金额 200 万元以上的，处十五年有期徒刑或无期。

阿里提供的数据显示，2016 年全年，阿里巴巴平台治理部共排查出 4 495 个销售额大于起刑点（涉案价值 5 万元）的制假售假线索。3 个月后，通过公开信息能够确认的已经有刑事判决结果的仅 33 例；从这 33 份判决书发现，涉案 47 人，但判缓期执行的有 37 人，比例高达 80%。① 由于网络市场交易的特殊性，使得执法机关对案件定性难、定量难，立案和进入司法程序更难。

近年来，我国最经典的司法进步就是治理酒驾。假如没有"酒驾一律拘留，醉驾一律入刑"的严刑峻法，今天中国不知要多出多少马路杀手！假如中国能够像酒驾治理一样，对制假售假行为实行严刑峻法，中国的知识产权保护现状、食品药品安全现状一定会发生翻天覆地的变化。

2. 企业信用体系不完善

完善的企业信用体系是实现诚实守信者获利、违约失信者失利的重要条件，但目前我国有关企业信用的信息登记和归集、信用评价、信用担保、信用监督管理等一系列制度尚不完善甚至缺失，导致各市场主体在业务往来中对信用的发展、甄别和信用风险防范异常困难，进而给失信和欺诈提供了可能。

企业信用信息不能及时归集并实现共享，是我国企业信用体系不完善的重要表现。目前，我国企业信用信息散落在财政、税务、工商等部门及行业协会。很多政府部门和管理机构虽然掌握着本领域、本行业的企业信用信息，但相互缺少共享和交流，使得信息价值打了折扣。要让信息物有所值，就必须搭建沟通信息的桥梁，即建设跨部门的信用信息共享平台，实现部门之间的信息共享和互联互通。

3. 监管不到位和执法力度不够

"三聚氰胺"事件、问题疫苗事件等质量安全事件不仅与生产经营者追逐暴利、违反国家生产标准和质量管理规范、挑战道德和良知底线有关，也暴露出了地方政府和监管部门失职失察、监管不到位、执法力度不够等监管漏洞问题。其中，监管漏洞的发生不仅与法律法规不完善、监管责任不清晰有关，也与监管队伍不健全、职业化和专业化程度低进而形成的监管部门被动监管有关。

监管责任落实不到位，与长期形成的被动监管局面有关。监管对象数量多，而有资质的监管人员少，这是队伍建设问题。既然有资质的人员少，就应该加强

---

① 阿里排查发现 4495 条涉刑制售假线索 ［N］. 法制日报，2017 – 03 – 20.

招录和培训进而扩充监管人员队伍。此外，为了防止监管漏洞，有必要完善"质量监管漏洞责任追责机制"，对造成重大责任事故的漏洞，要追究监管责任者的失职责任。

4. 消费者维权成本高，维权的渠道不畅

从消费者角度看，假冒伪劣能够长期存在的原因主要有三个方面：一是消费者相关产品知识缺乏（信息不对称），受到生产经营者的欺骗，被动地购买假货。第二，消费者同样作为理性的经济人，为了自身利益最大化，主动购买假货。第三，维权成本高，维权的渠道不畅，挡住了消费者的维权之路。

可以说，维权成本高已经成为消费者不能承受之重。导致消费者维权成本高的原因有两个方面：一是消费者维权付出的金钱、时间、人力等成本过高。为了维权，消费者可能需要先垫付数千元的质量鉴定费。二是消费者能得到的赔偿相对较低，导致消费者维权往往得不偿失。降低消费者维权成本也需要从这两方面入手。一方面，要尽可能缩短消费者维权的流程，简化程序，降低维权的时间和人力成本；同时，尽量降低甚至免除消费者维权所需的鉴定费用，或者规定由商家承担相关鉴定费用。另一方面，切实提高造假者对消费者的赔偿额度，使消费者能够获得高于其维权成本的赔偿，进而提高消费者维权的积极性。

（二）建设政府主导、第三方参与的商品（服务）质量监管保障体系

1. 推动出台重要产品追溯管理制度，加快构建重要产品质量安全追溯体系

应用现代信息技术，加快建立职责明确、协调联动、运转高效的产品质量安全追溯体系，实现农产品、药品、奶粉等重要产品源头可追溯、流向可跟踪、信息可查询、责任可追究，是防范假冒伪劣、保障公众消费安全的重要举措。

为推进重要产品质量安全追溯体系建设，2015 年，国务院办公厅下发了《关于加快推进重要产品追溯体系建设的意见》。根据该《意见》，我国产品质量安全追溯体系的建设应坚持政府推动与市场引导相结合，明确政府、生产经营者、社会化服务机构的职责定位，调动各方积极性；坚持统筹规划与分步实施相结合，做好顶层设计和整体规划，开展先行试点，分布推广应用；应坚持部门间的协调配合，建立追溯管理与市场准入衔接机制，保障追溯体系全程可控、运转高效。

构建产品质量安全追溯体系，需要建立健全追溯管理运行机制，明确产品质

量追溯要求，统一追溯标识，规范追溯流程，健全管理规则，完善追溯管理与市场准入的衔接机制。应鼓励各地制定重要产品质量安全追溯管理地方性法规，建立主体管理、包装标识、追溯赋码、信息采集、索证索票、市场准入等追溯管理制度，促进和规范生产经营主体实施追溯行为。

落实生产经营主体的追溯责任。产品生产经营者应按照国家平台要求，配备必要的追溯装备，积极采用移动互联等便捷化的技术手段，实施产品扫码交易或验卡交易，如实采集追溯信息，实现信息流和实物流同步运转。鼓励和引导有条件的生产经营者实施农产品包装上市，实施追溯标识，确保农产品可溯源。有条件的地区可由政府统一配备必要的追溯装备设施。

2. 明确网络平台的主体监管责任

近年来，伴随网络零售、网约车、网络订餐、网络直播等平台经济的迅猛发展，通过平台对消费者进行欺骗欺诈甚至危及消费者生命安全的问题日益严重。为了获取更多流量或交易额，平台经营者放任入驻商户的违法行为已成为一个不争的事实。

为了维护消费者合法权益，不仅政府监管要到位，互联网平台也应积极承担主体责任，通过事前、事中、事后的商户全生命周期监管措施，加强对入驻平台服务提供者的审核和管理，提高对用户的服务水平。平台在日常处理客户投诉的同时，应加强与市场监管部门的沟通联系，增强对投诉举报信息的分析处理能力，进而提高风险处置能力。

四、企业家群体的成长与企业家精神的绽放

市场经济，本质上就是企业家经济。企业家群体是社会的宝贵资源，创新是企业家活动的典型特征。在经济发展新时代，要完成我国经济社会结构转型的艰巨任务，必须把弘扬企业家精神、发挥企业家示范作用、造就优秀企业家队伍提升到更加重要的地位。诚如商业精神的发展离不开经济大环境，企业家精神的繁荣也不可能凭空而来，需要建立一套孵化企业家精神的生态系统。

（一）企业市场主体地位的缺位与补位

加快培育优秀企业家队伍，对于增强我国科技创新能力、实现经济高质量发

展具有重要意义。大力发展民营经济，培育优秀的民营企业家是壮大我国企业家队伍的基本途径，是推动我国商业文化现代化建设的重要途径。在深化国有企业改革的基础上，国有企业也能孕育出优秀的企业家。

1. 大力发展民营经济，尊重民企市场主体地位

改革开放 40 年来，我国民营经济不断发展壮大并已成为社会主义市场经济的重要组成部分；特别是在市场竞争比较激烈的领域，民营企业发挥主力军的作用。但受市场准入、审批许可、融资投资等体制机制问题的制约，民营经济在技术创新、繁荣市场、创造就业机会等方面的作用尚未得到充分发挥，民营企业家的培育和成长也受到限制。甚至，在一些时候还出现了"民营经济离场论""新公私合营论"等不符合党的大政方针的错误言论。

虽说全国各地都在鼓励和支持民营经济的发展，但民营企业的市场主体地位尚未得到应有的尊重。特别是，民间资本进入部分领域仍存在"玻璃门""弹簧门"现象，工商注册便利化水平仍不够高，行政审批环节多，以及一些领域虽然支持民间资本进入，但却只有指导性意见，缺乏操作性的具体配套政策，导致民间资本还是无从进入。科学界定并严格控制政府投资范围，对于体现民营企业主体地位和发展民营经济仍具有重要的意义。

近年来，政府出台的支持民营经济发展的政策措施很多，但不少落实不好、效果不彰。这有执行中认识不到位、落地不够的问题，也有政策制定过程中调研不够、不照顾民营企业发展实际的问题，政策间相互打架，让企业无所适从。例如，在防范化解金融风险过程中，国有金融机构对民营企业惜贷、不敢贷甚至直接抽贷断贷，造成民营企业流动性困难；在"营改增"过程中，规范征管反倒给中小企业带来税负增加；在完善社保征缴过程中，因未充分考虑企业的适应程度和预期紧缩效应，影响了企业的盈利能力。这些问题需要通过深化改革给予解决；换句话说，民营经济的进一步发展将推动我国改革开放走向深入。

2. 进一步完善国有企业法人治理结构，深化国有企业改革

由于国有资源的支持，中国的前几代企业家大部分都出自国有企业，如张瑞敏、柳传志、董明珠等。在国有企业改制过程中，随着企业自主经营权范围越来越大，企业家精神开始发挥出来。国有企业改革发展史表明，国企的自主经营权越高，公司治理越现代化，企业家精神的作用就越突出。当然，由于国企在终极所有权上仍然属于国家，存在着产权虚置的窘境，同时存在较强的政治约束，对企业家精神的充分发挥难免造成影响。但不可否认的是，中国的国有企业也涌现出一批优秀的企业家。深化国有企业改革，有助于推动中国企业家队伍的培育；

换言之，深化国有企业改革，应为培育、激发和释放国有企业的企业家精神服务。改革开放以来，我国国有企业改革经历了扩大企业自主权、实行经济责任制、利改税、完善企业经营机制、建立现代企业制度等阶段。但时至今日，国有企业在体制、机制和管理制度等方面仍存在深层次的矛盾和问题，国有企业改革仍将是我国改革进入攻坚期和深水区后深化改革的重要领域。

国有企业改革面临功能定位的困境。一方面，国有企业要通过追求盈利性来不断壮大自己，从而保证主导地位；另一方面，国有企业要弥补市场缺陷，服务公共目标，这可能会牺牲盈利性。未来国有企业改革的基本思路应是"精细化分类改革"，即在明确国有经济功能定位的基础上，对每个国企使命进行界定，进而推进国有经济战略性重组。

（二）企业家是现代化事业最具活力和创造性的群体

1. 现代经济本质上是企业家经济

企业家是市场经济活动的重要主体，是创新的组织者和推动者。1803年，法国经济学家萨伊第一次将企业家当作一个重要的经济要素引入经济学。英国经济学家马歇尔认为，企业家是"承担风险的人"。1934年，熊彼特在他创立的创新经济学中指出，企业家是经济体系中那些凭借引进的新技术和新的生产要素组合方式来创造性地破坏市场均衡的革新者。熊彼特将企业家在现代经济中的地位提高到了前所未有的高度。

一个国家能否拥有并持续拥有卓越的企业家群体，是衡量这个国家综合实力和经济韧性的核心指标。论生产要素，劳动、资源甚至资本，都不是一个国家实现持续增长的充分条件。而只有拥有能够有效将这些要素组织起来，将资源向高效率领域集中的企业家群体，经济才能腾飞并保持持续稳定的增长，在发生经济波动甚至危机时，才具备自我修复能力和东山再起的韧性。在全球化时代，中美之间的竞争，是企业之间的竞争，归根结底是企业家群体之间的竞争。中国已有很多企业在世界500强之列，但主要是大型国企，它们大而不强，主要原因就是缺乏优秀的企业家。

2. 企业家成长的土壤和环境至关重要

（1）尊重并保护产权。创新是实现我国经济转型升级的重要途径。但没有知识产权保护，创新和研发的投资很难完全收回。如果到处都是假货，企业家前期的研发投资就会打了水漂。所以我们看到，哪个国家的知识产权保护做得越好，哪个国家的创新就越好。

要保护知识产权，首先要保护一般产权。如果创新的主体即企业家手里拿着外国护照随时准备海外移民，他就不会有长期的研发投入，因为研发不仅需要人才和资本，还需要时间，一个品牌的树立也是需要时间的。我们必须使企业家长期在我们自己的国家投资，在我们这里创新，把技术留在这里，这就要保护他们的合法财产，让他们在这里有安全感和归属感。

（2）培育有利于企业家成长和创新的文化氛围。改革开放以来，虽然有一批又一批企业家快速成长，但往往又快速分化，甚至快速衰败，这说明企业家成长的土壤有"板结"的部分，需要改良。土壤的"板结"有体制机制的原因，还有不可忽视的文化环境。各国文化不同，有的有利于企业家成长和创新，有的则不利。美国文化，尤其是硅谷文化，是鼓励创新创业并宽容失败的，因而有利于企业家成长。

中国传统文化强调"中庸"，有其优秀的价值观内涵，但也有其不好的方面，即往往追求不偏不倚，成了折中文化或是"骑墙文化"，这是不利于创新的。官本位文化更不利于企业家成长，优秀的人才都想到政府部门"当官"，或者企业干好了就想"企而优则仕"，总想当"红顶商人"，怎么成为企业家？

3. 企业家群体的气质就是经济的气质

企业家群体的素养直接决定着一个国家经济发展的质量，企业家群体的气质直接影响一个国家经济的气质。进一步讲，要提升我国经济的发展质量和综合实力，需要我国企业家群体加强自身修养，改善自身气质。

企业家群体的气质，即企业家形象，主要通过企业的经营理念、经营模式、经营行为等得以体现。改革开放初期，受市场供求关系及我国经济在全球供应链体系中所处地位的制约，国内企业家们虽然很善于抓国内国际市场机会，但普遍遵循扩张生产规模的发展思路，通过规模扩张不断强化企业在国内国际市场竞争中的成本领先优势，但企业的创新能力、营销能力和抗风险能力等普遍薄弱；与此同时，"廉价货"成为中国产品的共有形象。

进入 21 世纪以来，伴随全球范围内掀起新一轮的互联网经济浪潮，马化腾、马云、丁磊、张朝阳、李彦宏等企业家利用信息和互联网技术进行商业模式创新，百度、阿里、腾讯、京东等一批互联网企业应运而生且实现快速成长。但他们的创新，其实大多是对 Google、Facebook、Ebay、Amazon 等国外已有商业模式的模仿，与科技创新无关。因此，抄袭模仿成为中国新一代企业家的共同形象。

在"跑马圈地"搞扩张或抄袭模仿国外模式成为中国企业家共有形象的同

时，急功近利也成为中国企业家普遍具有的精神气质。企业家的急功近利不仅表现为对国外模式或技术的抄袭模仿，还表现为经营上的违规失序、诚信缺失和追求暴利。我国长期盛行的假冒伪劣现象，即是该问题很好的反映。

专栏6.1　企业家群体对新时代的四大期盼

2018年，恰逢改革开放40周年，在全国两会召开前夕，《中国企业家》杂志、中国企业家智库发起了以"企业家眼中的新时代"为主题的调研，接受调查的企业家超过300余位，其中民营企业家比例达80.56%。从调查结果看，我国企业家群体对新时代有四大期盼：

一是期盼政商关系能够真正"亲"与"清"。企业家们普遍希望政府部门能够坚持市场导向和服务导向，破除体制机制障碍，创新监管方式，从根本上构建"亲""清""勤"新型政商关系。

二是期盼制度环境更加稳定、可预期。构建法治、公平、透明的营商环境是稳定企业家预期的重要保障。"建立保护各种所有制经济产权的长效机制"是企业家们最为关注、最需要落实的保护和弘扬企业家精神的措施。

三是期盼抓住技术突破的契机，推动经济驶入高质量发展通道。企业家们普遍认为，技术创新引发的创新产业和消费升级会成为中国经济发展的新引擎，他们希望通过自身的创新努力，抓住技术突破的契机，加快推动经济高质量发展。

四是期盼社会氛围更加包容和鼓励多元。保护和激发企业家精神，需要全社会营造更为多元、包容的氛围。企业家们希望全社会能够更加宽容失败。

（资料来源：笔者根据相关资料整理）

（三）企业家精神是商业创新和国家创新的重要动力

1. 弘扬企业家精神对实现新旧动能转换具有重要意义

在实现经济高质量发展的过程中，改善企业家培育和成长的土壤，进一步保护和弘扬企业家精神，对深化供给侧结构性改革、实现新旧动能转换、促进经济和社会可持续发展具有重要意义。

2018年伊始，一些地方政府隆重召开新旧动能转换工程动员大会。好像靠各部门的处长、厅长、局长，靠大炼钢铁的干劲就能人为推动经济增长动能切换一样。政府官员主导的动能转换工程，难免不会走上大兴土木、高速投资的老路，热火朝天两三年，最后留下债务和产能的一地鸡毛。新旧动能的转换，必须充分发挥企业家的主体作用，进而推动技术创新、管理创新和商业模式创新。

从当前形势看，要发挥企业家作用并让企业家精神竞相迸发，仍须努力营造依法保护企业家合法权益和自主经营权的法治环境、促进各类企业公平竞争诚信经营的市场环境、尊重和激励企业家创新创业的文化环境，引导企业家遵纪守法、诚信经营、创新创业、服务社会。

2. 高质量增长需要更多的创新型企业家，而不是分配型企业家或模仿型企业家

中国转轨时期诞生的企业家群体，大多属于"分配型企业家"或"生产型企业家"，不是"创新型企业家"。分配型企业家主要抓住经济转轨阶段的制度漏洞进行寻租和体制套利，比如商品价格双轨制时的"倒爷"。生产型企业家则是通过不断扩张生产规模、获取成本领先的竞争优势来实现发展的。创新型企业家则是通过敏锐的市场嗅觉将资源从低效率的领域转移到高效率的领域，为社会创造有效的产品和服务，并通过创新推动和引领商业文明进步。中国经济的高质量发展需要更多的创新型企业家，而不是分配型企业家或生产型企业家。

近年来，伴随互联网经济的发展，我国涌现出一批模仿型企业家，这些企业家推动的创新被塑造成了"高科技"甚至"新发明"。其实，他们所谓的创新大都是商业模式上的模仿，与科技创新无关。比如火热的电商、外卖、网约车等。而且这些模式基本上都是以价格为核心，进而一定程度上抑制了制造业的转型升级。

3. 建设法治、公平、透明的营商环境，构建"亲""清"新型政商关系，保护和弘扬企业家精神

中国是一个企业家资源非常丰富的国家，这是发展经济最宝贵的资源。但是，在过去的一段时间里，我们经常看到，在经济舞台上，企业家一个个走下去，政府官员一个个走上来。这说明政府和市场的关系还是不明确、不清晰。

市场经济要让企业来搞，要让企业家来搞，企业家才是这个舞台的主角，但往往是他们在台下看着和听着。因此，中国的企业家精神不能充分释放，一定程度上，与政府职能转变不到位、政府和市场的关系不清晰有关。要弘扬企业家精神，实现新旧动能转换，必须加快构建"亲""清"新型政商关系。

要构建"亲""清"新型政商关系，需要创新政企互动机制，健全企业家参与经济政策制定机制，完善涉企政策和信息公开机制，为企业家提供优质高效务

实服务。要完善精准扶持政策，推动政策落地实施，稳定企业家预期，坚定企业家信心。

企业家们普遍希望政府部门能够坚持市场导向，破除体制机制障碍，从根本上构建"亲""清"新型政商关系。值得注意的是，随着反腐的深入，一些地方因噎废食，出现了不做事不犯错的懒政、怠政现象。企业家们期盼，到了改革的下半场，政府部门能坚持以服务为导向，创新监管方式，不仅做到"亲"与"清"，还能做到"勤"。

其实，党中央和国务院已经认识到加快建设法治化营商环境的重要性。2017年9月8日，中共中央、国务院发布了《中共中央国务院关于营造企业家健康成长环境弘扬优秀企业家精神更好发挥企业家作用的意见》，这是中央首次以专门文件的形式，明确了企业家精神的地位和价值。2017年12月，为落实该意见的要求，最高人民检察院下发《关于充分发挥职能作用营造保护企业家合法权益的法治环境支持企业家创新创业的通知》，要求各级检察机关综合发挥打击、预防、监督、教育、保护等检察职能，为企业家健康成长和事业发展营造宽松法治环境，切实强化企业家人身财富安全感，增强和激励企业家创新创业信心。通知中要求，切实维护企业家财产权、创新权益及经营自主权等合法权益，依法保护企业家创新权益，提高企业家对法治的信心。

专栏6.2　广州的"良法善治"

近年来，广州在法治化营商环境的建设方面走在全国前列，是一个改革的领跑者。广州的进步体现在"良法善治"上，例如，通过制定地方性法规促进民营经济发展，降低企业准入门槛，为企业减负；在建设法治政府方面，广州特别重视依法依规办事。近年来，广州市的企业登记注册数量和企业家投资大幅度增加，这和良好的法治环境有很大关系。

粤港澳大湾区研究院发布2017年中国城市营商环境报告指出，广州、北京、深圳、上海、重庆位居中国城市营商环境前五名。第六名到第十名分别是：南京、杭州、宁波、青岛、武汉。该报告根据6大类指标，即软环境（权重25%）、市场环境（权重20%）、商务成本环境（权重15%）、基础设施环境（权重15%）、生态环境（权重15%）、社会服务环境（占10%），来测算2017年各城市营商环境指数。其中，营商软环境指数包括开办企业、执行合同、财产登记、内外资投资增速、税负水平五个指标，权重分别为20%。

（资料来源：笔者根据相关资料整理）

五、文化传统的继承与传统文化的涅槃

在中国社会由传统农业文化向现代工商业文化的转型和演进过程中，如何继承和弘扬中国文化传统，推动中国传统商业文化的涅槃重生，既顺应人类现代文明浪潮又具有鲜明的中国特色，也许是中国实现全面现代化的最大挑战。

（一）中国文化传统的继承

1. 文化传承是社会发展的内在精神动力

文化传承是人类社会发展的内在精神动力。在人类社会发展中，人类创造文化，必然同时出现文化传承。如果每代人都从头开始，文化就不可能积累，社会发展可能陷于停滞。中国传统文化就是在传承和创新双重张力下发展的。

中国是一个有着丰富优秀文化传统的国家，以这些优秀文化传统为基因，形成中华民族特有的精神标识，即中华民族精神。传承优秀文化传统就是传承中华民族精神。中华民族精神不仅凝聚了讲仁爱、重民本、守诚信、崇正义、尚和合、求大同等核心思想理念，还弘扬了自强不息、扶危济困、见义勇为、敬业乐群等中华传统美德。

民族精神一旦形成，具有相对的稳定性，这是民族基因得以留存、民族生命得以延续的前提和先决条件。当然，相对稳定性并不意味着民族精神是一种僵化的存在。中华民族精神之所以熠熠生辉，充满生机活力，重要的原因是它广泛渗透于中华民族的生产生活实践中，并不断自我扬弃、自我更新和自我发展。换句话说，要实现中华文化的创新性发展，基础在传承，关键在创新。如果缺乏这种历史的辩证态度，势必会滑落到复古主义或历史虚无主义的错误道路上。

2. 中国文化传统的批判继承：弘扬时代精神

中华文化之所以历久弥新，中华民族精神之所以永不褪色，其根本原因是把握了时代精神，并顺应了时代发展潮流，在历史进步中推动文化进步。时代精神就是一个时代广大人民群众的精神风貌、文化共识和共同的价值追求，代表时代发展的潮流。时代精神随着时代发展不断推陈出新，因而时代精神和民族精神在总体上是相互塑造、相辅相成的。在实践中，当我们提倡传承中华民族精神时，决不能简单复古，摒弃时代内涵；同时，当我们提出要弘扬时代精神时，绝不意味着要丢弃文化传统。

弘扬时代精神，最为关键的是对人们赖以生存的政治、经济、社会、科技等客观环境进行总结和反思，自觉地和有目的地内化为人们的思想意识和价值理念，在全社会形成一种特定的文化模式和价值认同，并逐渐外化为人们的自觉行动和习惯。在中国特色社会主义新时代，中华文化的批判继承至少应在以下方面得以体现。

（1）利己和利他的和谐统一：利己先利人。

儒家思想强调"君子喻于义，小人喻于利"。这种思想其实是一种倡导人们通过牺牲自身利益而成全他人的道德说教，根本上还是将利己和利他对立的。当然这种以义利兼顾为最高诉求而反对见利忘义的经济思想，必须和中国农耕文明结合起来，才能获得深刻理解。

我们知道，人类的本性决定了我们不可能不考虑自己的利益。但是，市场经济的长期发展使我们认识到，利己本身并不是不道德的，追求自利是使人类更好合作的主要驱动力；换句话说，在市场经济中，一个人要想获得幸福，首先要让别人获得幸福，即"利己先利人"，这就是市场逻辑。例如，一个企业家提供给用户的产品，会不会被广大用户喜欢并购买，主要看其产品能否解决用户面临的问题，包括能不能改善用户的生活质量，或者降低用户的生活成本。与此同时，只有当广大消费者喜欢购买企业的产品，企业才能赚钱。

当然，我们可以赋予"君子喻于义，小人喻于利"新的内涵。其中的"义"应指的是长远的利益，君子应比小人看得更长远；而小人喻于利是说小人只看当前的蝇头小利。这样可以把古代的儒家思想和现代市场经济思想当中人们应该遵守的行为规则统一到一起。①

（2）人无恒产，则无恒心。

"民之为道也，有恒产者有恒心，无恒产者无恒心。"孟子的这句话，历经两千多年依然闪烁着智慧光泽，并经实践一再证明其正确性。尊重并保护产权是正义的基本要求，是让人们对未来抱有积极预期的必要条件。产权应得到有效保护，这是政府应做的重要事情。但在中国发展历史中，有许多时期，私人产权并未得到充分尊重和有效保护，进而制约了经济社会的发展。

产权是市场经济的基石，尊重产权就是尊重个人的意愿，任何交易都应建立在尊重个人意愿的基础上。因为只有别人愿意的事情才是对别人好的事情，不能

---

① 张维迎. 市场逻辑就是君子之道［J］. 中国中小企业，2017（5）：33－35.

用强制方式强迫任何人交易。没有私人产权的基础，市场经济就好似在沙滩上建楼房。私人财产得不到有效保护，不能够形成一个公平竞争的商业环境，那么这个时候君子就很难在市场竞争中战胜小人，君子就会躲起来。

保护产权还是创新的重要保障，这一点在我国推动经济增长动能转换、实现经济高质量发展的今天意义更为重要。通过有效的产权保护，让企业家对自己的财产财富有充分的安全感，对企业前途有稳定的预期，进而才能使他们产生强烈的创新动力。完善我国产权保护制度，必须坚持平等保护、全面保护、依法保护的基本原则，公有制经济财产权不可侵犯，非国有制经济财产权同样不可侵犯。

（3）法治和德治的相辅相成。

法治和德治的关系是古往今来一个永恒的话题。二者既彼此区别又不可分割，都是国家治理、社会运行不可或缺的重要手段。法律是成文的道德，道德是内心的法律。法律的有效实施有赖于道德的支持，道德的自觉践行则离不开法律的强力约束；法律难以规范的领域，道德可以发挥重要作用，而道德无力约束的行为，法律则可以给予惩戒。

法治与德治的关系在中国经历了一个长期历史发展过程。早在西周时期，"德"就是一个融道德、政治、信仰、策略等为一体的综合概念。"德"既是治理国家、取得民心的主要方法，也是司法行政的指导方针。我国历代封建王朝均奉行"德主刑辅""出礼入刑"的思想，其结果是道德训诫具有了法律的威势，甚至代替了法律，把道德义务和法律义务等同起来。

在现代社会，强调以德治国和以德育人，法治和德治相结合，是对我国治国理念与实践经验的科学总结和深化发展，是发展社会主义市场经济和全面建设小康社会的必然需要。法治和德治相辅相成。一般来说，道德调整的社会关系领域要比法律广泛，法律难以触及人的心灵，解决不了人的思想问题；而德治的落脚点在于人心，在于人的思想自觉。

（二）中国传统商业文化的涅槃

在继承和弘扬中国文化传统，推动中国传统商业文化涅槃重生的过程中，有若干问题需要深入探讨，有许多个"坎"需要迈过。

1. 资源配置机制方面：从政府主导转向发挥市场的决定性作用

资源的稀缺性决定了任何一个社会都必须通过一定的方式把有限的资源合理分配到社会的各个领域中去，以实现资源的有效利用。一般来说，资源如果能够得到相对合理地配置，经济效益就显著提高，经济就能充满活力；否则，经济效

215

第六章　转型时期制度变革的微茫与探索

益就明显低下，经济发展就会受到阻碍。

社会化大生产条件下，资源配置的方式主要有两种：计划方式和市场方式。计划方式是指政府计划部门根据社会需要和可能，以计划配额、行政命令来统管资源和分配资源。在我国改革开放以前的一段时间里，计划曾经是资源配置的主要方式。这种方式有可能从整体利益上协调经济发展，集中力量完成重点工程项目。但是，统管取代竞争，配额排斥选择，容易出现资源闲置或浪费的现象。实践证明，计划方式是很难成功的。

市场方式是依靠市场机制进行资源配置的方式，这种方式可以使企业与市场发生直接的联系，企业根据市场上供求关系的变化情况，根据产品价格的信息，在竞争中实现生产要素的合理配置。市场方式也存在一些不足之处，例如，由于市场机制作用的滞后性，有可能产生社会供求的失衡及产业结构的不合理。市场决定资源配置是市场经济的一般规律，只要实行市场经济体制，就必须尊重市场在资源配置中的主体地位和决定性作用。

对政府和市场的关系，我们党一直在根据实践推展和认识深化，寻找新的定位。中共十八届三中全会全面总结改革开放以来的历程和经验，明确指出"使市场在资源配置中起决定性作用和更好发挥政府作用"。这是我们党对中国特色社会主义建设规律认识的一个新突破，标志着社会主义市场经济发展进入了一个新阶段。发挥市场在资源配置中的决定性作用是市场经济的本质要求，也是我国全面深化改革坚定决心的体现。

市场在资源配置中起决定性作用，并不是起全部作用，政府作用不可或缺。社会主义市场经济应能够兼顾公平和效率，这要求政府在保持宏观经济稳定、加强和优化公共服务、保障公平竞争、加强市场监管、维护市场秩序、推动可持续发展、促进共同富裕等方面发挥积极作用。

2. 政商关系：从政商不清到政商亲清，从权力社会到法治社会

（1）旧的政商关系阻碍了经济的进一步发展，并带来政府公信力的下降。非国有制经济在我国改革开放以来的发展，不是一个自然演进的过程，而是一个人为建构的过程。[①] 这在两方面注定了它的弱势地位：第一，推动者是政府，民营企业在政府面前不具有平等的身份和地位；第二，民营经济是作为公有制经济的补充而出现的，尽管在后来的发展中民营经济的作用被多次强调，但并未从根本上改变民营经济的从属地位。这种弱势地位决定了民营企业的发展离不开政府的扶持和帮助。

---

① 竺乾威. 什么样的政商关系才算是既清又亲［EB/OL］. 人民网，2016－10－19.

在一个权力本位的社会里，在一个无法在市场中进行真正自由竞争的环境下，民营企业要获得发展，最重要的是打通与政府的关系。这就会产生两方面的结果：一是企业千方百计投政府所好，二是扩大了官员寻租空间。在这种说不清道不明的政商关系中，一批民营企业成长起来了。从积极的方面说，不管这种政商关系如何，它推动了经济的发展。从消极的方面说，它也带来了官商勾结、行贿索贿、官员腐败以及营商环境的恶化。在新时代，这种边界不清的政商关系的负面影响越来越多，阻碍了经济的进一步发展，并造成了政府公信力的下降。

（2）如何构建既"清"又"亲"的政商关系。构建健康的新型政商关系，首先要从制度建设方面着手。要让政府的领导干部不以权谋私，不产生贪心私心，而且能积极为民营企业解决实际问题，一方面，必须加强政府制度建设，转变政府职能，让政府从原来的控制者和干涉者转变为服务者和监督者；另一方面，加强法治建设，提高政府依法行政能力，严厉打击违法犯罪行为，营造良好的市场秩序和法治环境。此外，法律要保护民营企业的平等法人地位及其自主性、独立性，同时还要切实保护好民营企业家的财产权和人身安全。

其次，从长远看，建立健康的政商关系还在于文化的改造和建设，从以权力文化和熟人文化为主导，转向以法治文化和契约文化为主导。这当然是一个长期的过程，它取决于社会的进步、经济的发展和人的意识的改变。

3. 企业和社会的关系：从重利轻义转向企业公民

社会进步和经济发展离不开企业的努力和贡献，包括企业提供给社会的产品或服务、企业缴纳的税收、企业提供的就业岗位等。与此同时，企业要发展，必须从社会中获取企业发展所需的各种资源，如人力资源、资本、技术、原材料等；企业提供的产品或服务要能够被社会接受，企业各种经营活动要在法律允许的框架范围内开展。因而，企业与社会是一种相互依存的关系，这种关系要求企业不仅要为股东创造利润，还应满足消费者、员工、政府、环境、社区、商业伙伴等利益相关者的要求，即企业必须承担社会责任，必须为社会和谐及可持续发展做出应有的贡献。但时至今日，仍有不少的经营者认为，承担社会责任对于企业发展是弊大于利。

企业社会责任（CSR）活动的开展，不仅需要加强企业经营者社会责任意识的培养和营造有利于企业履行社会责任的社会环境，而且需要建立完备的企业社会责任概念和体系框架。但现有的社会责任概念及其体系构成，都是西方学者用西方企业样本在西方文化背景和制度安排下提出来的。中国有自己特殊的社会文化环境，中国经济社会发展也有自己的特色和需要解决的具体问题；因此，应积极探索和建立符合中国特色的企业社会责任体系。有了这样的体系，为政府相关

217

部门制定有关政策、法规或相关组织建立社会责任绩效评价指标体系提供了依据。

基于各利益相关方和经济社会整体发展的需求，明确 CSR 内容。股东、员工、消费者、政府、环境、社区、商业伙伴都是企业的利益相关者，对企业都有利益要求，这些要求是形成企业社会责任需求的根源。根据企业社会责任需求的成因，可以将企业社会责任划分为股东责任、员工责任、政府责任、社区责任、环境责任等。值得注意的是，尽管不同利益相关者会有不同的要求，但在许多方面是统一的。例如，股东希望企业多盈利以实现股东利益最大化，员工也希望企业多盈利从而获得更多的报酬，政府也希望企业能够多盈利从而获得更多的税收。正因为如此，仅按利益相关者的要求来确定企业社会责任议题往往会出现交叉、重叠。如图 6-1 所示，构建具有中国特色的企业社会责任体系，不仅要考虑各利益相关方的需要，而且必须考虑我国经济社会发展现状，以及实现经济可持续发展和构建和谐社会的需要。此外，该体系应体现企业社会责任不同要素之间的关系，或者说要反映企业与社会之间的互相依存的关系。

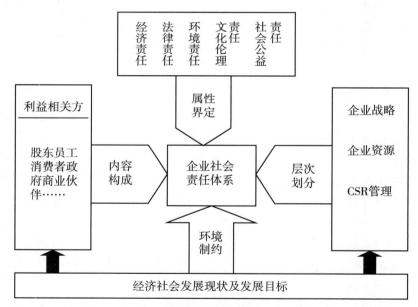

图 6-1　构建企业社会责任体系的逻辑框架

4. 中华老字号的传承与创新

中国有许多的老字号，如同仁堂、全聚德、内联升、六必居、老凤祥、曹祥泰等，它们拥有世代传承的产品、技艺或服务，培育了具有鲜明的传统文化背景和深厚文化底蕴的商业品牌。在这些老字号企业中，只有少数历经沧桑巨变仍长盛不衰，多数在社会变革中逐渐衰落甚至消失。老字号是中华商业文化的重要载体，是中国品牌经济的重要力量；重振中华老字号，不仅是保护中华民族文化遗产的需要，同时也是促进经济发展、增强我国经济竞争力的重要举措。老字号的发展优势在于"老"（品牌文化和独特产品或技术），障碍往往也在"老"，一些传统观念和旧的思维方式束缚了老字号的发展。面对现代经营意识和现代技术以及激烈市场竞争的挑战，老字号需要创新，有所作为。寻找一个历史文化与现代商业的平衡点，或者说传承与创新的平衡点，已经成为中华老字号企业必须研究、解决的课题。实践表明，能够长盛不衰的老字号，或者在沉寂一段时间后能够重新焕发活力的老字号，大都因为它们能够处理好传承与创新的关系，全聚德就是这样的代表（见专栏6.3）。

专栏6.3 全聚德：连锁扩张过程中的工艺革新与文化传承

20世纪80年代末，全聚德原董事长姜俊贤曾到美国考察学习，发现连锁经营有其独特优势，并认识到中国餐饮服务业要发展必须搞连锁经营。1993年5月，中国北京全聚德集团公司成立，姜俊贤先生成为全聚德的常务副总经理，带领全聚德走上连锁扩张之路。

连锁经营是一种以标准化为基本特征的经营模式，它要求实施者必须加强制度建设和管理创新。为了推动连锁经营健康、快速发展，全聚德在企业文化建设、用工制度改革、质量管理体系建设、内部控制体系完善、物流配送中心和食品生产基地建设等方面下足了功夫，并设计了较为完善的特许经营制度体系。建设食品生产基地，使鸭坯和调料生产实现了工业化。

与此同时，全聚德在产品标准化方面也下了大力气。全聚德高层认为，中餐虽然复杂，但并非不能标准化，关键是要抓住其内在的规律性的东西，如温度、湿度、时间、配料、用量等，然后在此基础上开展定标工作。全聚德的做法是，从其掌握的400多种菜品中挑选出40种具有代表性的最为消费者欢迎的菜品，将其标准化，并在主要技术人员当中贯彻和推广。为了搞好定标工作，全聚德专门成立了一个由工程师、厨师、营养师组成的定标小组，定标过程完全按照国家的标准要求来进行。尽管有企业高层支持，但在定标过程中，还是遇到了许多来自内部的阻力，特别是老职工对定标的不理解和不支持。其实他们更担心的是，这么搞会不会砸了全聚德的百年招牌。但是，慢慢地这些老人也接受了新做法。尽管公司在制度建设、产品标准化、质量控制等方面做了许多开创性的工作，但如同其他开展连锁经营的中餐企业一样，全聚德在连锁经营中还是遇到了一些瓶颈问题，特别是产品标准化和知识产权保护问题。为了彻底解决这些问题，公司高层坚定了革新烤鸭生产工艺的决心。在 2007 年底，全聚德向外界宣布：传统的烤鸭制作工艺将被"革命"，全聚德将使用智能微电脑烤炉来制作烤鸭。智能微电脑烤炉的引入，使得全聚德烤鸭实现标准化、自动化生产，而且在有效控制了生产成本的同时，较好解决了质量控制和环保的问题。此外，工艺革新还帮助全聚德较好解决了知识转移与自主知识产权保护的两难问题。姜俊贤先生曾在不同场合多次强调，开发智能电烤炉，通过技术知识的物化，能够在促进知识转移的同时，最大限度地保护核心技术。

制度、工艺等方面的变革与创新加快了全聚德的连锁化、现代化发展。截至 2017 年底，全聚德在全国范围内经营着 110 多家连锁店。

（资料来源：笔者根据多方资料整理）

（三）中国商业文化的现代化要求

推进商业文化的现代化建设，是提升我国文化实力的重要任务和历史使命。中国商业文化的现代化，应以个人（企业）与社会的和谐统一、真善美的和谐统一、民族性与世界性的兼容统一、传统智慧与现代文明的融合统一等为主要特征。

1. 个人（企业）与社会的和谐统一

人与社会的关系是个体利益与整体利益之间的关系，人与社会的和谐统一就是个体利益与整体利益之间的和谐统一。在绝大多数时候，社会道德要求个体利益应服从整体利益，在人与社会的关系中，个体利益服从整体利益起着主导作用。但为了实现社会和谐，整体利益也要为个体利益的存在提供权利、机会、规则等方面的平等条件；在特定情况下，整体利益对个体利益也要做出妥协和让步。

从本质上来说，人与社会在利益目标追求上是一致的，在一个各方面利益关系能够得到有效协调的社会里，人与社会应该是和谐的。首先，人与社会的和谐要以一定的经济发展水平和物质财富为基础，贫穷的社会难以使人与社会产生和谐。其次，人与社会的和谐还必须有相应的制度，只有制度才是社会公平正义的根本保证。

在市场经济社会，各类市场主体之间的公平竞争应是社会和谐的基本特征，同时它也是现代商业文明的基本内涵之一。为实现公平竞争，政府应努力推动法制化营商环境的建设，让各种性质的市场主体都能够公平获得权利、机会，并在相同的规则下开展经营活动。和谐社会还要求企业必须承担社会责任，努力满足员工、社区、环境等利益相关者的期望和要求，进而为人类可持续发展做出应有贡献。

2. 民族与世界的兼容统一

（1）学习、吸纳世界范围内先进的商业精神、商业理念、商业模式，推动我国商业文化现代化建设。传承中华民族的优秀文化遗产，是推动我国商业文化建设的重要条件，但是中华传统文化毕竟是建立在小农经济基础上。现代经济是市场经济、信息经济、知识经济，社会生产是在广泛的分工协作下完成的，我们需要建立适应现代经济社会的新的商业文化体系。学习、借鉴欧美国家商业文明的先进内容，顺应世界经济发展的时代潮流，对于建立中国特色的现代商业文化体系具有重要的意义。

（2）自立于优生于世界民族之林，是为了共创人类信息时代商业文明的大同世界。中国努力实现民族伟大复兴，不是为了让全世界臣服，而是在社会现代化、文明成果共享、经济一体化、贸易自由化、信息网络化、规范国际化的基础上，与其他国家和民族共创和平发展、共同繁荣的大同世界。使不同国家、不同民族之间互惠互利，共同繁荣，共同发展。这是人类曾经的理想，以前没有至今也还没有出现过的状态。但是，这种大同世界的理想，已经有了现实性和前瞻性，不再是乌托邦之想，而是人类历史发展到今天迫切需要召唤的一种状态。在实现中华民族复兴的征程中，中国要坚决走好自己的道路，做好自己的事情，必须要有这种宏伟远大的思维方式和战略姿态，从而为创新发展提供新的思想动力。如果能够深刻、充分地理解这一点，对于我们做好今后的工作，有非常重要的指导意义。

3. 真、善、美的和谐统一

真、善、美，是文明社会的三大基本特征，现代商业文化应把追求真、善、美的和谐统一作为基本价值取向。其中，"真"要求经营者在商业活动中必须遵守规则、诚实守信，真诚对待每一个客户和每一个商业合作伙伴；坚守工匠精神，做好每个细节，给消费者或客户带去满意的产品或服务。"善"就是积极承担企业社会责任，将企业社会责任纳入企业经营管理体系，把企业社会责任目标作为企业发展的重要目标，推动实现经济效益、社会效益、环境效益的统一。

221

"美"就是要不断挑战自己，不断给自己挑毛病，对管理、技术和产品追求完美，最终达到与客户需求的无缝对接。

从本质上看，真善美是和谐统一的，真、善、美三者是相互促进、相辅相成的。从"真"和"善"的关系看，一方面，诚实守信本身就是"善"的重要表现；另一方面，诚信是做好其他"善事"的重要前提，要善待顾客、员工、商业伙伴、自然环境……必须进行真诚沟通交流，把握他们的真实需要，进而通过真诚行动满足他们的需要。

从"真"和"美"的关系看，真就是美，美就是真。一方面，只有真诚的，才是美的。假冒商品不仅质量难以保证，而且侵犯他人知识产权，扰乱市场秩序。另一方面，追求精益求精和不断创新，不仅是追求"美"的过程，而且还是真诚的重要表现。

"善"和"美"也是相辅相成的关系。一方面，真诚履行企业社会责任，维护消费者和员工合法权益，促进商业合作和公平竞争，保护自然环境，这些都是建设和谐、美好社会的重要条件。另一方面，追求精益求精和不断创新不仅是追求"美"的过程，也是提高企业履行社会责任能力和"行善"能力的过程。追求"善"和"美"，都有利于企业和社会的长远发展。

4. "软"文化与"硬"文化的统一

从国家实力的物质形态角度看，一个国家存在两种实力，一种是物质性的硬实力，即文化硬实力；一种是非物质性的软实力，即文化软实力。硬实力主要通过经济、科技、军事、基础设施等表现出来，而软实力主要通过制度、思想观念、传媒等呈现。在信息时代和日新月异的互联网时代，文化软实力正变得比以往更为重要，文化软实力的竞争日趋激烈。改革开放以来，我国经济、科技、军事等文化硬实力显著提高，但文化软实力亟待加强。

文化软实力是国家软实力的核心要素，是指一个国家或地区文化的影响力、凝聚力和感召力。党的十七大报告提出要"提高国家文化软实力"，并把它作为一项长期的战略任务。这标志着我们党对文化建设的认识达到了一个新境界。中华民族复兴，不仅需要高质量的经济发展，还必须有文化的复兴和繁荣作为支撑。而文化复兴，必须以提升文化软实力为根本途径。

文化软实力，不仅指文化产业的发展水平，具有民族特色的商业精神、商业理念、商业模式等创新与发展更为重要。加快商业文化的现代化建设，是提升我国文化软实力的重要任务。

只有民族的，才是世界的。中华文化博大精深，源远流长，是我国文化软实力的首要资源和重要基础。要充分发掘中华文化的传统优势，全面认识中华文化传统，取其精华，去其糟粕，使其与时代潮流相适应，与现代文明相协调，自觉实现民族文化的现代化转换。要大力推动文化创新工作，加大制度创新力度，加快构建现代化文化传播体系，尤其应通过贸易自由往来和商业文明媒介的通衢实现文化传播，使我国悠久历史和灿烂文化通过各种媒体中介传播到世界各地，使互联网成为提升我国文化软实力的新引擎。在信息社会，文化传播力已经成为文化软实力的决定性因素。商业文化传播不仅需要构建中国话语，还需要讲好中国商业故事。①

文化强，则民族强。文化软实力最终要靠国民素质来支撑，国民素质首先是道德素质、观念素质。提升国民道德素质，要以弘扬中华传统美德为基础，加强公民道德、家庭美德、职业道德和社会公德教育，激发全社会向善的力量，使知礼守法、诚信敬业、团结友爱等道德规范融入人们的日常生活和工作中。

① 郭建宁. 新时代文化哲学研究的使命担当——构建中国特色哲学社会科学［N］. 人民日报，2019 - 01 - 28.

第七章

信息时代技术变革的混沌与秩序①

人们常用最具代表性的生产工具来代表一个历史时期，如最初的石器时代。人类文明的发展时代大致历程：石器时代、红铜时代、青铜时代、铁器时代、黑暗时代、启蒙时代、蒸汽时代、电气时代、原子时代和信息时代等。

近几年，通过数字革命的引领，全球迎来一场新的"革命"，人类迎来一个带方向性、根本性并非常彻底的转型时代——"信息"时代。信息时代的核心是知识，最重要的资本是"智力资本"，人才将是社会最宝贵的资源。就时间而言，欧美及发达国家进入信息时代的时间起点是 1969 年；我国及部分发展中国家是1984 年，比欧美晚了大约 15 年。

按照托夫勒的观点，第三次浪潮是信息革命，大约从 20 世纪 50 年代中期开始，其代表性象征为"计算机"，主要以信息技术为主体，重点是创造和开发知识。随着农业时代和工业时代的衰落，人类社会正在向信息时代过渡，跨进第三次浪潮文明，其社会形态是由工业社会发展到信息社会。在信息社会中，信息经济或知识经济、网络经济等建立在知识的生产、分配和使用（消费）之上的科技密集型经济形态，使信息成为社会发展主导性或支配性资源。信息极大的丰富使信息活动在社会生活中的各个领域逐渐占据主导地位，以信息产品制作和信息服务为主的信息产业成为社会支柱产业。

信息时代的技术变革是在更加开放、便捷和广泛的商业环境和机制下演化的，同时也使信息时代的商业文明发生了翻天覆地的变化。这些技术变革不仅促使交易

① 本章由张运来执笔。

主体、交易品、交易规则、交易媒介和交易方式都焕然一新，也使整个社会在基础设施、商业模式、组织结构、制度演化、社会结构等方面不断涌现出崭新的变化。

一、数字革命对商业文化的颠覆性影响

（一）数字技术与技术革命

数字技术是指利用现代计算机技术，把各种信息资源的传统形式转换成计算机能够识别的二进制编码数字技术。数字技术主要包括微电子技术、通信技术、计算机及其软件技术和自控技术等，也称为信息技术群。

数字革命是指电子计算机的发明与通信设备等的快速普及和广泛应用。数字革命使传统工业更加机械化、自动化，从而减少了工作成本。之所以不能再将其称为工业革命，因为这次社会革命与前两次的全球革命完全不同：这次全球革命是现代科技高速发展的结果。这次技术革命主要有五个特征。①

1. 综合性

在技术层面上，它指多种技术的综合，它整合了半导体技术、信息传输技术、多媒体技术、数据库技术和数据压缩技术等；在更高的层次上，它是政治、经济、社会、文化（艺术）等诸多领域的整合。人们普遍用"synergy"（协同）一词来表达信息时代的这种综合性。

2. 竞争性

信息化与工业化进程不同的一个突出特点在于信息化主要是通过市场和竞争推动的。政府引导、企业投资、市场竞争是信息化发展的基本路径。在竞争中创新，在创新中取胜。

3. 渗透性

以电子计算机为主的信息技术，被广泛应用于从政府办公到企业生产运作再

---

① 谢迁鑫. 推进信息化，实现可持续发展的研究［D］. 福州：福建农林大学，2000.

到家庭、个人生活的各个领域。信息技术革命不仅为人类提供了新的生产手段，带来了生产力的大发展和组织管理方式的变化，还引起了产业结构和经济结构的变化。这些变化将进一步引起人们价值观念、社会意识的变化，从而社会结构和政治体制也可能随之改变。

4. 开放性

创新是高新技术产业的灵魂，是企业竞争取胜的法宝。开放不仅是指社会开放，更重要的是心灵的开放。开放是创新的心灵开放，开放是创新的源泉。

5. 科学性

与依赖经验完成革新不同，在微电子技术、计算机技术、通信技术、传感技术和控制技术等信息技术发明和发展过程中，科学理论与实验始终起着主导作用。科研成果渗透到技术的各个环节，成为技术发展的关键，使技术越来越科学化和成熟。

（二）技术市场化及其制度约束

技术的市场化（即商业化）是一种动态的过程，是技术从创意开始，由知识形态转移到物质载体，通过交换进入市场，实现价值增值的全过程。实质上，技术市场化就是技术由潜在的可能生产力（即知识形态的生产力）转化为现实的直接生产力的过程（马继征，2003）。在我国的知识产权领域，创新资源正逐渐由计划配置为主转向市场配置起决定性作用，是一个市场力量和社会力量逐步强化、政府力量有所为有所不为的渐进性制度变迁过程（郭亮，2017）。

1. 技术市场化

西方发达国家先进技术的市场转化率（或者成为产业化率）大概为 5%～6%，而我国大约是它们的一半（即 2%～3%）。大量实证研究表明：市场化水平显著地促进了科技创新效率的提高（如白俊红和卞元超，2016；戴魁早和刘友金，2016），政府支持对科技创新效率的作用不一定正面（Tsai and Wang，2004）。叶祥松和刘敬（2018）认为技术市场化具有如下作用：

首先，技术市场化促进了政府资助科技创新活动效率。正确发挥政府对科技创新活动的支持作用，必须以充分发挥市场机制优化配置科技资源、健全科技创新市场导向机制为前提。这一前提的实现，依赖于完善的技术市场为科技成果转让、转化和科技资源的合理流动提供平台支持与体制保障。在技术市场发展相对完善的条件下，企业可以依托技术市场及时将政府资助转化为科技资源投入，提高政府资助的使用效率。对于得到政府创新资助但缺乏创新经验的中小企业来说，也可以借助技术市场平台吸引有经验的研发人才、购买前期技术成果，降低中小企业科技创新的技术门槛，同时也避免政府资助被用于重复研发等低效率创新活动中，对提高政府创新资助的使用效率显然具有促进作用。

其次，技术市场化提高了科技成果的交易规模和效率。在技术市场发展到一定规模的情况下，科技成果的交易频率大大提高，交易方式更加多样，交易流程有效缩短，交易成本显著下降，科技成果与科技资源的价格机制逐渐形成和完善，创新主体不仅可以获得创新投入中的劳动报酬，还可以通过科技成果转让与转化取得收益，科技创新活动的收益率显著提高。

再次，技术市场化有助于提高科技成果产出效率。由于受制于知识创新与技术创新的梗塞（洪银兴，2016），政府对科研机构的支持有可能无法提高科技成果产出效率。随着技术市场的不断发展，科技创新活动的收益率不断上升，科研机构开展技术创新的积极性也不断提高，获得政府资助的科研机构在完成相应的考核之后，有足够动力开展基于知识创新成果的技术开发活动，形成科技创新成果。由于知识创新成果具有广泛的应用潜力，可应用在多个领域的技术开发中，在技术市场达到一定规模的情况下，科研机构可以通过价格信号及时了解市场对技术成果的需求，将政府委托项目的研究成果进一步用于技术开发活动，产生大量科技成果。此时，科研机构产出科技成果的增速可能大于因政府资助而提高的投入增速。

最后，技术市场有利于降低科技创新活动的信息不对称性。在技术市场发展完善的条件下，价格信号不仅可以有效反映科技创新成果的技术含量，还可以反映不同科技创新主体的创新效率，政府可通过对创新效率高的创新主体给予精准支持，使科技创新资源通过行政手段向高效率的创新主体集中。

科技创新活动固有的正外部性为政府支持提供了理论依据，虽然部分短期内无法产生直接收益，但对国家科技优势或国家发展战略具有重要意义的科技创新活动，如基础研究、战略性新兴产业与军事工业中的核心技术等，必须由政府主导。技术市场化则有利于促进科技成果转让、转化与科技资源流动，为市场机制在科技资源配置中发挥决定性作用提供平台支持与机制保障。

专栏 7.1　华为技术有限公司的技术创新

一、华为技术有限公司简介

华为技术有限公司（以下简称"华为"）是一家生产销售通信设备的民营通信科技公司，于1987年正式注册成立，总部位于深圳市龙岗区坂田华为基地。

华为是全球领先的信息与通信技术（ICT）解决方案供应商，专注于 ICT 领域，坚持稳健经营、持续创新、开放合作，在电信运营商、企业、终端和云计算等领域构筑了端到端的解决方案优势，为运营商客户、企业客户和消费者提供有竞争力的 ICT 解决方案、产品和服务，并致力于使能未来信息社会、构建更美好的全连接世界。2013 年，华为首超全球第一大电信设备商爱立信，排名《财富》世界 500 强第 315 位。

截至 2016 年底，华为有 17 万多名员工，华为的产品和解决方案已经应用于全球 170 多个国家，服务全球运营商 50 强中的 45 家及全球 1/3 的人口。2017 年 6 月，《2017 年 BrandZ 最具价值全球品牌 100 强》公布，华为名列第 49 位。2018 年 7 月美国《财富》杂志发布了最新一期的世界 500 强名单，华为排名第 72 位，《中国 500 最具价值品牌》华为居第 6 位。

华为愿景是丰富人们的沟通和生活。华为使命是聚焦客户关注的挑战和压力，提供有竞争力的通信解决方案和服务，持续为客户创造最大价值。

二、围绕愿景和使命持续研发投入

近年来，全球信息行业一直处于动荡之中，一些百年巨头相继出现问题。然而，华为却实现了可持续性增长。2017 年，华为销售收入达 6 036 亿元，同比增长 15.7%；净利润 475 亿元，同比增长 28.1%。① 华为三大业务均有出色表现，其中，企业业务收入同比增长 35%，消费者业务收入同比增长 32%。

华为是商业驱动型企业，更是技术驱动型企业。在全球 ICT 企业面临增长瓶颈时，华为逆势增长，与持续巨额研发投入有很大关系。华为一直强调通过创新去驱动面向未来的发展。强烈的危机意识以及对研发投入不惜成本，构建起了华为的核心竞争力，尤其是在底层技术上的领先。2018 年，华为研发费用高达 891 亿元。《2018 年欧盟工业研发投资排名》数据显示，2018 年华为研发投入位列全球第五（前四名分别是三星、Google 母公司 Alphabet、大众汽车、微软），是唯一一家跻身 Top 50 的中国公司。在研发投入增长率方面，华为研发投入增速为 29%，超越苹果 25% 的增速。从 2004 年至 2017 年，华为保持了强劲的增长势头，在该榜单中的排名上升超过 200 个名次。过去 10 年，华为累计研发投入达 3 940 亿元。2016 年，华为从事研究与开发的人员约 8 万名，约占公司总人数的 45%；华为在全球设立了 15 个研究所/院、36 个联合创新中心，在全球范围内开展创新合作，研究领域包括云专项、

---

① 华为轮值董事长郭平在《不经艰难困苦，何来玉汝于成》的 2019 年新年致辞中表示，2018 年华为公司预计实现销售收入 1085 亿美元，同比增长 21%。

通信专项、5G 专项、人工智能、材料专项等领先技术，与世界各地人才共同推动技术的进步。

华为虽是全球领先的信息与通信解决方案供应商，在自己的领域攻入无人区，但仅靠防守，是守不住的。华为认为，不抢占未来技术的制高点，就会在未来失去主动权。正如华为创始人任正非所说，"重大创新是无人区的生存法则，没有理论突破，没有技术突破，没有大量的技术积累，是不可能产生爆发性创新的。"从华为现有三大业务板块来看，无论是运营商业务、企业业务，还是消费者业务，华为是靠产品创新、解决方案创新，赢得了客户和用户。以消费者业务为例，华为手机的领先，是建立在综合实力之上的——在基础通信、续航、拍照、芯片、人工智能、软硬件优化等众多方面，确立了行业领先地位。由于在基础研究和创新上持续加大投入，华为在 ICT 的热点前沿领域已取得众多研究成果：在 5G 移动通信领域，对全球 5G 统一标准做出了积极贡献的同时，在技术研发验证、网络架构、产业合作均取得了丰硕成果；网络技术研究领域，华为发布业界首个 VR Ready 网络创新解决方案，并展示满足云计算、云网络需求的下一代分布式路由器创新架构；在消费者业务领域，华为与徕卡深度合作共同研发。2017 年，华为发布了旗下首款人工智能处理器麒麟 970 和搭载该芯片的智能手机华为 Mate 10 系列产品。

华为不断查漏补缺，了解自己，改进自己，更新自己。过去 30 年，华为通过持续的研发投入，用充足的弹药，对准同一城墙口冲锋，才有了今天的格局。徐直军表示，"未来十年，华为会保持将每年 15% 左右的销售收入，用于研发投入，支持华为以创新驱动未来发展的战略。"华为将加大对基础领域、基础学科的投入，构建未来的核心竞争力。华为的研发投入分为两部分，一部分是把知识变成钱，一部分是把钱变成知识。对未来的不确定性投入，国内企业很少涉足，这种投入代价高，短期内难以看到效果。华为对基础领域、基础学科的投入，体现了华为非凡的战略眼光。

华为的战略是聚焦 ICT 基础设施和智能终端，围绕愿景和使命持续投入，引领智能社会前进。面向个人，华为将持续投资智能终端；面向家庭，华为将持续投资宽带和家庭网络等方案；面向组织，华为会投资网络、云计算、大数据、IOT 等，提升行业数字化水平。概括来说，就是要把数字化、智能化，带给每个人、每个家庭和每个组织，让大家享受数字世界带来的便利。

三、做价值的创造者

2017 年，华为把人工智能定位为使能技术。经过一年的实践，华为形成了进一步的思考和解决方案。整体来讲，华为希望通过把人工智能技术引入智能终端、云和网络，让解决方案更具竞争力，提升客户的体验和商业价值。比如，电信行业是一个传统行业，被认为走过了辉煌期，不少运营商都试图通过压缩投入来节省成本。事实上，这个行业的价值，远没有释放出来，华为要做的就是帮它们打开想象空间。数字化转型不是空喊口号，关键要帮运营商赚到钱，它们才有更多的钱用于投入。华为认为，只有帮助客户赚到钱，才是可持续的商业模式。华为提出了新的构想——希望通过智能技术的引入，构建一个"自动驾驶、永无故障"的网络，用架构性的创新，去解决结构性问题，帮助电信运营商提升网络利用率和运维效率。以前，运营商的基站是全天候开放的，有了智能技术，今后就可实现按需调配，比如在夜里智能地关闭部分基站，从而实现成本的最大节省。再比如，以前网络出了故障，需要人工去排查，成本高，效率低，这些问题今后可交给智能技术去解决，甚至防患于未然。

其实，这不仅仅是构想，在华为手机上，已经有了成功的实践。2017年，华为发布麒麟970芯片，内置了NPU，推动智能手机向智慧手机转变。搭载麒麟970华为Mate10系列和华为P20系列，不再是冰冷的机器，而是能"知你""懂你"，改变了人们的交互方式、娱乐方式。最显著的一个特点是，AI技术的运用，大大改善了拍照体验，即便不懂摄影的用户，也能拍出大师级的作品，让人人都成为摄影师。

四、开启智能世界新版图

人无远虑，必有近忧，企业亦如此。对于一家有18万员工，并置身变化莫测的信息行业的企业，华为是怎么规划自己的未来呢？"非常幸运，我们已站在智能世界的新路口。"早在2016年的全国科技创新大会上，华为创始人任正非就发表了《以创新为核心竞争力，为祖国百年科技振兴而奋斗》的主题演讲："未来二、三十年人类社会将演变成一个智能社会，其深度和广度我们还想象不到。"他还说，"越是前途不确定，越需要创造。"华为提出了全球产业愿景（GIV）2025，这是华为对智能世界中ICT产业角色、机遇的探索和思考，当然，更是一种责任与担当。

在充满挑战的产业格局下，局势错综复杂，企业也面临数字化转型困局，对智能化感到彷徨。华为在技术的深度与广度上，建立起了全面的优势，华为有能力也有意愿帮助更多的企业、组织，实现数字化、智能化转型。

（资料来源：笔者根据多方资料整理）

2. 技术市场化中面临的制度约束

（1）我国科技宏观管理体制仍存一定弊端。

随着经济体制基础的不断改变，改革开放后的科技体制逐步向市场化转型。但是，现行的科技体制机制中仍然存在对科技成果转化的障碍，科技事业的相关政策也尚不完善（如政出多门与政策空缺并存；科技创新政策执行过程中存在政策失灵问题；国家科技创新政策体系协调统一等），同时还面临促进科技事业发展的动力不足的问题（边哲，2017），具体表现在以下方面：

首先，宏观管理体制仍存在弊端。从国家层面科技事业的调控整体上看，并不利于科技资源的合理分配，对我国科技事业未来的发展目标及调控机制缺少精细化规划。现阶段，由于受到以往传统科技管理体系的巨大影响，使得科技管理体系中仍存在一系列的不足。在科技管理体系当中所出现的条块分割局面仍然存在，这在很大程度上影响着科技的发展。随着不断的发展，完善的监督管理机制并未形成，从而就使得相关的科研人员在进行科研工作的过程当中，无法形成良好的氛围，并且出现了科技资源分配不均匀现象，使科技管理组织能力以及协调能力呈不断下降的趋势（郭昕慧，2018）。

其次，产业规划执行缺乏科学统筹。重点表现在新兴产业布局方面，中国仍然存在着行政干预过大以及科研倒挂现象——新兴产业的技术进步仍然是以科研机构为主、企业为辅的状态。科技型中小企业并不具备良好的生存环境，尤其是难以获取资金支撑。

再次，人才评价不能完全适应科技创新需要。我国建设创新型国家的道路上面临的突出问题是人才，主要与以下两方面有关：第一，尚未建立细分行业的人才评价系统；第二，在对科技人才评价过程中，过高重视学历、职称等方面，消极影响了科研水平较高、工作能力强且适应当代科技型企业发展的人才的积极性。在人才培养上，人才培养体系仍不能达到当今科技创新的需求。

最后，产学研合作机制不顺畅。在体制及机制方面的某些限制因素使产学研结合仍然存在一定隔阂，教学、科研与生产存在着"两张皮"现象。我国对于科学发现和科技应用基础研究的持续投入、保障程度不足，使得科学工作者在技术的创新以及科技成果应用上的积极性不高；科研单位和高等院校在资金投入、厂房、生产设备等方面只能做到研制或小试阶段，很难满足将科技成果产业化、商品化的需要。这些严重影响我国科技的创造力。另外，科技发明的成果与应用和市场结合以及科技应用的转化机制较弱，考核体系的扭曲和片面（以学术理论成果为主的评价机制），也使科技工作者在科研中产生的理论成果难以应用在生产实践。科技成果转化涉及的环节众多，每一个环节可能都由互不隶属的部门分头管理，而且一般都有不同的法律法规或红头文件依据，比如在事业单位预算管理、工商注册管理、个人所得及企业所得税收征缴、与科技项目评价有关的人力资源等各方面可能遇到一定的问题和障碍（刘群彦，2016）。

（2）知识产权保护不力。

首先，我国知识产权法律制度滞后。加入世界贸易组织之后，我国相应地完成了一些相关法律的修改，如对《专利法》《商标法》和《著作权法》的修订，并且国务院颁布实施了新的《专利法实施细则》《著作权法实施条例》和《商标法实施条例》，最高人民法院也公布施行了多项具体的司法解释。但与国际的发达国家相比，我国知识产权法律制度的整体体系还是不够体系化。特别是，新科技和新产品层出不穷导致现有的知识产权法律、制度已经无法满足社会的发展。

其次，现行法律对知识产权侵权的惩罚力度不够，难以发挥震慑作用。据了解，我国 97% 以上的专利、商标侵权案和 79% 以上的著作权侵权案，平均赔偿数额分别仅为 8 万元、7 万元和 1.5 万元，而 2015 年美国专利诉讼的中位数高达一千万美元。央视动画"大头儿子"被侵权案前后历时近两年，2018 年 11 月北京知识产权法院判令杭州大头儿子公司、时代佳丽公司停止侵权，杭州大头儿子公司赔偿经济损失 20 万元及合理维权费用 8 万元。在很多侵权案件中，侵权者利用侵权行为获得的利益很多时候都超过了赔偿的金额，所以补偿性的赔偿不足以震慑侵权者的侵权行为。

再次，执法机构执法不严，管理分散，缺乏协调机制。一方面，没有设置专门的知识产权处理、协调机构，而是由专利局、版权局、工商行政管理局共同管理与维护，这种情况下如果出现传递信息不及时、信息沟通不畅等问题，就会造成管理混乱、管理效率低下；另一方面，知识产权相关部门和企业、团体、个人信息沟通交流也存在着不畅通问题。

最后，企业在知识产权维权的过程中耗费成本过大。在国内侵权很容易、成本很低；对权利人来说，举证非常很难、投入大、维权效果不明显。这些都严重打击了企业和科研人员开展科研活动和生产创新的积极性，使企业失去了创新动力源。

总之，技术创新是一项与市场密切相关的活动，企业会在市场机制的激励下从事创新。同时，技术创新是生产要素的重新组合，这种组合只有通过市场来实现。因此，完善我国技术创新体制必须以充分运用市场机制为基本原则，使价格、供求、竞争等市场机制成为技术创新资源配置的决定性力量。

（三）数字技术革命与平台经济

1. 平台经济模式

数字平台分布于不同的行业，包括交易类平台、社交平台、搜索引擎平台、软件创新平台等多种。这些平台已经成为整个社会基础设施的一部分，不仅是信息基础设施，而且是交易、社交与创新的基础设施，成为众多企事业单位赖以生存的基础模块。数字平台之基础设施定位反映了平台的本质：它提供了一个系统的基本功能，并定义了接口，从而允许其他企业或个人与之连接，以进一步拓展系统的功能。数字平台主要依赖于互联网，实现信息的数字化传输。平台本身在各自领域能够击败诸多竞争者，在于其提供了新价值或以新方式提供了价值。

数字技术的发展引发交易模式的变革，形成了数字平台经济模式（简称平台经济）。数字交易平台的发展大致可分为三个阶段：从电商平台到行业平台，再到平台经济。在平台经济发展的早期，直接面向终端消费者的电商平台率先崛起，如淘宝和京东商城；随着互联网与产业融合加深，平台的产业领域不再局限于零售业电商平台，而是趋于多元化发展，例如出现了众包、共享等诸多基于互联网平台的新产业领域。随着平台进入产业领域越来越丰富，其对产业和产业组织变革的影响力越来越大，平台逐步由一种商业现象发展为一种经济形态。平台经济是利用互联网、物联网、大数据等现代信息技术，围绕集聚资源、便利交易、提升效率，构建平台产业生态，推动商品生产、流通及配套服务高效融合、创新发展的新型经济形态。近年来，发展平台经济成为商品批发市场转型升级的重要方向，也是我国流通领域深化供给侧结构性改革、推动经济高质量发展的一项重要举措。为了加快推进商品市场以发展平台经济为重点开展优化升级，2018年2月27日，商务部等12部门联合印发了《关于推进商品交易市场发展平台经济的指导意见》。

2. 平台经济的效益

（1）低附加值工业制成品和服务业获得规模效应。

低附加值工业制成品和服务业的规模化。平台模式之所以在中国成为互联网经济的典型甚至几乎唯一的模式，正是由于它在承接制造业劳动力转移的基础上，契合了低附加值行业的规模化需求。具体而言，就是扩大了低附加值工业制品的消费规模（也就是将廉价产品通过网络销售给更多的人）以及实现了低附加值服务业的规模化效应（如家政、餐饮、外卖和出行等）。

平台模式使厂商的规模经济转移到平台的规模匹配（吕本富，2018）。传统企业处在单向、线性价值链的一环，只需面向客户交付产品或服务，充当生产者和交付者的角色。传统企业考虑的核心是如何低成本、高质量、高效率地交付产品，从而实现利润最大化。生产过程主要依托线下物理空间，开始围绕某一区域小市场，从贸易销售介入生产制造再进入研发形成"产供销人财物"一体化。一旦区域小市场成熟，通过扩大再生产进行滚动式的横向拓展，这个过程需要大量的人力财力和物力，这个过程就是经济学意义上的规模经济，主要是供给侧的规模经济。平台经济的出现改变了这个过程。从封闭的以产销发展到反向资源配置的敏捷供应，最终实现无边界、无距离、自成长的爆发成长。需求方越来越个性化，而生产方越来越小批量，所以供给侧和需求侧都有反规模效应。供给侧需要弹性生产，需求侧需要用户画像。规模效益主要体现为平台上的大规模信息匹配带来了巨量交易。以平台经济为核心的经济体与工业时代的经济体大不一样，从厂商的规模经济转移到平台的规模匹配。在实际操作中，可以明显地看出产品/服务的定价权在转移，大多数厂商只能被动适应平台的要求。

（2）减少交易过程的摩擦与耗散。

专栏7.2　苏宁线上线下融合案例

2016年，美团创始人王兴首提"互联网的下半场"。这一论点被业界广泛认可。"跑马圈地"是互联网的上半场，比拼的是技术、资本、布局能力。流量红利消失后，另一个时代——互联网的下半场揭开大幕。进入互联网下半场，最本质的变化就是用户红利消失，互联网企业获得流量的成本大幅增加。互联网下半场，谁又将主宰沉浮？

据QuestMobile 2017秋季报告显示，2017年中国移动互联网月度活跃设备总数稳定在10亿以上，从2017年1月的10.27亿到12月的10.85亿，增长非常缓慢；同比增长率也呈逐月递减的趋势，再次验证人口红利殆尽，移动互联网用户增长面临巨大考验的现状。这意味着线上流量争夺战将更加激烈，单纯依靠线上获取流量的上半场经济模式企业将面临巨大挑战。也正是早早洞察了这一点，互联网巨头们纷纷启动线下布局。期望通过线上线下融合，搭建更多的流量入口与消费场景。

作为电商鼻祖，阿里的线下布局似乎主要通过投资和改造完成。2016年阿里开启了天猫智慧门店，改造线下门店基础设施，让平台上的品牌商接入到阿里的生态体系；2017年8月底，阿里第一家天猫小店落地杭州，开始了其社区店的落地改造进程；同年 9 月，阿里旗下的盒马鲜生也在 5 个城市 10 家门店开业。2017 年 4 月，刘强东也通过社交媒体宣布，未来五年京东将主要通过门店加盟的形式在全国开设超过一百万家京东便利店，其中一半将开在农村。

与阿里和京东急急布局线下的急迫相比，线下实体起家的苏宁显得十分淡定。当其他巨头忙于重新开拓线下场景时，苏宁早已用八年时间完成了其线下与线上的双线融合，并且取得了革命性的胜利。

截至 2018 年 6 月 30 日，公司合计拥有各类自营店面 4 813 家，苏宁易购零售云加盟店 765 家，包括苏宁易购云店、苏宁易购直营店、苏宁超市、苏宁红孩子、苏宁小店等，其店面完整覆盖城市、农村、社区、校园等多种市场。如此全面又稳健的线下布局，绝非靠收购或改造可以比拟。而苏宁也十分明确自身优势，正在加大其线下布局，巩固其核心优势。"大店更大，小店更近"，苏宁的门店战略十分清晰。苏宁自营创新互联网门店和网点 10 000 多家，覆盖居民全方位的生活。

不仅是数量，对于线下门店经营改造与效率提升，苏宁更是不遗余力。将互联网技术应用于线下，"无人刷脸支付""店 +"等黑科技产品接连不断上线，基于 O2O 联动的"身边的苏宁"App 优化，针对易果生鲜等的跨界战略投资，所有这些都让苏宁线下门店核心优势更加凸显。显然，对于如何运用全新的互联网技术提升线下门店零售效率，苏宁早已驾轻就熟。而相比缺乏线下基因的纯电商企业，如此强大的线下助攻，27 年的线下优势是线上企业短时间难以超越的。难怪苏宁董事长张近东表示，"零售市场的发展正在迎来拐点，正全面进入属于我们的智慧零售时代"。

也许数据才是张近东如此自信的真正底气来源。截至 2018 年 6 月 30 日，公司零售体系注册会员数量 3.57 亿。2018 年 6 月，苏宁易购 App 月度活跃用户数同比增长 64.34%。2018 年"6·18"大促期间，苏宁易购移动端订单数量占线上整体比例达到 92.86%。报告期内公司线上平台继续保持了快速增长，商品交易总规模为 883.22 亿元（含税），同比增长 76.51%，其中自营实体商品销售规模 634.53 亿元（含税），同比增长 53.40%，开放平台商品交易规模为 248.69 亿元（含税），同比增长 186.71%。

当线上流量趋于稳定，线下便成为新的流量突破口。如果以为互联网下半场仅仅线上线下融合就足够，那么显然对互联网下半场的了解还不够深入。越来越多的企业已经将关注重点从增量用户、增量流量，转为对存量用户、存量流量的精细化运营。在这一点上，苏宁似乎又抢了个先。早在多年前，苏宁就开始了其全产业链的布局，形成了零售、地产、金融、文创、体育、投资六大板块。2017年8月，苏宁彻底打通了旗下会员体系，实现了全产业链融合。至此，一个专属于苏宁全新的流量生态搭建完成。

而这正是互联网下半场的又一个突破口：通过生态流量进行资产的重新构架，流量从单一渠道走向多样化联合渠道，进入集团军作战方式。获得新生态流量的苏宁转眼就验证了这一模式的无穷威力。

2017年"8·18发烧节"火热开打时，苏宁旗下各产业6亿会员实现"一账通"。会员一账通体系，在各板块之间交叉导流，PPTV的用户不仅可以直接获得苏宁易购的用户权益，享受各种会员促销政策，还有特赠会员大礼包；金融用户投资获得的积分可在苏宁易购平台消费，而苏宁易购的会员可以一键获取消费分期服务。短短几天，PPTV的新增用户有53%导流到苏宁易购，并产生了购买行为，其有效转化率与易购平台本身的转化率基本相似。不同的场景带来不同的数据，依托大数据技术，苏宁还可以为平台内用户进行精准画像，推荐更加符合消费者需求的产品与服务，精准营销大大提高运营效率。生态流量不仅给苏宁带来快速的增长，协调效应更为可观。通过充分发挥各个板块的协同效应，苏宁不仅打通各平台服务、数据和账号体系，更强化了基于用户需求、兴趣、动态化场景和社交关系等各个方面的产品创新能力，不仅用户的消费体验得以不断优化，用户规模也进一步增长。

从衣食住行到旅游、娱乐，苏宁构建了一个覆盖人们日常生活方方面面的零售生态，而这个生态不仅可通过不同的场景触达用户，从不同维度帮助苏宁与消费者更高效的沟通交互，这个生态还将形成持续影响力，进而促进用户不断消费。不得不承认，这个流量生态就是一个取之不尽的宝藏，而且会越滚越大。

（资料来源：http：//tech.ifeng.com/a/20171108/44751262_0.shtml）

平台经济减少摩擦和耗散。传统供应链中，各环节之间都有交易成本，还有物理空间成本，这就是高摩擦。所谓高耗散，就是指资源最终的有效利用率。例如，从中东进口石油最后真正由消费者享受的价值（用作动力的石油）可能不足17%，80%左右的资源全部耗散掉了（吕本富，2018）。造成传统经济体高摩擦、高耗散的原因是中间环节过多。平台经济就是要减少这种摩擦和耗散，而减少摩擦和耗散恰好也是平台最重要的收入来源。减少生产和交易过程中的摩擦和耗散，需要各种技术手段的支撑，数据、知识用于决策，关键在于平台上的算法。

平台经济使交易效率开始超越生产效率。在以往的人类社会经济历史中，或绝大多数的市场体系下，生产效率一直领先于交易效率。在工业时代，生产效率大幅跃升，有形交易市场的交易效率地，往往成为经济体系运行中最大的瓶颈。平台经济通过信息精确匹配提高交易效率和降低交易费用。平台效率也集中体现为撮合效率，即撮合潜在买家和卖家两个群体达成交易。平台经济之所以有价值，是因为其连接一切的特性及其虚拟空间打破时间限制与物理空间距离，使得企业超越区域小市场，面向全国或全球大市场，从针对存量的"头部"发展到拓展增量的"长尾"，从人工操作处理为主发展到工具的技术替代。平台是连接上下游、供需端或买卖方的第三方或第四方服务，也是从撮合交易、资源配置、开源创新等过程中，通过降低交易费用、分享价值增值收益的实体。

（3）实现了跨界整合。

平台经济的特征就是跨界。随着资源共享范围越来越广、程度越来越深，产业内部的边界越来越模糊，产业通过平台实现的跨界融合现象也愈加显著。新经济格局下，产业的界限越来越模糊，打破原有产业边界，产业之间跨界现象显著。平台型企业通过连接多边群体，整合多方资源，设立规则与机制，满足多边群体的需求，充当连接、整合的角色。传统企业也可利用连接、整合的思维去创造更大的价值。企业通过减少不必要的中间环节，创造更多的价值连接，提升效率，带来增值。企业还可以通过协同上下游伙伴，甚至同业竞争者，一起设计新格局、新规则，为供应及需求双方带来更大增值。此外，企业可通过跨界整合，创造全新的价值。

（4）提高用户参与。

数字平台经济最主要的特征就是依赖于用户参与。如百度将用户的搜索行为转换为具有丰富价值的广告，脸书运用在线社交搜集并出售用户的精准画像，而滴滴则看准用户的交通需求充分调度私人汽车。平台能调动用户参与生产，也会对用户产生巨大影响。如以小猪为代表的住宿平台能够释放未被充分使用的个人住宅资产的商业价值，而类似于 YouTube 的平台则将让每一位用户都能成为具有灵活工作时间并从平台得到收益的创业者。对劳动者和工作任务提供匹配服务的平台可能使劳动力市场更有效率，同时会出现一个工作岗位和价值创造都极度分散化的社会。

总之，平台追求的是在环形的、不断循环的、受反馈驱动的过程中，最大化生态系统的总体价值。对平台企业而言，难以复制的资源是社区及其成员拥有和贡献的资源，生产者和消费者的数据是平台的首要资产。平台经济的魅力在于凝聚资源，将传统经济链条式的上中下游组织重构成围绕平台的环形链条。平台将原本冗长的产业链弯曲成了环形，企业端用户通过平台直接触及消费者，节省的各个环节都提高了产业效率。

3. 数字平台经济模式的风险

（1）平台模式可能阻碍创新。

低附加值的工业制品和服务业的利润率其实非常低，规模化能一定程度上直接改善其利润率。但是，当平台上获客成本越来越高，平台逐渐成为选择产品的最主要渠道时，平台对这些低附加值行业的盘剥会进一步加重。事实上，通过平台实现低附加值产业规模化所产生的大部分收益最终被平台所获取。也就是说，在历次资本补贴大战后形成的各大平台，对实体经济创新发展的正向影响，也即对经济结构失衡的调整作用极其有限。甚至在某种程度上，由于金融资本的广泛介入，将规模化低附加值行业的平台模式包装成各种"革命性创新"，通过各种政策加持甚至财政补贴，最终在资本市场套现获利，这种经济形态进一步扭曲整个社会的资金分配。本该投入到高附加值创新领域的资金，本该持续投入的产业创新资本，却在互联网平台模式的上市套现预期中出现偏差。长远看，这与投入地产领域无本质区别。低附加值工业品的恶性竞争，继续造成对知识产权的不尊重，从而使这个关键阶段所需的资本无法进入其应该进入的创新需求领域。而在其他很多领域，由于制造业基础的薄弱，信息技术对生产率和利润率提升的贡献甚微；在高附加值产业资源本身就十分有限的前提下，信息技术与高附加值产业结合的前提都不存在，不能奢望以信息化促进创新。

中美电商生态最大的区别，不在于网站成交金额的数额，也不在于利润的差异，更不在于能否用无人机或无人车送货，而在于这些电商平台背后的制造业主和服务业主，乃至那些快递员在未来的生存状态。[①] 平台本身只是一个规模化的工具，并不具有任何方向性。以金融资本堆积出的所谓"创新企业"，最终将在金融短周期收尾时露出真相。平台经济其实只是在基础网络、公共交通这些堪称举国投入的基础上，通过平台实现了本国低附加值工业制成品和服务业的规模化，但平台经济模式本身不会带来真正的高附加值创新。

（2）电商类平台中假冒伪劣商品泛滥。

近年来，假冒伪劣商品有转移到线上的趋势。平台假货问题反映了我国电商平台最大的痛点，不论是传统电商平台还是新兴电商平台，其所面临的最大问题就是假冒伪劣。2018 年 1 月 13 日，美国贸易代表办公室发布 2017 年"恶名市场"名单，指责淘宝网假货太多危害市场健康发展。2018 年 6 月，电商投诉平台 21CN 聚投诉发布"6·18"期间投诉数据。投诉到平台的涉假问题共计 156

---

① 幕峰. 是时候彻底反思中国的互联网经济了［EB/OL］. http：//baijiahao. baidu. com/s? id = 160189461312503 6511&wfr = spider&for = pc.

中国商业文化实践与理论

件，含虚假宣传、虚假承诺、假冒伪劣产品等，涉及相关平台或卖家的诚信问题。其中，消费者明确指控买到假货的投诉共计 52 件。从上市第二天开始，拼多多的股价便持续下跌，市值蒸发 75 亿美元，主要原因就是饱受诟病的山寨货泛滥，多种产品涉嫌碰瓷知名品牌——商标相似、品牌名相近。对于社交电商而言，在这样的榜单上与电商巨头一较高下显然并不是一件光荣的事情。而对于消费者，假货的危害也不仅仅是让人损失金钱。除了拼单购物平台，中消协发布的网络购物调查体验情况通报显示，海淘店铺也是假货的重灾区。

造成电商平台假货泛滥的原因涉及多个方面。首先，商业模式设计的原因。如一些 C2C 平台模式不收取撮合交易的佣金，其盈利模式是靠聚拢海量个人卖家进行广告竞价而盈利。其中有部分企业钻现行法律的空子，以企业化运作冒充个人卖家身份在网上售卖假货。往往越是售卖假货的网店，其利润率越高，于是有更多的钱用于向平台竞价购买广告，从而获得更多流量，再卖出更多的假货。这样就形成了一个劣币驱逐良币的逆向循环。"驻场制"经营模式也助长了假货泛滥。所谓"驻场制"就是电商不直接提供产品或服务，而是引入商家或个人进行销售。不少电商平台为了追求入驻商户数量，没有严格检验商户的资质和质量，导致"李鬼"借助电商平台坑害消费者。其次，网络售假违法成本很低，维权成本太高。对于绝大多数无品牌授权、通过自营渠道销售奢侈品的电商，国内并没有相关法律约束。一旦发现销售假冒伪劣商品等违法行为，工商部门可以依据《中华人民共和国电子商务法》《产品质量法》《商标法》等进行查处，但处罚力度有限。维权成本包括时间成本、程序成本等，真伪鉴定标准的缺失令消费者拿不到证据，且买卖双方通常异地，举证难度极大。最后，平台监管力度不够。如拼多多的"零门槛"入驻资格以及后续审查乏力，其责任意识不强。

电商平台作为一个生态系统，而非一个独立的个体，从产品、物流、支付再到用户评价，都需要严格把控。各个环节都不容有失，正是由于这个复杂的体系以及法律法规不健全，才滋生了不良商家以及投机分子从中攫取暴利的机会。为此，需要构建以信用评价为核心的平台经济共治体系，完善信用建设。

（3）平台中的用户信息泄露。

在现实生活中，我们很容易发现，只要在网上购物、点外卖之类的动作，很快就可以收到非常多的营销电话、营销短信乃至于诈骗电话短信。据《新京报》2018 年 4 月 23 日发布的消息显示，外卖平台用户信息正在疯狂被泄露。卖家、网络运营公司以及外卖骑手等参与其中，泄露的信息包括姓名、电话、性别和地址等。据调查，报价甚至可以低至 1 万条个人隐私仅需 800 元。特别可怕的是，这些数据每天更新 4 万条左右。这些泄露事件仅仅只是被挖掘、曝光出来的而已，还有更多暗藏于水面之下的相关事件。

用户信息泄露的原因包括：安全防护措施不严；黑客利用技术获取用户信息；平台内部人员通过下载数据获取私利，甚至有平台专门以从网络上收集客户信息贩卖为主要业务。

4. 移动电子商务渐成电子商务主流

《2018 年中国互联网发展报告》显示：截至 2018 年 6 月，我国手机网民规模达 7.88 亿，网民通过手机接入互联网的比例高达 98.3%，较 2017 年末提升了 0.8 个百分点；手机网络购物用户规模达到 5.57 亿，使用比例达到 70.7%，较 2017 年末增长 10.2%。iiMedia Research（艾媒咨询）数据显示，2017 年网络零售市场交易额达 65 500 亿元，移动端交易额达 46 370 亿元，占比 70.8%。

移动电商之所以被看好，是因为用户就在移动端。碎片化时间的"闲逛"是移动购物的主要原因。移动电商让消费者可以随时随地购物。人们已习惯于将智能手机、平板电脑等智能移动终端随身携带，只要有 3G、4G 和 WiFi 网络，就可以随时随地购物。

移动电商具有一些独特的功能，而这些功能都是使用普通电脑端的传统电商不具备或者较弱的功能。定位功能使位置服务成为可能；扫描、拍摄功能可以直接扫描二维码，模糊识别图像功能可以辨别商品，进行商品的匹配和搜索；利用通信、传感功能，不仅手机之间可以交互，手机跟别的设备也可以交互，使物联网的概念成为现实；语音识别、指纹识别等功能还可以带来许多方便。利用这些功能，移动电商可产生出更多的创新，更方便消费者。微信等社交工具的商机被逐渐挖掘，也推动着移动电商的超常发展。

5. 平台经济中的支付方式革命

商业在形成初期是以物换物的方式进行的社会活动，后来发展成为以货币为媒介进行交换，从而实现商品流通的经济活动。中国经历几千年的历史变革，随着社会生产力的发展，支付方式在不经意间已经发生了天翻地覆的变化，为我们的生活带来巨大的便利。

在计划经济时代，支付使用票证＋现金的形式。由于物资匮乏，国家需要发行粮票、布票等各种票证来限制消费，保证全民供应。粮票布票等在当时是最重要的支付工具，有"第二货币"之称。

改革开放后，开始用存折加现金。随着经济快速发展，物资短缺现象逐渐消除，现金成为国人主要支付工具。人们出门、购物都不忘随身携带现金。

20 世纪 80 年代，银行卡被广泛使用。银行卡是随着电子计算机应用的发展而被广泛采用的，它减少了现金和支票的流通，而且使银行业务发生了根本性变化。在 20 世纪后期，各种形式的代金券风行社会，比如"购物券""奖券""厂币"等。21 世纪初，电子银行业务（主要包括网上银行、电话银行、手机银行、自助银行等）出现。人们的支付方式已经从纸质货币向电子货币转变。

进入 21 世纪 10 年代，移动支付（如支付宝、微信支付、Apple Pay、Huawei Pay 等）成为主流。作为国内的第三方支付平台，支付宝自 2014 年第二季度开始成为当前全球最大的移动支付平台，覆盖除中国大陆以外的 38 个国家和地区。目前，支付宝已发展成为融合了支付、生活服务、政务服务、社交、理财、保险、公益等多个场景与行业的开放性平台，不仅具有便捷的支付、转账、收款等基础功能，而且能快速完成信用卡还款、充话费、缴水电煤费，还能轻松理财，累积信用。微信支付是中国领先的第三方支付平台，为个人用户创造了多种便民服务和应用场景，为各类企业以及小微商户提供专业的收款能力、运营能力、资金结算解决方案以及安全保障。以微信支付为核心的"智慧生活解决方案"至今已覆盖数百万门店、30 多个行业，用户可以使用微信支付来看病、购物、吃饭、旅游、交水电费等，已深入生活的方方面面。2014年，苹果发布移动支付解决方案 Apple Pay，也加入移动支付大军中。Huawei Pay 率先在国内推出首个基于安全芯片的便捷手机支付，其指纹 + 芯片 + 金融级安全的 NFC 全终端解决方案，为手机用户带来了安全的支付新体验，而且Huawei Pay 是国内首个兼具银行卡、公交卡功能的手机支付工具，并支持为手机内虚拟公交卡充值。2018 年 8 月，Huawei Pay 已支持 24 款华为和荣耀机型设备，已支持绑定 78 家银行发行的银联卡进行刷手机消费，线下已有超过1 600 万台 POS 终端支持，支持 11 张公共交通卡绑定，覆盖160 多个城市公交地铁刷卡；推出了手机盾、应用内支付、碰一碰、门钥匙和公民网络电子身份标识（eID）等功能，覆盖移动支付、交通、出行等应用场景。移动支付方式深入发展，改变消费者的支付习惯。

（四）数字技术革命与组织创新

1. 信息技术助力网络虚拟组织成立与运营

信息技术的产生与发展对组织的影响是非常深刻的，它不仅改变了组织的运营方式，而且还促发了新的组织形态的产生，例如虚拟企业（邹凌飞和张金隆，2011）。对于虚拟组织而言，信息交流尤为重要，而且其信息交流需要通过信息

241

技术来实现，因为虚拟组织的成员之间存在地理距离，虚拟组织是通过信息技术建立起来的组织（邹凌飞和张金隆，2011）。

（1）信息技术促进了虚拟组织的组建。

虚拟组织成立需要正确认知市场机会，为此需要搜集大量的信息，并对其进行筛选、评估和确定。而信息技术就是企业进行信息搜集、发现市场机会的工具。只有借助信息网络，虚拟组织才能在全球范围内快速地寻找处于不同领域、不同类型的合适的合作伙伴，与之建立合作关系，从而有效地连接起来形成一个拥有共同目标的虚拟组织。信息技术的飞速发展将大大促进虚拟组织的形成。网络技术为全球范围内的组织提供了一个快捷的、广泛的、价格低廉的沟通交流渠道，若企业内部实现了一定程度的信息化，就可以通过网络与其他实现了信息化的组织进行合作，形成虚拟组织。当然，虚拟组织之前就已经存在，只不过组织之间联结的技术手段不同，其产生的本质在于现代信息科学技术的高度发达（谢永平和姜晓兵，2004）。

（2）信息技术使虚拟组织的管理成为可能。

在虚拟组织组建之后，信息技术使虚拟组织的管理成为可能。虚拟组织需要通过信息技术及时掌握顾客需求的发展趋势，并及时做出反应，而且还需要建立新的协调和管理机制。

首先，信息网络是虚拟组织外部沟通的基础。虚拟组织的运营，信息的获取和沟通是关键。在与顾客沟通方面，只有借助信息网络，虚拟组织才能及时了解顾客需求的变动，从而提供满足顾客需求的产品和服务。其次，在内部的协调和沟通方面，信息技术使虚拟组织内部的协调和管理成为可能（Khalil and Wang，2002）。信息技术的应用（如基于 Web 的信息系统、数据挖掘、大规模定制技术、组织记忆系统、谈判和决策支持系统等）可以使虚拟组织的组织设计、管理和协调和组织学习成为可能（邹凌飞和张金隆，2011）。信息技术可以将组织的结构、员工和任务结合起来，从而在虚拟组织的设计中发挥很大的作用（Khalil and Wang，2002）。

2. 技术革命为组织变革与创新提供契机

组织创新重点表现在组织更为扁平化、团队化。所谓扁平化组织结构，就是一种"通过减少管理层次，压缩职能机构，裁减人员而建立起来的一种紧凑而富有弹性的新型团体组织，它具有敏捷、灵活、快速高效的优点"。信息技术的出现和推广为传统组织的变革和组织结构向扁平化方向发展提供了契机。在传统的组织结构下，信息的上下传递渠道单一，加之信息只能逐层传递，使得信息传递缓慢。而随着信息技术的发展，办公自动化系统、管理信息系统、专家决策系统被企业广泛使用，使得信息在上下级之间的直接甚至跨级传递成为可能，客观上为大幅度压缩中间管理层次提供了技术上的支持。随着信息双向传递速度的加快，高层管理人员更容易在第一时间获取市场信息并且做出快速反应。另外，计算机集成制造系统和人机对话辅助决策系统的出现，将信息技术与业务管理很好地融合在一起，革新了企业的生产方式，为企业进行流程再造提供了机会。此外，信息技术的出现，还加速了知识和技能在员工之间的共享，这也为促进企业的竞争打下了基础。

　　基于先进信息技术和网络技术基础上的企业流程再造活动，大大促进了工作团队的发展，解决了团队成员协调困难、团队变动大、企业缺乏稳定性等问题，消除了跨部门沟通、分工过细、决策缓慢、灵活性差等金字塔组织的缺点，塑造了一种自主创新、灵活、相互紧密合作的工作气氛，适应了企业创造性劳动日益增多的需要，目前已变成许多大公司（特别是高科技企业）首选的企业内部组织形式。信息化时代，信息的来源及管理模式都将发生根本性的变化。网络性的组织团队替代固定的部门或职位，团队是配合完成任务和流程而组成的，团队成员依其专长（而非职务）和任务的需要而自主构成，它的绩效可以根据其任务的完成状况进行评估并获得相应报酬。团队与团队之间往往存在独立而互补合作的关系。

（五）数字技术革命与全渠道零售

1. 数字技术革命催生全渠道零售

　　回顾零售业发展的历程，推动零售业态变革的动力主要来自两个方面：一是科学技术的发展，二是消费者需求日新月异的变化（Pauwels and Neslin，2015）。李飞（2013）归纳出三次零售大变革的动因：一是手工技术（手工生产）催生了零售商的出现；二是工业技术（机器生产等）进步带动了百货公司的出现；三是信息技术（计算机和互联网）革命催生了全渠道零售概念。

　　近年来，随着以互联网特别是移动网为核心的信息技术的发展，零售信息传递方式发生了巨大变化。这不仅改变了原有的零售业务过程，而且催生了一系列新的零售形式，包括原始创新的线上零售形式、更新迭代的线下零售形式、线上线下融合的零售形式以及从自动售货机到无人商店的零售形式。对于这种巨大和快速的变化，理论界和实践界的主流观点都认为世界爆发了一场前所未有的零售革命，沃捷克和里卡德（Wojciech and Richard，2009）称之为全渠道零售（omni-channel retailing）。

2. 全渠道零售的内涵

全渠道零售是零售商协调多种零售渠道的优势，带给顾客卓越的无缝式消费体验的一种战略或策略（Levy et al.，2013）。李飞（2014）进一步指出，零售渠道包括实体渠道（店铺和网点等）和虚拟渠道（网店、微商和社交媒体等），渠道整合和组合涉及顾客购前、购中和购后的全过程，并率先提出全渠道零售营销的概念：组织基于营销目标，在全部渠道范围内实施有效的整合策略，然后根据不同消费者的渠道偏好，在顾客的购买和消费过程中，进行有效的营销定位和营销要素组合。2017 年，萨吉星等（Saghiri et al.）构建了一个"三维框架"来解释全渠道零售：其一为消费者的购前、购中和购后的整个过程；其二是零售商拥有的所有渠道类型，包括实体和虚拟渠道类型等；其三为每个消费过程环节的渠道参与者，包括制造商、实体零售商、数字零售商和第三方等，并提出全渠道零售是多个渠道代理者协同合作在消费者购买旅程中提供适宜的渠道类型的策略。

零售企业需要采取与其匹配的全渠道零售战略：确认顾客的偏好；确认店铺定位；确认目标顾客的购买过程；尽可能地整合各种渠道类型；依据顾客偏好，在购买的每个环节匹配合适的渠道类型；构建全渠道流程，整合全渠道资源；实现利益相关者的利益（李飞，2018）。

二、我国工业革命的跃迁与融合

（一）世界工业革命的历程

工业革命一般是指由于科学技术上的重大突破，使国民经济产业结构发生重大变化，进而使经济、社会等各方面出现崭新面貌。近代史上已经发生过三次工业革命，现在正迎来第四次工业革命。

第一次工业革命——蒸汽技术革命（18 世纪 60 年代～19 世纪 40 年代），开始于英国，后来传播到欧洲和北美。第一次工业革命标志着农耕文明向工业文明的过渡。蒸汽机的发明带来了机械化工业（生产过程机械化）。一方面，大大密切加强了世界各地之间的联系，改变了世界的面貌，最终确立了资产阶级对世界的统治地位。另一方面，发生第一次工业革命的资本主义国家（位于西半球）在世界大范围的大肆杀戮抢占商品市场，抢占原料产地，奴役当地农民，加剧了当地农民的贫困落后，使得东半球从属于西半球。

第二次工业革命——电力技术革命（18世纪60年代~19世纪中期）。内燃机以及新通信工具（如电话）是典型的发明。电力、钢铁、铁路、化工、汽车等重工业兴起，石油成为新能源，并促使交通迅速发展，世界各国的交流更为频繁，并逐渐形成一个全球化的国际政治、经济体系；资本主义生产的社会化大大加强，垄断组织应运而生。典型特征是电气化，企业的生产过程流水化。

第三次工业革命——数字化革命，开创"信息时代"（始于20世纪50年代，90年代成为潮流，至今方兴未艾）。典型特征是数字化、信息化和生产过程自动化。全球信息和资源交流变得更为迅速，大多数国家和地区都被卷入到全球化进程之中，世界经济格局进一步确立，人类文明的发达程度也达到空前的高度。随着社会的不断发展，数字已然渗入到我们每天的生活中来，关系非常紧密。数字革命必然与更多行业联系在一起，达到一个更快、更好、更便捷的信息化时代。信息技术革命在90年代成为潮流，并创造了新经济模式，推动全球经济进入一个快速增长周期，但也酝酿了21世纪初期的新经济泡沫和2008年的全球金融危机。

第四次工业革命是以数字化革命为基础，以技术快速发展为驱动力，以物理类、数字类和生物类门类为主的全新技术革命。其中物理类技术以无人驾驶交通工具、3D打印、高级机器人和新材料技术为代表；信息类数字类技术以物联网、区块链技术、共享经济为代表；生物类技术以生物基因技术和基因编辑技术为代表。第四次工业革命强调物理、数字和生物领域的协同。如果说前三次工业革命解放的是人类的体力，第四次工业革命解放的就是人类的脑力。与以往历次工业革命不同，第四次工业革命以多个领域先进技术的集中爆发为显著特征。这一轮工业革命的影响将渗透到各个行业全产业链，全球的生产方式由大规模生产转到规模化定制新阶段，平台经济、企业的网络化、扁平化成为新趋势，共享经济、平台经济等新的产业形态层出不穷，互联网带来的资源创新互通会深刻影响全球资源配置方式。也有人提出，这是一场全新的绿色工业革命，它的实质和特征是大幅度地提高资源生产率，经济增长与不可再生资源要素全面脱钩，与二氧化碳等温室气体排放脱钩。严格说，第四次工业革命是否业已到来，并无定论。毕竟具有真正颠覆意义的理论和现象并未出现，反倒更像第三次工业革命的巅峰发展。

（二）我国工业革命的跃迁与融合

1. 我国工业革命的跃迁

在中华人民共和国成立之前，我国是前两次工业革命过程中的边缘化者、落伍者。由于错失前两次工业革命机会，我国 GDP 占世界总量比重，由 1820 年的 1/3 下降至 1950 年不足 1/20。前两次工业革命让中国陷入了落后挨打的尴尬局面。尤其是在第一次工业革命之后，中国发展的步伐明显慢于西方各国，并最终被许多西方国家赶上和超过，这一过程发生在整个近代中国。列强在同期凭借经济与军事优势对中国的入侵，更令中国的经济发展雪上加霜。从 1840 年鸦片战争到 1949 年建国，中国几乎没有任何现代化工业。从清末的洋务运动到民国期间，我国建立了一些工厂，比如清朝建立了中国第一条铁路、中国江南造船厂、发电厂、火柴等。机器和技术工人全部来自国外，自己没有技术，谈不上工业化，工业体系更无从谈起。随后经历抗日战争和解放战争，原本就少之又少的工厂基本全毁。到 1949 年，我国几乎没有任何工业体系和技术，只有一些残破陈旧的工厂。

中华人民共和国成立初期，中国工业产业处在近乎无的现状。"一五"期间，我国同时进行了第一次、第二次工业革命。在极低发展水平起点下，率先发动国家工业化（以 156 项重点工程为核心、以 900 余个大中型项目为重点的工业建设），通过集全国物力、财力、人才，优先发展重工业（能源、冶金、机械、化学和国防工业领域），在相对较短的时间里建立起了比较完整的工业体系雏形。20 世纪 50 年代的集体化，实质是为城市重工业产品提供了市场，用高价格的城市产品、低价格的农产品价格剪刀差的方式支持了国家工业化，向城市输送工业化的原始资本。为了赶英超美，1958～1976 年发生了"大跃进"。工业方面采用大搞群众运动的办法不断提高粗钢产量指标；在农业上主要是对农作物产量的估计严重浮夸；在生产关系方面急于向所谓更高级的形式过渡，壮大农业合作社的规模和提高公有化程度。主要吸取的教训是要尊重和掌握经济发展规律，尊重科学技术，靠先进的管理，才能高速发展经济。"文革"带来的损失巨大。1958～1960 年连续 3 年遭遇自然灾害加上与苏联交恶，在受美苏两个霸权体系的同时封锁的国际环境下，依靠自力更生，以全国农业的高积累全力支持工业化，没有多余的资本发展太多的轻工业。除去"文革"本身造成的物质破坏外，这种损失主要是指应当达到的宏伟经济指标未能完全达到。因为有了农业的强力支持，1950～1977 年中国工业的发展速度为 11.2%（仅次于日本的 12.4%），远高于美、苏、德、英等世界强国。虽然有重工业、轻工业和农业结构的严重失调、积累与消费之间的巨大落差，到 20 世纪 70 年代初，我国初步完成了国家工业化的原始资本积累。

1978 年中共十一届三中全会后开始了一系列改革，将国家的工作重点转移到了经济建设上来。1978～1992 年中国摆脱计划经济体制实行"转轨"，实行农村家庭联产承包责任制改革，农村经济体制的阶段性创新客观上为国家工业化向广大农村辐射，有效推进农村工业化，创造了重要条件。进行工业化战略内的结构调整，从优先发展重化工业转向优先发展轻工业，采取改善人民生活第一、工业全面发展、对外开放和多种经济成分共同发展的工业化战略，加快了第二次产业革命的进程。由于恰逢国际制造业大规模向新兴工业化国家转移，制造业在欧美国家经济比重持续下降，包括中国在内的发展中国家制造业的比重快速上升。

进入 20 世纪 90 年代以后，我国进入了再次重化工化和高加工度化时期。彼时，我国侥幸上了正在蓬勃发展的第三次工业革命的末班车，因为有了对外开放才成为"追赶者"。经过多年的努力，我国已经成为世界最大的信息通信技术生产国、消费国和出口国，某些方面正在成为国际的领先者。

进入 21 世纪，中国第一次与美国、欧盟、日本等发达国家站在同一起跑线上，在加速信息工业革命的同时，正式发动第四次工业革命。中国能赶上这一革命的黎明期、发动期，着实不易，也十分万幸。

总体上，改革开放的短短 40 年内，中国从第二次产业革命快速跃迁到第三次产业革命，并在 21 世纪初参与发起了第四次工业革命。

2. 我国工业革命的融合

我们从时间和地域两个维度来分析改革开放至今我国工业革命中的融合。

第一个是时间维度。

从 1978 年的改革开放到 21 世纪 10 年代中期，我国主要致力于第二次工业革命，重点任务在于提高工业化水平。改革开放以来经过 20 余年的快速工业化进程，中国进入了国家工业化的第二阶段——中期阶段。1999 年开始，中国加入 WTO，步入中国经济全球化。加入 WTO 之后，中国突然进入了一个几乎无边无际的世界市场空间。企业的生产规模开始迅猛扩张，而生产成本则直线下降，劳动生产率飞速提升。中国加入 WTO，是真正对社会生产率带来第二次重大革命。2000 年以来，世界 500 强公司的大部分都进入了中国，获得了难得的技术扩散机遇。经济的全球化还为中国带来了先进的公司治理架构和商业模式。复制和模仿商业模式同样带来了中国经济面貌的巨大改观。2000 年以来的"中国制造"战略，借助外国投资，在长三角、珠三角和环渤海地区形成了世界级的制造中心，在 100 多个生产制造领域占据世界第一，"中国制造"的贴牌堆满了全世界的货架。加入 WTO 之后，我国进入了持续时间较长、增速平稳上升的经济增长期，但一些重大问题逐渐显露出来，主要是经济增长动力出现了三个结构性失衡，使经济增长的持续性不强、发展成果的分享性不足、资源环境更趋恶化。2008 年的国际金融危机，更是使出口导向型经济遭遇重创。

247

21 世纪 10 年代末期至 2014 年，我国主动引导和推动经济结构战略性调整，重点实施两化融合（工业化与信息化融合）战略，也就是第二次工业革命与第三次工业革命的融合。两化融合是国家于 2007 年提出的长期发展战略目标，是新型工业化的必由之路。同时，我国深入实施创新驱动发展战略，为经济发展注入强劲动力。商事制度改革推动新主体快速增加，各类市场主体总量增加。

2015 年推出的"中国制造 2025"和"互联网＋"计划，表明中国正在准备迎接第四次工业革命。这两个计划将共同致力于把人工智能、机器人和社交媒体与制造过程相融合。事实上，我国工业化与智能化融合大幕开启，智能制造与智能服务是未来的长远目标。新模式、新业态方兴未艾。2015 年以来，中国在电子商务方面独领风骚，网购已占零售总额的 18%，而美国只有 8%。中国三大领先技术平台——百度、阿里巴巴和腾讯已经能够与 Amazon、Apple、Facebook、Google 等美国的全球技术巨头一争高下。我国的跃进受益于硬件技术、数字技术以及新商业模式的合力推动。2017 年，我国研究与试验发展（R&D）经费支出规模跃居世界第二位，一批具有标志性意义的重大科技成果涌现，成为世界上第三个发明专利拥有量超过百万件的国家，科技出版物规模已与美国相当，而自然科学和工学博士数量更有过之。世界知识产权组织（WIPO）、美国康奈尔大学、欧洲工商管理学院和 2018 年全球创新指数知识伙伴联合发布全球创新指数（GII）排行榜，报告显示：中国晋升世界上最具创新性的前 20 个经济体之列（位列第 17 位），在中等收入国家中排名首位。以共建"一带一路"为重点构建对外开放新格局，共赢多赢的合作新局面正在形成。打响污染防治攻坚战，着力改善生态环境，美丽中国建设取得积极进展。近 5 年来，单位国内生产总值能耗下降 20.9%，主要污染物减排效果显著。

总体上看，许多发达国家可实现经济发展方式自发转变，而我国经济发展方式转变的内生动力不强，需要不断地加以干预；2011 年以前，我国经济增长度依赖投资，消费市场拉动经济增长的作用弱化，经济增长结构不均衡。在资源配置方式方面，市场化虽然是总体方向，但近年来市场化进程缓慢甚至停顿，一些重点领域和关键环节的改革还不到位。目前，两化还没有实现真正融合到一起，忽视必须相伴而行的市场化是原因之一，工业化、信息化、市场化的融合显得更为重要。

第二个是地域维度。

20 世纪 80 年代，我国实行的是区域经济非均衡发展战略（充分发挥沿海地区的各项优势，促进沿海地区的经济发展）。从纵向上来看，国内各地区的经济得到快速发展；但从横向比较而言，造成了区域经济发展失衡现象。经济发展的马太效应使我国相当长的一段时间内中西部地区、东部沿海地区的产业发展出现了阶段性的差距。也就意味着，虽然第四次工业革命（如东部沿海地区）如火如荼，但这并不意味着全国各地同步迈入新时代。事实上，由于经济发展程度和产业发展基础的不同，部分地区（如东北、西北地区）的第二次、第三次工业革命依然在进行之中。经济发达地区的信息化与工业化整体融合要优于经济不发达地区，经济发达地区宏观经济体系的融合与科技信息发展的影响要高于其他经济中等或不发达地区（倪萍和徐雯雯，2013）。

（三）第四次工业革命与我国社会变革

全球金融危机预示了欧美国家以金融为主导的经济发展模式出现了问题。实体经济才是国民财富创造的基础，是立国之本和强国之路。因此，如何实现虚拟经济向实体经济的回归，探索新的工业革命，推动产业结构性改革，已成为当前和未来世界经济发展的潮流。在此背景下，2012 年，美国国家科学技术委员会发布了《先进制造业国家战略计划》；2013 年，德国学界和实业界共同推出《保障德国制造业的未来——关于实施"工业 4.0"战略的建议》；2015 年，中国国务院发布了《中国制造 2025》；2016 年，中国杭州 G20 峰会与会国通过了《二十国集团创新增长蓝图》，提出了以"创新、新工业革命、数字经济和结构性改革"为核心的经济增长模式。这意味着，第四次工业革命已经成为当今时代发展的主流（孙乐强，2017）。

第四次工业革命不论在广度还是深度上，都远远超过前几次革命，它结合了各种各样的新技术，对当前的经济、商业、政治、国家、社会、企业和个人等正在产生前所未有的广泛影响，甚至将彻底改变整个社会（施瓦布，2016）。

1. 第四次工业革命带来新的社会不平等与阶层分化

经济体间以及经济体内日益加剧的不平等将是未来社会必须面对的重大挑战（孙乐强，2017），这种不平等表现在国家与国家、人与人之间的不平等以及两极化。

（1）第四次工业革命的"平台效应"。

关于第四次工业革命对社会的影响，总体上有两种不同的观点。

第一种是乐观观点。一旦网络技术与可再生能源实现了深度融合，整个社会将会朝着美好的方向发展。第四次工业革命带来传统产业的转型升级、价值链的重构和商业模式的创新，可以缩小国家各个地区、行业之间的技术差距，提高生产制造环节的附加值，引导财富流动向均衡化方向发展，在增加效率的

249

同时，提高社会的公平性（里夫金，2012）。我们认为，持有乐观观点的人们严重低估了资本的霸权功能（孙乐强，2017），平台效应将可能覆盖积极的方面。

第二种是悲观观点。所谓第四次工业革命归根结底是一种供给侧改革。在这一过程中，真正能够占据先机的首先是拥有雄厚资本和技术优势的发达国家，这在某种程度上会导致工业革命的资本化效应。第四次工业革命的最大受益者是智力和实物资本提供者——创新者、投资人、股东，这正是工薪阶层与资本拥有者贫富差距日益悬殊的原因（施瓦布，2016）。前者拥有巨大的资源优势，能够在各种竞争中脱颖而出，打造出具有全球影响的数字化平台，"以数字业务为主的组织通过打造网络平台，匹配多种产品和服务的买家和卖家，从而获得越来越大的规模收益"。这一效应的最终结果，必然导致财富和权力越来越多地聚集到少数国家或少数人的手中，而那些无法适应时代发展的国家和企业，将可能被市场淘汰，沦为被盘剥的对象，这将进一步加剧国家与国家、人与人之间的社会不平等。施瓦布将这一现象称为"平台效应"。智慧工厂、智能制造等时代的到来，使得廉价劳动力在生产制造中的地位显著下降，制造业将重新回归发达国家，拥有高科技技术、高技术人才的发达国家将再次在产业发展中全面居于主导地位；发达国家和发展中国家之间的差距将因此加大，一国范围内的贫富差距也将可能因此而加大。事实上，欧美国家纷纷提出"再工业化"和"制造业回流"战略，如《2009年美国复兴与再投资法》《欧洲经济复苏计划》《英国低碳工业战略》等。新一轮工业革命有助于在强化技术优势的基础上，实现欧美制造业重振设想，这将进一步减缓发展中国家的"工业化"进程。

（2）第四次工业革命改变职业工作性质，导致新的阶层分化。

技术对就业可能产生两个相互对立的影响。

第一，技术对就业有破坏效应。随着智能工厂和自动化生产的推进，不仅那些常规性的体力劳动、程序化的常规工作会被取代，甚至一些智力劳动也将被人工智能所代替，这将严重冲击未来的就业市场（Pissarides，2017）。例如，全自动无人驾驶汽车正在取代驾驶熟练的司机，而出租车司机的工作并不是程序化工作；3D打印技术替代的也不是常规工作。事实上，许多工种已经实现了自动化，尤其是那些需要机械重复、精准操作的体力工作。

第二，技术的破坏效应也伴随着资本化效应，从而创造新的就业。资本效应指的是对新商品和服务需求的增加，会催生全新职业、业务，甚至是全新行业。人们的工作不一定全部被替代，主要原因在于技术创新会创造新的工作。当然，这些工作将集中在那些无法被自动化的产业部门（Pissarides，2017）。人们会对能使生活更轻松的"奢侈型"服务产生更多的需求，而这可被看作是新技术带给人们的一项收益。哪些行业会创造新工作呢？那些更加富足的社会所需要的劳动密集型服务业将是创造新就业岗位的主要部门。人们对优质的医疗护理需求增加以及老龄化社会的到来将使医疗保健行业创造出更多的就业机会；同时，由于人们的工作时间变短，休闲产业也将创造出更多的工作岗位；最后，家庭服务、房地产管理行业也会创造出新工作，因为我们会变得足够富有而不想再被家务事所打扰（Pissarides，2017）。当然，有证据显示：相对于以前的工业革命，第四次工业革命创造的就业机会似乎变少了。

总体上，第四次工业革命对就业市场的影响将介于两者之间。有一点可以肯定，新技术会大大改变所有行业和职业的工作性质，从而出现新的阶层分化。相对于此前工业革命对就业市场的改变，本次工业革命对就业市场的破坏范围更广，速度更快……就业市场两极分化的趋势更为严重：认知性和创造性强的高收入工作机会和体力性的低收入工作机会都会增加，但是常规性和重复性的中等收入工作机会将会大幅减少（施瓦布，2016）。更为重要的是，这一趋势将会进一步导致中产阶级的整体萎缩。在第四次工业革命的浪潮中，传统中产阶级所从事的常规性工作将逐渐被人工智能所取代，这必将导致中间阶层的整体分化或重新洗牌。从这个角度而言，马克思当年所预测的极端两极化现象将可能成为现实。从劳工角度来看，第四次工业革命的资本化，必然导致劳动力市场的分化（孙乐强，2017）。施瓦布（2016）认为，如果这种不平等趋势得不到有效控制，将可能最终危及社会安定，引发严重的社会动荡。

2. 第四次工业革命促进了城市化

技术作为人本质力量的具体体现，它是"人类及物性有目的活动的成功方式和手段"（周建漳，2002），故而必然地也将成为推进城市化进程并解决其问题与矛盾的不二选择。在第四次工业革命的持续推进下，虚拟数字空间与传统物理空间的相互融合将深刻影响着未来城市社会生产、商业交流、民众生活等领域的基本方式。21世纪的人类不仅居住在钢筋混凝土构筑的"现实"城市中，而且还栖息于数字通讯网络组件的"软"城市中（赵渺希，2016）。第四次工业革命将对中国城市化进程中的城市形态、城市格局、劳动就业和市民关系等产生深远影响（史宇宏，2018）。

（1）第四次工业革命促进了城市可持续发展。

基于新技术下的新型商业模式可以最大限度地降低由于信息不对称而导致的市场供需矛盾和资源浪费，提高社会物质资料生产的整体资源利用效率，"形成了绿色高效的能源和空间利用方式，改变了人地紧张的矛盾格局，从而实现了城市的可持续发展"（席广亮和甄峰，2014）。

新一轮产业革命将带动城市功能的转型提升，体现高附加值、高技术含量、时尚化、个性化、低碳化的新型制造业将成为城市发展的重要支撑（薛飞、黄斌和周文魁，2014）。在第四次工业革命技术的带动下，新型生产范式将物质资料的供给能力提高到一个全新高度，社会生产劳动的重心逐渐转向精神产品领域，以满足消费者自我精神价值的需求。保持良好生态环境的乡镇，在满足人们休闲需求、乡愁寄托方面将迎来巨大的市场机遇。

（2）第四次工业革命扩宽城市发展空间。

随着更多节点企业、劳动者在边缘区域创造并积累财富，针对新型工业化生产方式的小型生产设备设施、办公设备、现代商务网络与系统的需求，以及针对新型工业化生活方式的日常消耗品、耐用品和安居配套商品的购买力将不断提升，有助于激发城市外部区域的市场繁荣，并带动信息、通信、交通、建筑等基础设施建设，以及医疗、卫生、金融、商务、教育、培训等服务项目的快速发展（张凤超，2013）。伴随"城市生产—城市消费"的内循环封闭难题的破解，将会衍生出分散式"众核型"城市发展空间模式，促进区域均衡与城市健康的良性互动发展（张凤超，2013）。

3. 第四次工业革命促进了城乡融合

（1）第四次工业革命为城乡产业协调提供了契机。

第四次工业革命增强了要素空间流动上的自主性和分散性。第四次工业革命使得信息技术与产业技术深度融合，实现了信息传输与生产制造的全面交互，进而降低了要素在空间上聚集性的要求，增强了要素在空间流动上的自主性和分散性。通过大数据技术对生产制造环节和社会产品供需变化的数字化表征，再经过网络信息平台的汇总、分析和云计算等技术的实时决策和科学调配，将各个层面上的生产任务进行自动分解，并根据目标对象所在的不同空间位置，搜索匹配的生产资源，实现就地、及时、个性化生产。新型生产范式客观上解放了企业获取各类信息对中心城市的高度依赖性，"两化融合"所构筑的"智能生产系统"，使得处在"偏远"地区的市场主体也可以随时随地通过网络参与社会生产，而传统模式下企业过度集中在特定区域所带来的"聚集成本"，主观上也为市场主体的相对分散和有限集中提供了重要的拉动力。

（2）第四次工业革命促进区域空间结构均衡。

分散化生产与网络化协作成为企业间行为互动的主流模式（杨锐和刘志彪，2016），中国传统意义上的城市纵向分工体系因微观主体的新型交互方式而被解构，非中心城市/城镇则可以借助新型产业价值链重构的契机实现产业生产由被动附属接单向主动参与设计的角色转变，而传统中心城市也无须将所有产业的上游链条都集中在本城市内部，从而使得城市空间结构由"区域整体集中，城市个体膨胀"的纵向等级化格局向"区域整体均衡，城市个体紧凑"的扁平化、网络化和去中心化格局演变。

（3）第四次工业革命促进城乡人口融合。

首先，企业在区域上的重新布局引导着人口流动，而像医疗、教育等公共资源的均等化在第四次工业革命的技术支撑下迎来重大突破，人们可以通过网络和虚拟现实（VR）系统实现远程就医和教育，为人口分散化分布提供了重要保障。

其次，以创意设计主导、机能整合优先、开源生产为主要内涵特征的新型工业化模式，能够促使相当规模的劳动者逐渐摆脱城市依赖，从向城市迁移转变为从城市迁离。即便地处偏远，劳动者也能够凭借专业知识、劳动条件和生产能力，在任何时间节点、任何空间位置契入柔性的工业生产链条，其职业目标的实现摆脱了空间差异的钳制（张凤超，2013）。尤其是年轻一代的劳动者，更加重视工作过程的享受与个人价值的彰显，随时就业、随处就业能够使其个人发展从城市和工业区建设发展的固有路径中解放出来，契合了更多创业型劳动者厌弃紧张、焦虑、成本高昂、竞争激烈的城市生活方式的追求，从而在一定程度上释放城市人口压力，缓解住房、交通、能源等方面的刚性需求和集中消耗（张凤超，2013）。换句话说，第四次工业革命将促进人口的"逆城镇化"。

最后，智能技术和现代的交通技术支持人口的城乡分散居住。我国正处在城市化推进阶段，人口居住具有向城镇集中的趋势。但是，人类居住是集中还是分散取决于多方面因素。智能技术和现代的交通技术，特别是高铁支持人类的分散居住。人们的某些偏好，喜欢在哪里居住与技术的支持无关。

（4）第四次工业革命推动城乡绿色发展。

新型生产技术可以降低社会生产中的单位能耗，减少中国城市化进程中对生态环境的压力。云制造模式（代表了第四次工业革命的基本方向）有助于削弱城市工业区集结重资产的动机，推动原本一体化式的庞大城市污染源的碎片化、微型化、分散化治理（张凤超，2013）。第四次产业革命为产业的"逆城镇化"提供了可能。

4. 马太效应与收入、区域不均衡

（1）马太效应与收入差距增大。

①收入差距现状。

"马太效应"一词的最早使用者是科学社会学家罗伯特·默顿。他借用《圣经·马太福音》中耶稣的警喻"凡有的，还要加给他，叫他有余，没有的，连他所有的也要夺过来"一语的含义，表征科技共同体中客观存在的"强者愈强、弱

者恒弱"现象。

在过去的几十年中，国家之间在收入、技能、基础设施和金融等领域的差距正在大幅缩小。第三次工业革命是否对全球经济与社会发展的影响极不平衡呢？起初人们还存在一些幻想，认为互联网背景下的数字革命使地球每个角度的群体都有了平等地利用数字技术的机会。事实上，数字鸿沟无处不在，信息革命使"马太效应"更为显著。从全球来看，发达国家，特别是美国，在发展和利用信息技术方面占尽优势，发展中国家由于资金和人才的限制，相对处于被动的地位。诚如前文所述，第四次工业革命同样也会在一定程度上加剧国家与国家、地区与地区之间的不均衡。如果低成本劳动力不再是企业的竞争优势，全球制造业就很可能回归到发达国家，低收入国家就会面临困境。最终形成强国愈强，弱国更弱的局面。

改革开放初期，为了实现 GDP 高速增长，我国提出让一部分人先富起来、让一些地区先富起来的战略目标。经过 40 年高速增长，如今这个目标已实现，我国人均 GDP 从当初的 200 美元增加到 2017 年的近 8 836 美元。但随着经济的高速增长，随之而来的地区之间发展不均衡，不同人群、不同行业之间的收入差距日益显现。虽然对收入差距到底有多大存在广泛争议，但所有学者对改革后中国收入差距的迅速上升已达成共识。我国的基尼系数从 1980 年的 0.3 左右，增加到 2017 年的 0.467。自 2000 年首次超过警戒线 0.4 以来，已经连续 18 年超过国际警戒线，呈现出先攀升后稳定的态势。中国总体差距的上升主要是由于城乡内部收入差距迅速扩大的同时，城乡之间的差距也在迅速扩大（王亚峰，2012；Li and Sicular，2014）。这种差距表现在东西部地区居民收入之间以及城乡居民收入之间。2017 年，以西部地区居民收入为 1，东部地区与西部地区居民人均收入之比为 1.66，中部地区与西部地区居民人均收入之比为 1.08，东北地区与西部地区居民人均收入之比为 1.19。东部、中部、东北地区与西部收入相对差距分别比 2012 年缩小 0.06、0.02、0.11，如图 7-1 所示。

城乡人均可支配收入差距渐增。国人的收入差距还体现在城乡居民之间。改革开放至今，我国无论是城镇居民还是农村居民，收入水平都有了较大幅度的提高，然而不容忽视的一点是，城乡居民的收入差距正在与日俱增。

1978 年，我国城乡居民的人均可支配收入分别为 343.4 元和 133.6 元；到了2017 年，城乡居民的人均可支配收入各自上涨至 36 396 元和 13 432 元，分别是1978 年的 106 倍和 100.5 倍。从城乡居民历年可支配收入的差距来看，1978 年为 209.8 元，到 2017 年已经攀升至 22 964 元。不过，从城乡居民收入比来看，在经历了长期的攀升后，近些年开始有下降的趋势，2017 年为 2.71，这比 2010年的 3.23 低了不少。数字说明城乡居民收入的绝对差值虽然在增大，但相对差值却有所缓和，具体如图 7 - 2 所示。

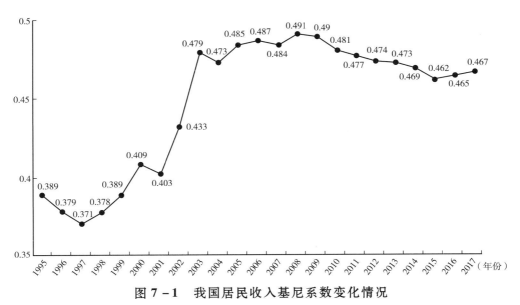

图 7 - 1 我国居民收入基尼系数变化情况

资料来源：Wind 资讯，苏宁金融研究院整理。

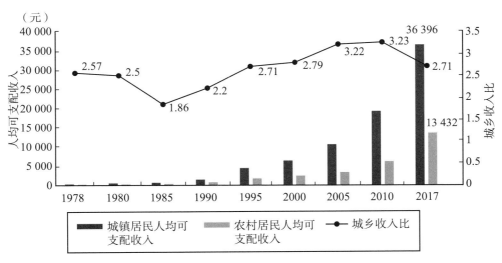

图 7 - 2 1978～2017 年城乡居民可支配收入比较

资料来源：历年《中国统计年鉴》，苏宁金融研究院整理。

②收入差异扩大的原因。

很多学者对中国收入差距上升的原因进行了研究（万广华，2013；万海远和李实，2013）。这些学者发现：地理位置仍是收入差距的最重要解释因素；农村非农就业机会的不均等使农村收入差距状况恶化；教育对收入差距有越来越强的解释力（张涛，2016）；国家统计局不断对城乡进行重新划分加大了收入差距的上升幅度（Benjamin et al.，2008）；城乡二元分割始终是全国收入差距的首要来源（张涛，2016）等。

就东西部地区居民收入差距而言，地区间不同的经济发展水平是主因。区域间收入水平的差距固然与区位环境、基础条件等历史因素有关，但与我国采取的由东向西的经济推进序列和区域非均衡发展战略有着直接关系。政府先后确定的14个开放城市和4个经济特区都集中在东部沿海地区，同时对东部地区在财政、税收、价格、信贷和外资利用等方面又给予了一系列的特殊政策优惠，使得东部地区得以借此契机迅速加快了自身经济的发展。1999年"西部大开发战略"、2003年"振兴东北老工业基地战略"、2004年"促进中部崛起规划"陆续实施后，国家加大了对中西部和东北地区的改革和扶持力度。尽管区域经济差距有所缩小，但由于先发地区在整体竞争中占据较大优势，而中西部地区原有制度安排的惯性运作渐趋沉淀，短期内很难改变，因此地区之间经济发展的差距仍然十分明显。

就城乡居民的收入差距而言，经济发展是首要因素。随着经济的自然发展，城市和农村经济会自然产生差距。早期发展经济学认为，由经济发展引起的城乡收入差距是不可避免的。小农经济是增长力已耗尽的落后部门，工业作为新型产业具有高的增长能力，工业的增长能力必然会高于农业的增长能力。在我国，这一理论已得到印证，农业部门日益衰落，工业部门日益兴盛，进而使农民收入与城镇居民收入之间的差距越来越大（郑小平和侯臣，2016）。当然，也受非自然差距影响，主要包括政府政策因素、体制改革因素、人力资本因素和行业间不平等因素（郑小平和侯臣，2016）。

当前我国收入分配格局存在劳动者报酬在初次分配中占比偏低，收入分配不公平等突出问题。这些问题归结起来，确有要素禀赋、发展阶段、国际分工格局等方面的原因，但体制性弊端是根本原因。如初次分配过于"亲资本"，劳动者报酬占比总体偏低，而且行业间差别过大。按照库兹涅茨对收入差距变动的分析框架，工业化和城市化在初期导致和加剧了收入分配问题，这是我国与成熟市场经济国家的相同点（余斌，2010）。

数字技术会造成赢家通吃的马太效应。在传统社会里，由于交通、传媒、技术能力等的限制，每一档次的产品和服务都有自己的市场。信息技术使得最佳品质的产品和服务能够很容易并且廉价地提供，从而最佳产品和服务就占领了全部市场，质量差的产品和服务就面临没有市场的危险。百度在搜索领域、阿里巴巴在电商领域、腾讯在社交领域都是一枝独秀，这些是明显的例证。

（2）马太效应与区域发展不均衡。

①区域发展不均衡现状。

从我国改革开放以来经济发展的实际看，的确存在区域间经济发展不平衡问题。东部、中部、西部、东北区域的地区生产总值从 1978 年的 1 514 亿元、750 亿元、726 亿元和 486 亿元，分别增加到了 2017 年的 449 681 亿元、179 412 亿元、170 955 亿元和 55 431 亿元。东中西地区生产总值的大致比例为 2.5∶1∶1。2017 年，东部地区生产总值占全国的比重达到 52.6%，比 1978 年提升了 9.0 个百分点。2017 年，东部、中部、西部、东北区域地区生产总值分别年均增长 11.4%、10.4%、10.4% 和 9.0%，呈现出东部地区领跑态势。

我国区域发展不均衡经历了一个由扩大到缩小的过程。改革开放之初，沿海率先发展战略使东部地区一马当先，保持领先地位。进入 2000 年后，各区域经济发展的相对差距有所缩小。2017 年，东部、中部、西部、东北地区人均地区生产总值分别为 84 595 元、48 747 元、45 522 元和 50 890 元，人均最高的东部和最低的西部之间的相对差值，由 2003 年的 2.5 倍缩小到 1.9 倍。2012～2017 年，按不变价格计算，东部、中部、西部、东北地区人均地区生产总值年均增速分别为 7.2%、8.0%、8.2% 和 5.4%，中西部地区的发展速度领先于东部地区，改变了长期以来区域经济发展中东部地区“唱主角”的传统格局。从城镇化率看，2017 年，四区域城镇化率分别为 67.0%、54.3%、51.6% 和 62.0%，最高区域和最低区域之间的差距，由 2000 年峰值的 23.4 个百分点下降到 15.4 个百分点，各区域城镇化率差距明显缩小。

②区域发展不平衡的原因。

造成马太效应的原因主要是区位间禀赋差异，当然也与我国不同阶段的经济发展政策有关。

首先，不同地域间自然因素和地理条件存在差异。东部地处沿海，属于气候宜人与外界联系较为便利的地区，而通商口岸自古以来都是外贸经济的沃土，可见其先天条件的优越性。中部地区虽多是平原，但仍为内陆地区，内需经济的发展机会远远少于外贸经济。西部地区大多地处高原，属于资源匮乏生态环境恶劣的不发达地区，这里不仅欠缺经济发展的硬环境，其发展的经济软环境更差（李思宇，2013）。发达地区和欠发达地区发展经济条件不同（陈建国，2008）。比如资金，在发达地区很容易解决，而在欠发达地区竟成难题；欠发达地区的人才朝向发达地区流动；资源也从欠发达地区流向发达地区。这种生产要素的流动性和方向性，是市场经济条件下的客观规律，因为人才向更能发挥作用的地方流去，资源向加工能力更强、水平更高的地方流去是合理的，而随着人才和资源的逐步丧失，资金也就流失。中国东、中、西部发展差距是马太效应的典型表现。

其次，我国不同阶段的经济发展政策不同。到 20 世纪 80 年代，我国仍然贯彻实行区域性的非均衡发展战略。在东部沿海地区实施对外开放，以优惠的经济政策吸引投资，这些不仅建立了良好的经济发展软环境，更充分利用了东部地区先天优越的经济发展硬环境，让这一地区首先发展和富裕来（李思宇，2013）。2000 年开始，关于东西部地区发展差距的历史存在和过分扩大已经成为一个长期困扰中国经济和社会健康发展的全局性问题，我国陆续推出了西部大开发、中部崛起、东北振兴等区域发展战略。随着这些战略的贯彻实施，区域发展差距不断缩小。

三、资源枯竭、环境污染背景下的可持续发展理念创新

（一）资源枯竭及其危害

1. 资源枯竭问题的现状

我国资源枯竭表现在土地资源日渐短缺，能源相对匮乏，淡水资源短缺，生态脆弱等方面。

土地资源日渐稀缺。经济的快速增长、城市化进程、随意撂荒和退耕还林，使得土地资源日渐稀缺。全国不能供农林牧业利用的土地占全国土地面积的 26.9%。《中国荒漠化和沙化状况公报》显示：截至 2014 年，全国荒漠化土地总面积 261.16 万平方公里，占国土总面积的 27.20%；全国沙化土地总面积 172.12 万平方公里，占国土总面积的 17.93%。与 2009 年相比，5 年间荒漠化土地面积净减少 12 120 平方公里，年均减少 2 424 平方公里；沙化土地面积净减少 9 902 平方公里，年均减少 1 980 平方公里。与第四次全国荒漠化与沙化检测结果对比，我国荒漠化和沙化状况连续 3 个监测期"双缩减"，呈现整体遏制、持续缩减、功能增强、成效明显的良好态势，但防治形势依然严峻。

油气相对贫乏，煤炭资源较为丰富。按每平方千米国土平均的资源量、累计探明可采储量、剩余可采储量和产量值（即丰度），我国都明显低于世界均值，未来油气勘探开发的难度增大。从 1993 年开始，中国已成为石油净进口国，进

口量逐年增加，2017 年中国原油进口量达到 41 957 万吨，进口增速达到 10.1% 。随着经济的发展，中国石油进口的缺口将进一步加大。我国煤炭资源储量以 2 440 亿吨居第二位，但煤炭精查储量仅占 30% 且大部分已经开发利用，煤炭后备储量相当紧张（《2018～2024 年中国煤炭市场专项调研及投资前景预测报告》）。

淡水资源短缺。目前，在全国 640 个城市中，缺水城市达 400 个左右，其中严重缺水的城市近 150 个，日缺水近 2 000 万吨，每年因缺水造成的直接损失达 2 000 亿元。[①] 全国农村有 7 000 万人、6 000 万头牲畜饮水困难，2 000 万公顷耕地受到旱灾威胁。[②] 不仅如此，严重的废水污染也正在破坏着本来就短缺的淡水资源。

生态脆弱。历史上的几次大砍伐（大炼钢铁、"文化大革命"、经济过热时的乱砍滥伐）使得原始的树木减少了 2/3。[③] 如今，大量的木质材料依赖进口。2017 年中国进口木材合计（原木 + 锯材，原木材积）首次突破一亿立方米，金额达 199.86 亿美元，分别增长 15.6% 和 23.2%。[④] 我国仍然是一个缺林少绿、生态脆弱的国家。截至 2016 年，中国森林总面积 2.58 亿公顷（第八次全国森林资源清查），森林覆盖率 21.93%（在 160 个国家中排名 116 位），远低于全球 31% 的平均水平。

2. 资源枯竭的原因

（1）资源消耗的结构性失衡。

两百年来的人类文明动力大都基于碳燃烧，现在由于两个限制使这种方式已经走到了尽头。一是碳基能源资源的有限性；二是碳基能源燃烧产生大量的二氧化碳，从根本上改变了地球的大气结构。根据世界气象组织最新发布的《温室气体公报》，全球大气二氧化碳浓度已上升至 80 万年以来的最高水平，比创下最高纪录的 2016 年高出 2.2ppm（1ppm 为百万分之一）（2016 年全球二氧化碳平均浓度达到了 405ppm）。二氧化碳浓度超过临界值，恶劣气候将会频繁发生，整个人类文明的基础将被动摇。

据 2017 年《BP 世界能源统计年鉴》，2016 年中国能源消费 3 053 百万吨油当量，超过美国 780 百万吨油当量，稳居榜首。而在能源消费构成中，中国、印度煤炭一支独大。美国、俄罗斯、日本、加拿大、德国、伊朗均以油气为主要消

---

① 应克复. 发达国家的旧路已经走不通 [J]. 同舟共济，2008（3）：9－10.
② 唐为库. 当前农村经济可持续发展面临的资源困境和对策研究 [J]. 前沿，2005（2）：63－65.
③ 周励. 危机乍现 [J]. 西部大开发，2012（3）：56－59.
④ 2019 木材加工前景惨谈 [EB/OL]. 搜狐网. http：//m. sohu. com/a1291030788－815395/.

费品种，加拿大、巴西也消耗较多水电。从能源清洁度看，俄罗斯、加拿大、伊朗清洁能源消费占比较高（均超过60%），而中国清洁能源占比仅为19.2%。我国"以煤为主"的能源消费结构与欧美国家"石油为主，煤炭、天然气为辅，水电、核能为补充"的情况差别显著。我国正处于工业化时代，钢铁、汽车和化工等行业是当前带动经济发展的主导产业，预期煤炭、石油仍然将是消耗的主要能源。

（2）人口与资源的特殊比例关系。

一方面，大部分可兹利用的资源总量有限。以水资源为例，真正能够被人类直接利用的淡水资源仅占全球总水量的0.00768%。海洋水并不能直接利用，依据目前的技术只能实现小规模的海洋水转换淡水工程，而且投入的资金庞大，投入与效益不成正比。另一方面，我国人均资源占有量少。虽然我国自然资源总量大，种类齐全，然而由于人口基数大，致使人均资源占有量大大低于世界平均水平。如淡水资源总量名列世界第六位，人均水资源量只有2 300立方米（仅为世界平均水平的1/4）；已探明的矿产资源居世界第3位，人均拥有量仅为世界人均占有量的58%（居世界第53位）；人均森林面积仅为世界人均水平的1/4，人均森林蓄积只有世界人均水平的1/7；截至2014年，我国人均耕地面积仅1.48亩，远低于世界发达国家，不及世界人均耕地的44%。人口与资源的特殊比例关系，决定了中国资源压力巨大。如在土地资源方面，中国是世界上人口密度最大的国家之一，用7%的土地养活着22%的人口，土地资源的承载能力有限；为了增加食物供应和提供基本的生活保障，越来越多的边际土地投入使用，像渔业和森林等再生资源也往往会被过度开发利用，水土流失加剧，造成资源破坏和环境退化（曲福田和黄贤金，1997）。再者，我国大部分自然资源、能源主要分布在位置偏僻、生态环境恶劣的西部地区，开采、利用与保护的成本高。

（3）经济发展模式与产业政策滞后。

从世界范围看，我国能耗强度与世界平均水平及发达国家相比仍然偏高。按照2015年美元价格和汇率计算，2016年我国单位GDP能耗为3.7吨标准煤/万美元，是2015年世界能耗强度平均水平的1.4倍，发达国家平均水平的2.1倍。目前，我国所面临的资源环境问题与其说是由人口多与增长快速所引起，不如说是由粗放式经济增长方式与所奉行的经济发展战略所造成（陈友华，2011）。

第一，传统发展模式滞后。改革开放以后，长期推行传统发展模式，形成经济增长与环境保护两重机制互相脱离。传统发展方式一方面注重经济增长，将经济与环境对立起来；另一方面是注重经济发展的外延，而忽视发展的内涵源泉，技术进步对经济发展的贡献率低。这不仅造成了大量能源的浪费，污染环境，而且自然资源开发利用方式不当，资源综合利用率、废物利用或处理能力十分有限，其结果是资源浪费，三废量大，环境污染。我国乡镇企业发展在经济与环境上的得失就是一个例证（曲福田和黄贤金，1997）。为了实现经济的快速增长，对资源与环境长期采取粗放式、掠夺性的开发与利用，这成为资源环境问题丛生的主因。据世界银行估计，每年中国环境污染和生态破坏造成的损失与 GDP 的比例高达 10%。

第二，出口导向型经济加速国内资源消耗过大和生态危机。改革开放以来，我国实施了与亚洲四小龙相类似的出口导向型经济发展战略，企业过度消耗掉大量本国资源的同时，也造成了严重的环境污染问题。其中很大一部分资源并不是为本国国民而是为他国国民所消耗掉；与此相伴随，资源消耗所造成的部分污染也是替其他国家承受。可以说，中国在成为世界工厂的同时，也成为世界上最严重的环境污染地之一，部分地区生态环境甚至招致毁灭性破坏，引发了中国的生态环境危机，甚至是生态环境灾难。

第三，产业政策没能体现可持续发展战略。许多资源，如能源、耕地、渔业、林木等产品的价格长期低于其自身真正的经济价值，在经济活动中可以轻而易举取得利用这些资源，加重了这些资源的过度开发利用。许多有害于环境的产品（如化肥与农药），长期受国家政策补贴，使用量不断增加，加重了环境的负担。国民经济产业政策体系没能对有利于环境和有害于环境的产业采取不同的激励或限制政策，环境成本高的行业（如化学工业、造纸等）没有得到制约，而有益环境的产业（如环保产业、林业等）也没有得到实在的优惠政策而受到激励。

（4）经济的快速增长。

一般情况下，能源消费总量的增长速度和国民生产总值的增长速度成正比例关系，国民经济增长越快，能源消费越多；反之亦然。为了获得一定程度的经济增长，必须以消费一定数量的资源作为保证，如石油既是能源，又是基础原材料，下游的石油加工、化学原料及制品和交通运输等各行业对其有很高的依存度。我国正处于工业化时代，钢铁、汽车和化工等行业是当前带动整个经济发展的主导产业，因此石油资源对我国整个经济都具有较大的影响力。人口增长和经济发展的双重压力，导致对矿产品需求快速增长，而且增长的绝对值很大。

我国经济依然处于重化工业比重偏高的发展阶段，经济发展短期内难以摆脱对资源环境的依赖。经济发展与社会进步持续面临节约资源、保护环境、节能减排、技术进步以及管理创新等严格要求的巨大挑战。

3. 资源枯竭的长远影响

我国资源"总量大"与"人均占有量少"形成强烈反差，加之资源的分布不平衡，气候、地理条件的限制，以及多年来一切利用不尽合理、科学，造成资源的巨大损失和浪费，我们在社会主义初级阶段将长期面临严峻的资源紧缺形势。

由于能源奇缺，导致许多地区林木砍伐过量，地表植被遭破坏，水土流失加剧，自然生态环境遭到破坏，生态环境恶化。农村能源供应短缺，绝大多数农户只能主要利用秸秆和柴草烧饭及作为饲料。直接烧掉秸秆的燃烧效率低，秸秆不能还田使土壤肥力急剧下降。畜牧业也因饲料不足而不能兴旺发达。长期以来，由于能源供应不足，我国有相当一部分工业企业生产能力得不到充分发挥，也间接影响国家财政收入。

没有矿产资源，很多工业根本没办法生产。矿产资源是工业的粮食。从目前的实际和未来的需要来看，我国在经济发展中拥有支柱性地位的石油、富铁矿、铜、锰、钾盐等大宗矿物原料以及铬、钴、铂、镍等战略性矿产有相当部分需要长期依赖进口。进口矿产资源需要花费我国大量的外汇。目前，中国很多初加工企业为国外加工初级原材料，如铁矿石，炼钢之后再将钢铁卖给国外，赚取微薄利润的同时给中国带来了大量的污染。

农业用水约占全球淡水用量的70%，水资源短缺会阻碍农业发展，危及粮食供应。工业用水约占全球淡水用量的20%，缺水会导致工业停产限产。此外，水资源危机带来的生态系统恶化和生物多样性破坏，将严重威胁人类生存。同时，水危机也威胁着世界和平，围绕水的争夺很可能会成为地区或全球性冲突的潜在根源和战争爆发的导火索。

（二）环境污染及其危害

环境污染指自然的或人为的破坏，向环境中添加某种物质而超过环境的自净能力而产生危害的行为。

1. 我国环境污染的历程

从时间角度来看，我国与发达国家土壤污染存在着时间跨度的差异。发达国家的土壤污染发生在200多年来的工业革命进程中，限于当初科学水平没有进行检测。而我国则发生在近40年的改革开放过程中，与工业化相伴而生。20世纪50年代前，我国的工业化刚刚起步，工业基础薄弱．环境污染问题尚不突出，但生态恶化问题经历数千年的累积，已经积重难返。50年代后，随着工业化的大规模展开、重工业的迅猛发展，环境污染问题初见端倪。但这时候污染范围仍局限于城市地区，污染的危害程度也较为有限。到了80年代，随着改革开放和经济的高速发展，我国的环境污染渐呈加剧之势，特别是乡镇企业的异军突起，使环境污染向农村急剧蔓延；同时，生态破坏的范围也在扩大。

2. 环境污染现状

目前我国经济处于快速发展的阶段，物质生活质量不断提高的背后，我们赖以生存的环境正在面临着更严重的挑战。现阶段我国面临的环境污染主要有三大方面。首先，我国大部分城市的空气污染严重。2015～2017 年，全国 338 个地级及以上城市中，空气质量超标的城市数量占比超过了 70%。大气污染物的来源与工业生产、燃煤发电发热、汽车尾气的排放、垃圾的无害焚烧等有关。其次，2015～2017 年，全国地表水国控断面劣 V 类水体的比例均超过 8%，呈现逐年下降趋势。开展监测的地级及以上城市集中式生活饮用水水源地监测断面（点位）中，平均不达标率有所提高，2017 年平均达标率为 90.5%。2017 年近岸海域水质总体保持稳定，水质优良比例为 67.8%，但局部海域海水污染依然严重。最后，土壤环境状况总体不容乐观。《全国土壤污染状况调查公报》（2014）显示，全国土壤总点位超标率为 16.1%。国土资源部的地质调查数据显示，近一二十年来，12.1% 的耕地土壤存在潜在生态风险。耕地土壤点位超标率为 19.4%，草地土壤点位超标率为 10.4%。总体上，部分重有色金属矿区及周边耕地土壤环境问题较为突出；化肥、农药、农膜等使用量仍处在较高水平；危险化学品生产企业搬迁改造、长江经济带化工污染整治等腾退地块的环境风险管控压力较大，土壤污染防治任务艰巨。

3. 环境污染的原因

在环境污染中，存在着不同的相关方。据此简要划分造成环境污染的原因。

（1）环境污染主体。

从污染环境的主体来看，造成环境污染的主要原因是农业经营者、企事业单位的环保意识薄弱、环保设施不足以及治污的成本问题。

首先，污染主体的环保意识薄弱或重视不到位。环境意识常常指导人的环境行为，其对环境污染起着举足轻重的作用。只有人们整体环境意识的加强，并将环境意识和环境行为二者充分有机结合起来，才是影响整个环境问题的根本突破口。中国工程院院士林伟伦指出：我国粮食产量占世界的 16%，化肥用量占 31%，每公顷用量是世界平均用量的 4 倍，过量的化肥很快被水冲到地下，影响土壤的营养平衡。① 而我国每年 180 万吨的农药用量，有效利用率不足 30%，多

---

① 石化农业已死，有机农业将殇，未来农业的可持续之路在哪里？［EB/OL］. 中国产业经济新闻网. 2018－10－25.

种农药造成了土壤污染，甚至使病虫害的免疫能力增强。农药和化肥污染问题，主要与农民环境意识淡薄有关。2011 年 8 月，云南曲靖爆发铬渣污染。事情起因为云南陆良和平化工有限公司为了节省运费，将本应送往专业处理厂的剧毒废料，随意丢弃在麒麟区的多个地点，总量达到了 5 222.38 吨，污染倾倒点土壤 9 130 吨，污染叉冲水库约 4.3 万立方米水体，并造成附近牲畜死亡。

其次，部分地区和企业环保设施不足或者生产事故造成废弃物直接排放。如在广大农村和乡镇，由于欠缺垃圾、污水等处理设施，污水自然排放进入河流，垃圾直接掩埋，秸秆直接焚烧，已经严重污染了水资源和空气。2013 年发生了 12·31 山西长治苯胺泄漏事故，山西天脊煤化工集团股份有限公司因输送软管破裂导致的苯胺泄漏，而雨水排水系统阀门未关紧，导致泄漏的苯胺通过下水道排进排污渠，苯胺污染了漳河下游，影响了山西、河北和河南等多地居民的正常饮水和生活。

最后，一些企业/污染物等处理部门为了降低治污成本而偷排。素有"华北明珠"美誉的华北地区最大淡水湖泊白洋淀，2006 年接连出现大面积死鱼现象。死鱼事件的主因是水体污染较重、水中溶解氧过低，最终造成鱼类窒息。究其原因与部分企业环保意识淡薄、偷排偷放污染物有关。

（2）环境监管部门。

我国《宪法》以及环境资源保护类法律都明确规定，保护环境是政府的基本公共职能之一。修订前的《环境保护法》以及相关法律对地方政府的环护责任确实有一些规定，但这些规定比较零散，甚至存在矛盾和冲突，没有形成完善的政府环境责任制度。部分地方政府在 GDP（包括财政收入、投资等指标）的政绩观引导下，不同程度地存在重经济发展、轻环境保护的思想，缺乏全局观念，陷入"先污染、后治理"的误区，对污染企业"睁一只眼闭一只眼"，政府成了间接的环境污染者；一些污染严重企业甚至勾结地方政府，地方政府/官员充当其"保护伞"，从而放松对其排放物的管制，政府成了环境污染的直接制造者；政府履职不到位，在环境保护方面执法不力、行政懈怠甚至决策失误——政府成为间接的环境污染者。例如街道上的小商贩越来越多，由于政府的监管缺失产生的垃圾和污染也越来越严重。

例如内蒙古腾格里沙漠污染事件。2014 年，腾格里沙漠腹地的部分地区出现了排污池，当地企业将未经处理的废水排入排污池，让其自然蒸发；然后将黏稠的沉淀物，用铲车铲出，直接埋在沙漠里面。早在 2010 年，《经济参考报》曾报道，中华环保联合会对内蒙古在内的 9 省份工业园区进行调查，发现一些地区的工业园一方面打着"生态循环经济"的旗号获得政府审批；另一方面却纵容很多高污染企业以及小作坊的生产，甚至一些国家明令关停的污染企业，也在这里集中排污，逃避监管，工业园区成了其违法经营的"保护伞"。

（3）环境自净能力。

环境中污染物质的浓度和毒性会自然降低，也就是环境自净。如果排放的物质超过了环境的自净能力，环境质量就会发生不良变化，这就发生了环境污染。如远超环境承载力的污染排放强度，是京津冀及周边地区大气重污染形成的主因。

人类的生产活动（如乱砍滥伐）导致植被破坏，水土流失严重，自然环境被破坏后自净能力下降。如地球上的水看似取之不尽，其实就目前人类的使用情况来看，只有淡水才是主要的水资源。作为可以再生的资源，淡水再生性取决于地球的水循环。随着工业的发展、人口的增加，大量水体被污染；在河流上游建造水坝，改变了水流情况，使水的自净能力受到了严重的负面影响。早期农业在长期的发展过程中没有超过自然界生态系统可以自我完善和恢复的生态阈值，农业生态系统保持完好；随着现代农业不断加剧使用农药，污染已经不小于工业污染，占全部污染的47%，已经严重影响了环境、农地。

（4）经济发展阶段。

环境质量与经济发展呈现"倒U型"的逆转。当一个国家经济发展水平较低的时候，环境污染的程度较轻；但是随着人均收入的增加，环境污染由低趋高，环境恶化程度随经济的增长而加剧；当经济发展达到一定水平后，随着人均收入的进一步增加，环境污染由高趋低，其环境污染的程度逐渐减缓，这种现象被称为环境库兹涅茨曲线。根据世界银行估算，美国在人均GDP达到1.1万美元时，日本在人均GDP达到8 000美元时，"倒U型"通过临界点进入环境好转期。20世纪六七十年代，我国主要是点源污染，因为发展水平很低，对自然的触动不大。改革开放后的前十年，城市河段和大气污染严重，生态环境呈现边建设边破坏以及建设赶不上破坏的状态；进入90年代以后，环境污染和生态恶化呈现加剧发展的趋势，特别是1994年淮河爆发的特大污染事故和1998年长江、松花江和嫩江洪涝灾害，敲响了生态环境全面恶化的警钟。

在工业化前期，伴随着GDP的增加，环境污染的程度呈现上升的趋势；在工业化中后期和产业结构高级化后，随着GDP进一步提高，环境污染程度会呈现下降的趋势。这样恰好形成一个"倒U型"曲线。社会在发展过程中，不可能不触动自然，不可能不消耗资源，在触动自然和消耗资源的情况下，就必然释放出废弃物到地球上来。这种状况不仅中国，任何国家都是如此。

4. 环境污染对商业的危害

（1）大气污染对商业的危害。

大气污染对工农业生产的危害十分严重，这些危害会影响经济发展，造成大

265

量人力物力和财力的丧失。大气污染物（尤其是二氧化硫、氟化物等）对农业危害十分严重。当污染物浓度很高时，会对植物产生急性危害，使植物叶表面产生伤斑，或者直接使叶枯萎脱落。硫酸雨直接影响植物的正常生长，又可以通过渗入土壤及进入水体，引起土壤和水体酸化、有毒成分溶出，从而对动植物产生危害。严重的酸雨能使大片森林、农作物毁坏和鱼类绝迹。大气污染物对工业的危害主要有两种：大气中的酸性污染物和二氧化硫、二氧化氮等对工业材料、设备和建筑设施的腐蚀；飘尘增多给精密仪器、设备的生产、安装调试和使用带来不利影响。空气污染造成能见度低，给交通运输带来很大影响。空气污染也会影响顾客外出购物和享受服务（如旅游）；影响商业交往和投资决策，进而危机商业。

（2）水体污染对商业的危害。

水体污染影响农业、渔业生产。工业化、人口增长以及新的有毒化学品使情况愈来愈糟。排水系统的铺设和清洁剂的使用有增无减，使我们的水道、湖泊、海洋中磷酸盐含量日益增多，藻类迅猛繁殖，消耗水中的氧，使鱼类死亡。由于工业上不妥善处理汞化合物和其他重金属，也会造成严重的地下水污染。地面植被的破坏和湿地的排水减少了地表水的渗透，从而降低了潜水面。由于城市和工业的过度需要，淡水不断被抽出作为生活和工业用水，然后作为地表污水重新排放，因而还会导致潜水面的进一步下降；另外，大量频繁的灌溉可以增强渗透作用，使潜水面一直升到地表。而在干旱地区，被水渗透的土地由于异常的蒸发作用，引起地下水中盐类的沉淀，迟早会变成无法耕作的盐碱地。

（3）土壤污染对商业的危害。

土壤污染导致严重的直接经济损失——农作物的污染、减产、品质下降。对于各种土壤污染造成的经济损失，目前尚缺乏系统的调查资料。仅以土壤重金属污染为例，全国每年就因重金属污染而减产粮食1 000多万吨，另外被重金属污染的粮食每年也多达1 200万吨，合计经济损失至少200亿元。[①] 当土壤中的污染物含量超过植物的忍耐限度时，会引起植物的吸收和代谢失调；一些残留在植物体内的有机污染物，会影响植物的生长发育，甚至会导致遗传变异。土壤污染导致生物品质不断下降。土壤是农业发展的基石，土壤污染给农业发展带来很大的不利影响，对农产品生态安全构成威胁，进而威胁人民的身体健康。土壤污染使本来就紧张的耕地资源更加短缺。全国受重金属污染土地达2 000万公顷，其中严重污染土地超过70万公顷，有13万公顷土地因镉含量超标而被迫弃耕。土壤污染已危及对农业的可持续发展。重金属对土壤的污染基本上是一个不可逆转

① 中国10%耕地遭重金属污染年污染粮食1 200万吨 [N]. 南方日报，2011 – 04 – 01.

的过程，许多有机化学物质的污染也需要较长的时间才能降解。

（三）可持续发展理论在商业领域的实践

目前，世界各主要经济体大力实施的绿色"新政"，是以新能源技术革命为核心的新一轮工业革命，一方面力图借此摆脱目前的经济衰退，另一方面是谋求确立一种长期稳定增长与资源消耗、环境保护"绿色"关系的新经济发展模式。以绿色经济为核心的"经济革命"正席卷全球，欧、美、日等主要发达国家纷纷制定和推进绿色发展规划，不少发展中国家也雄心勃勃。

1. 可持续发展理论的由来

可持续发展理论（Sustainable Development Theory）的形成经历了相当长的历史过程。20 世纪 50～60 年代，人们在经济增长、城市化、人口、资源等所形成的环境压力下，对"增长 = 发展"的模式产生怀疑并展开讨论。1962 年，美国生物学家卡逊发表了一部引起很大轰动的环境科普著作《寂静的春天》，在世界范围内引发了人类关于发展观念上的争论。环境问题从此由一个边缘问题逐渐走向全球政治、经济议程的中心。1972 年，沃德和杜博斯的著作《只有一个地球》把人类生存与环境的认识推向一个可持续发展的新境界。同年，罗马俱乐部的研究报告《增长的极限》明确提出"持续增长"和"合理的持久的均衡发展"的概念。源于这种危机感，可持续发展的思想在 20 世纪 80 年代逐步形成。1983 年 11 月，联合国成立了世界环境与发展委员会（WECD）。1987 年，以挪威首相布伦特兰为主席的 WECD 发表了《我们共同的未来》报告，正式提出可持续发展概念，并以此为主题全面论述了人类共同关心的环境与发展问题，受到世界各国政府组织和舆论的极大重视。在可持续发展思想形成的历程中，最具国际化意义的是 1992 年联合国环境与发展大会，来自世界 178 个国家和地区的领导人通过了《21 世纪议程》《气候变化框架公约》等一系列文件，明确把发展与环境密切联系在一起，使其走出了理论探索阶段，提出了可持续发展战略并将之付诸为全球的行动。

可持续发展理论是过去 100 年人类最深刻的一次警醒。可持续发展的思想体现着对人类自身进步与自然环境关系的反思，反映了人类对自身以前走过的发展道路的怀疑和抛弃，也反映了人类对今后选择的发展道路和发展目标的憧憬和向往。人们逐步认识到过去的发展道路是不可持续，或至少持续不够，因而不可取。唯一可供选择的道路是走可持续发展之路。人类的这一次反思深刻，结论具有划时代的意义。这正是可持续发展的思想在全世界不同经济水平和不同文化背景的国家能够得到普遍认同的根源。可持续发展是发展中国家和发达国家都可以争取实现的目标，广大发展中国家积极投身到可持续发展的实践中，这也正是可持续发展理论风靡全球的重要原因。美国、德国、英国等发达国家和中国、巴西等发展中国家，都先后提出了自己的 21 世纪议程或行动纲领。尽管各国侧重点有所不同，但均不约而同地强调要在经济和社会发展的同时注重保护自然环境。①

2. 可持续发展理论的内涵

"可持续发展"一词在国际文件中最早出现于 1980 年由国际自然保护同盟制订的《世界自然保护大纲》，其概念最初源于生态学，指的是对于资源的一种管理战略。其后被广泛应用于经济学和社会学范畴，加入了一些新内涵，是一个涉及经济、社会、文化、技术和自然环境的综合的动态的概念。可持续发展理论是指既满足当代人的需要，又不对后代人满足其需要的能力构成危害的发展。可持续发展包括以下五个方面的丰富内涵：

共同发展。每个国家或地区都是地球这个复杂巨系统不可分割的子系统。整体性是系统的最根本特征，每个子系统都与其他子系统相互联系、作用，只要一个系统发生问题，都会直接或间接影响到其他系统的紊乱，甚至会诱发系统的整体突变，这在地球生态系统中表现最为突出。因此，可持续发展追求的是共同发展。

协调发展。协调发展包括经济、社会、环境三大系统的整体协调，也包括世界、国家和地区三个空间层面的协调，还包括一个国家或地区经济与人口、资源、环境、社会以及内部各阶层间的协调。

公平发展。世界经济的发展呈现出因水平差异而表现出来的层次性。这种发展水平的层次性若因不公平、不平等而引发或加剧，就会因为局部而上升到整体，并最终影响整个世界的可持续发展。公平发展包含两个纬度：一是时间/代际公平，当代人的发展不能以损害后代人的发展能力为代价（人类社会不可持续发展的根源在于当代人过多地占有和使用了本应属于后代人的财富，特别是自然财富）；二是空间公平，某个国家/地区的发展不能以损害其他国家/地区的发展能力为代价。

高效发展。除了公平之外，效率是可持续发展的另外一个轮子。可持续发展的效率既包括经济意义上的效率，也包含着自然资源和环境的损益成分。因此，可持续发展的高效发展是指经济、社会、资源、环境、人口等协调下的高效率

① 李静. 荷兰税收情报交换之特点 [J]. 税务，2002（3）：5-7.

发展。

多维发展。不同国家与地区的发展水平是不同的，而且不同国家与地区又有着异质性的文化、体制、地理环境、国际环境等发展背景。此外，可持续发展是一个综合性概念，要考虑到不同地域实体的可接受性，可持续发展本身包含了多样性、多模式的多维度选择的内涵。因此，在这个全球性目标的约束和指导下，各国与地区应该从国情或区情出发，走符合本国或本区实际的、多样性、多模式的可持续发展道路。

3. 可持续发展理论在商业领域的实践

（1）政府在商业领域的可持续发展实践。

我国是世界上第一个以政府名义制定执行可持续发展行动计划的国家。1993年3月，中国国务院发表了《中国人口、环境与发展》白皮书（通常也称为中国21世纪议程），标志着我国成为世界上第一个以政府名义制定执行可持续发展行动计划的国家。1996年全国人大正式把可持续发展作为国家的基本战略。此后，可持续发展就逐步成为各级政府的目标。

在经济发展上，积极探索新型工业化道路，把调整产业结构、发展循环经济、推进战略性新兴产业发展、改造升级传统产业作为重要途径，努力转变经济发展方式。以信息化促进工业化，以工业化带动信息化，推动制造业提升核心竞争力。不断加快发展现代服务业，积极倡导绿色消费，逐步提高发展质量。实施西部大开发和中部崛起等区域发展总体战略，初步扭转了区域经济发展差距扩大的趋势；稳步推进城镇化，城乡区域发展的协调性进一步增强。供给侧结构性改革深入推进，全面深化经济体制改革，实施创新驱动发展战略，统筹区域城乡协同协调发展，持续提升开放型经济发展水平。同时，经济发展质量不断提升，经济结构不断调整优化，新旧动能有序转换，新技术新产业新模式新业态层出不穷。

在环境保护上，倡导"绿水青山就是金山银山"的理念；"史上最严"新《环保法》彰显权威，中央环保督察成效显著，各地方重拳出击遏制污染势头；大力发展生态经济，在新能源技术创新方面也已居于世界前列。政治生态治理常态化、制度化正在形成，强调"不以GDP论英雄"，也有助于避免以环境代价换GDP的惯性做法。

（2）我国企业的可持续发展实践。

虽然可持续发展的概念已经提出很长时间，但是，可持续发展引入到企业范畴的时间并不长，企业可持续发展是整个社会可持续发展的微观基础（孙海刚，2008）。

我国企业在可持续发展实践方面有一个渐进的过程，即从漠视到主动实践。在可持续发展理念推广的早期，我国大部分企业没有认识到可持续发展的重要性，自然很少付诸实施。如部分企业仍然把经济利益作为唯一目标，不关心资源节约和环境保护，不履行社会责任。随着政府环保执法越来越严格以及公众对生态环境的日益关注，越来越多的企业逐步接纳可持续发展理念并付诸实践。《2018 中国企业可持续发展指数报告》显示：测算的 310 家企业在三个维度的综合表现方面总体良好，其得分率分别为"竞争力"84.2%、"环境"63.1%、"社会"86.3%；从行业表现来看，企业可持续发展指数较高的行业为汽车、金融保险、通用机械设备。从企业可持续发展得分排序来看，入选可持续发展百佳的企业，有相当数量在生态修复和生物多样性保护等方面率先垂范，开展了很多卓有成效的前瞻性工作。

目前，我国企业开始注重社会责任，并致力于可持续发展。可持续发展报告的编制和颁布已经成为企业自愿披露企业可持续发展报告的重要途径。如华为打造可持续供应链，将社会责任和可持续发展全面融入产品及其生命周期和价值链运作，引领行业社会责任标准化，与同行和供应链伙伴共同推动行业与产业链的可持续发展。部分企业主动谋求升级转型（如淘汰落后设备与产能），实现绿色发展。在能源生产和消费领域，不约而同地将技术重点转向水能、风能、太阳能和生物能等可更新能源上，同时开展节能运动。如中国石化秉承"尊重自然、顺应自然、保护自然"，不断优化产业布局，全面促进资源节约利用，大力实施绿色低碳发展战略，做生态文明的引领者，美丽中国的建设者。在污染废弃物排放上，企业安装符合要求的污染物处理设施，减少污染物排放并实现废弃物的利用。如中国建材集团综合利用工业和城市废弃资源，积极探索工业与自然和谐共处的发展方式，倡导全行业和全社会的可持续发展。部分企业根据自身特点，有选择的参与国际、国内、行业或地区等层面的可持续发展平台和活动，特别是行业性的集体行动，来共同应对可持续发展相关的挑战，降低处理相关社会和环境问题的成本。在城市规划和建筑业中，尽量减少能源和水的消耗、同时也减少废水废弃物排放的"生态设计"和"生态房屋"已成为近年来建筑业的招牌。企业积极投身循环经济、低碳经济。如在交通运输领域，研制电池车或其他清洁能源车辆已成为各大汽车商技术开发能力的标志。

（3）消费者的可持续发展实践。

我国消费者同样经历从前期漠视到如今越来越关注且践行可持续发展理念的过程，这一过程与政府的宣传与环境污染日益严重有关。《2018 伊利中国可持续消费报告》显示：目前中国消费者的可持续消费意识呈现持续强化的趋势，超过九成的中国消费者具备了一定的可持续消费意识；相较于男性，女性具备更高的可持续消费意识，收入、受教育程度在对可持续消费的关注度及理念认知上不存在差异；在衣食住行等方面，消费者的可持续生活习惯正逐步形成；消费者在选购可持续产品时仍面临一定困难；消费者对企业践行社会责任议题的关注度呈上升趋势。

消费者越来越根据其对企业及其产品的可持续发展认知做出购买选择。我们观察到这种趋势，可持续发展问题越来越引起了新一代消费者的注意，影响到他们对企业和产品的选择。如在农产品领域，无化肥、无农药和无毒害的有机农产品已成为消费者的首选，这导致有机农产品生产企业的涌现。

日常消费时，尽量选用无污染又有利于健康的绿色产品，并号召和影响更多人加入绿色消费的队伍中来，倡导绿色消费，共享健康生活。比如买家具时就可以尽量购买那些对健康无害的绿色家具，买食物时要买那些无污染的绿色食品等。如购买纯电动汽车和出行时尽量乘坐公共交通工具，减少石油消耗和碳排放。增加精神文化消费与绿色消费的比例。

在日常生活中体现低碳环保，如开展垃圾分类包装与投放，使用绿色环保垃圾袋，减少塑料使用和减少食物浪费。日常生活中，节约对水、电、气等公共资源的使用。尽量少用或不用一次性筷子、杯子等生活用品。

第八章

中国商业文化的未来趋势[①]

本章从两个视野探讨不远的未来。一是从改革开放的角度，用美丽商业建设概括商业现代化的实现过程，探讨如何完成商业现代化伟业。二是从中国千年历史大变局的视野，为更加长远的目标确立理论定位，用中国商业文明的创新与世界共创美好未来。

一、建设美丽商业是中国现代化的必由之路

（一）新时代美丽中国建设呼唤美丽商业

1. 美丽商业是中国商业现代化的形象概括

用"美丽"这个词汇形容作为以盈利为目的的经营行为及其主体——商业，也许不多见，尤其是中国人很难将二者直接联系。随着社会的发展，随着美丽中国建设的全面深入，特别是党的十九大提出中国特色社会主义进入新时代，社会

① 本章由曹正进、庞毅执笔。

主要矛盾已经转化为人民日益增长的美好生活需要和不平衡不充分的发展之间的矛盾，商业已经成为满足新时代人民美好生活第一需要的必然途径。在这个背景下，不但有可能有必要将美丽与商业直接联系，而且亟须用便利舒心、绿色安全、富有魅力的美丽商业满足人民日益增长的美好生活需要，不断促进人的全面发展和全体人民的共同富裕，促进社会的现代化进程。

因此，所谓美丽商业，是用美丽来概括中国现代化进程中商业现代化的过程和目标。也就是说，商业现代化不但是中国现代化进程的充分必要条件，而且同时要求它的过程和目标也必须是和谐的、健康的、促进社会和谐发展的，即美丽的。

2. 商业美的内生性

所谓美，是指能够使人们感到愉悦的事物中促进和谐发展的客观属性，与审美主体功能激发出来的主观感受的统一。商业美是内在的。但由于中国长达数千年重农抑商的小农文化影响，人们对商业美的内在性认识缺乏自觉，甚至对商业之美有着巨大的误会与抵触，所谓"无商不奸""铜臭熏天，利令智昏""宁要社会主义的草，不要资本主义的苗"，不一而足。这种长期的认识，既像苏东坡所谓"不识庐山真面目，只缘身在此山中"，在历史与社会的局限中迷惘；更如康德所谓："启蒙运动就是人类脱离自己所加之于自己的不成熟状态，不成熟状态就是不经别人的引导，就对运用自己的理智无能为力。当其原因不在于缺乏理智，而在于不经别人的引导就缺乏勇气与决心去加以运用时，那么这种不成熟状态就是自己所加之于自己的了。"[1]

在中国特色社会主义新时代，商业美的内生性表现在四个方面。

第一，商业是满足人民大众美好生活需要的基本途径，商业活动是人民大众最广泛、最具活力的社会活动。毕竟现在已经不是计划经济时期的商品短缺与计划分配，更不是小农经济时代的自给自足。在社会主义市场经济体制下，从人民大众日常生活所需柴米油盐酱醋茶的供给、衣食住行，到整个经济活动的运行、社会资源的配置，都要由市场在其中起决定性作用。企业组织是经济的主要细胞，是社会的基本单元；商业活动、商业原则、商业理念对社会的运行具有决定性的影响。从这个意义上讲，我们已经处在现代商业社会可谓恰如其分。

第二，商业活跃、市场繁荣是社会繁荣昌盛的主要标志和基本要求。商业的灵魂和生命在开放，在竞争，在创新，在多样化和差异化。商业正是因为有了上

---

① ［德］伊曼努尔·康德. 历史理性批判文集·答复这个问题："什么是启蒙运动？"［M］. 天津：天津人民出版社.

述特性，它才能沟通有无、刺激需求、繁荣社会，成为改革开放的主要内容，才显得如此活跃、如此多娇、如此美丽。在封闭的社会条件下，不鼓励不允许竞争，闭关锁国故步自封，一花独放，缺少差异，商业不可能繁荣，人民也不能过上美好幸福的生活。商业市场的繁荣与否，是民族和国家富强或羸弱、兴旺或衰落的标志；改革开放也因此成为当代中国的社会主题。

第三，中国从传统农业社会向现代工商业社会转型是历史发展的时代选择，合乎人类发展的历史潮流。近代以来，中国开始了从传统农耕文明向现代工商业文明的转型，融入了世界市场的潮流。这种转型不但是现实社会的变革，而且开启了中国传统农业社会的千年变局。改革开放和社会主义市场经济建设不仅使转型走上了快行道，汇入和平与发展的世界洪流，而且逐渐涌向潮头。中华民族融入现代社会，走向世界市场，既是民族振兴的大业，也是人类历史发展的潮流。

中国的新时代商业，顺应人民意愿，汇聚改革开放，合乎时代潮流，是时代之美、社会之美、全面现代化的宏大之美。

第四，美丽商业是对商业活动的审美追求。人与客观事物的关系大致有三种。其一是科学层面的认知关系，其二是道德层面的规范关系，其三是审美层面的表现关系。在社会实践中，也往往是人与客观事物先形成意志实践关系和理智认识关系，在此基础上，当社会发展到人们不以直接的功利态度对待客体对象时，就出现了比较成熟、纯粹的审美关系。孔子正是在此意义上总结自己一生的追求，"吾十有五而志于学，三十而立，四十而不惑，五十而知天命，六十而耳顺，七十而从心所欲不逾矩"[1]。其中的"不惑、知天命、耳顺"，可以理解为他求真、求善、求美的心路历程。"从心所欲不逾矩"，则是达到了自由王国的境界。

商业活动作为现代社会大量发生和存在的客观事物，人们对其必然有着求真、求善、求美的追求，或者说真、善、美三种境界。特别是随着中国社会主义市场经济体系的完善和健全，小康社会的全面实现，人民对美好生活的向往已经成为中国共产党和中国政府永远的奋斗目标之时，人民对美丽商业的追求不仅早已兴起，而且已然逐渐蔚为大观。改革开放以来短暂的四十年间，中国消费市场发生巨大变化，消费结构经历了三次升级，自开启"全面小康"建设进程以来，人民生活早已从解决温饱向物质生活消费全面丰富、提升质量转变。1978年，中国恩格尔系数平均值为60%（农村68%，城镇59%），属于贫穷级别。2000～2015年，全国居民食品消费比重降低12.30个百分点，整个物质生活消费在总消费中所占比重降低4.73个百分点。2017年，中国恩格尔系数从2016年的30.1%降

---

① 孔子．诸子集成·论语正义·为政篇第二 [M]．北京：中华书局，1954．

到 2017 年的 29.3%，已上升到恩格尔系数的富足级别。正在全面小康并逐渐富裕的中国人民，急切召唤美丽商业的到来。

人们对商业活动求真、求善、求美的追求，其实是有阶梯和结构差异的，所谓"仓廪实而知礼节，衣食足而知荣辱"（管仲语）。虽然人们对商业美的追求逐渐蔚为大观，但由于中国经历市场经济的洗礼还为时不长命途多舛，改革开放巨变与商业社会的基础性建设要求相比尤需历史积淀，因此对商业发展求真、求善的需求必然是基础性和首位的。面对假冒伪劣、无视法治、良莠不齐的失序现象，人民更需要品质商业、诚信商业，需要现代化的经济体系，需要现代化事业的健全与完善。

3. 人民对美好生活的向往呼唤美丽商业

随着中国改革开放和社会主义现代化建设事业的发展，不久将全面建成小康社会，人民对美好生活的需要日益广泛，不仅对物质文化生活提出了更高要求，而且在法治、民主、公平、正义、安全、环境等方面的要求日益增长。美丽中国建设作为中国共产党的执政理念，在党的十八大上首次提出并被确立为新时期生态文明建设的重要战略目标，《中共中央关于制定国民经济和社会发展第十三个五年规划的建议》更是把生态文明和美丽中国建设写入其中。美丽中国建设不仅是生态文明的要求，也包含了可持续发展、绿色发展、人民生活幸福等要求。甚至可以说，美丽中国是中共中央基于国际国内背景和我国未来发展定位提出的一种社会形态和国家状态。① 人民对美好生活的向往，不仅需要山清水秀，同样需要可持续发展，需要政和清明，需要民富国强，需要美丽商业。

商业活动既可以满足人民的日常生活需求，推动社会经济繁荣，支撑国家富强；还可以通过社区和谐、靓丽街区建设，可以通过魅力城市建设，通过实现城市的繁荣稳定与互联互通来更好地协调市域和区域人口、资源和市场。很难想象，缺乏便捷舒适的商业服务，居民社区生活会祥和宜人；很难想象，缺少门庭若市、愉悦优雅的商业设施，美轮美奂的店铺楼宇，城市街区会流光溢彩、欣欣向荣；很难想象，缺少高质量的城市商业服务的支撑，可以彰显城市的卓越品牌和绚丽形象。中国的社会主义现代化建设，如果缺少美丽商业，绿水青山枉自多；如果没有美丽商业，空谈幸福生活；如果没有美丽商业，难见和谐社区，难见靓丽街区，难见魅力宜居城市。

问题远不止于此。众所周知，城市建设是现代区域发展和国家建设的重要途

---

① 秦书生，胡楠. 习近平美丽中国建设思想及其重要意义［J］. 东北大学学报（社会科学版），2016（11）：633.

径，尤其是全球互联文明的崛起，将伴随着超级城市群的出现。美国学者、作家帕拉格·康纳（2016）认为，到 2030 年，全球将会出现 50 个超级城市群。超级城市之所以能够吸引全球的资金、资源、人才、技术，甚至中小城市也必须将自身融入超级城市群，是因为超级城市是建立在市场机制、商业原则和商业网络上的基础设施便利、供应链网络发达的全球地理节点。融入这种超级城市并与之形成互动共生，是国家、地区、任一城市获得繁荣的基本途径。帕拉格·康纳甚至认为，不久的将来供应链将全球迅速增长的超级城市群连接在一起，供应链将代替任何超级大国或者多国联盟，成为全球社会的稳定器，没有任何国家，哪怕是美国和中国，能够打破这种供应链系统。①

（二）商业主体如何建设美丽商业

如果说事物具有促进和谐发展的属性与功能是自然美，加工事物使它形成促进和谐发展的属性与功能则是创造美。显然，商业之美是由参与交易的各方在活动过程中共同创造的，其中也包括了作为最终购买者的消费者。根据商业活动的要素和过程特点，可以总体上将商业的基本内容概括为商人、商品、商德、经营管理、科技、服务环境、观念七个方面。因此，所谓美丽商业，也就是商业活动过程中，参与者共同创造的促进和谐发展的商人之美、商品之美、商德之美、经营管理之美、科技之美、环境之美和观念之美的总和。

1. 商人之美

此处的商人有两层含义，其一是指作为商业主体的企业，其二是指从事商业活动的个体，尤指企业家。企业特别是现代公司组织的建立，凝聚了无数个体的能量，使陌生人之间的合作成为现实，变成大于任何个体的经济动力，并给每个奋斗的人搭建平台。公司不但奠定了现代社会的组织基础，其制度和观念也深刻影响了现代社会的根本秩序，在经济全球化的时代，其作用已经成为一个国家经济实力的标志。商人的作用同样重要，特别是公司诞生以来，无论古今中外，有多少杰出企业家促进了国家的强大，成为社会的精英，企业家精神也成为社会不断创新和进步的精神动力。

2. 商品之美

商品概念包含有形商品和无形商品，包含服务产品。但商品之美，则涵盖范

---

① ［美］帕拉格·康纳. 超级版图 ［M］. 北京：中信出版社，2016.

围更为宽泛，既包括商品（服务）本身，也包括商品的生产、加工、物流、交易等全过程。商品（服务）之美，美在货真价实，品质卓越；美在琳琅满目，各得其所；美在千变万化，推陈出新；美在技艺精湛，巧夺天工；美在想人之所想，急人之所急；美在醉翁之意不在酒，于细微处见精神；美在既宜批量低成本加工，还可私人量身订制，更能将二者兼顾；美在能够赢得顾客的青睐，给消费者带来舒心的享受。

3. 商德之美

商德即商业道德。既然法治是自由交易的前提，守法便是商人的天则，诚信和品质则是经营者的美德，是公司和企业永不褪色的金字招牌。商人的美德不仅需要严格自律，履行个人和企业的责任，同时还要履行社会责任。商人的美德还在严格履行职业价值准则、职业操守和行为规范。从乾隆年间江苏句曲人王秉元著的《生意世事初阶》，和晋商的经商手册——《贸易须知》（炳记），到北京百货大楼的"一团火""一抓准"，无一不是既追求思想与情感的心灵之美，也要创造顾客至上的行为之美。

4. 经营管理之美

经营管理是企业活动的主要内容，通过它实现商业的社会功能。经营管理之美，首在通过货币为媒介的交换沟通有无多寡，不但可以跨越地理天然阻隔，也终将冲破文化（区域国度、宗教信仰、政治形态、经济发展等）的人为屏障，而不必殚精竭虑、搜肠刮肚、不计耗费的自给自足；美在凭借上帝之手的神助，将熙攘牟利的群龙指挥得俯首帖耳；美在通过逐利而刺激生产促进消费；美在用没有硝烟的金融贸易竞争代替灭绝人类的血腥战争；美在为赢利而高效率，实现效益和效率的统一；美在用不战而屈人之兵的经营智慧，实现"惊险的跳跃"（马克思语）；美在"管理者的任务不是去改变人，而在于运用每一个人的才干"（彼得·德鲁克语）、"中庸为德""中和为贵"等人性化、个性化和出神入化的管理艺术；美在商业模式的千变万化，业态及其结构的常变常新；美在商业组织的跨行业、多环节、多职能协调整合，跨地域、跨国界、跨文化，以至通过互联网实现的虚拟化运营管理；美在交易方式的千奇百怪，由繁而简、由俗而雅，雅俗共赏；美在交易媒介的由多而简、由重而轻、由分而统、由实而虚的演化等，不一而足。

自商业产生的那一刻起，在社会的巨大旋转舞台上，经营管理活动为人类社会上演了无数喜剧、悲剧、正剧，并随着现代步伐的加速越发精彩绝伦扣人心弦。"市场化运作模式""委托代理机制""法人治理机制""厂长负责制""双轨制""顾客就是上帝""连锁经营""跨境电商"等，无一不是商业文化为人类文明贡献的智慧和宝贵财富，也使得生命如此精彩纷呈如此尽善尽美。

5. 科技之美

科技尤其是现代科技对商业对企业的发展居功至伟，是现代商业和企业发展的引擎。古代的工商业活动技术含量不高，技术原始仿佛人体机能的自然延伸，动力借助畜力和自然，工具简单，较少机械装置，加工对象也全为初级产品，交易过程几近无须技术支撑。工业革命以来，形势陡然突变。有人说科学技术是现代社会的第一生产力，严格说来，在市场经济条件下，再先进的技术，如果没有市场和商业化的应用，不可能产生现实的生产力，更不用说第一生产力，至多也只能是潜在的生产力。自数字技术基础上引发的第四次工业革命以来，互联网、大数据、物联网、人工智能、区块链等技术如排山倒海之势，给商业、经济、社会以及个人带来前所未有的巨变，它不但改变了经营活动的内容、商业交易的手段和方式，如商业模式、产业结构、业态结构、交易方式、组织方式等，甚至改变人类自身。

6. 环境之美

虽然此环境不是指生态环境、自然环境、宏观社会和商业环境，是指工商业活动的具体环境，但对现代环境文明的要求是一致的。工商业活动的服务环境，既包括生产加工、服务的物理空间，也包括现代虚拟空间，还包括心理空间。其实仅物理空间就很复杂，除去传统的美观、整洁、卫生、人体工学要求外，在建筑上就有室内、外观以及周边建筑之间结构风格协调的要求，再加上声、光、电等的现代要求。麦当劳入驻中国大陆初期，吸引许多食客纷至沓来，其实食客们除去品尝洋快餐之味，更想体验店内整洁、优雅的环境和异国情调。所以有人就说食客们不是去吃洋快餐，而是去吃环境、吃文化。愉悦、优雅、温馨美妙的服务环境，会给顾客带来超值享受令其流连忘返。如果楼宇美轮美奂，厅堂、网页、微信等平台成为蓝色的港湾，车间、作业场所、街市恍若秀丽的田园，中国的市场一定会成为大美的商业世界。

7. 观念之美

商业观念即商业精神和商业意识，是商业行为特有的普遍精神实质，代表商业发展潮流和对社会进步产生积极影响的思想意识。大致包含以下内容。

（1）契约观念。契约观念是由契约派生的契约关系与内在原则，是一种自由、平等、守信的精神。契约是两人（主体）以上相互间在法律上具有约束力的协议，契约责任是以自由同意为基础的。现代交易实际上是一种契约的订立和履行过程，而契约的订立与效力，是在具有平等权利的当事人间达成的自由协议，所以，契约观念实际上也包含了平等意识和自由意识。也正是在这个意义上，我们说商业交换天然要求平等和自由。

（2）法治观念。自由交易和市场形成的前提，是由法律保护个人权利、明确所有权的归属。现代商业是企业或当事人间权利的自由交换，它需要法律、法治的保障，市场经济天然就是法治经济，它既不是宗教经济，更不是权力经济。

（3）市场观念。现代市场就是客户（包括潜在的客户），竞争是商业的灵魂，市场竞争的本质是以创造客户价值为主题的竞争，而不是以竞争对手为导向的竞争。所谓差异化市场差异化竞争，实际上是以客户需求为导向的竞争。

（4）利润观念。商业活动的直接目的就是营利，企业不想营利不能赢利，就不成其为企业（如计划经济时期的国有企业）。正是因为有了强烈的营利观念，才促使商业从业者能够敏锐地捕捉商机，不断创新，填补市场的缝隙，开拓新的和潜在的市场。当然企业营利不是其唯一和终极目标，但是其基本目标。

（5）竞合观念。竞合（co-opetition）是竞争和合作的复合词，是新的营销理念和思维方式。合作竞争并不意味着消灭竞争，而是一种高层次的竞争，它强调合作的重要性，核心逻辑是共赢性，将企业经营活动视为可以实现双赢多赢的非零和博弈，是基于合作与竞争结合的经营战略，反映了企业战略要以与商业博弈活动所有参与者建立起公平合理的合作竞争关系为重点，从而有效克服了传统企业战略过分强调竞争的弊端。

（6）企业家精神。企业家精神主要指企业家组织建立和经营管理企业的综合才能的集合，本质是指善于发现市场机会并通过开办企业的方式抓住市场机会的能力。勇于创新、冒险、自我奋斗的企业家精神，改变了无数普通人的命运，也使公司和企业的传奇不断涌现。20世纪以后，企业家精神的定义已从商业、管理及企业家个人特征等方面拓展到了行为学、心理学和社会学分析的范畴，其影响也扩展到了广大社会领域。

企业家精神之所以能成为一种社会精神，既取决于企业家群体长期历练的综合才能的集合与积淀，也取决于社会能否树立和弘扬这种特有的普遍精神实质。公司诞生以来不但奠定了现代社会的组织基础，其制度和观念也深刻影响了现代社会的根本秩序，其作用已经成为一个国家经济实力的标志，企业家精神也成为社会不断创新和进步的动力。党的十九大报告提出要贯彻新发展理念，通过加强国家创新体系建设，建设创新型国家，构建现代化经济体系。在社会主义市场经济条件下，如果没有市场机制和企业家及其公司组织的体制保障，没有创新文化的思想观念和自由精神的支撑，即便有充足的资金和专业人才，也难以实现国家的创新。中国企业家精神是中国社会主义市场经济应有的普遍精神实质，代表并引领商业发展潮流，是中国的时代精神。

正是由于上述观念的确立和实践，保障了商业活动的健康有序开展，促进了近现代社会的形成和发展。应该强调的是，上述商业观念中涵盖的民主、和谐、自由、平等、公正、法治、敬业、诚信、创新等内容，与社会主义核心价值观的相关内容完全吻合，并将国家价值、社会价值和公民价值贯通和并联，通过其广泛的社会实践，实际上构成社会主义核心价值观的坚实基础。

商业观念之美的社会和历史价值或许还要更加巨大。早在 1902 年，维尔纳·桑巴特（Werner Sombart）就在其《现代资本主义》一书中提出，"由企业的精神和市民的精神组成一个统一的心情称为资本主义的精神，这种精神创造了资本主义"[1]。按照美国经济学家迪尔德丽·N. 麦克洛斯基的说法，"大众对于市场和创新的普遍观念的改变，导致了工业革命，以及随之而来的现代世界"[2]。她认为，"是创新（而非投资或剥削）导致了工业革命"，"是言论、道德和观念导致了创新"，是"自由主义观念导致创新"。"人们对于企业家的看法和谈论企业家时态度的转变，对于现代世界的形成所起到的作用，很可能比 1517 年德国宗教改革或者意大利在托斯卡纳时期及以后的贵族文艺复兴更为重要……文艺复兴、宗教改革和大革命对于人类今天的生活间接起到了重要作用，不过若没有它们，现代世界只是有所残缺而已。但企业家的价值若没有得到重新评估，我们今天的文明将不复存在。"所以，"现代世界是由企业家新获得的充满信念的尊严和充满希望的自由缔造的"[3]。

（三）美丽商业建设需要全社会的勠力同心

美丽商业建设不仅需要从业者的共同努力，需要商业主体自律机制的保障，由于每一位消费者都直接或者间接参与商业活动，因此需要全社会的协同，尤其是政府的监管和推动。既然"看不见的手"犹如魔力，难免会过于张狂而陷入歧途，甚至也会失灵。在中国现代化建设的重要转型时期，以下几个方面应该需要特别予以关注。

---

① ［德］维尔纳·桑巴特. 现代资本主义［M］. 北京：商务印书馆，1958.

② ［美］迪尔德丽·N. 麦克洛斯基. 企业家的尊严——为什么经济学家无法解释现代世界［M］. 北京：中国社会科学出版社，2018：1.

③ ［美］迪尔德丽·N. 麦克洛斯基. 企业家的尊严——为什么经济学家无法解释现代世界［M］. 北京：中国社会科学出版社，2018：13 – 14.

1. 让法治成为美丽商业的坚实基础和守护神

法治是公平竞争的保护神，是自由交易和市场形成的前提。中国长期处于自给自足的小农社会，市场经济不是内生且来之较晚，缺乏法治传统。改革开放以来，我国法治建设逐步健全完善。2013年，中共十八届三中全会通过了《中共中央关于全面深化改革若干重大问题的决定》，首次以全会的形式专题研究部署全面推进依法治国这一基本治国方略，作出坚持走中国特色社会主义法治道路，建设中国特色社会主义法治体系的决定。党的十九大政治报告中指出，全面依法治国是中国特色社会主义的本质要求和重要保障。提出要坚持法治国家、法治政府、法治社会一体建设，坚持依法治国和以德治国相结合，依法治国和依规治党有机统一，深化司法体制改革，提高全民族法治素养和道德素质。

与我国经济建设和商业发展的进程相比，法治建设还明显滞后。法治体系不健全，制度建设不完善，法律体系不完备，一些法律法规操作性不强，一些法律缺乏相应的保障机制。由于法律法规制度的不健全，影响了公民法律意识的培养和公民法律教育的滞后。由于监督主体缺位，导致法律监督不到位，以权压法、以言代法、有法不依、执法不严、违法办案、以罚代法等现象频繁出现；由于法治薄弱，导致假冒伪劣和无视法律知法犯法的现象屡见不鲜。对维护社会公正、保护公平竞争、推动国家发展、增强公民法律意识都产生了严重影响。

新时代美丽商业建设，需要法治先行，大力健全和完善法治环境，维护守法规范经营，保护消费者、客户、经营者权益，保护公平竞争，奖掖创新，让法治成为美丽商业的坚实基础和守护神。

2. 深化改革充分发挥市场机制作用

没有改革开放就没有中国的今天，也没有中国的明天，改革开放是中国现代社会的富民强国之路。当代中国改革的逻辑起点，就是要改变依靠国家的强力和管控造成低效和激励扭曲的计划经济体制，激发主体以及个体的活力，打破内部的条块分割和对外的封闭。经过三十几年的探索，《中共中央关于全面深化改革若干重大问题的决定》明确提出经济体制改革要"使市场在资源配置中起决定性作用和更好发挥政府作用"，《中国共产党第十九届中央委员会第三次全体会议公报》更进一步明确"要坚决破除制约使市场在资源配置中起决定性作用、更好发挥政府作用的体制机制弊端"，推动形成全面开放新格局。这是中国在新起点上的改革开放新征程，只有不断深化改革，才可以使市场在资源配置中起决定性作用，从而更好地发挥政府作用，推动全面开放。只有开放能够带来进步，带来商业繁荣社会昌盛，封闭必然落后。

从西方国家和亚洲的日本及四小龙的现代改革成功实践看，大多按照先易后难、由表及里的经济—社会—政治"三步走"的改革轨迹前行。西方近代资本主义的历史也表明，无论哪个成功的国家，总是先走统一的专制道路，才有经济发展，再有文化繁荣和民主运动。中国改革开放的历程，实际上也是按照上述逻辑探索实践。问题的重要性在于：

无论何时何地均不能忘记，改革的目的不是其他，改革的目的是使市场在资源配置中起决定性作用；

改革在任一阶段的成就均不能成为停滞不前的理由，日常的效率提高、质量提升、结构改善，都不能淡化改革的终极目标，成为取代改革体制机制的理由；

无论改革处于什么阶段，如果改革不能继续和深入，不会有开放新格局，商业、经济和社会不可能健康运行和发展。

3. 全面开展社会诚信体系建设

诚信对于商业活动的重要性自不待言，企业如果不讲诚信，怎能为消费者提供美好生活，恐怕连自己的经营都不能持久。然而现实问题不止于商业诚信，社会的诚信危机已经直接影响全面小康社会建设和现代化事业的建设，以至有主流媒介刊文认为，诚信沦丧是当前经济下滑的根本原因。

企业的商业行为和全社会的商业活动，是中国市场经济和小康社会的经济基础和社会基础，是中国现代社会人人须臾不可或缺的最基本最广泛最具活力的社会活动。"品质至上、诚信经营"，是对中国现实社会商业活动的职业规范要求和价值准则，它与法治规范和价值准则，从交易主体的自律和交易环境的他律两个角度，构成社会主义市场经济运行的双重保障机制。

"品质至上、诚信经营"，是社会主义核心价值观中的"敬业""诚信""友善"等在商业文明中的体现和具体化。对实现中国社会主义现代化建设宏伟目标而言，不但是现代商业活动的行为规范和准则；更重要的，无论是社会实践，还是教化培育，无论是文化传播，还是文明传承，都具有基础性的关键作用。特别是中国特色社会主义进入新时代，更需要从文化和法治建设的角度来推进商业诚信建设，这种基础性强涉及面广的工作做好了，可以达到事半功倍的效果。从商业活动在社会主义市场经济的基础性和重要意义上讲，开展商业诚信文明建设，是在市场机制发挥决定性作用的市场经济里，培育社会主义核心价值观的基础和落脚点，是践行社会主义核心价值观的必由之路和关键环节。

为了推动和保障美丽商业和现代化建设，亟须开展政府主导，企业、社会和所有消费者广泛参与的商业诚信建设活动，将商业诚信建设纳入新时代中国特色社会主义建设的方略，并提到作为弘扬社会主义核心价值观的政治任务，作为建设中国"软实力"的重要任务的高度来开展工作，制定具体的政策、规划和实施方案。

4. 加强商品（服务）品质监管

目前我国市场上大量存在的假冒伪劣猖獗、商品质量安全问题屡屡发生的现象，尤其是近日出现的长春长生生物假疫苗事件更为骇人听闻，这些现象除去企业违法违规经营、法治不健全和法律不完善外，与商品（服务）品质监管保障体系不完善直接相关。为了确保商品质量安全，提高商品（服务）品质，打击和拒绝假冒伪劣坑蒙拐骗，用更多优质的做工优良、舒心精美的产品和服务保障人民美好生活，亟须健全和完善由政府主导、媒体、行业协会等非政府组织和企业共同参与，社会监督有效的商品（服务）质量监管保障体系，形成全社会共同治理模式和机制。破除多头监管、基层薄弱、行政干预过多的体制弊端，完善监管制度建设；完善监管执法机制建设，增强基层执法能力和水平；强化消费者、舆论和社会监督力度，建立健全和强化横向监管体制机制；健全完善商品（服务）标准体系，尽快补充各类标准，并及时修订调整，同时做好标准的宣传贯彻工作；发挥社会力量积极性，加强公共检测服务平台建设，提高质量风险监控防范能力。

5. 坚持开放优化社会生态和营商环境

根据世界银行《2018 年营商环境报告：改革以创造就业》，中国在 190 个经济体中的营商环境排名在 78 位，虽然数值略高于东亚及太平洋地区平均值，但与我国世界第二大经济体的位置极不相称。该报告衡量影响商业经营的难易程度涵盖了 10 个领域：开办企业，办理施工许可证，获得电力，登记财产，获得信贷，保护中小投资者，纳税，跨境贸易，执行合同和办理破产。不久前世界银行发布了《2019 年营商环境报告：强化培训，促进改革》的报告，记录了世界 190 个经济体自 2017 年 6 月 2 日至 2018 年 5 月 1 日之间发生的 314 项监管改革，其中巴西、俄罗斯、印度和中国共进行了 21 项改革，最普遍的改进领域是获得电力和跨境贸易，中国在 190 个经济体中的营商环境排名从 2018 年度的 78 位迅速上升为第 46 位。中国营商环境的世界排位在一年之内从第 78 位升至 46 位，可以看出中国在改善营商环境方面做出的努力和成就。同时也说明依然还有较大的上升空间，而且在持续和不断改善营商环境的工作中，仍然需要持久的恒心和极大的努力。

中国现代化建设把经济发展的重心转向高质量发展，重点正是影响美丽商业建设的营商环境方面。我国营商环境的优化虽然任重道远，但刻不容缓。为了营

283

商环境的改善和优化，必须坚持开放，优化社会生态，降低生产要素和交易成本，打造市场化、法治化、国际化的营商环境，营造促进企业家公平竞争诚信经营的市场环境和企业家精神生长的空间和土壤。

6. 坚持以人为本价值理念和人与自然和谐发展理念

以人为本和人与自然和谐发展，不仅是科学发展观的核心内容，也是构建社会主义和谐社会，实现中国社会主义现代化所追求的价值目标；坚持人与自然和谐共生，也已成为新时代中国特色社会主义思想和基本方略之一。对以人为本和人与自然和谐发展两个理念进行全面的认识和理解，有助于我们从战略的角度认识中国的改革与发展。

（1）以人为本观念的由来。

以人为本的观念由来已久，至少从欧洲文艺复兴时代开始，它就成为一种重要的社会价值观念。文艺复兴时代的思想主题是人文主义，汉语中也有将其译为人本主义或人道主义的，人文主义就是以人文为中心和本位的价值观念系统。人文主义是人类有史以来第一次对人的自觉，对人性的自觉，对人的价值的自觉。它的基本立足点就是从人出发，歌颂人、赞美人、尊重人、依靠人、为了人和塑造人。人文主义是针对中世纪封建文明的，要求在各个文化领域把人、人性从基督教神学的禁锢中解放出来的思想体系。以人为本观念的产生，既有广泛的社会文明基础，其本身又是构成特定社会文明的有机组成部分。这也就是说，从以人为本观念产生的历史条件看，它不可能脱离产生它的任何一个文明要素而孤立存在。没有工商业文明，就不会有以人为本观念；没有城市文明，也不可能由神本位向人本位转换；其实，即使有了工商业文明、城市文明、科学革命、人文精神兴起和世俗权力的兴起，没有以马丁·路德为代表的宗教改革，也不会有以人为本观念的确立。因为宗教改革，保证了文艺复兴运动的最后胜利，从而应验了"堡垒最容易从内部被攻破"的老话。

（2）以人为本观念的深化。

和所有的思想观念一样，以人为本观念自产生之后，也随着它赖以生成的社会条件的变化而发展变化。从西方历史发展进程看，以人为本观念产生数百年来，它的发展变化有两个层面的突出表现。其一是对以人为本观念的丰富和深化；其二是对理性主义的超越和扬弃。先说以人为本观念的丰富和深化。以人为本观念是要确立人本位，人本位反对的主要是神本位的宗教统治。确立人的本位，当然是一件具有划时代意义的事情。然而，国王是人，贵族也是人；富人是人，穷人也是人；工人是人，资本家也是人。是以国王为本，还是以贵族为本；是以资本家为本，抑或以平民为本？抽象的以人为本，不能反映不同人群的差距，更不能解决不同人群之间的矛盾。而这种差距是客观存在的，这种矛盾有时甚至是水火不相容的。如此看来，抽象的以人为本，并没有给人类尤其是普通平民百姓带来真正的实惠，所以抽象的以人为本或者说抽象的人本位进一步深化的结果，必然是民本位，即公民本位。民本位或者说公民本位，不是抽象的概念，更不是一种恩惠或赐予。公民拥有法律上确认的权利，是有具体内容的。公民权利的基本内涵，可以用 10 个字来概括，即生命、自由、平等、幸福、财产、生命权、自由权、平等权、幸福权和财产权，是现代公民最基本的权利。而且，公民权利的内容会随着历史的进步不断丰富其内涵。

人本位反对的主要是宗教统治，而民本位反对的主要是专制政府。所以，所谓公民权利、公民本位，其本质意义，就是公民权利大于国家权力。公民本位不仅要有具体的内涵，尤其要有充分的社会保障，要确认公民权利的崇高法律地位，建立社会权力的制衡机制。否则，即使推翻了专制政府，公民也不见得就真正找到了民主与平等。从以人为本到公民本位，从公民本位到个体本位，都是历史性的进步。虽然世界不同区域不同民族，其发展进程有快有慢，有高潮有低谷，但发展的基本方向是不会改变的。而且，虽然这种转变代表了历史的进程，但并非表示后者一定要取代前者，或者说有了后者就抛弃前者，人本、民本和个体本位三者之间往往是犬牙交错的。从以人为本到公民本位，从公民本位到个体本位，不是取代关系，而是两次深化过程，是后者丰富了前者的内容。从以人为本到公民本位，以人为本依然必要；从公民本位到个体本位，公民本位同样必要。从历史发展的角度看，人类还要不断反思，也一定会不断反思，从而使人的主题更加鲜明，使人的发展更加科学。

再看对理性主义的超越和扬弃。人文主义发展到理性主义阶段，标志着它的成熟，从而使人的地位取代了神的地位。然而，随着社会的变化和发展，理性主义的思想和观念遇到了极大的挑战。首先是经济发展和人类生存困境提出的挑战。西方国家对应于理性主义哲学的文明形态主要是工业文明或称工业时代。机器大工业的发展，无疑为人类的生存和发展创造了极为丰富的物质财富。但同时，一方面，工业化又造成人类赖以生存环境的极度破坏和污染，以至于罗马俱乐部提出令人振聋发聩的警告——人类社会的发展已出现"增长的极限"。另一方面，市场经济是以人作为物的效用价值角度去看待人、重视人的，因而人的价值也被物化了，物成为衡量和评价人的尺度。从人的尺度和标准看待世界出发，反以人的发展走向极限、人的价值物化为结果，这不得不令人深刻反思。1983 年 11 月，联合国成立世界环境与发展委员会（WECD），该委员会于 1987 年提交了名为《我们共同的未来》的报告。该报告正式提出了"可持续发展"的模式，强调需要从当代和后代两个维度谋划发展，并注意生态环境的保护和改善，明确提出要变革人类沿袭已久的生产方式和生活方式。从而使人与自然和谐发展的观念正式确立，也使理性主义的权威弱化和人类中心主义得到超越。

其次是社会发展和变革的挑战。工业化时代、自由资本主义和冷战时代，人们的生存方式总处于两极对立的状态之中，人与自然、人与机器、无产阶级与资产阶级、资本与劳动、东方与西方、正确与错误等，不一而足。人们总是以两极对立的思维方式去思考一切问题。然而，信息革命、科技文明、世界经济一体化和大众文化的兴起，使人们的生存方式发生"从两极到中介"的变革。形成"从对抗到对话"的多元化和多极性政治模式，和平与发展成为时代主题，经济全球化成为发展趋势，"从对峙到融合"成为文化主流，从征服和控制自然到追求人与自然的持久和谐。面对从两极到中介的深刻变革，两极对立的思维模式逐渐消解，让位于与后工业化、信息化和经济全球化相适应的思想和观念。

从以人为本观念和人与自然和谐发展观念产生发展的历程考察，两者之间的联系有以下特点：以人为本是工业时代的价值观念，它是对神学统治和专制主义的否定；人与自然和谐发展是后工业时代、信息时代的价值观念，它是在充分肯定人的价值前提下，对理性主义和人类中心主义的超越和扬弃。从以人为本到人与自然和谐发展，这种观念的转变是历史性的进步，代表了历史的进程，但并不代表后者一定要取代前者，或者说有了后者就抛弃前者。就人类发展的大格局看，新旧观念之间往往不是取代关系，而是深化的过程，是后者深化了前者的内容。强调人与自然的和谐发展，以人为本依然重要。更为重要的一点是，人类文明没有终点，所以人们应该站在文明的最前端来反思一切。

（3）坚持以人为本和人与自然和谐发展理念的现实意义。

中国虽然自古就是一个世俗性国家，从来都不是一个宗教性国家，但也不是一个人本位的国家。有人说，中国早在春秋时期就已提出以人为本，《管子·霸言》中，记述了管仲对齐桓公陈述霸王之业的言论中就有："夫霸王之所始也，以人为本。本理则国固，本乱则国危。"此处的"人"指人民，表达了统治者对君民关系的认识，即所谓"民为邦本、本固邦宁"，体现了中国古代思想家治理国家的根本原则和治国方略。所以，相传在《管子》一书中管仲亲著的文字，就有《牧民》一篇。而"牧"的本意，就有统治、管治的意思。难怪管仲在文章内容中就有"四维张，则君令行"。四维又指什么呢，"国有四维，一维绝则倾，二维绝则危，三维绝则覆，四维绝则灭。倾可正也，危可安也，覆可起也，灭不可复错也。何谓四维？一曰礼，二曰义，三曰廉，四曰耻。"由此看来，管仲的"以人为本"和我们今天要坚持的以人为本理念不是一个范畴的概念。

其实，在专制集权等级制度下，人这个概念是虚位的，因为按照礼教的观念和规范，只有人上人，或者人下人，就是没有平等的人。礼是中心，人不是作为人而活着，而是为礼而活着。所以中国专制集权时代，虽然没有神本位，却有与之类似的礼本位。礼本位不合人性，但中国的礼教不但历史悠久，而且结构稳定。西方经过人文运动，加上启蒙运动，前后大约500年，才用人本位代替神本位。中国的情况更为复杂，因而打破礼本位的统治绝非易事。中国礼本位的动摇，可以追溯到洋务运动。其间经过太平天国，到戊戌变法，在思想观念上才有了不同于旧时代的本质性的变革。孙中山先生领导的民主主义革命和随后的五四运动，是一种革命性的变革。民主主义革命，目标是推翻帝制，建立共和，而五四运动的旗帜乃是民主与科学，因此，这两个运动所要求的，才是真正世界意义上的人本位。中国的礼本位，似乎早已被推翻，但中国的官本位直到今天依然活动猖獗。其实，礼本位的本质性特点就是官本位。因为在礼的等级结构中，官本位乃是其核心结构，所谓"礼不下庶人，刑不上大夫"，所谓"君君臣臣"，所谓官为民之父母，都是官本位的典型表现。由此可见，从礼本位到人本位的道路何其艰难。中国共产党和中国政府在21世纪之初，旗帜鲜明地提出坚持以人为本的科学发展观，并进而提出构建社会主义和谐社会的思想，强调人与自然和谐共生，正确理解以人为本和人与自然和谐发展二者的联系，对推动我国改革开放和现代化事业的发展具有重要的现实意义。

就人类文明发展的进程来看，不同文明阶段有其特定的文明要求，工业文明自然要求以人为本，信息文明必然要求在以人为本的基础上追求人与自然和谐发展。中国虽已处于工业化中后期阶段，但农业文明的历史遗迹依然十分浓厚，而世界已进入信息化初级阶段，因此，在世界经济一体化的大格局下，中国面临的历史性变革，是一种从传统的农业文明经过工商业文明向信息文明的跨越式变革。中国的改革和发展，不仅要完成工业化的任务，同时要适应信息化的新要求。否则，我们将不仅不能顺利完成工业化的任务，还会长期被历史的潮流甩在后面。所以，中国的改革发展，肩负着双重历史任务，中国的历史变革，是一种从传统的农业文明向信息文明的跨越式变革。中华民族要得到复兴，就必须并两步为一步，在不太长的时间内，交替完成从农业文明向工商文明的过渡和从工商文明向信息文明的过渡。尽管这两个过程不能简化，不容超越，但步幅可以加大，步伐可以加快。为了适应中国改革发展的这种历史性要求，必须树立科学的、有前瞻性的思想观念。我们不仅要摒弃农业文明、专制集权文明的思想体系和行为方式，我们还要迅速建设和完善工商文明体系，树立与之相适应的思想文化观念，通过经济社会的协调发展，使公民的权益得到最大限度的保障。同时，我们还应逐步适应信息社会发展的需要，运用崭新的思想观念指导我们的改革和建设，使人与自然得到持续与和谐的发展。

未来一段时期，中国的发展面临两个战略困境。其一是资源的稀缺与人口、就业压力巨大之间的矛盾，资源尤其是人均资源占有量的稀少，不仅包括耕地、淡水、森林、矿产等自然资源，也包括电力、煤炭、石油、钢铁等加工性资源。其二是资源人均占有率低下与经济增长方式粗放的矛盾，人均资源占有率原本就十分低下，再加上我国长期以来始终依靠低效率和大量耗费资源维持经济的高增长，长此以往，持续增长和重要资源都将难以为继。由此可见，如何妥善处理人与自然之间的关系，如何用超越工业化的思想观念解决工业化进程中的矛盾，不仅已经提上我们的议事日程，而且迫在眉睫、刻不容缓。从宏观上说，坚持以人为本和树立人与自然和谐发展观念，具有同等重要的意义，因为在现实条件下，只有人与自然的和谐，才能使每一个中国人、才能使中国的社会经济获得前所未有的全面发展。从微观角度看，则应该把树以人为本观念作为首要任务，解决微观发展的体制和机制问题，同时要兼顾人与自然和谐发展的问题。树立科学的发展观有助于实现全面、协调、可持续发展，而社会主义和谐社会的构建，人与自然之间的和谐，城乡、区域、经济社会、国内发展与对外开放的协调，最终有可能也一定会使中国人，使每一个生活在中国的个体，获得前所未有的全面发展。

二、创新商业文明是中国千年变局的重要目标

（一）中国现代化建设是中国传统农业文明向工商业文明的演化

1. 中国现代化建设是自鸦片战争以来求强求富、民主革命的自然延续

中国共产党带领中国各族人民正在进行的中国社会主义现代化建设，是自鸦片战争以来中国人民争取民族独立、实现国家富强伟大事业的自然延续，是新中国成立以后中国社会主义建设的伟大事业的继承和进一步发展。

自 1840 年的鸦片战争之后，中国从封建专制社会的国家变成了半殖民地半封建社会的国家，中华民族蒙受了巨大的屈辱，而国家则濒临灭亡的边缘。中华民族面临着两大历史性任务，首先是求得民族的独立和人民的解放，然后是实现国家的繁荣富强和人民的共同富裕。

19 世纪 60~90 年代，为了摆脱"内忧外患"、维护皇权专制统治，由晚清政府的洋务派所主导的时间跨度达三十多年的"洋务运动"，先后提出了"自

强"和"求富"的口号，在"师夷制夷"和"中体西用"的思想指导下，引进了西方的军事装备、机器生产和先进的科学技术，推动了中国生产力的发展，使中国出现了第一批近代企业，中国的民用工业得到了迅速发展，奠定了中国近代化工业的基础；对中国的民族资本主义的产生和发展起到了很大的促进作用，并在一定程度上抵制了外国资本主义的经济输入，促进了中国教育的近代化和国防的近代化。

但"洋务运动"并没有使中国富强起来。而 1894 年的中日"甲午战争"，导致北洋水师（海军）全军覆没、中国战败，清朝政府被迫签订了丧权辱国的《马关条约》，"洋务运动"也随之"破产"了，所取得的近代化成果化为乌有。中华民族遭到了空前严重的民族危机，中国社会半殖民地化的程度大大加深，使得中国的近代化建设进程停滞甚至倒退。

孙中山先生首先喊出了"振兴中华"的口号，其在 1911 年所领导的"辛亥革命"，推翻了统治中国几千年的封建君主专制制度，开创了完全意义上的近代民族民主革命，创立了中华民国。但"辛亥革命"并没有改变旧中国的社会性质和旧中国广大劳动人民的悲惨境遇，中国各族人民反帝、反封建的历史任务并没有完成，中国人民并没有获得解放、中华民族也没有取得独立，中国的现代化建设进程非常缓慢。

自 1921 年中国共产党成立后，中国共产党和中国各族人民在经历了长期的艰难曲折、以武装斗争形式为主的斗争以后，终于取得了历史上从未有过的人民革命和民族解放的伟大胜利，彻底推翻了帝国主义、封建主义和官僚资本主义这三座"大山"，取得了新民主主义革命的伟大胜利，在 1949 年建立了中华人民共和国，确立了社会主义的基本制度。从此，中国从新民主主义走上了社会主义的道路，中国的现代化建设步入新的轨道。经过二十多年的发展，中国取得了一系列巨大成就。各族人民的生活有了较大的改善，独立的、比较完整的社会主义工业体系基本形成，农业生产显著提高，教育、科学、文化等事业有了很大的发展，探索了中国的社会主义现代化建设之路，从根本上改变了中国各族人民和中华民族的前途与命运。

"文化大革命"结束之后，中国共产党在 1978 年召开了具有重大历史意义的十一届三中全会，中共中央作出了将全党和全国的工作中心转移到经济建设上来、实行改革开放的历史性决策，开启了改革开放历史的新时期。中国共产党对中国的社会主义现代化建设作出了全面战略安排，提出了中国现代化建设"三步走"的战略目标。第一步，从 1981 年到 1990 年使国民生产总值（即国内生产总值，GDP，下同）（比 1980 年）翻一番，解决人民的温饱问题；第二步，从 1991 年到 20 世纪末，使国民生产总值再翻一番，人民生活达到小康水平；第三步，到 21 世纪中叶，使中国人均国民生产总值达到中等发达国家水平，人民生活比较富裕，基本实现现代化。

党的十四大报告进一步提出，要在 20 世纪 90 年代初步建立起社会主义市场经济新体制；20 世纪末国民生产总值比 1980 年翻两番，实现第二步发展目标；同时，也对实现第三步战略目标提出初步设想。

党的十五大报告又将第三步目标进一步具体化为：到 21 世纪的"第一个十年实现国民生产总值比二〇〇〇年翻一番，使人民的小康生活更加富裕，形成比较完善的社会主义市场经济体制；再经过十年的努力，到建党一百年时，使国民经济更加发展，各项制度更加完善；到世纪中叶建国一百年时，基本实现现代化，建成富强民主文明的社会主义国家。"①

为确保到 2020 年实现"全面建成小康社会"的奋斗目标，在党的十六大所确立的"全面建设小康社会"宏伟目标的基础上，党的十七大报告从增强发展协调性、扩大社会主义民主、加强文化建设、加快发展社会事业和建设生态文明等方面对中国发展提出了新的更高要求。②

党的十九大报告描绘了从现在起到 21 世纪中叶中国现代化建设的宏伟蓝图，指出在决胜全面建成小康社会、进而全面建设社会主义现代化强国的新时代，为了实现"到建党一百年时建成经济更加发展、民主更加健全、科教更加进步、文化更加繁荣、社会更加和谐、人民生活更加殷实的小康社会"和"到新中国成立一百年时，基本实现现代化，把我国建成社会主义现代化国家"这样的战略目标，中国共产党作出了从全面建成小康社会到基本实现现代化、再到全面建成社会主义现代化强国的战略布局，并提出"在全面建成小康社会的基础上，分两步走在本世纪中叶建成富强民主文明和谐美丽的社会主义现代化强国"的战略安排："第一个阶段，从二〇二〇年到二〇三五年，在全面建成小康社会的基础上，再奋斗十五年，基本实现社会主义现代化"；"第二个阶段，从二〇三五年到本世纪中叶，在基本实现现代化的基础上，再奋斗十五年，把我国建成富强民主文明和谐美丽的社会主义现代化强国。"③

通过实施中国现代化建设的"三步走"战略，在中国共产党的带领下，经过中国各族人民的共同努力与艰苦奋斗，21 世纪以来，中国以世界上少有的速度持续的快速发展，取得了改革开放和社会主义现代化建设的举世瞩目的历史性成

---

① 江泽民. 高举邓小平理论伟大旗帜，把建设有中国特色社会主义事业全面推向二十一世纪——在中国共产党第十五次全国代表大会上的报告 [N]. 中华人民共和国国务院公报，1997（30）.

② 胡锦涛. 高举中国特色社会主义伟大旗帜 为夺取全面建设小康社会新胜利而奋斗——在中国共产党第十七次全国代表大会上的报告 [N]. 人民日报，2007 – 10 – 25.

③ 习近平. 决胜全面建成小康社会 夺取新时代中国特色社会主义伟大胜利——在中国共产党第十九次全国代表大会上的报告 [N]. 人民日报，2017 – 10 – 28.

中国商业文化实践与理论

就，为中国"全面建成小康社会"打下了坚实的基础，也为世界经济社会的发展和人类历史的文明进步作出了重大的贡献。

2. 中国现代化转型的实质，是社会文明基础从传统农业文化向现代工商业文化的转型

从人类历史的时间长河来看，根据人类生产技术形态划分，人类文明可分为渔猎采集文明、农耕文明、工商业文明和信息文明。从人类社会的发展进程看，大约公元前5000年开始进入农耕文明，欧洲的古希腊则在公元前800年就进入古典工商文明。

（1）传统农业文化。

农业文化有广义和狭义之分。广义的农业文化是指在农业生产实践活动过程中所创造出来的、与农业有关的所有物质文化与精神文化的总和，具体内容可进一步划分为农业生产、农业科技、农业思想、农业制度与法令、农事节日习俗、饮食文化等。更为重要的是，与上述农业文化基石密不可分而形成的一整套社会文明体系。无论从政治、经济、法律、伦理、军事、教育、思想、艺术、习俗、科技、语言等文化的各个维度与层面，无不浸润着自然的律动、泥土的气息、一亩三分地的情怀、田园的乐趣和春华秋实的喜悦。而狭义的农业文化则是指在农业生产实践活动过程中所产生的观念体系，具体内容包括与农业生产紧密相关的哲学理念、价值观念、政治思想、科学认识等。

本书所称的农业文化是指广义的农业文化，按照其发展的历史进程可划分为原始农业文化、传统农业文化和现代农业文化三个时期。人们常将农业文化发展的前两个时期，即原始农业文化和传统农业文化时期统称为农耕文化时期或古代农业文化时期。

（2）现代工商业文化。

工商业文化是指在工业和商业的生产实践活动过程中所创造出来的、与工业和商业相关的所有物质文化与精神文化的总和。

工商业文明是从欧洲古代希腊时期开始的一种文明类型，是商人在长期贸易积累中产生的一种适应商业贸易、手工业生产、生活需要的国家制度、礼俗制度、文化教育制度、思想观念等的文化集合。工商业文明以工商业为主业，专司转运、贸易等经济活动，换取生活必需品。工商业文明从希腊时期起，经历了爱琴文明、罗马文明、中世纪文明以及近现代资本主义文明四个时期。工商业文明是人类文明的一个重要组成部分，是人类社会发展到现代水平最重要的阶梯。

近现代资本主义在欧洲广泛兴起后，经过商业革命、科学革命和工业革命，社会化大生产的基础不再是自给自足的、半封闭的、半停滞的、地方性的、非营利的经济体制。彼时所谓的工业，其实首先就是商业化、市场化的，所以往往工商并称，工商不分。虽然狭义的商业或许并不包含加工工业，但凡是工业必然自身的前提就是商业，因为它生产加工的产品专门就是用来卖的。

现代工商业文化的发展变化本身就是天翻地覆的，无论是产业、金融、市场的发展，还是公司、跨国集团、非政府组织，抑或是政府监管、国际组织，以及交易投资规则、管理方式方法、技术革命支撑等。以此为现代工商业文明基础并与之相适应的国家制度、礼俗制度、文化教育制度、社会保障制度、思维方式、思想观念、艺术表现、科学技术、新闻传播制度、民族宗教制度、军事外交制度等，也完全呈现一个全新的面貌。

中国现代化的转型，是逐步摆脱不发达状态、基本实现社会主义的现代化；从农业人口占很大比重、主要依靠手工劳动的农业大国，逐步转变为非农业人口占多数、包含现代农业和现代服务业的工业化国家；从自然经济和半自然经济占很大比重逐步转变为经济商业化、市场化程度较高；从文盲和半文盲人口占很大比重、科技教育文化落后，逐步转变为科技教育文化比较发达；从贫困人口占很大比重、人民生活水平比较低，逐步转变为中国全体人民进入小康社会水平；从全国各地区的经济文化水平很不平衡状态，发展到逐步缩小差距、达到基本平衡状态；从封闭、半封闭转变为全面开放；从人治、专制、特权社会逐步转变为法治、民主、开放社会；并逐步缩小中国与世界先进水平的差距，沿着具有中国特色的社会主义道路来实现中华民族伟大复兴的宏伟目标。

而中国现代化转型的实质，则是社会文明基础从传统农业文化向现代工商业文化的转型。因为现代工商业生产经营活动以及现代工商业组织，是依赖商业规则和市场规则来运行的，否定或者忽视这个规则，便无从在人类赖以生存的生产经营活动中收益和延续。现代工商业活动是现代人类维持生存和谋求发展的文明基础，是现代工商业文明的基石和支柱。

（二）中国现代化建设是人类历史的工商业文明创新

一段时间以来，西方一直认为中国还远未成为西方意义上的市场经济体。尽管 2001 年中国在加入 WTO 时，同意在最长达十五年的时期内被视为非市场经济（NME），以期能在过渡期后发展成为市场经济，但时至今日仍被西方归为"非市场经济"阵营。无论这是误会还是歧视，甚至刻意为之，都不应该怀疑中国人民从计划经济向市场经济转型的决心，更不能阻挡中国现代化和走进现代工商业文明的历史道路。

前面说过，中国在 20 世纪末制定的 21 世纪第一个 10 年要达到的目标，就是要形成比较完善的社会主义市场经济体制。虽然现在看来这个目标尚未达到，但是中国走现代化道路和实行市场经济的决心没有改变也不容改变。尽管中国是现代工商业文明的后来者，但从改革开放 40 年的历程和未来走势看，中国现代化的发展，在探索并有可能实现人类历史的又一次工商业文明创新。

工商业文明的创新，在人类历史上并不少见。如果说古希腊的工商业文明是欧洲古典型的，那么，西欧工商业文明就是近现代的一次全面创新，这次创新奠定了现当代人类工商业文明以至现代社会的基调，具有极其重要的历史意义；以美国为代表的北美、澳洲现代工商业文明，则是移植性创新，将西欧特别是英国的现代文明体系移植到北美、澳洲，并加以本土化改造创新；日本东方岛国（以及亚洲四小龙）的近现代工商业文明，又是在东亚儒学文化圈的创新，它突破了工商业文明只适合生存在基督教文化圈的藩篱。中国正在进行的工商业文明创新，主要表现在以下五个方面。

1. 传统农业大国跨步进入现代商业社会

人类历史上以内陆型传统农业大国的角色和基础，直接迈进现代工商业文明的先例，在中国之前还未出现过。其实在农耕文明阶段，能与中国比肩的幅员辽阔的农业帝国就未曾有过，中国以其特有的文化结构得以取得一花独秀的文明成就，本书第四章已经对此加以论述。从地缘维度看，率先进入工商业文明并取得突出成就的大多为幅员有限的岛国和沿海国家与地区，少有内陆型的农业大国。拥有厚重历史、幅员辽阔、小农自然经济的中国，由于缺乏内生机制，所以在突然与近现代工商业文明碰面时，难免初时不屑一顾，后则羞羞答答步履蹒跚，再后还要一顾三回头三翻四覆。而一旦觉醒，犹如醒来的睡狮，必将雄姿勃发，一发不可收拾，改革开放以来中国取得的历史成就已经足以证明。尽管与中国文化结构近似的国度不多，但在内陆型传统农业大国建立和完善现代工商业文明体系，其对现代世界而言，意义绝对不可小觑。

（1）城镇化率已达 58.52%，未来变化还将大幅提升。

广袤的乡村是传统农业的乐园，繁华的城市是工商业的天堂。城镇化率是城市化的度量指标，也是工商业发达与否的标志。从人类历史来看，城市是产生工商业文明的摇篮，工业革命推动了城镇化，第三产业的发展推动了城市化。世界上发达国家基本上都已经完成了工业化和城镇化、城市化进程，城镇化率大多达到了 80%。但发展中国家由于工业化起步晚、发展程度低，城市化率水平明显低于发达国家的水平，大都在 50%。

从 1949～2017 年的中国按城乡划分的人口构成比重（见表 8 - 1 和据表 8 - 1 绘制的图 8 - 1）来看，每年年末中国城镇常住人口占总人口的比重（以下简称"常住人口城镇化率"）总体呈上升走势，从 1949 年的 10.64% 上升至 2017 年的 58.52%，年均提高了 0.7 个多百分点；且除 1965～1974 年这一段时期外，其他年份均呈逐年上升走势。

表 8 - 1　　　　1949～2017 年的中国按城乡划分的人口构成比重　　　单位：%

分类	1949 年	1950 年	1951 年	1955 年	1960 年	1965 年	1970 年	1971 年	1972 年
城镇	10.64	11.18	11.78	13.48	19.75	17.98	17.38	17.26	17.13
乡村	89.36	88.82	88.22	86.52	80.25	82.02	82.62	82.74	82.87
分类	1973 年	1974 年	1975 年	1976 年	1977 年	1978 年	1979 年	1980 年	1981 年
城镇	17.20	17.16	17.34	17.44	17.55	17.92	18.96	19.39	20.16
乡村	82.80	82.84	82.66	82.56	82.45	82.08	81.04	80.61	79.84
分类	1982 年	1983 年	1984 年	1985 年	1986 年	1987 年	1988 年	1989 年	1990 年
城镇	21.13	21.62	23.01	23.71	24.52	25.32	25.81	26.21	26.41
乡村	78.87	78.38	76.99	76.29	75.48	74.68	74.19	73.79	73.59
分类	1991 年	1992 年	1993 年	1994 年	1995 年	1996 年	1997 年	1998 年	1999 年
城镇	26.94	27.46	27.99	28.51	29.04	30.48	31.91	33.35	34.78
乡村	73.06	72.54	72.01	71.49	70.96	69.52	68.09	66.65	65.22
分类	2000 年	2001 年	2002 年	2003 年	2004 年	2005 年	2006 年	2007 年	2008 年
城镇	36.22	37.66	39.09	40.53	41.76	42.99	44.34	45.89	46.99
乡村	63.78	62.34	60.91	59.47	58.24	57.01	55.66	54.11	53.01
分类	2009 年	2010 年	2011 年	2012 年	2013 年	2014 年	2015 年	2016 年	2017 年
城镇	48.34	49.95	51.27	52.57	53.73	54.77	56.10	57.35	58.52
乡村	51.66	50.05	48.73	47.43	46.27	45.23	43.90	42.65	41.48

注：统计数据中缺少 1952～1954 年、1956～1959 年、1961～1964 年和 1966～1969 年的相应数据。

资料来源：国家统计局. 中国统计年鉴 2018 ［M］. 北京：中国统计出版社，2018.

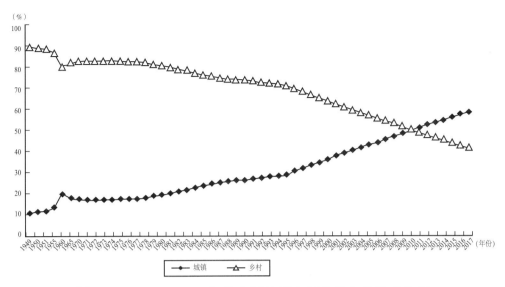

图 8 – 1　1949 ~ 2017 年的中国按城乡划分的人口构成比重

　　城市化是全球发展的大趋势，到 2050 年，全球范围内城区居住的人口比例
将从如今的 55% 增加到 68%（见表 8 – 2）。

表 8 – 2　　　　　　　　　　　世界城市化的关键数据

项目	1950 年	2018 年	2050 年（预测）
城区居住的人口比例（%）	30.00	55.00	68.00
城市人口数量（亿）	7.51	42.00	67.00

　　资料来源：联合国经济与社会事务署，2018 年。

　　根据联合国的估测，世界发达国家的城镇化率在 2050 年将达到 86%，中国
的城镇化率在 2050 年将达到 72.9%。无论是从常住人口的城镇化率还是从户籍
人口的城镇化率来看，中国的城镇化水平都还有很大的提高空间。

　　（2）第三产业已占 51.6%，还将继续居于主导地位。

　　从产业结构的转型趋势来看，中国的经济将由生产主导型转变为服务业主导
型，第一、第二产业发展速度减慢，第三产业则快速发展，第三产业占增加值的比
重逐渐赶上并超过第二产业增加值的份额，中国的国民经济总量增长由过去的主要
由第一、二产业带动转为主要由第二、三产业带动，显示出巨大的发展前景和空间。

　　北京市产业结构转型具有典型意义。北京市第一、二产业发展速度减慢，第三
产业发展迅速，第三产业增加值的比重赶上并超过第二产业增加值的份额。目前，
北京市第三产业的增长速度、规模总量以及在地区生产总值（GDP）中的比重都得

到大幅提升，在创造增加值、经济贡献率、实现税收、吸纳从业人员、固定资产投资和实际利用外资等方面均占全市总量的比重达到七成左右，率先在全国形成了以现代服务业为主导的产业结构。金融保险、旅游会展、商业服务、现代流通和文化体育等一批体现首都城市功能的现代服务业，以年均10%以上的速度快速发展，对北京市地区生产总值的贡献率在35%以上，逐步成为现代服务业的支柱产业，并带动了一批新兴服务部门的发展。

从改革开放以来中国国内生产总值（GDP）中的产业结构构成（见表8-3和据表8-3绘制的图8-2）来看，第一、第二产业所占比重总体呈下降趋势，且第一产业所占比重下降速度较快，而第三产业所占比重则总体呈上升趋势且上升速度较快。中国的三次产业结构在1978年为27.7∶47.7∶24.6，到2017年则变为7.9∶40.5∶51.6，产业结构顺序从二、一、三变为三、二、一。其中第一产业所占比重降至8%以下，较1978年下降了19.8个百分点；第二产业所占比重仍在40%左右，较1978年仅下降了7.2个百分点；而第三产业所占比重则稳定在50%以上，较1978年上升了27个百分点。

表8-3 改革开放以来（1978～2017年）的中国国内生产总值构成 单位：%

产业	1978 年	1979 年	1980 年	1981 年	1982 年	1983 年	1984 年	1985 年
第一产业	27.7	30.7	29.6	31.3	32.8	32.6	31.5	27.9
第二产业	47.7	47.0	48.1	46.0	44.6	44.2	42.9	42.7
第三产业	24.6	22.3	22.3	22.7	22.6	23.2	25.5	29.4
产业	1986 年	1987 年	1988 年	1989 年	1990 年	1991 年	1992 年	1993 年
第一产业	26.6	26.3	25.2	24.6	26.6	24.0	21.3	19.3
第二产业	43.5	43.3	43.5	42.5	41.0	41.5	43.1	46.2
第三产业	29.8	30.4	31.2	32.9	32.4	34.5	35.6	34.5
产业	1994 年	1995 年	1996 年	1997 年	1998 年	1999 年	2000 年	2001 年
第一产业	19.5	19.6	19.3	17.9	17.2	16.1	14.7	14.0
第二产业	46.2	46.8	47.1	47.1	45.8	45.4	45.5	44.8
第三产业	34.4	33.7	33.6	35.0	37.0	38.6	39.8	41.2
产业	2002 年	2003 年	2004 年	2005 年	2006 年	2007 年	2008 年	2009 年
第一产业	13.3	12.3	12.9	11.6	10.6	10.3	10.3	9.8
第二产业	44.5	45.6	45.9	47.0	47.6	46.9	46.9	45.9
第三产业	42.2	42.0	41.2	41.3	41.8	42.9	42.8	44.3

続表

产业	2010 年	2011 年	2012 年	2013 年	2014 年	2015 年	2016 年	2017 年
第一产业	9.5	9.4	9.4	9.3	9.1	8.8	8.6	7.9
第二产业	46.4	46.4	45.3	44.0	43.1	40.9	39.8	40.5
第三产业	44.1	44.2	45.3	46.7	47.8	50.2	51.6	51.6

资料来源：国家统计局. 中国统计年鉴 2018［M］. 北京：中国统计出版社，2018.

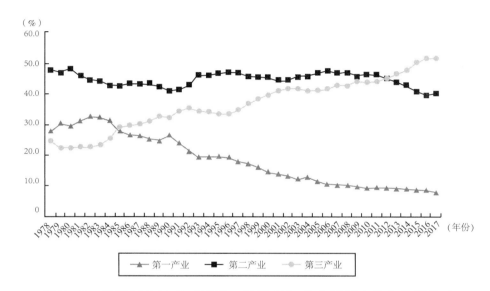

图 8 - 2　改革开放以来（1978～2017 年）的中国国内生产总值构成

从产业结构顺序变化来看，1985 年中国的三次产业结构为 27.9∶42.7∶29.4，第三产业所占的比重超过第一产业所占的比重，产业结构顺序从之前的二、一、三变为二、三、一。2012 年中国的三次产业结构为 9.4∶45.3∶45.3，第三产业所占的比重"追平"了第二产业所占的比重、形成交叉，并且从此之后产业结构顺序从之前的二、三、一变为三、二、一，第三产业所占比重超过第二产业所占比重且两者之间的"敞口"在逐渐扩大。2015 年第三产业所占比重首次超过 50%且至今一直保持在 50%以上的水平。

随着中国现代化建设的进程，今后中国的产业结构顺序将一直保持为三、二、一，并且第一产业和第二产业所占的比重仍将进一步缓慢下降，而第三产业所占的比重将进一步上升。

从工业化与服务业的关系来看，产业结构的转型升级和服务崛起是必经之路，而城镇化率、第三产业所占比重和居民收入水平的不断上升以及居民消费需

297

求的升级，将会增加人们对服务的需求，生产性服务和生活性服务行业将迎来巨大的发展空间。

随着产业结构的转型与调整，将会形成以现代服务业为主导的产业结构。金融保险、旅游会展、商业服务、现代流通和文化体育等一批体现城市功能的现代服务业，将会得到快速发展，逐步成为现代服务业的支柱产业，带动现代商业活动的进一步发展，现代商业会成为重要的基础性和支柱性行业。

2. 自上而下的政府推动

与西欧工商业文明的兴起，是由工商业主自发、城市自治形成自下而上的涌动明显不同，中国的现代化建设是在自上而下的政府推动和主导下进行的，这由中国的特殊国情所决定，也是中国在借鉴发达国家和新兴发展中国家与地区的先进现代化建设的经验与教训的基础上而做出的战略选择与安排。

由于中国长期处于小农经济和中央集权统治之下，缺乏工商业文明的内生机制。20世纪中叶以来，在中共中央的统一领导下，中国政府在中国的现代化建设过程中起了非常重要的作用，各级政府自上而下地主导、设计了各类改革政策和具体措施，制定了发展规划，并利用政府的公权和权威来强力推动中国的现代化建设，以便能更好、更快地实现中国的社会主义现代化建设的战略目标。

反观中世纪的西欧，无论实行封建割据君主制，还是等级（议会）君主制，都没有绝对的世俗权力，再加上教权的神学统治，无政府状态是欧洲的常态。最终经过君主专制制度的建立，以及始于14世纪的"商业革命"，促成了欧洲现代国家的形成。

"商业革命"把西欧中世纪的那种半封闭的、半停滞的、地方性的、非营利的经济体制改造成开放型的、充满活力的、世界性的、完全为了盈利的经济体制，极大地推动了西欧商业资本的发展，成为促使封建生产方式向资本主义生产方式过渡的一个主要因素。"商业革命"促进了西欧国家社会结构的变化，"商业革命"同时对世界其他地区的社会经济等也产生了重要的影响。

商业革命与工业革命有着重要联系。在工业革命前的几个世纪中，"商业革命"促进了西欧社会结构的变化，也为工业革命的兴起准备了条件，为西欧国家的工业革命提供了资本原始积累、广阔的市场和技术条件，在利润的刺激下，越来越多的人对发明和技术革新感兴趣。贸易的扩大，对实际收入有着许多积极的直接影响。它向那些生产出口商品和加工进口商品的制造业提供日益增多的就业机会，投入到制造业的资本增多了。在利润的刺激下，越来越多的人对发明和技术革新感兴趣。

3. 区域竞争激发自下而上创新

工商业文明的本性在于，活动主体是企业和工商业者，而不是政府机构，因此只有权力的推动是不能形成工商业文明体系的。中国半个多世纪以来的现代化建设，主要依靠区域竞争而激发的自下而上的商业创新，构建现代工商业文明的基础。

区域竞争包括区域政府间的竞争和企业间的相互竞争，这是现代市场经济中两个不同层面的竞争，两者之间既相互独立又相互联系，共同构成了现代市场经济中的竞争主体。其中区域政府间的竞争主要表现为在要素市场方面的竞争，以资源的优化配置为主，围绕着区域资源的配置、经济的发展、城市的建设、城乡协调和社会民生等方面，主要在项目、政策和事务等方面进行着直接的竞争。区域竞争是区域发展的本源动力。在中国的现代化建设过程中，特别是改革开放以来，中国经济能够保持着高速增长，使得目前中国成为世界第二大经济体并且经济总量稳居世界第二，在此过程中区域竞争发挥着重要的作用，它是推动中国经济快速增长的重要因素。

在新中国成立后到改革开放前这一时期，中国政府实行的是中央集权下的计划经济体制，采取的是以内陆地区为重点的均衡发展战略，区域竞争不明显。但在改革开放以后，中共中央确立将工作重心转移到以经济建设为中心、进行社会主义现代化建设，实行以提升国家整体竞争力为重点的非均衡发展战略，建立经济特区、开放沿海城市、开放长江三角洲、开发浦东、实行西部大开发、振兴东北地区等老工业基地、促进中部地区崛起等，对地方政府实行放权让利、财政包干等"分权"改革措施，对企业则给予经营自主权，地方政府和企业的积极性都被调动起来，使得"区域竞争"明显化。特别是作为国民经济基本单元的县域经济的竞争，不仅率先拉开了由传统小农经济、计划经济向市场经济转轨的序幕，而且成为培育现代市场经济的温床。

在中国改革开放后的区域竞争过程中，企业在中国现代化建设特别是经济建设中的主体地位逐渐形成，为在竞争中保持相对优势地位，大胆探索、敢于创新、勇于实践，自下而上创新活动的积极性被激发出来，落后的奋起直追，领先的则寻找破解发展瓶颈桎梏的钥匙。一些地方政府"摸着石头过河"，探索出具有中国特色、适合中国国情的催化和推动企业成长创新的成功经验。

4. 技术进步催化

前面谈过，西方现代工商业文明进程是先有商业革命，从而引发、推动科学技术革命和工业革命。中国现代工商业文明和现代化建设的历史起点，始于现代

299

科学技术的突飞猛进和蔚为大观。在 21 世纪的世界，一个国家一个民族，如果不能与新技术为伍，不要说想自立于世界民族之林，恐怕连生存都有危机。人类虽然已进入 21 世纪，但若想与现代技术为伍，还不得不借用西方近代以来探索创立的市场机制，中国 20 世纪中后叶经历的计划时代的教训值得铭记。摆在中国现代工商业文明和现代化建设面前的现实是，如何处理下面两个问题并能使二者得到互动协同完美结合：一是运用市场机制激发科学技术的发展和不断创新，二是充分利用现代科学技术推动市场经济建立、发展和完善，而不是背离市场经济的发展。前者已在第七章有所论述，这里主要涉及后者。

（1）发展中国家技术进步的阶段。

现代经济增长理论认为，资本、劳动、技术进步是经济增长的三大动力，其中技术进步是最核心的动力、是国家经济增长的源泉，一个国家长期经济的增速归根结底是由技术进步速度所决定的。

技术进步有广义与狭义之分。狭义上的技术进步主要是指生产工艺、方法或者专业技能等方面的改进和革新，广义上的技术进步则是指与技术相联系的各种有形或无形知识的积累与改进。这里所讲的技术进步是指广义上的技术进步。

在开放经济中，技术进步的途径主要有三个方面，即技术创新、技术扩散、技术转移与引进。对于发展中国家（后发国家）来说，工业化的赶超就是技术的赶超。

一般来讲，发达国家（先发国家）的技术进步主要依赖于自主技术创新，而发展中国家的技术进步则可划分为三个阶段：

第一个阶段是引进技术的阶段。发展中国家（后发国家）以自由贸易为基础，主要通过引进技术来加速本国的技术进步、促进本国产业结构的升级。

第二个阶段是从引进技术向自主技术开发转变、引进技术与自主技术开发同时进行的阶段。发展中国家已具备一定的科研能力，通过实施适度的贸易保护政策和有选择的产业政策来打破发达国家的技术垄断，进一步提升本国的产业结构。

第三阶段是自主技术开发的阶段。发展中国家面对新兴的高技术产业，主要通过产业政策来加强与发达国家跨国公司的合作与交流，并占领产业的制高点，从而在某些领域实现跨越式赶超。

在中华人民共和国成立之前，甚至到改革开放初期阶段，与世界发达国家相比，中国的科技水平相当落后。但改革开放之后，作为发展中的国家，中国主要通过引进发达国家先进技术的方式来促进本国的技术进步，在较短的时期内快速缩小与发达国家在先进技术方面的差距、达到技术领先国家的技术水平，甚至在某些领域实现"跨越式"的超越，从而实现经济增长率比发达国家更快。

随着中国综合国力和国际话语权的不断提高，发达国家对中国的技术壁垒开始被不断打破，一些先进技术已向中国开放，中国已进入从引进技术向自主技术开发转变、引进技术与自主技术开发同时进行的阶段，甚至在某些领域表现出了具有一定的自主创新能力。

中国特色社会主义进入了新时代，中国的经济已由高速增长阶段转向高质量发展阶段。中国今后的技术进步将主要依靠自主创新，进入自主技术开发的阶段，以创新促进国家经济增长，为中国市场经济的增长注入新的动力。

（2）技术进步在中国的市场经济建设过程中起着重要的催化作用。

李晓宁（2012）利用索洛模型法估算 1978～2010 年间中国的全要素生产率的增长率，以考察经济增长中的技术进步效率。实证结果表明，1978～2010 年间中国的全要素生产率增长对经济增长的贡献率比较适中，技术进步效率在总产出中的贡献率为 32.96%，仅次于资本投入对经济增长的贡献率，比劳动投入的贡献率高。并且认为中国经济增长的技术进步贡献率与中国当前经济发展阶段较为适应，比较符合经济增长方式转变的阶段性规律。

宋敏和朱其特（2015）采用静态分析和动态模拟的方法，对 1995～2012 年间中国的相关统计数据进行综合分析。实证结果发现，从长期来看，技术进步对经济增长具有显著的正向效应，持续不断地促进经济增长；但从短期来看，技术进步对经济增长的脉冲响应是先负向后正向，存在"滞后效应"。

江三良和李攀（2016）根据 1995～2014 年的中国相关统计数据，对中国的技术进步与经济增长关系进行了实证分析。研究表明，1995～2014 年中国的技术进步对中国经济增长的贡献率达到了 27.63%。但从总的变化趋势来看，技术进步对中国经济增长的贡献率呈下降趋势，由 1995～1999 年的平均值 47.02% 下降至 2000～2004 年的平均值 30.57%，2005～2009 年的平均值进一步降至 21.18%，2010～2014 年的平均值回升至 28.16%。

陈志刚和关威（2017）运用系统高斯模型（system GMM，SYS‐GMM）估计方法，根据 1998～2014 年间中国的相关统计数据进行了实证分析。结果表明，技术进步在全国层面上对经济增长具有显著的促进作用；从分地区的实证结果来看，在剥离出金融发展通过技术进步渠道影响经济增长这一效应后，技术进步对各地区的经济增长也是起着显著的促进作用，这与众多学者的研究结论一致。

唐永和范欣（2018）根据 1979～2015 年间中国的相关统计数据，对中国的技术进步影响经济增长的问题进行了实证研究。定量分析结果表明，中国改革开放以来，技术进步每提高 1 个百分点，经济增长率就提高 0.3457 个百分点，技术进步对中国经济增长的影响效应显著大于不变资本、可变资本和剩余价值率对中国经济增长的作用效应，也就是说，与不变资本增长率、可变资本增长率以及剩余价值增长率对经济增长的作用相比，技术进步占据着更为重要的地位。

5. 奉行公有为基础、兼顾公平与效率和共同富裕的价值理念

《世界文明史》的作者在总结经济自由主义的思想时，将其主要理论归纳为五个方面：经济个人主义；自由放任；服从自然规律，如供求规律、报酬递减律、地租率等；契约自由；自由竞争和自由贸易。[①] 郎咸平和杨瑞辉（2012）曾经用通俗的语言概括现代资本主义的精神：之一是一部分人财富增加，其他人财富不能减少；之二是透过严刑峻法、阻断官商勾结和内部交易，保证社会基本公平；之三是藏富于民。

我们认为，奉行公有为基础、兼顾公平与效率和共同富裕的价值理念，是中国现代化和现代商业文化建设过程中，结合中国文化传统、历史进程和现行国家管理体制而进行的探索和创新。奉行并突出公有为基础、兼顾公平与效率和共同富裕的价值理念，有利于在市场经济建设进程中保证社会基本公平，减缓社会矛盾，促进社会转型期的平稳过渡。

（1）以公有制为基础。

中华人民共和国成立后，中共中央和中央人民政府确立了以生产资料公有制为基础的中国社会主义初级阶段经济制度，这不仅在《宪法》中予以明确，而且在中共中央的会议报告中多次予以强调，特别是在改革开放之后。

中国社会主义初级阶段的这项基本经济制度的确立，是由中国的社会主义性质和处于初级阶段的基本国情所决定的。一方面，中国是一个社会主义国家，必须坚持公有制作为社会主义经济制度的基础。另一方面，目前中国处于社会主义的初级阶段，需要在公有制为主体的前提下发展多种所有制经济。

《中华人民共和国宪法》（根据 2018 年 3 月 11 日第十三届全国人民代表大会第一次会议通过的《中华人民共和国宪法修正案》修正后的）在第一章"总纲"的"第六条"中明确规定，"中华人民共和国的社会主义经济制度的基础是生产资料的社会主义公有制，即全民所有制和劳动群众集体所有制。社会主义公有制消灭人剥削人的制度，实行各尽所能、按劳分配的原则"。"国家在社会主义初级阶段，坚持公有制为主体、多种所有制经济共同发展的基本经济制度，坚持按劳分配为主体、多种分配方式并存的分配制度。"在"第十一条"中则规定，"在

---

① ［美］爱德华·麦克诺尔·伯恩斯，菲利普·李·拉尔夫. 世界文明史（第三卷）［M］. 北京：商务印书馆，1988：118.

法律规定范围内的个体经济、私营经济等非公有制经济，是社会主义市场经济的重要组成部分"。"国家保护个体经济、私营经济等非公有制经济的合法的权利和利益。国家鼓励、支持和引导非公有制经济的发展，并对非公有制经济依法实行监督和管理。"①

党的十八大报告指出，"全面建成小康社会，加快推进社会主义现代化，实现中华民族伟大复兴，必须坚定不移走中国特色社会主义道路"。而"中国特色社会主义道路，就是在中国共产党领导下，立足基本国情"，"建设富强民主文明和谐的社会主义现代化国家"。"中国特色社会主义制度"包括"公有制为主体、多种所有制经济共同发展的基本经济制度"。"中国特色社会主义道路是实现途径"，"中国特色社会主义制度是根本保障"，这是中国共产党"领导人民在建设社会主义长期实践中形成的最鲜明特色"。②

而"全面建成小康社会"，"要加快完善社会主义市场经济体制，完善公有制为主体、多种所有制经济共同发展的基本经济制度"；"要毫不动摇巩固和发展公有制经济，推行公有制多种实现形式"，"毫不动摇鼓励、支持、引导非公有制经济发展，保证各种所有制经济依法平等使用生产要素、公平参与市场竞争、同等受到法律保护"。③

党的十九大报告同样强调，"必须坚持和完善我国社会主义基本经济制度和分配制度，毫不动摇巩固和发展公有制经济，毫不动摇鼓励、支持、引导非公有制经济发展"④。

（2）兼顾公平与效率。

中华人民共和国成立之后，在分配方面遵循的是"各尽所能、按劳分配"的原则。在中共十一届三中全会以后，为打破"平均主义""大锅饭"的分配制度，改变经济落后、人民贫困的局面，国家对收入分配制度进行了改革与调整，实行以按劳分配为主体、多种分配方式并存的分配制度，把按劳分配和按生产要素分配相结合起来，并贯穿效率优先、兼顾公平的原则。中国政府采取了"让一部分人先富起来"的效率优先的经济发展模式，允许一部分地区和一部分人先富起来，再带动和帮助其他地区和其他人富起来，逐步实现共同富裕。

"效率"原则是以收入差距能够促进经济发展、激励劳动者努力获取合理劳动回报、并获得福利的改善为判断标准。而"公平"原则是以人们所能够接受收

① 中华人民共和国宪法［N］．人民日报，2018－03－22.
②③ 胡锦涛．坚定不移沿着中国特色社会主义道路前进　为全面建成小康社会而奋斗——在中国共产党第十八次全国代表大会上的报告［N］．人民日报，2012－11－18.
④ 习近平．决胜全面建成小康社会　夺取新时代中国特色社会主义伟大胜利——在中国共产党第十九次全国代表大会上的报告［N］．人民日报，2017－10－28.

第八章　中国商业文化的未来趋势

入差距的水平为判断标准，是一种主观感受。

从收入水平来看，中国已进入"中等收入"发展阶段。世界各国发展经验表明，进入国际公认的"中等收入"发展阶段后，也意味着进入了一个经济社会风险高发的非常重要的转折期。因为长期的赶超式、效率优先以财富增长为主导的发展模式，严重忽视了财富分配的公平调节，造成收入差距过大，中间阶层的"夹心化"，从而抑制社会平均消费，引起国内需求增长不振；如果这一时期政府不能有效地调节收入分配，缩小收入差距，最终会因贫富差距过大引致人民不满而激发社会矛盾，阻碍经济发展，陷入"中等收入陷阱"。

因此，处理好效率与公平的关系，是将中国建成富强民主文明和谐美丽的社会主义现代化强国的关键问题。

改革开放以来，随着中国经济体制改革的不断深入和经济的快速发展，建立了具有中国特色的社会市场经济体制，从而逐步取代了传统的计划经济和有计划的商品经济体制，但在效率大幅提升的同时，中国居民收入分配方面则出现了差距不断扩大的现象，逐渐成为一个影响我国经济社会可持续发展与和谐社会建设的热点问题，引起了社会各界的广泛关注，并由此引发了人们对改革的质疑、对效率优先与兼顾公平的质疑。对"公平与效率"问题的关注，引起了学术界对收入分配和收入差距问题的广泛而深入的研究。

纵观改革开放以来对"公平与效率"的问题，中国共产党也存在一个逐步认识的过程，对收入分配改革的核心问题是解决"公平"问题。总之，中国在建设具有中国特色的社会主义现代化强国的过程中，结合中国的具体国情和中国仍处于社会主义初级阶段这一前提条件下，应当坚持"兼顾公平与效率""初次分配注重效率，再分配注重公平"，这一正确认识和处理公平与效率两者关系的基本原则。

（3）最终达到共同富裕。

中国的社会主义现代化建设过程是在中国共产党领导下、在社会主义的条件下进行的，而社会主义的本质是解放和发展社会生产力，消灭剥削、消除贫富两极分化，最终达到共同富裕。

但中国仍处于社会主义初级阶段，在分配方面坚持各尽所能、按劳分配的原则，并实行以按劳分配为主体、多种分配方式并存的分配制度。在社会主义初级阶段并不要求纯而又纯、搞绝对平均主义，而是在共同富裕的目标下鼓励一部分人通过诚实劳动与合法经营先富起来，并通过先富带动后富的方式来实现全国各族人民走向共同富裕。

贫穷不是社会主义，但在社会主义初级阶段同步富裕又是不可能的，因而必须允许和鼓励一部分地区、一部分企业和一部分人先富起来，以带动和帮助越来越多的地区、企业和人们后富，从而逐步达到共同富裕的目标。

党的十九大报告提出，"从二〇三五年到本世纪中叶，在基本实现现代化的基础上，再奋斗十五年，把我国建成富强民主文明和谐美丽的社会主义现代化强国"。到那时，"全体人民共同富裕基本实现"，中国人民"将享有更加幸福安康的生活"。[①]

（三）中国商业文明创新的基本要求

中国现代商业文明体系的建立本身就是一个创新的过程，因为中国以往的文明体系并不是商业文明，所以我们说中国现代化转型的实质，是社会文明基础从传统农业文化向现代工商业文化的转型，即社会文明体系从传统的农业文明转向现代工商业文明。然而，一种社会文明的创新是个巨大的系统工程。总体来说，中国社会的现代化过程，就是中国现代商业文明体系建立和创新的过程，是中华文明创造性转化和创新性发展的合二为一，也有人将其说成为民族复兴与文明创新的合二为一。文明体系的创新，从根本上讲，是对文化传统的传承即创造性转化，和对其他文明合理要素的集成创新二者的统一。即中国商业文明体系的创新，具有文明创新过程中一体两翼的结构关系。中国的全面现代化过程是一个整体，它包括文化传统的传承即创造性转化，和对其他文明合理要素的集成创新的两翼，两翼不可分割，互动互为因果。对此，我们从商业文化建设的角度，谈几点认识。

1. 商业文化建设不能脱离生存基础和条件

在中国现代商业文明体系的建立和创新的过程中，商业文化建设抑或商业文化的运行是一个延续和连续的过程，不可能呈现断崖式的生长。这个过程既然是对既有文化传统的传承和创造性转化，就应当首先不能脱离自身的生存基础和条件，否则，所谓转化和创新都是无源之水。

中国经过近 70 年的社会主义建设，特别是改革开放 40 年来，经过全国各族人民的不懈奋斗，我国经济实力、科技实力、国防实力、综合国力进入世界前列，我国国际地位实现前所未有的提升，国家的面貌、人民的面貌、中华民族的面貌发生了前所未有的变化，中国特色社会主义进入了新时代。在这些伟大成就的基础上，面对新的历史条件，围绕中国商业文化建设，以下现实问题值得我们认真面对，尤其是克服中国传统文化强大惯性的影响，改变整体实力长期落后的面貌，非有极其惊人的勇气、智慧、执着和坚韧不能成功。

第一，传统观念影响深远。中国传统文化源远流长。远古暨三代不谈，如果

---

① 习近平. 决胜全面建成小康社会夺取新时代中国特色社会主义伟大胜利——在中国共产党第十九次全国代表大会上的报告［N］. 人民日报，2017－10－28.

从春秋算起，已有 2700 多年；如果从孔夫子创立儒学算起，也有 2500 多年。中国虽然有数千年文明史，有可与古希腊哲学时代媲美的先秦诸子时代，有可与古罗马极盛时期争锋的西汉王朝，有超越中世纪文明的盛唐文化，有数千年的商业历史。但是，中国缺乏商业传统，历史上没有经历市场经济的洗礼，没有古罗马的法律文化传统，没有文艺复兴、科学革命、启蒙运动、工业革命，没有《大宪章》《人权宣言》《独立宣言》《共产党宣言》。在市场经济和商业文明面前，中国缺少历史文化的内生动力。虽然中国传统文化并非不能现代化，中国并非不能走向市场经济，因为中国已经开始建立并逐步完善社会主义的市场经济体系，即便世界上没有出现西方现代商业文明，中国也一定会走向现代市场经济道路。但是，中国传统文化尤其是传统儒学文化，实在与现代市场经济和商业文明有着天然隔膜，二者历史上未曾谋面，此后也不会再有机缘，但其作为一个体系极大地影响着中国现代化建设。

等级观念在中国由来已久，古代专制社会或许需要等级，所以儒学是最充分最有理性的等级文化。这些在本书第四章已多有论述，此处不再赘述。等级森严的观念和体制，不符合现代商业社会民主平等的要求。因为不能承认和尊重卑微者的人格，其实所谓高贵者也丧失了人格，而且容易助长权势者的跋扈和专断；也更容易产生并繁衍出权力崇拜、身份崇拜、财富金钱崇拜以至名誉崇拜。

与等级森严的观念和体制直接联系，便是官本位泛滥和膨胀。官本位同样与现代商业社会格格不入，权力至高无上且无处不在，难免阻碍和削弱市场在资源配置中的决定性作用；其泛滥和膨胀，不但极大加重了社会的负担，也使社会效率难以提高。

传统社会中由于地理封闭、专制盛行、思想观念禁锢，因而极易盲目乐观妄自尊大。对社会，对生活，对人生采取乐观态度本是好事，但如果盲目乐观夜郎自大，就不仅显得滑稽可笑，而且不易客观公正实事求是地看待世界、正视自己，甚至听不得不同意见，容不得批评，看不见危机。最终不能以开放、宽容的心态看待社会发展。

第二，小农文化根深蒂固。本书第四章已对中国古代小农经济基础及其影响做了分析，以农业自然经济为主体的中国传统小农文化，对中国社会几千年发展的影响同样深远。小农经济为了经受住各种社会动荡的冲击，从而更好地抵御自然灾害的冲击，社会统一和国家统一成为社会发展的必然归宿；正因为中国文化具有统一的要求，所以很快就会演变为一统的要求。中国的自然和历史环境，决定了当农业自然经济体系建立之后，实行重农抑商政策的必然性；在这种文化大背景下，虽然中国古代商业为社会发展做过很大贡献，但始终不能得到充分发展。小农经济固然辛苦，然而又最容易满足，所以才知足常乐，容易陷入盲目乐观的境地不思进取。小农社会，人们在农业生产中年复一年地重复进行播种、生长、收获这种循环往复的劳作，经历四季周而复始的转换，久而久之，极易产生循环论的思维方式，所以往往因循守成，难以创新。

第三，市场经济基础薄弱。首先是社会发展基础水平较低，人口素质有待提高，身体素质、受教育水准等虽有很大提高，但距世界先进水平还有较大差距；贫富、城乡、区域差距较大，社会结构失衡严重；城市化水平虽然已经达到58.52%，但距发达国家主流的80%的水平还有较大的距离，且城市化的质量不高，突出表现在人口质量、发展布局和城市形态等方面；在基础设施、社会服务和效率等方面依然问题较多。所谓市场经济基础薄弱，主要表现在市场机制在资源配置上的作用程度、营商环境、社会保障体制机制和法治保护等方面。

第四，计划经济死而未僵。前面讲过，举世瞩目成绩斐然的中国改革开放的逻辑起点，就是要改变依靠国家的强力和管控造成低效和激励扭曲的计划经济体制，激发主体以及个体的活力，打破内部的条块分割和对外的封闭，目的在于使市场在资源配置中起决定性作用。然而，"百足之虫，虽死未僵"，实行了几十年的计划经济的惯性依然很大，还有广阔的生存土壤。无论是在传统计划管理体制上，还是民营经济的生存状况，抑或计划经济的观念，都给经济体制改革、社会体制改革和政治体制改革等带来不可忽视的副作用。

第五，法治建设任重道远。现代社会是法治社会，市场经济是法治经济，信息时代商业文明毫无疑义是法治文明。中国传统社会条件下，中央集权的等级制、小农自然经济以及儒学至尊的伦理社会，既不需要也不可能具有法治传统。从世界文明的发展历程看，法治基础和法治文化的形成与完善，绝非一蹴而就的简单过程。因此，建设并完善法治经济、法治社会、法治文明，对于缺乏法治传统，缺乏法治文化内生机制又亟须建立健全的现代中国而言，一定是一个艰难的过程。虽然任重道远，但前途无限光明。

2. 商业文化的系统性要求决定转型的全面与协同

我们在前面已经分析过，商业文化是一个完整的系统，系统中各种各类构成因素之间的关系是相互关联和整体性的，不可分割。现代社会系统性整体性的表现更加突出，所以在有机的文化时代，不论物质世界还是精神世界，人们更加重视互相联系、互相依赖、有机统一、综合平衡的重要性。由于商业文化是一个完整的体系，不可分割，因此商业文化的创新必然是一个系统的动态的完整过程。这个系统的动态过程，不是个别和局部的，也不是可有可无的，更不是阶段性的。当然，现实的商业文化建设过程中，面临的问题、对问题和形势的认识，以及可资运用的资源、方法，一定是有各种差异的，或呈轻重缓急，或有程度不同和不断深刻由偏到全的过程。因而创新过程也会在不同阶段，针对不同层面采取不同策略不同方式不同手段。问题的关键在于，从战略角度考虑，商业文化的建设与创新，必须要有系统和协同意识。既不能为突出法治建设的重要，就忽略诚信体系建设的必要性；更不能一味强调技术的重要性，以为有了"第一生产力"就可以不顾法治、市场规则、营商环境等基础条件等必备要素的建设；甚至毕其功于一役，打着科技创新的旗号，实为钻市场、政策空隙，还美其名曰建立和巩固"国家发展全局的核心位置"。殊不知，科学和技术的创新，首先要有良好的法治化的公平、开放、透明的市场环境。

3. 商业文化的民族性要求服从人类文化的一体化

商业文化因其对现代社会的作用以及自身的特性，最具多样性、个性化和差异化，否则难以呈现和展示其魅力与活力。人类文化的现实体现，无疑是以具体的民族、主权、地域、时段为基础表现形态的。所以，商业文化的运行与表现，商业文化的建设和创新，无疑一定要有它的民族性要求。然而，商业文化的民族性是与人类商业文化的整体性、系统性或者说一体化是统一的。甚至从某种意义上说，在世界一体化的大潮流中，商业文化的民族性特质需要服从商业文化的一体化要求。在商业文化建设和创新的现实过程中，既要传承和体现民族性特点，更须遵从一体化要求。晚清的商业无疑较前代有了进一步发展，然而，面对现代社会国际资本的强大冲击，一味坚守"片帆不得下海"，强调凡俗商民必须对天朝皇帝行跪拜之礼，所谓民族特色倒是得到了凸显，而商业文化却丢失了，更何谈创新，只能被摧毁淹没在滚滚商海之中。

4. 商业文化的创新要求开放和走向世界

文化的传承须要开放和创新，否则只能断裂或消亡。现代商业文化本身具有开放性，其创新不可能在封闭环境和孤立条件下完成。完全的自给自足不可能产生交换，略有结余的自给自足才能有偶尔的零星的交换，有一定数量的结余才能有固定场所和规律时间的交换（如集市、节会贸易），只有不为自给自足的商品生产才可能有开放的自由的交换。为使交换自由从而推动交换顺利便捷完成，必须尽可能扩大市场，不仅使交换主体的市场触角广布，也须要向外界尽可能地全方位开放。我们常说要自力更生，这种难能可贵的自励精神尤其在面临生存发展的紧要关头更具积极意义。但在商业文化建设和创新的过程中，除去要不断励志，更需要有开放的视野和战略，因为开放和走向世界才应该是商业文化创新的本质要求。

三、以开放、和谐、共享的姿态与世界共创美好未来

（一）贸易自由、技术创新、开放共享、和平和谐的世界潮流势不可挡

党的十九大报告指出："世界正处于大发展大变革大调整时期，和平与发展仍然是时代主题。世界多极化、经济全球化、社会信息化、文化多样化深入发展，全球治理体系和国际秩序变革加速推进，各国相互联系和依存日益加深，国际力量对比更趋平衡，和平发展大势不可逆转。同时，世界面临的不稳定性不确定性突出，世界经济增长动能不足，贫富分化日益严重，地区热点问题此起彼伏，恐怖主义、网络安全、重大传染性疾病、气候变化等非传统安全威胁持续蔓延，人类面临许多共同挑战。"

这是国家层面从国际政治视角对当今世界大势和潮流的分析，是对国际政治、经济发展、社会生活和文化观念等宏观领域未来趋势的判断。21世纪也被人们称为信息商业时代，产业结构、经济结构发生重大变化，不仅推动了各种经济体在区域和全球范围的一体化，也促使贸易的平等化、自由化、便利化进程大大加快，经济全球化成为不可逆转的历史大势，为世界经济发展提供了强劲动力。

总之，信息时代世界多极化、经济全球化、社会信息化、文化多样化的宏观大势，以及贸易自由、技术创新、开放共享、和平和谐的世界潮流，是中国现代化、中国商业文化未来发展的世界性背景和前提条件，只有顺势而为高瞻远瞩，才能不仅自立于而且优生于世界民族之林，不断改革，不断创造，不断追求。

（二）用中国智慧和开放、和谐、共享的姿态与世界共创信息时代商业文明

1. 中国现代化的千年变局，亟须在中国商业文化转型与再生进程中，实现传统与未来和中国与世界两种关系的统一

同治十一年（1872年）五月，李鸿章在复议制造轮船未裁撤折中写道："臣

窃惟欧洲诸国，百十年来，由印度而南洋，由南洋而中国，闯入边界腹地，凡前史所未载，亘古所未通，无不款关而求互市。我皇上如天之度，概与立约通商，以牢笼之，合地球东西南朔九万里之遥，胥聚于中国，此三千余年一大变局也。"

对于李鸿章所谓中国三千年一大变局，秦晖先生认为是指自周秦之变直到清代，经过二三千年沧桑形成的秦制或者说帝制，三千年只是一个概称。[①] 也有人从李鸿章前后几处文字理解，应该是指 1840 年鸦片战争以后，中国受到列强的侵略压迫和破坏，以及中国社会随之发生的急剧变化，这些情况都是几千年来前从未有的。无论如何，从中国融入现代世界或者说中国开始现代化的转型角度看，自鸦片战争始，中国社会就开始了数千年未有的现代化大变局。这个大变局，著名近现代历史学家唐德刚先生预计应该会持续 200 年左右，他将这个政治社会制度的大转型称为"历史三峡"，并断言"自 1840 年开始，我们能在 2040年通过三峡，享受点风清浪静的清福，就算是很幸运的了。如果历史出了偏差，政治军事走火入魔，则这条'历史三峡'还会无限期地延长下去"[②]。现在看来，大变局不仅远远没有结束，方兴未艾的改革开放或许只是其下半程的开始。

在 21 世纪已经走过将近 1/5 进程之际，展望中国现代化千年变局及其更远的未来，中国商业文化应该注重并实现传统与未来和中国与世界两种关系的统一。其中的原因并不复杂，因为中国的现在和未来，已经不可能脱离日新月异复杂多变的世界而存在；中国现代化的千年变局，中国商业文化的现存和未来，只有与世界共生共荣，才能健康持续发展。在世界现代文明的进程中，中国商业文化的传统与未来的关系，中国商业文化与世界商业文化的关系，二者是互为因果的互动协同联系。中国自身如果不能顺利完成现代化的千年变局，就不可能妥善处理好与外部世界的关系；反之，如果不能使中国与世界共生共荣，则中国自身现代化的千年变局也终将半途而废。对此，无论中国文化本位论也好，中国传统天下观也好，西方文化本位论也好，中体西用论也好，西体中用论也好，全盘西化论也好，都不能完全适应中国和世界未来发展的需要。我们需要坚持开放、走向世界，借鉴并吸收一切人类文明成果，在世界多元文化交流的大潮中寻找自己，准确定位，实现创新。

2. 中国现代化的千年变局，亟须用中国智慧实现从传统向现代、农耕文化向商业文化、封闭向开放、人治向法治的转型

中国自洋务运动开启的现代化伟业，从历史进程的纵向维度看，呈现为所谓

---

① 秦晖. 走出帝制：从晚清到民国的历史回望 [M]. 北京：群众出版社，2016.
② 唐德刚. 晚清七十年 [M]. 长沙：岳麓书社，1999.

千年大变局；从文化结构的横断面看，特别是对比世界发展的潮流看，则主要面临着从传统向现代、农耕文化向商业文化、封闭向开放、专制向民主、等级化向平等、人治向法治等诸多方面的转型。在上述诸多转型过程中，既要遵循人类文明发展的一般规律，遵从共同规则，融入世界经济一体化进程，寻求与世界共生共荣；也要具有并突出个性化表现，寻求多元化发展，凸显文化优势，全面实现现代化的转型与发展。

中国现代化的千年变局正是在这种历史文化大势中延续和深化的，是中国以唯一不曾断裂的古文明身份进入当代世界文明行列的重要进程。虽然任何一种文化都有自身的发展规律，但只有当这种文化适应历史发展基本需要的时候，它的潜力和作用才能充分显现和展示出来。世界古文明不止中国一家，但能够历经数千年而不曾断裂的，唯有中国而已。不仅如此，当现代化成为历史必然的时候，虽然中国文化以后发身份迈进现代行列，但作为古典级别的传统文化，又有其特别的长处。显然，在世界多元文化交流、碰撞、融合的过程中，中国文化传统中的不同民族和睦相处、不同宗教异质共容、不同文化互动互兴的文化品性，更适合更容易与当代文明相契合，具有特别的宽容和融通性。在技术进步日新月异，经济结构大调整，发展模式多样化，管理日益柔性化和人性化的开放与合作、冲突与融合、混沌与秩序、分化与整合过程中，中国文化传统的中庸为德、中和为贵的价值理念，德法互补、共治的古代国家治理经验，重视家庭的亲情、稳定和传承性，重视生命和生存价值等，都具有特殊的积极意义。在发展迅猛与失序、人类生存环境日益恶化的状态下，中国文化传统中天人合一的和谐价值追求，也完全与当代文明要求吻合。这些中国文化传统和智慧，完全可以助益中国人实现现代化的转型和创新。

3. 中国现代化的千年变局，亟须以开放、和谐、共享的姿态与世界共创信息时代商业文明

综观中华文明发展史特别是春秋战国以来的发展史，从某种意义上说，也是改革开放不断深化不断升华的发展史。史仲文先生曾提出，中国自东周至今已经经历了三次历史大开放与大融合，即春秋战国时期的区域文化大融合，魏晋南北朝时期的民族文化大融合，以及1840年至今仍在进行的中、西文化大融合。因为有了第一次区域文化的融合，才有了秦汉文明；因为有了第二次民族文化的融合，才有了盛唐文明；因为有了第三次中、西文化的融合，才有了现代中国的和

平崛起。① 按照这个观点分析，三次历史大开放与大融合实际上就是三次改革开放的过程，大开放与融合为改革创造了前提条件，改革推动了生产力的进步和社会的繁荣。只不过春秋战国时期的改革开放，是对奴隶制社会体制的改革，是区域文化的开放与融合；魏晋南北朝时期的改革开放，是在思想领域的改革，从独尊儒术进而形成以儒学为核心的儒道释三教合流，是民族间的开放与融合；第三次改革开放，是对传统农业文明体系的全面改革，是全方位的国家间、中西文化的开放与融合。

20 世纪下半叶以来，全球性的经济和技术革命，加速了机械化时代经过电子时代到信息时代的转轨，迎来了崭新的信息时代，不仅解放了新的生产力，推动贸易的便利化和更加自由，也使国际分工出现新的形式和格局；同时加速了传统社会的转型，推动社会构成元素的彼此交织，催生社会的全面创新。面对更加开放、和谐、共享的新世界，面对信息时代的商业文明，中国现代化的转型必须以更加深入和全面的开放为基础和前提。无论从传统向现代、农耕文化向商业文化、封闭向开放、人治向法治的转型，抑或发展方式、社会治理方式转型等诸多方面，中国商业文化建设都需要以开放的视野寻找参照系，确定适宜的具体定位。甚至可以这样说，中国现代化转型能否成功，首先取决于是否能够坚持全面深入的开放。如果没有 19 世纪中后叶的早期开放，就不能睁开眼睛看世界，难有求强求富的探索，难以推翻帝制的千年统治，难有新文化运动的觉醒，也难有后续新旧民主革命的伟大成就；没有 20 世纪下半叶的改革开放，就不可能拨乱反正，解放生产力，推动社会主义市场经济体系的建立健全；如果不继续坚持全面深入的开放，就不可能将扭转僵化计划体制的改革进行到底，从而实现中国的现代化。

正如习近平主席代表中国政府在首届中国国际进口博览会开幕式上的主旨演讲中所言："回顾历史，开放合作是增强国际经贸活力的重要动力。立足当今，开放合作是推动世界经济稳定复苏的现实要求。放眼未来，开放合作是促进人类社会不断进步的时代要求。"

世界信息时代的商业文明在召唤我们；

世界信息时代的商业文明需要中国现代商业文化的创新和支撑；

勤劳、智慧、勇敢的中国人，只有以开放、和谐、共享的姿态和前无古人的文化成就，才能与世界共创信息时代商业文明的灿烂辉煌！

---

① 史仲文．以儒学为代表的传统文化与中国的和平崛起．国际儒学研究（第十六辑）［C］．北京：九州出版社，2008.

中国商业文化实践与理论

参 考 文 献

一、出版著作

[1] [美] 爱德华·麦克诺尔·伯恩斯, 菲利普·李·拉尔夫. 世界文明史 [M]. 北京: 商务印书馆, 1988.

[2] [英] 彼得·霍尔. 文明中的城市 (全三册) [M]. 北京: 商务印书馆, 2016.

[3] [美] 彼得·J. 卡赞斯坦. 中国化与中国崛起: 超越东西方的文明进程 [M]. 上海: 上海人民出版社, 2018.

[4] [英] 彼得·德鲁克. 卓有成效的管理者 (珍藏版) [M]. 北京: 机械工业出版社, 2009.

[5] [英] M. M. 波斯坦爱德华·米勒. 剑桥欧洲经济史 (第二卷) 中世纪的贸易和工业 [M]. 北京: 经济科学出版社, 2004.

[6] [美] 戴尔·科普兰. 经济相互依赖与战争 [M]. 北京: 社会科学文献出版社, 2018.

[7] [美] 迪尔德丽·N. 麦克洛斯基. 企业家的尊严——为什么经济学家无法解释现代世界 [M]. 北京: 中国社会科学出版社, 2018.

[8] [美] 蒂姆·奥莱利. 未来地图: 技术、商业和我们的选择 [M]. 北京: 电子工业出版社, 2018.

[9] [法] 费尔南·布罗代尔. 十五至十八世纪的物质文明、经济和资本主义 [M]. 北京: 生活·读书·新知三联书店, 1992.

[10] 美国不列颠百科全书公司. 不列颠百科全书 (国际中文版) (修订版) [M]. 北京: 中国大百科全书出版社, 2007.

[11] 贺名仑, 刘秀生. 商业文化学概论 [M]. 北京: 中国商业出版社, 1992.

[12] 贺名仑. 商业文化与现代营销管理讲座 [M]. 北京: 中国商业出版社, 1992.

[13] [比利时] 亨利·皮雷纳. 中世纪的城市 (经济和社会史评论) [M]. 北京: 商务印书馆, 1985.

［14］胡平．大陆商业文化论集［M］．香港：献青出版社，1999．

［15］胡平．呼唤新时代的商人——三论商业文化［M］．北京：中国商业出版社，1993．

［16］胡平．经济市场化与流通新秩序［M］．北京：人民出版社，1994．

［17］胡平口述，宋爱茹执笔．改革开放亲历记——胡平访谈录［M］．北京：中央文献出版社，2009．

［18］胡平．论商业文化［M］．北京：中国商业出版社，1991．

［19］胡平．魅力·活力·动力——再论商业文化［M］．北京：中国商业出版社，1992．

［20］胡平．商业文化论集［M］．北京：中国商业出版社，1995．

［21］［美］贾恩弗兰科·波齐．近代国家的发展——社会学导论［M］．北京：商务印书馆，1997．

［22］［美］卡尔·魏特夫．东方专制主义［M］．北京：中国社会科学出版社，1989．

［23］［德］克劳斯·施瓦布．第四次工业革命［M］．北京：中信出版社，2016．

［24］［美］拉塞尔·柯克．美国秩序的根基［M］．南京：江苏凤凰文艺出版社，2018．

［25］郎咸平，杨瑞辉．资本主义精神和社会主义改革［M］．北京：东方出版社，2012．

［26］［美］刘易斯·芒福德．城市发展史——起源、演变和前景［M］．北京：中国建筑工业出版社，2005．

［27］陆铭．大国大城：当代中国的统一、发展与平衡［M］．上海：上海人民出版社，2017．

［28］罗荣渠．从"西化"到现代化［M］．北京：北京大学出版社，1990．

［29］罗荣渠．现代化新论［M］．北京：北京大学出版社，1993．

［30］罗荣渠．现代化新论续编［M］．北京：北京大学出版社，1996．

［31］马克思恩格斯选集［M］．北京：人民出版社，1972．

［32］［德］马克斯·韦伯．儒教和道教［M］．北京：商务印书馆，1995．

［33］［德］马克斯·韦伯．新教伦理与资本主义精神［M］．北京：生活·读书·新知三联书店，1987．

［34］［德］马克斯·韦伯．世界经济通史［M］．上海：上海译文出版社，1981．

［35］马立诚，凌志军．交锋——当代中国三次思想解放实录［M］．北京：

今日中国出版社，1998.

[36]［美］帕拉格·康纳.超级版图［M］.北京：中信出版社，2016.

[37]庞毅.中国经济经典的文化逻辑［M］.郑州：大象出版社，2008.

[38]庞毅.中国清代经济史［M］.北京：人民出版社，1994.

[39]［美］彭慕兰，史蒂文·托皮克.贸易打造的世界［M］.上海：上海人民出版公司，2018.

[40]［美］乔治·弗里德曼.弗里德曼说，下一个一百年地缘大冲突［M］.广州：广东人民出版公司，2017.

[41]秦晖.走出帝制：从晚清到民国的历史回望［M］.北京：群众出版社，2016.

[42]［英］莎拉·贝克韦尔.存在主义咖啡馆：自由、存在和杏子鸡尾酒［M］.北京：北京联合出版公司，2017.

[43]史仲文.民间视点［M］.北京：中国社会出版社，2004.

[44]史仲文，庞毅.透视中国的第三只眼［M］.北京：中华工商联合出版社，1996.

[45]史仲文.中国人走出死胡同［M］.北京：中国发展出版社，1991.

[46]史仲文.中西文明的历史对话［M］.呼和浩特：内蒙古人民出版社，2000.

[47]苏志平.中国商业发展报告：1997［M］.北京：中国财政经济出版社，1997.

[48]［美］汤普逊.中世纪经济社会史［M］.北京：商务印书馆，1984.

[49]唐德刚.晚清七十年［M］.长沙：岳麓书社，1999.

[50]田国强，陈旭东.中国改革：历史、逻辑和未来——振兴中华变革论（第二版）［M］.北京：中信出版社，2016.

[51]［美］威廉·戈兹曼（William N. Goetzmann）.千年金融史：金融如何创造文明，从5000年前到21世纪［M］.北京：中信出版社，2017.

[52]［德］维尔纳·桑巴特.现代资本主义［M］.北京：商务印书馆，1958.

[53]吴国盛.科学的历程（第二版）［M］.北京：北京大学出版社，2002.

[54]吴慧等.中国商业通史（全五卷）［M］.北京：中国财政经济出版社，2004－2008.

[55]吴晓波.激荡三十年［M］.北京：中信出版社，2008.

[56]许涛.超越：技术、市场与经济增长的历程［M］.北京：社会科学文

献出版社，2018.

[57] 薛凤旋．中国城市及其文明的演变 [M]．北京：世界图书出版公司北京公司，2015.

[58] 闫琼．中国力量：从"CCTV 中国经济年度人物"评选看中国十年经济 [M]．石油工业出版社，2011.

[59] [德] 伊曼努尔·康德．历史理性批判文集·答复这个问题："什么是启蒙运动？" [M]．天津：天津人民出版社，2014.

[60] [美] 约瑟夫·熊彼特．经济发展理论 [M]．北京：商务印书馆，1997.

[61] [美] 詹姆斯·弗农．远方的陌生人 [M]．北京：商务印书馆，2017.

[62] 张海鹏，张海瀛．中国十大商帮 [M]．合肥：黄山书社，1993.

[63] 张建生，张翼．商业文化学 [M]．兰州：兰州大学出版社，1995.

[64] 中共中央党史研究室．中国共产党历史第二卷（1949－1978）[M]．北京：中共党史出版社，2011.

[65] 中国共产党第十九次全国代表大会文件汇编 [M]．北京：人民出版社，2017.

[66] 中国商业文化研究会．中国商业文化蓝皮书（2010）[M]．北京：企业管理出版社，2011.

[67] 中华人民共和国国务院新闻办公室．《中国的法治建设》白皮书，2008－02.

二、期刊论文

[1] 陈兆旺．西欧中世纪城市自治的制度分析 [J]．甘肃行政学院学报，2012（2）：69－82.

[2] 陈志刚，关威．金融发展、技术进步与经济增长 [J]．科技管理研究，2017（24）：39－44.

[3] 丁鹏，张锐智．东西方基于人性善恶选择治理制度的比较 [J]．辽宁大学学报，2011（5）：125－129.

[4] 贺名仑．商业文化的理论探索与实践 [J]．商业文化，1999（4）、（5）、（6）.

[5] 洪明．澄清是非开拓前进——反思 80 年代"文化热" [J]．文艺理论与批评，1991（4）：116－125.

[6] 胡平．胡平纵论新时期商业文化 [J]．商业文化，2014（9）：11－15.

[7] 胡平．中国商业文化新论 [J]．山西财经学院院报，1996（6）.

[8] 江三良，李攀．技术进步、后发优势与经济增长 [J]．重庆理工大学学报（社会科学），2016，30（8）：25－31.

[9] 金碚. 世界工业化历史中的中国改革开放 30 年 [J]. 财贸经济, 2008 (11).

[10] 雷勇. 西欧中世纪的城市自治——西方法治传统形成因素的社会学分析 [J]. 现代法学, 2006 (1): 16 – 28.

[11] 李琳琦, 张萍. 改革开放四十年来国内商帮史研究鸟瞰与寻思 [J]. 安徽师范大学学报 (人文社会科学版), 2018 (11): 28 – 31.

[12] 李晓宁. 经济增长的技术进步效率研究: 1978—2010 [J]. 科技进步与对策, 2012, 29 (7): 5 – 10.

[13] 李业杰, 武卫华. 从文化的系统性看文化的批判继承方法 [J]. 山东社会科学, 2000 (2): 83 – 88.

[14] 李宗山. 20 世纪中国的两次"文化热"述评 [J]. 中华文化论坛, 2001 (3): 64 – 68.

[15] 林莉. 贸易保护、贸易自由博弈与文化的多样性 [J]. 江西社会科学, 2010 (4): 241 – 244.

[16] 林颖. 多头并举建设"美丽中国" [J]. 人民论坛, 2016 (11 上): 104 – 105.

[17] 庞毅, 马韬光. 和谐社会的价值目标 [J]. 管理世界, 2005 (7): 160 – 161.

[18] 庞毅. 当代中国商业文化建设的主题——建立市场文化 [J]. 北京商学院学报, 1996 (2): 1 – 4.

[19] 庞毅. 关于商业文化研究的五个基本问题 [J]. 商业经济研究, 1993 (1): 5 – 7, 21.

[20] 庞毅. 美丽商业是创造人民美好生活的必由之路 [J]. 北京工商大学学报 (社会科学版), 2018 (3): 42 – 48.

[21] 庞毅. 商业文化的概念及研究范围浅议 [J]. 北京商学院学报, 1990 (1): 74 – 77.

[22] 庞毅. 中国古代经济思想的文化逻辑 [J]. 北京工商大学学报 (社会科学版), 2004 (4): 77 – 81.

[23] 秦书生, 胡楠. 习近平美丽中国建设思想及其重要意义 [J]. 东北大学学报 (社会科学版). 2016 (11): 633.

[24] 宋君健. 二十世纪八十年代文化热回瞻 [J]. 云梦学刊, 2008 (6): 23 – 25.

[25] 宋敏, 朱其特. 技术进步、金融发展与经济增长效应综合评价分析 [J]. 科技管理研究, 2015 (19): 32 – 36.

[26] 孙晶. 布罗代尔的长时段理论及其评价 [J]. 广西大学学报（哲学社会科学版），2002（6）：80 – 84.

[27] 唐永，范欣. 技术进步对经济增长的作用机制及效应——基于马克思主义政治经济学的视角 [J]. 政治经济学评论，2018，9（3）：147 – 167.

[28] 余菁. 企业家精神的涌现：40 年的中国实践历程回顾与未来展望 [J]. 经济体制改革，2014（4）：12 – 19.

[29] 张维迎. 市场逻辑就是君子之道 [J]. 中国中小企业，2017（5）：33 – 35.

[30] 中国商业理念和实践 25 年（1979—2004）[J]. 21 世纪商业评论，2004（S1）.

[31] 朱维铮. 近 10 年中国的文化和文化史研究 [J]. 上海文化，2005（6）：36 – 42.

[32] 竺乾威. 什么样的政商关系才算是既清又亲 [J]. 人民论坛，2016（28）：20 – 22.

[33] 宗胜利. 80 年代"文化热"研究综述 [J]. 理论前沿，1996（16）：20 – 22.

三、报纸

[1] 郭建宁. 新时代文化哲学研究的使命担当——构建中国特色哲学社会科学 [N]. 人民日报，2009 – 01 – 28.

[2] 闻言. 建设美丽中国，努力走向生态文明新时代 [N]. 人民日报，2017 – 09 – 30（6）.

[3] 习近平. 谋共同永续发展，做合作共赢伙伴 [N]. 人民日报，2015 – 09 – 27（2）.

[4] 中共中央关于全面深化改革若干重大问题的决定 [N]. 人民日报，2013 – 11 – 16（1）.

[5] 周强等. 我国制造业服务化成新趋势 [N]. 经济参考报，2018 – 01 – 09.

四、论文集

[1] 史仲文. 以儒学为代表的传统文化与中国的和平崛起. 国际儒学研究（第十六辑）[C]. 北京：九州出版社，2008.

[2] 中国商业文化研究会，上海市财贸企业文化研究会，上海市黄埔商业文化协会. 海派商业文化论文集 [C]. 上海：华东理工大学出版社，1996.